中国现代文学编年史

（1895—1949）

总主编 刘勇 李怡

第四卷 1920—1923

本卷主编 黄开发 冉红音

文化藝術出版社
Culture and Art Publishing House

图书在版编目（CIP）数据

中国现代文学编年史. 第4卷 / 刘勇，李怡总主编.
—北京：文化艺术出版社，2014.12
ISBN 978-7-5039-5907-3

Ⅰ. ①中… Ⅱ. ①刘… ②李… Ⅲ. ①中国文学—现代文学史—1920 ~ 1923 Ⅳ. ①I209.6

中国版本图书馆CIP数据核字(2014)第277269号

中国现代文学编年史 · 第四卷

总 主 编 刘 勇 李 怡
本卷主编 黄开发 冉红音
责任编辑 董良敏
封面设计 姚雪媛
出版发行 文化艺术出版社
地 址 北京市东城区东四八条52号 （100700）
网 址 www.whyscbs.com
电子邮箱 whysbooks@263.net
电 话 （010）84057666（总编室）84057667（办公室）
（010）84057691—84057699（发行部）
传 真 （010）84057660（总编室）84057670（办公室）
（010）84057690（发行部）
经 销 全国新华书店
印 刷 国英印务有限公司
版 次 2017年1月第1版
印 次 2017年1月第1次印刷
印 张 21.5
字 数 350千字
开 本 710毫米 × 1000毫米 1/16
书 号 ISBN 978-7-5039-5907-3
定 价 60.00元

丛书编委会

本卷主编

黄开发　冉红音

本卷编撰人员（按姓氏笔画排列）

冉红音　余世成　张　欣

赵姝婧　徐　瑶　黄开发

本卷主编简介

黄开发 1963年生，男。安徽六安人。文学博士。教授，博士生导师。1986年获安徽师范大学文学学士学位。1989年获北京师范大学中国现代文学专业硕士学位，后到北京教育学院工作。1997年入北师大中文系攻读中国现当代文学专业博士学位，2000年7月毕业后留校任教至今。2002年任韩国国民大学客座教授，现为丹麦奥尔堡大学创新学习孔子学院中方院长。主要研究方向为现代散文、现代文学观念、周作人研究。著有《人在旅途——周作人的思想和文体》、《文学之用——从启蒙到革命》、《民国苦魂:周作人的精神肖像》,主编有《中国散文通史·现代卷》(上)等。

冉红音 1970年生，女，长于乌江边上。现就职于中国纪检监察学院。1988年考入西南师范大学（现西南大学）攻读中文专业学士学位，毕业后进入高等教育领域从事教学工作。2009—2012年，为北京师范大学中国现代文学专业博士研究生，并于2012年获得文学博士学位。

总序：中国现代文学编年史的理论价值和实践意义

刘　勇　李　怡

奉献在读者诸君面前的这一套《中国现代文学编年史》，是北京师范大学中国现当代文学学科点牵头编撰的中国现当代文学系列编年史著之一，仅“现代”部分，组织编写的时间就历时五年之久，加之先前已经推出的《中国当代文学编年史》，总体时间更在八年以上，如今总算初具规模，可以说是大体完成了我们对于中国现当代文学历史的一种表述。

编年史，顾名思义也就是以时间为经、以事件为纬的历史记录方式。编年史的写作，中外并见，既是中国自己的一种传统，也是西方古典时代就存在的叙述方式，古罗马历史学家李维（Titus Livius，公元前59年—公元17年）的《罗马自建城以来的历史》、塔西佗（Tacitus，约公元55年—120年）的《编年史》和中国的《春秋》、《左传》及《资治通鉴》等都属于著名的编年史经典。《春秋》被称作是中国现存最早的一部编年体史书，《左传》被誉为中国古代最早的一部叙事详尽的编年体史书，《资治通鉴》则是我国现存编年体史书中影响最大的一部。文学编年史的写作始于现代人的自觉探求，历史学家陈寅恪建议文学研究不妨借鉴“史家长编之所为”，“能尽取当时诸文人之作品，考定时间先后，空间离合，而总汇于一书”。[①]这就是文学编年史。武汉大学陈文新教授任总主编的《中国文学编年史》由湖南人民出版社2006年出版，著述上至周秦，下迄当代，共分十八卷，每卷约80万字，总计1400万字。这是我国第一部系统完整、涵盖古今的编年史，其中於可训主持的现当代部分也是迄今最详尽的中国现当代文学编年通史。进入2013年，更有钱理群主编的《中国现代文学编年史》、刘福春的《中国新诗编年史》等面世，有学者据此而称是“又一次文学史写作的高潮到来了”。当然，是不是真的掀起“高潮”还可以继续观察，但是，中国学者试图以新“编年”方式入手发现文学的“新历史”则是毫无疑问的。

中国现当代文学编年史的出现首先是中国现当代文学在新时期以来持续不断的“重写”工程的有机组成部分。中国现当代文学史的写作，曾经分别在1950、1980、1990年代出现过三次大的高潮。20世纪50年代是响应教育部将“中国新文学”纳入大学中文系课程的需要，以王瑶的《中国新文学史稿》、丁易的《中国现代文学史略》及刘绶松的《中国新文学史初稿》为代表；20世纪80年代伴随着改革开放、思想启蒙的大潮，“重写文学史”蔚然成风，如果说唐弢、严家炎主编的《中国现代文学史》是承上启下的成果，那么钱理群、吴福辉、温儒敏、王超冰的《中国

① 陈寅恪：《元白诗笺证稿》，上海古籍出版社1978年版，第9页。

现代文学三十年》则是开拓创新的展示，其他如黄修己《中国现代文学发展史》、郭志刚等主编《中国现代文学史》、杨义《中国现代小说史》、严家炎《中国现代小说流派史》、朱寨《中国当代文学思潮史》等等构成了文学史写作的繁盛景观；20 世纪 90 年代文学史写作更加多元化，继续追踪文学研究动态的《中国现代文学三十年》修订版、陈思和主编《中国当代文学史教程》分别成为中国现代文学、中国当代文学史著的经典之作，洪子诚《中国当代文学史》则开启了关注文学生产体制的新格局。进入新世纪之后，文学史的写作基本上沿袭了 20 世纪 90 年代的多元化方向，不断拓展新的叙述空间，范伯群的《中国现代通俗文学史》第一次系统勾勒了雅文学主流之外的通俗文学的世界，孟繁华、程光炜的《中国当代文学发展史》标志着当代文学历史化的最新成果。

中国现当代文学史之所以值得"拓展"乃是因为"以论代史"依然在很大的程度上影响了我们的文学史叙述。作为 20 世纪 80 年代中后期以来"重写文学史"的潮流的继续表现，中国现当代文学编年史也和"重写文学史"思潮一样充满"拨乱反正"的意味，经过多少年"以论代史"的干扰，我们对于"文学"历史的诸多基本情况——作家作品与期刊图书出版的基本情况本身其实是相当隔膜的，仅仅是"论"的展示并不足以揭示文学的历史演进，不足以还原文学历史的真相，"编年史"的价值可能正在这里，它力求将文学的发展还原为一系列最基本的文学现象的素朴的呈现，尽可能真实地告诉我们究竟"发生了什么"。《中国新诗编年史》的著者刘福春先生曾经感慨说，目前出版的中国新诗史，算上全部有名目的诗歌出版物，也不到他所掌握的数量的一半，如此比例的研究基础，实在令人质疑不断。所以，从进入中国新诗研究的那一天开始，刘福春先生就另辟蹊径，将主要的精力置于中国新诗原始材料的搜集、整理和勘探、分析之中，先后为我们推出了《中国现代文学总书目·诗歌卷》、《中国当代新诗编年史（1966–1976）》、《中国新诗书刊总目》等系列著作，一步一个脚印地为我们积累了中国新诗历史的点滴史料，刚刚由人民文学出版社隆重推出的《中国新诗编年史》可以说就是这数十年心血的结晶，中国新诗终于有了自己厚重的档案和家谱，不能不说这真是中国现代文学界的一件大事。

当然，随着当代文学持续不断的发展，随着现代文学领域不时出现对“新文学主流”、“雅文学主流”、“白话文学主流”的“独占”历史的质疑，文学史写作似乎也出现了一种逾越边界或者说模糊边界与范围的可能，以至于引发了另外一类疑虑：仅仅只有百年历史的中国现当代文学，是否应该不断扩大我们的写作面积？是不是以时间为线索的编年史写作就成了可以收罗一切文学现象的框架？

其实，正如我们从来也不曾有过放弃主观思想认识的历史叙述一样，文学史的写作从来都不可能是不偏不倚、客观中性的材料完善工作，因为材料本身就是一个永远无法真正完结的活动，何况对于同样的材料，如何挑选、如何陈述依然是一种“态度”的结果，史料与史识的协调配合才是文学史写作的应有之义。从这个意义上看，所谓“重写文学史”并不就是叙述范围的不断扩大——从新文学扩大到旧文学，从雅正文学扩大到通俗文学，从各种可见的“地上文学”扩大到犄角旮旯里的“地下文学”……编年史的出现也不能够简单理解为是这一“扩军”过程的理所当然的产物。

在我们看来，现代文学史的重写从来都是史识与史实的同时建构，对“以论代史”的突破最终依靠的并不只是一大堆的史料，同时也需要更坚实有力的、更具有启发意义的历史思想。在透过新的思想扩大我们的认知范畴之后，在新的认识框架拓展了文学视野之后，等待我们的工作恰恰是回过头来，切实把握中国现代文学的新的历史内涵与特点，重新确立现代文学的经典，重新梳理现代文学的历史逻辑，重新解释现代文学自己的传统。在新的历史经典的构建之中，所谓的“多元标准”并不意味着毫无原则地容纳一切，“多元”并不能够成为没有标准的理由。正如温儒敏先生所指出的那样：“基本的价值标准放弃了，表面上似乎包容一切，结果呢，此亦一是非，彼亦一是非，公说公有理，婆说婆有理，连起码的学术对话也难于进行，只好自说自话。过去是一个声音太过单调，全都得按照某种既定的政治标准来研究，学术创造的通道被堵上了；现在则放开了，自由多了，但如果缺少基本的评判标准，‘多元化’也只落下个众声喧哗，表面热闹，却无助于争鸣砥砺，还会淹没那些独特的学术发现。”①

① 温儒敏：《谈谈困扰现代文学研究的几个问题》，《文学评论》2007年第2期。

最近几年，出现在我们视野中的有价值的文学编年史都不是原始材料的无限罗列，其中显然包含了著者诸多深刻的学术思想与良苦的学术用心。中国新诗尤其是当代中国诗歌常常受制于各种“非艺术”的社会事件，包括政治生活事件，也包括私人生活事件，“以论代史”的诗歌史不过是将文学艺术注解为一系列国家形势的反映，而总是忽略这些国家大事背后的异样人生与复杂生态。刘福春敏锐地注意到了这种缺失，所以他的《中国新诗编年史》将大量的篇幅花在“文学周边”的一些事件或者活动上，比如某些文坛官司的来龙去脉，还有不少的作家日记，有张光年日记、陈白尘日记、郭小川日记等等，这些日记折射出当时诗人的生活状态和遭遇，这些表面看来好像跟诗人的创作没有关系——他哪天做检讨了、哪天被谈话了——但实际上这就是真实的中国诗歌的生存，我们就是在这样的状态中生存下来的。这都是今天诗歌的生态环境，是当代文化、当代文学非常重要的场景。在这个意义上，刘福春先生的编年史其实又可以说是中国诗歌的生态景观汇编，是中国诗歌的生态史。当我们的史家能够将诗歌发展的生态环境和作家的文字创作联系在一起，寻找两者之间的很好的映衬、说明，“还原”出我们诗歌发展百年来非常重要的细节时，这些细节带给我们的就不再是一些干枯的文字符号，而是以新的思想智慧烛照我们发现历史的道路，是以论者的思想高度吸引我们重新进入历史情境，感同身受地体验中国新诗的时代与氛围。这样的处理和安排，显然又是一般的文学史所不容易做到的。钱理群主编的《中国现代文学编年史》不仅仅以副标题的形式特别标明这并非一部泛泛的文学大事记，而是“以文学广告为中心”的相当个人化的历史叙述，在“总序”中，更有明确的思想提示：“更重要的是，全书条目的选择与叙述，都暗含着我们对现代文学发展的一些基本关系的持续关注，如文学与时代政治、社会、经济问题的关系，文学与出版、教育、学术……的发展，等等，都形成了我们的历史叙述中的内在线索，看似散漫无序、时断时续，但有心的读者是不难看出其间的蛛丝马迹的。”“‘个人文学生命史’应该是文学史的主体，某种程度上文学史就是由一个个具体的个人文学生命的故事连缀而成的。文学史就是讲故事，而且是带有个人生命体温的故事。”[①]

那么，文学编年史到底是什么呢？在我们看来，它应该是目前文学史研究最基本的文学发展史料的有机组织。与一般的文学史论著不同，它主要通过文献史料本身的整理铺排来展示历史的过程；与一般的史料汇编不同，其中依然包含着编著者对历史的理解和认识——虽然不是那种长篇大论的思想定义和概念阐述，但却应该包含着或者说提示着编著者对历史内在逻辑的理解。

这种理解归根结底就是对文学“谱系”的一种梳理和解读。

从文学史到编撰史，从学术史到接受史，从思潮史到编年史，中国现代文学研究不断拓展，寻找历史“谱系”的价值也越发引人注目。所谓“谱系”，就不是将历史看作乱七八糟的无序堆砌，

① 钱理群：《中国现代文学编年史总序》，载《中国现代文学编年史——以文学广告为中心（1915—1927）》，北京大学出版社2013年版，第3–5页。

而是承认在纵横交错、四方融汇、相互关联之中，有着清晰的某种变化发展的流脉。留意于这些事物之间的互动关系，立体地观照事物多层面的复杂关联，方能深刻地揭示事物自身的特质。

近年来，随着西方尼采、福柯的学说在中国大陆学界的深入研究，“谱系”这一概念开始广泛出现在各类人文社会学科的研究著作和论文当中，特别是对于西方“谱系学”理论的大量译介和运用，反映出人们打破以往将历史看成是一个既定的、有目的性、连续性的过程，期望在具体历史情境中去探索不同社会的冲突、博弈关系，重新解释历史的努力。根据福柯自身对于“谱系学”的解释，他所谓的谱系学就是要“将一切已经过去的事件都保持在它们特有的散布状态上；它将标示出那些偶然事件，那些微不足道的背离，或者，完全颠倒过来，标识那些错误、拙劣的评价以及糟糕的计算，而这一切曾经导致那些继续存在并对我们有价值的事情的诞生；它要发现，真理或存在并不位于我们所知和我们所是的根源，而是位于诸多偶然事件的外部”。[①] 以往的历史研究把历史看成是一个具有本质意义、连续性的东西，我们可以从中推演出历史的起源和发展脉络，但是“谱系学”则注重历史背后的断裂、差异和偶然性，反对一味地追问历史规律和逻辑性，关注世界中一些边缘存在和历史本身的丰富性。简而言之，福柯的“谱系学”是对于历史的一致性和规律性的反拨和拒斥。

① ［法］米歇尔·福柯：《尼采·谱系学·历史学》，苏力译，载汪民安、陈永国编《尼采的幽灵：西方后现代语境中的尼采》，社会科学文献出版社2001年版，第121页。

与西方的“谱系学”不同，中国自古以来就有着自己关于谱系的知识，并且已经在中国古代文学、史学、哲学的研究当中被广泛运用，体现了中国古代对于谱系的理解和对于世界的认知。根据汉语大词典出版社1993年版《汉语大词典》对于“谱系”一词的考察，中国对于谱系一共有三种解释：第一种解释是记述宗族世系或同类事物历代系统的书。《隋书·经籍志二》曾有“今录其见存者，以为谱系篇”。第二种是指家谱上的系统。明代归有光著《朱夫人郑氏六十寿序》，中间写道：“至于今四百余年，谱系不绝”，清代顾炎武《同族兄存愉拜黄门公墓》诗云“才名留史传，谱系出先公”，章炳麟在《驳康有为论革命书》一文中：“而文化语言，无大殊绝，《世本》谱系，犹在史官，一日自通于上国，则自复其故名，岂满洲之可与共论者乎？”第三种解释则是指物种变化的系统。[①]

相较于现代西方福柯的那种强调发现历史的复杂性和差异性、解剖政治、分析权力的“谱系学”而言，中国的谱系研究更加注重历史性、秩序性、考据性，通常是为了加固传统礼教、秩序和价值观，突出某种伦常观念和文化理念，使其更好地延续传承，强调文化上的一致性和连续性。同样是以历史本身和其中的事物为对象，西方的谱系研究强调其中的断裂、差异性，中国的谱系研究则看重其中的联系性、关联性。这其实是对于认知的两种态度和方法，一方面，一般的“谱系”是指事物在历时的演变

① 《汉语大词典》，汉语大词典出版社1993年版。

过程或共时的相互关联中，同根同源、共生互养而又共同发展、相互影响的系统；另一方面，在这个系统的生成、发展过程中，又充斥着边缘性、偶然性、异质性的因素，这些因素同样决定了历史和事物系统最后的形成和形态，两种谱系的研究方法实质上都是一种对于还原历史的努力。

我们认为，抛开传统“谱系学”中那些僵化的礼教秩序和道统价值观，中国式的谱系学对于历史“变中有常”的认识依然具有明显的文学史建构价值：我们既要从传统的僵化理念中解放出来，不断发现新的历史细节，辨析各种矛盾与偶然，同时，这一切的努力并不意味着我们就此放弃对包含其中的历史性质与历史方向的寻觅。

变中有常的中国谱系学理念，在很大程度上可以成为我们文学编年史构建的基础理论。我们需要尊重历史过程的种种偶然、种种“变量”，需要对这些变化的细节做出尽可能详尽的梳理，同时，处理这些历史材料的方式又不应当是漫不经心的，对于晚清至20世纪的文学发展，我们显然存在自己的理解和观察，我们有必要通过对历史材料的呈现来传达我们的基本认识。当然，这样一来，我们也就绝不会认为，中国现代文学的历史编年，只能以我们的方式进行，因为，出于不同的历史认知，当然也就存在不同的历史编年模式，未来的中国现当代文学编年，肯定会在多种形态的共生与对话中走向成熟，共同推进中国现当代文学研究的发展。

北京师范大学中国现当代文学学科创建于新中国成立之初，

至今已历时半个多世纪，如果追踪本学科重要学者李何林先生的学术活动，更可以上溯到20世纪30年代。新中国成立后，我校叶丁易先生的《中国现代文学史略》与王瑶先生的《中国新文学史稿》、刘绶松先生的《中国新文学史初稿》并称为三部最有影响的新文学史教材；同时，随着新中国文学的发展，我们又适时展开了追踪研究，是国内最早开设当代文学课程的单位之一，1979年由郭志刚教授等主编的《中国当代文学初稿》在国内产生了很大影响。从叶丁易到郭志刚，我们参与了中国现当代文学史写作的两个主要阶段，至20世纪90年代以降，以王富仁教授为代表的学者更积极地投入到“重写文学史”的理论建构之中，并不断有文学史著问世。今天，我们学科点组编的《中国当代文学编年史》已经出版，《中国现代文学编年史》马上就要付印，这可以说代表了新一代学科同仁对于中国现当代文学历史研究的新的努力和开拓，虽然我们的这些努力还显得稚嫩、笨拙，这样规模的编年史著也难免疏漏多多，但究竟是在我们理解的学科发展的方向上迈出了有意义的一步。但愿我们所有的努力和所有的疏漏一起都能够成为中国现当代文学史研究的新的基础，在不断的借鉴和不断的反省批判中实现新的学术突破。

本套《中国现代文学编年史》丛书共11卷，历述自晚清1895年1月至新中国第一次文代会召开前夕的1949年6月半个世纪的文学历史。内容包括文学发展的社会历史背景、主要作家行踪、文学活动、文学思潮、文学出版、主要文学作品的基本情况，书后附录整个编年史涉及的主要人物索引，便于读者进一步查证，也列出了我们著述所使用的主要参考文献，有兴趣的读者可以就此进一步拓展、探究。担任各卷主编的主要是北京师范大学中国现当代文学学科点的老师，鉴于1942年以后战争年代中国文学发展特殊的地域性，为了更准确地把握中国现代文学的这种时代特征，我们特别约请了重庆与四川从事现代文学研究的两位学者加盟。在本书完成的过程中，还有许多博士和硕士研究生同学积极参与其间，在查阅资料方面，他们付出了大量的心血。经过四年多的精诚努力，如今总算定稿完成，作为主编，我们要深深感谢所有这些学科点同事、学界同仁以及各位同学的辛勤付出，在当今，为这样一个浩大而又并不一定讨好的“集体工程”而孜孜工作，需要多么难能可贵的奉献精神！在本丛书出版之际，我们要向这些令人尊敬的学者致以诚挚的谢意！

2015年盛夏于北京师范大学

目录

1920年

一月

1日，《少年世界》月刊创刊于南京，这是由“少年中国学会”编辑的“少年中国学会南京分会”会刊，与《少年中国》为姊妹刊。《少年世界》的主要栏目有学术思想动态、学校调查、国内外学生动态、文教述评、苏俄介绍、国际工人运动·社会主义运动、工厂企业调查·工人生活、农村问题、地方调查、游记、科学技术、妇女儿童、儿童世界、华侨消息等。主要撰稿人有李大钊、蔡和森、恽代英、王若飞、赵世炎、黄日葵、沈泽民、张闻天、杨贤江、郑伯奇、李劼人等。1920年12月出至第1卷第12期停刊，共出12期。另外，1921年4月出版增刊“日本号”1期。

同日，《新新小说》开始在北京出版发行。此杂志于1904年9月在上海创刊，由“新新小说社”编辑发行，开明书店总经售，以发表小说为主，或译或著，间附戏曲和诗话。

同日，俞平伯作诗歌《歧路之前》，初收于诗集《冬夜》，亚东图书馆1922年3月版。

同日，一系列新诗发表于《新青年》第7卷第2号，分别为俞平伯的《草里的石碑和赑屃》、陈独秀的《答半农〈D——!〉诗》、周作人的《爱与憎》、刘半农的《小湖》和《桂》、沈尹默的《白杨树》和《秋》。

同日，刘大白诗5首《不住》发表于上海《时事新报·学灯》。

同日，陈独秀的杂文《自杀论》发表于《新青年》第7卷第2号。

同日，李大钊的杂文《由经济上解释中国——近代思想变动的原因》发表于《新青年》第 7 卷第 2 号。李大钊对孔门纲常、礼仪、道德一一做了分析之后进一步阐明了孔子主张的伦理道德的本质："看那二千余年来支配中国人精神的孔门伦理，所谓纲常，所谓名教，所谓道德，所谓礼仪，那一样不是损卑下以奉尊长？那一样不是牺牲被治者的个性以事治者？那一样不是本着大家族制下子弟对于亲长的精神？""孔子所谓修身，不是使人完成他的个性，乃是使人牺牲他的个性。"然后他指出："时代变了！""中国的劳动运动，也是打破孔子阶级主义的运动。""孔子主义并不是永久不变的真理。孔子或其他古人，只是一代哲人，决不是'万世师表'。他的学说，所以能在中国行了两千余年，全是因为中国的农业经济，没有很大的变化，他的学说适宜那样经济状况的原故。现在经济上生了变动，他的学说，就根本动摇，因为它不能适应中国现代的生活，现代的社会。就有几个尊孔的信徒，天天到曲阜去巡礼，天天戴上洪宪衣冠去祭孔，到处建筑些孔教堂，到处传布'子曰'的福音，也断断不能抵住经济变动的势力来维持他那'万世师表'、'至圣先师'的威灵了。"

同日，陈独秀的《随感录》（74—83）发表于《新青年》第 7 卷第 2 号。分别是《〈浙江新潮〉——〈少年〉》、《新出版物》、《保守主义与侵略主义》、《裁兵？发财？》、《学生界应该排斥底日货》、《阔办处》、《青年体育问题》、《约法底罪恶》、《男系制与遗产制》、《解放》。

同日，宗白华的杂文《学者的态度与精神》发表于《解放与改造》第 2 卷第 1 号。文章写道："学者的责任本是探求真理，真理是学者的第一生命。小我的成见与外界的势力，都是真理的大敌。抵抗这种大敌的器械，莫过于古印度学者服从真理、牺牲成见的态度；欧洲中古学者拥护真理，牺牲生命的精神。""这种态度，这种精神，正是我们中国学者应具有的态度，应抱的精神！"

同日，郑振铎的杂文《一九一九年的中国出版界》发表于《新社会》第 7 号。

同日，瞿秋白的杂文《小小一个问题——妇女解放的问题》发表于《新社会》第 7 号。文章揭示了中国所承受的"许许多多精神上的桎梏"，对于社会对女人的种种责难，他深刻地指出，那不能简单地把责任都归于女人，其根子在于腐烂的社会，"奢侈和淫靡只是一种社会崩溃腐化的现象，绝不是原因。私有制度的社会本来把女人也当作私产，当作商品"。他批评文学家轻视妇女问题，把妇女问题视为小问题，认为应当用文学来揭露妇女遭受压迫的不平等状况，把妇女的解放当作“文学家的责任”。

瞿秋白（1899—1935），无产阶级革命家、散文家、文艺理论家、翻译家。原名瞿霜、瞿爽，后改为秋白，又名宋阳、易嘉、何苦、何凝等。江苏常州人。早年曾当小学教师，1916 年进武昌外国语学校学英文。不久到北京大学旁听，后考入俄文专修馆学习，开始翻译普希金、托尔斯泰等人的作品。1919 年参加五四运动，同年冬与郑振铎等人创办《新社会》旬刊，鼓吹社会改造和家庭革命。《新社会》旬刊被封后又创办《人道》月刊。1920 年 10 月以北京《晨报》记者的身份去苏联考察。1922 年在莫斯科加入中国共产党。1923 年回国参加党的第三次代表大会，被选为中央委员。编辑《新青年》、《向导》、《前锋》等刊物。1924 年与任弼时等创办上海大学。蒋介石叛变革命后，他主持召开“八七”会议，被选为中共中央书记。1931 年至 1933 年和鲁迅一起领导左翼文化运动，完成了一百几十万字的著作和翻译，以后由鲁迅编辑为《乱弹及其他》、《海上述林》出版。他为粉碎国民党的文化围剿，为推进无产阶级文艺运动做出了杰出贡献。1934 年 1 月转到中央苏区工作，1935 年 2 月随军转移时不幸被捕，同年 6 月 18 日被国民党杀害。主要著作还有散文集《赤都心史》和《饿乡纪程》，杂文集《文艺杂著》等。1953 年，4 卷本《瞿秋白文集》由人民文学出版社印行。

同日，吴炳文的杂文《这就算婚姻自由？》发表于《新社会》第 7 号。

同日，张东荪的杂文《职业自由的要求》发表于《解放与改造》第 2 卷第 2 号。

同日，俞颂华的读后感《读罗塞尔的〈社会改造原理〉首末两节》发表于《解放与改造》第 2 卷第 2 号。

同日，周作人的讲演稿《新村的精神》发表于《新青年》第 7 卷第 2 号。周作人一开始便指出“新村的目的，是在于过正当的人的生活”，且认为“新村的精神，首先在承认人类是个总体，个人是这总体的单位。人类的意志在生存与幸福。这也就是个人的目的”。个人的发展和社会的发展之间存在着一致性，人的发展是为了社会的发展；反之，社会的发展也更利于人的发展。

同日，周作人翻译俄国作家 V.Dantshenko 的小说《摩诃末的家族》发表于《新青年》第 7 卷第 2 号。

同日，鲁迅所译武者小路实笃的《一个青年的梦》及其《自序》发表于《新青年》第7卷第2号。此剧本是鲁迅1916年10月所译，剧本原载1919年8月15日至10月25日的《国民公报》，后来该报被禁，第3幕后半部分及第4幕未能续刊。此次《新青年》月刊第7卷第2号至第5号刊载完全剧。1922年7月该剧由上海商务印书馆作为《文学研究会丛书》之一出版，1927年7月又列为“未名丛刊”之一，由北新书局再版。

同日，沈雁冰（即茅盾）所译杂文《广义派政府下的教育》发表于《解放与改造》第2卷第2号，署名雁冰。

同日，郑振铎所译论文《社会服务》发表于《新社会》第7号。

同日，郑振铎所译Giddings的论文《社会的性质和目的》(《社会学原理》末章）发表于《新社会》第7号。

4日，《北京大学学生周刊》创刊，由北京大学学生会出版，为16开。主要栏目有诗、小说、随感录、近事批评、一年之回顾、学生新闻、本校新闻、通讯、通信、介绍等。主要撰稿人有敬轩、黄天俊、悲吾、晚霞、朱自清、陈友琴等。卷首《我们的旨趣》一文中介绍说：“我们校里的杂志……作全体同学共同发表思想的机关。”“我们的思想主张，不必求其一致，也不能求其一致。我们惟有希望他在各方面有尽量发展的机会。”“我们的周刊，因为抱了种种态度，故以能‘兼容并包’、‘广纳众流’为贵，不鼓吹一种主义不主张一种学说。”此文也总结了《北京大学学生周刊》的办刊目的：“我们的精神是革新的精神，批评的精神，创造的精神，互助的精神，奋斗的精神，还要有坚贞的精神。”“我们要增进人类幸福，改良社会生活，要中国随世界潮流以俱进，愿以最纯洁高尚的精神，领着大家走到进化的路上去。”此刊物本年5月1日第14号为劳动纪念号，5月9日第15号为教育革命号。后因北洋政府干涉，于本年5月23日出至第17号停刊，共出17期。

同日，郭沫若的诗歌《晨安》发表于《时事新报·学灯》，署名沫若。

同日，李大钊的文论《什么是新文学》发表于《星期日》社会问题号第1章，后又在本刊第26号“新年增刊号”发表。文章提出：“光是用白话作的文章，算不得新文学。光是介绍点新学说、新实施，叙述点新人物，罗列点新名辞，也算不得新文学。”该文并对当时流行的新文学作品提出警示：“字里行间，映出许多恶劣心理的斑点，夹托在新思潮、新文艺的里边。”认为这是“今日文学界、思想界莫大的危机”。新文学要想顺利发展，须有“宏深的思想、学理，坚信的主义，优美的文艺，博爱的精神”。

5日，郭沫若的诗歌《三个 Pantheist》发表于《时事新报·学灯》，署名沫若。作者所列举的三位哲学家或者诗人——庄子、Spinoza、Kabir 都为当时的“精英知识分子”，但他们都不介意用自己劳动的双手来获得生存的权利，他们是“靠打草鞋吃饭的人”、“靠磨镜片吃饭的人”以及“靠编鱼网吃饭的人”，所以诗人用一个最朴素的“爱”字来表达自己的敬意。此文在《女神》、《沫若文集》中题为《三个泛神论者》。

同日，沈雁冰的杂文《妇女解放问题的建设方面》发表于《妇女杂志》第6卷第1号，署名佩韦，此文作于1919年11月16日。同期，沈雁冰还发表了杂文《小儿心病治疗法》、《家庭与科学》以及小说《归矣》。

同日，沈雁冰的杂感《沉船？宝藏？探“宝”潜艇》发表于《学生杂志》第7卷第1号，署名佩韦。

同日，沈雁冰的读后感《读〈少年中国〉妇女号》和《历史上的妇人》发表于《妇女杂志》第6卷第1号，署名雁冰。

同日，沈雁冰的文论《尼采的学说》开始在《学生杂志》第7卷第1号连载，至第4号载毕，署名雁冰。全文共分引言、尼采传略以及著作、尼采的道德论、尼采的进化论、社会学者的尼采和结论6个部分。作者在引言中指出：“尼采学说的全部，很有许多自相矛盾的地方，便一部书中，也很有自相矛盾的话。”“尼采又是难得机会住在平民队里的，平民的能力和情形，他全然不明白。他只是一个人在屋子里想，纯任冲动和反动——是反对周围趋势的反动。”“我们读尼采的著作，应该处处留心，时常用批评的眼光去看他；且不可被他犀利骇人的文字所动。”沈雁冰认为，尼采最好的见识，是要“把哲学上一切学说，社会上一切信条，一切人生观道德观，从新称量过，从新把他们的价值估定”。“这便是尼采思想卓绝的地方。”“我们读尼采的书，需要分别得出，那是极有用，极受益，决无流弊的。”“德国人一向是崇拜尼采学说的，但这次大战，人都归咎到尼采的学说；究竟是尼采的学说害人呢？还是德人误解了尼采学说的害处呢？我相信明白的读者多领悟得来。不过有一句话要说的，就是大战之后，德国人反更动了研究尼采学说的兴味，正和近年来研究马克思的兴味重振一般。”

同日，沈雁冰在《妇女杂志》第6卷第1号上发表一系列翻译作品：杂感《现在妇女所要求的是什么？》（译自 Magaret Liewelyn Davies，署名四珍）、杂文《世界妇女消息——英国女子在工业上的情形》（根据8月《太晤士报》工业周刊专录译出，署名佩韦）、小说《强迫的婚姻》（译自 A. Strindberg，署名冰）。

6日，周作人应邀前往北平少年中国学会讲演，讲题为《新文学的要求》，讲稿发表于1月8日《晨报副刊》、1月10日《民国日报·觉悟》和1月20日《时事新报·学灯》。周作人批评“艺术派”和“人生派”的主张，认为“著者应当用艺术的方法，表现他对于人生的情思，使读者能得艺术的享乐与人生的解释”。所以，“要求的当然是人的艺术派的文学”，即“人生的文学”。文章说：“这人道主义的文学，我们前面称他为人生的文学，又有人称为理想主义的文学；名称尽有异同，实质终是一样，就是一个人以人类之一的资格，用艺术的方法表现个人的感情，代表人类的意志，有影响于人间生活幸福的文学。……这新时代的文学家，是‘偶像破坏者’，但他还有他的心得宗教，——人道主义的思想是他的信仰，人类的意志便是他的神。”

同日，沈雁冰的文论《表象主义的戏曲》发表于《时事新报·学灯》，署名雁冰。

6日、7日，冰心的小说《庄泓的姊姊》连载于《晨报》。

9日，《胡适之先生再答胡汉民仲恺两先生书》发表于《建设》第2卷第2号。

10日，刘大白的诗歌《你们去了》发表于《浙江省立第一师范学校校友会十日刊》第10号。

同日，沈雁冰的杂文《现在文学家的责任是什么？》发表于《东方杂志》第17卷第1号，署名佩韦。文中强调文学应该为“人类呼吁”，“自来一种新思想发生，一定先靠文学家做先锋队，借文学的描写手段和批评手段去‘振聋发聩’”。“中国现在正是新思潮勃发的时候，中国文学家应当有传播新思潮的志愿，有表现正确的人生观在著作中的手段。”因此文学应该“为表现人生而作”。“文学家所欲表现的人生，绝不是一人一家的人生，乃是一社会一民族的人生……从这里研究得普遍的弱点，用文字描写出来，这才是表现人生的文学。”所以，作家的责任，现在是将“西洋的东西一毫不变动的介绍过来”，并且“下一个字是为人类呼吁的，不是供贵族阶级赏玩的；是‘血’和‘泪’写成的，不是‘浓情’和‘艳意’做成的，是人类中少不得的文章，不是茶余酒后消遣的东西”。“积极的责任是欲把德谟克拉西充满在文学界，使文学成为社会化，扫除贵族文学的面目，放出平民文学的精神。”

同日，周瘦鹃等译述的小说《小金盒》、《毒药罇》、《金箱》、《颈圈》、《伪票》、《黄钻石》、《毒梳》(皆无原著者名)收入上海交通图书出版社初版的《欧美名家侦探小说大观》第4集。

11日，瞿秋白的杂文《社会运动的牺牲者》发表于《新社会》第8号。

同日，瞿世英的杂文《社会的过去和未来》开始在《新社会》第8号发表。后又在本月21日和2月1日《新社会》第9号、第10号上连载。

瞿世英(1901—1976)，中国近现代教育家。原名士英。江苏武进人。早年与郑振铎、瞿秋白、赵世炎等创办《新社会》旬刊、《人道》月刊。五四运动中为北京学生联合会代表。1920年底，与郑振铎、茅盾、叶圣陶等发起成立“文学研究会”。1922年毕业于燕京大学研究科。1926年获美国哈佛大学哲学博士学位。曾任清华大学、北京大学、上海自治学院、北京师范大学、北京女子师范大学教授，湖南大学文学院院长，中华平民教育促进会研究部主任、代总干事长，重庆乡村建设育才院院长，联合国教科文组织中国代表团顾问兼秘书长。中华人民共和国成立后，历任铁道部参事室专员、北京师范大学教授。毕生从事哲学、教育理论的教学与研究工作，推行平民教育多年，专长中外哲学史、教育哲学、中外教育史。著有《教育哲学》、《教育学原理》、《乡村教育文录》、《现代哲学》、《西洋教育思想史》，与人合著《中国古代教育史》，并译有《西洋哲学史》等。

同日，许地山的杂文《女子底服饰》发表于《新社会》第8号。

同日，郑振铎的随感录《黑幕与嫌疑》、《纸上的改造事业》、《虚伪》、《报纸的休息》发表于《新社会》第8号。

同日，瞿世英的报告文学《调查贫民收养所的报告》发表于《新社会》第8号。

同日，耿匡所译俄国 Pilesteheet 的诗歌《往前》发表于《新社会》第8号。

12日，在五四运动的推动下，北洋政府接受了当时全国教育联合会和国语统一筹备会议的建议，教育部通令全国国民学校一、二年级自这一年秋开始，先改文言文为现代语体文，并规定两年内小学全部教科书将由旧时文言文课本改为语体文(即白话文)国文教材。同年又一次下通令，至1922年一律废止中学各年级用文言文编写的教科书。从此，白话文取代文言文成为中国学校的通行语言，教育开始向国民普及。

同日，林纾的诗歌《题蜀客省亲图》发表于《公言报》，署名畏庐。

14 日，林纾的诗歌《哭高子益四首》发表于《公言报》，署名畏庐。

15 日，蔡元培的杂文《工学互助团的大希望》发表于《少年中国》第 1 卷第 7 期。

同日，胡适的杂文《非个人主义的新生活》发表于《时事新报》和《新潮》第 2 卷第 3 号。文章说："本篇有两层意思。一是表示我不赞成现在一般有志青年所提倡、我所认为'个人主义的'新生活。一是提出我所主张的'非个人主义的'新生活。就是'社会的'新生活。"此文作于本年 1 月 3 日。

同日，张东荪的文章《职业自由的要求》发表于《解放与改造》第 2 卷第 2 号。

同期，还发表了刘延陵的文章《坟墓制度的改造》。

刘延陵（1894—1988），诗人。字苏观，笔名言林、Y.L.。安徽旌德人。1916 年毕业于复旦大学。1920 年 5 月起担任学生文学团体"晨光社"、"湖畔诗社"的顾问。1921 年到上海，任中国公学小学部国文教员，同年加入文学研究会，并与叶圣陶创办、主编《诗》月刊。所写诗作风格别致，充满丰富想象，带有浪漫色彩。1922 年到杭州，在浙江第一师范任教。1923 年与朱自清、俞平伯等人编印了两种不定期文学刊物《我们的六月》和《我们的七月》。抗日战争前曾任暨南大学教授。抗日战争爆发后赴南洋任教，后从事新闻工作，任新加坡《联合晚报》总编。主要作品有诗集《雪朝》（与朱自清合著）、论文集《社会论》，并译有柯南道尔短篇小说集《围炉琐谈》等。

同日，王光祈的文章《工读互助团》发表于《少年中国》第 1 卷第 7 期，并附该团募捐启示及简章。

同日，张赤翻译罗素的小说《国》发表于《少年中国》第 1 卷第 7 期，后在本年 9 月 15 日《少年中国》第 2 卷第 3 期续刊载毕。

17 日，林纾的诗歌《清番禺梁文忠公诔》发表于《公言报》，署名畏庐，后收入《畏庐三集》。

20 日，《秦钟》月刊创刊于北京，又名《共进》。由"旅京陕西学生联合会"编辑出版，16 开，1920 年 6 月出至第 6 期停刊，共出 6 期。1921 年 10 月，由李子洲、魏野畴改出《共进》半月刊。主要栏目有论坛、评林、调查、小说、丛录、学海、讲演等。主要撰稿人有杨钟健、张崇善、陈顾远、陈声树、王价等。

同日，《觉悟》月刊创刊于天津，由天津"觉悟社"出版发行，大32开本，现存最后一期出版于1926年1月。撰稿人署名均以数字代替，准确署名已不可考，但证实周恩来等曾在该刊物发表过文章。

21日，郑振铎的杂文《再论我们今后的社会改造运动》发表于《新社会》第9号。

同期，还发表了瞿世英的随感《不能办与不办》、《劝你们赶早离婚》，瞿秋白的文章《读〈美利坚之宗教新村运动〉》。

同日，耿济之所译柴霍甫的小说《唉，众人！》开始在《新社会》第9号上发表。后来又于2月1日、2月11日、2月21日分别续刊于《新社会》第10号、第11号、第12号。

22日，郭沫若的诗歌《解剖室中》发表于《时事新报·学灯》，署名沫若。

24日，郭沫若的小说《他》发表于《时事新报·学灯》，署名沫若。此文作于1920年1月6日。

同日，周作人的杂文《新村运动的解说——对于胡适先生的演说》发表于《晨报副刊》。此文作于1920年1月18日。

25日，《小说月报》从本期即第11卷第1号增辟"小说新潮"栏，开始选登白话作品，启用新式标点符号，由沈雁冰接任编辑。沈雁冰为之作《"小说新潮栏"宣言》，文章首先阐述新思潮和新文学的关系，指出"穷本溯源"借鉴西洋小说的急迫性，"况且西洋的小说已经由浪漫主义进而为写实主义，表象主义，新浪漫主义，我国却还是停留在写实以前，这个又显然是步人后尘。所以新派小说的介绍，于今实在是很急切的了"。其次，沈雁冰还分析了文学与思想、艺术的关系，指出："思想能够一日千里的猛进，艺术怕不是'探本穷源'便办不到。因为艺术都是根据旧张本而美化的。不探到了旧张本按次做去，冒冒失失'唯新是摹'，是立不住脚的……"因为现在中国要介绍新的小说，应该先从"写实派、自然派介绍起"，同时"强调创造中国的新文艺，既要学习西洋文学，又要研究中国的旧文艺"，"最新的不就是最美的最好的"，"真实的价值不因时代而改变。旧文学也含有'美''好'的，不可一概抹煞。所以我们对于新旧文学并不歧视；我们相信现在创造中国的新文艺时，西洋文学和中国的旧文学都有几分的帮助"，"我们是想把旧的做研究材料，提出他的特质，和西洋文学的特质结合，另创一种自有的新文学出来"。因此，"我们现在辟这一栏，便有此意，不是徒然‘慕欧’。这是希望大家明白，并希望大家本着这层意思猛力进行的”。《“小说新潮栏”宣言》还开列了包括易卜生、莫泊桑、左拉、契诃夫、屠格涅夫、高尔基、托尔斯泰、陀思妥耶夫斯基、萧伯纳等 20 位名家的 43 部长篇名著，建议大家有计划地翻译，以供建设新文学的参考。沈雁冰在《我走过的道路·革新〈小说月报〉前后》回忆中说：“《小说月报》的半革新从一九二〇年一月出版的那期开始，亦即《小说月报》第十一卷开始。这说明十年之久的一个顽固派堡垒终于打开缺口而决定了它的最终结局，即第十二卷起的全部革新。”“我偶尔地被选为打开缺口的人，又偶然地被选为进行全面革新的人，然而因此同顽固派结成不解的深仇。这顽固派就是当时以小型刊物《礼拜六》为代表的所谓鸳鸯蝴蝶派文人；鸳鸯蝴蝶派是封建和买办意识的混血儿，在当时的小市民阶层中有相当的影响。”

同期，还发表了周瘦鹃的《小说新潮宣言》，署名瘦鹃。

同日，沈雁冰的小说《安得列夫死耗》发表于《小说月报》第 11 卷第 1 号，署名冰。

同期，还发表了周瘦鹃的小说《黑狱红鸳》；程瞻庐的小说《新旧家庭》。

同日，沈雁冰杂文《佩服与崇拜》发表于《时事新报·学灯》，署名雁冰。

同日，沈雁冰的文论《新旧文学平议之评议》发表于《小说月报》第 11 卷第 1 号，署名冰。提出文学应该“表现人生并指导人生”、“重思想内容，不重形式”的观点。文中称：“我以为新文学就是进化的文学”，进化的文学有三件要素：一是普遍的性质，二是有表现人生指导人生的能力，三是为平民的非为一般特殊阶级的人的。唯其是要有普遍性的，所以“我们要用语体来做，唯其是注重表现人生指导人生的，所以我们要驻中国思想，不重格式；唯其是为平民，所以要有人道主义的精神，光明活泼的气象”。“所谓新旧在性质，不在形式。”旧诗文中某些通俗、思想深刻的作品，也可以称是新文学。“所以我们该拿进化二字来注视‘新’字，不该拿时代来注释。”

同日，沈雁冰的文论《俄国近代文学杂谈》开始发表于《小说月报》第 11 卷第 1 号，署名冰，至第 2 号载毕。

同日，沈雁冰所译印度台莪尔小说《髑髅》发表于《东方杂志》第 17 卷第 2 号。署名雁冰。

同日，林纾、王庆通译小说《伊罗埋心记》开始发表于《小说月报》第11卷第1号。原著者为法国作家小仲马。至2月25日第2号载毕。

同期，还发表了张毅汉译大仲马的小说《素郎Solange》；周瘦鹃译法国作家伏兰氏的小说《畸人》。

26日，郭沫若的小说《鼠疫》发表于上海《时事新报·学灯》，署名沫若。此文作于本年1月10日。

29日，冰心的小说《一篇小说的结局》发表于《晨报》。

30日至31日，郭沫若的诗歌《凤凰涅槃》(一名《菲尼克司的科美体》)发表于上海《时事新报·学灯》，署名沫若。此诗作于本月20日。诗中的凤凰，其实是指西方传说中的不死鸟，即天方国古有神鸟名“菲尼克司”，满500岁后，集香木自焚，复从死灰中更生，鲜美异常，不再死。作者借鉴西方不死鸟的传说为素材，通过凤凰涅槃、浴火重生的故事，表达了彻底埋葬旧社会、争取祖国自由解放的思想和诗人对自由、平等、和谐的新社会的无限向往。

本月

帝国主义操纵的国际联盟成立。

月初，刘半农被推举为“国语辞典委员会”委员。

同月下旬，刘半农在出席《礼拜六》、《游戏杂志》、《紫罗兰》等刊物编辑和主要撰稿者的宴会中，展开了对于“鸳鸯蝴蝶派”的讨论，“鸳鸯蝴蝶派”的名称由此得来。

同月底、2月初，张静庐、王靖在上海成立“新潮社”，这是五四时期第一个专门从事文学活动的社团。陆续加入的成员有20余人，其中包括曹靖华、王无为、陈建雷等。3月15日出版“社刊”《新的小说》杂志，该杂志共出版3卷2期。此后，“新潮社”未见活动。

同月，《北野杂志》创刊于江苏常熟，郑北野任编辑，由“北野编译社”总发行，1920年12月停刊，共出4期。主要栏目有文录、诗录、南北曲、小说、笔记、题词等。

同月，《新妇女》半月刊创刊于上海，1921年5月停刊，约出18期。主要撰稿人有陆冰心、沈静虚、凌均逸。

同月，宋介的小说《恋爱》以及王晴霓的小说《一百五十天》皆发表于《曙光》第1卷第3号。

同月，王统照的诗歌《铁道边的孩子》、《蛛丝》、《八年的末日》发表于《曙光》第1卷第3号。

同期还发表了王晴霓的诗歌《汽炉》、《雪》、《赠木鸡》。

同月，诗集《新诗集》（第一编）由上海新诗社出版部初版，新诗社编辑部编辑，上海国光书局印刷，群益书社、亚东图书馆、时事新报馆代售。23开，直排。作品分“写实类”、“写景类”、“写意类”、“写情类”4辑，收录胡适《人力车夫》、刘半农《相隔一层纸》、周作人《两个扫雪的人》等诗103首，其中译诗6首。书前有编者序《吾们为什么要印新诗集？》，书后附胡适《我为什么要做白话诗？》、《谈新诗》及刘半农《诗的精神上之革新》3篇文章。编者在序中称印此书“理由”有四：一、汇集几年试验的成绩，打消怀疑派的怀疑；二、提供一个写新诗的范本；三、编辑起来便于阅读新诗；四、便于对新诗进行批评。此《新诗集》第一编出版以来不出几个月初版已经卖完，编者还打算出版第二编，并在第二编中发表韵诗的押韵法，以补“做有韵底新诗，还没有一种韵书”之空白。并且打算内容比第一编多三分之一，但《新诗集》第二编未见出版。

此《新诗集》后来并没有得到人们的重视。1935年10月朱自清选编《中国新文学大系》时，在导言的《选诗杂记》中讲：“那时新诗已有两种选本，一是《新诗集》，一是《分类白话诗选》（一名《新诗五百首》），但我们都不知道。这回选诗，承赵家璧先生觅得，方才得见。”然而见了之后朱自清认为，“这两本选本，大约只是杂凑而成，说不上‘选’字”，并没有看重，而且还在诗集《导言》中称胡适的《尝试集》为“我们第一部新诗集”。

同月，胡适创作杂文《示威？》，收入《尝试集》二版，四版删去。

同月，刘大白的随感10至12发表于《教育潮》第1卷第6期。题目分别为《误尽？苍生！》、《谁产生这些孝子来？》、《出乎意料之外！》。

同月，宋介的杂文《家庭与社会》、《一个拉车的幼童》、《纸片也可作衣服》、《他两抱脖颈出游》、《肥奴你为何卧在地下？》发表于《曙光》第1卷第3号。

同月，沈雁冰根据Bertrand Russell的《到自由的几条拟径》中部分章节改写而作杂文《巴苦宁和无强权主义》，发表于《东方杂志》第17卷第1、2号，署名雁冰。

同月，老舍参与写作的报告《参观苏省小学教育报告》开始发表于《京师学务局教育行政月刊》第1卷第3号，署名荣英、刘耀曾、王峰、舒庆春等。至3月本刊第5号载毕。此文为1919年冬天所作。

老舍（1899—1966），小说家、剧作家。原名舒庆春，字舍予，另有絜青、絜予、口青等笔名。满族，北京人。1918年北京师范学校毕业后，担任过小学校长、国文教员等职。1924年夏赴英国伦敦大学东方学院任华语教员，并开始写作长篇小说《老张的哲学》、《赵子曰》和《二马》。1929年夏离英回国。1930年起先后在山东济南齐鲁大学文学院和青岛山东大学任教。1936年夏起从事专业写作，同年秋开始发表长篇小说《骆驼祥子》与《选民》。抗日战争爆发后，辗转武汉、重庆，主持中华全国文艺界抗敌协会的工作。这个时期的作品有：剧本《残雾》、《国家至上》（与宋之的合著）、《张自忠》、《面子问题》等9部。长篇小说《四世同堂》（第一部《惶惑》、第二部《偷生》）。短篇小说《火车集》、《贫血集》、《东海巴山集》和通俗文艺、鼓书词、京剧等。1946年3月赴美国讲学，并写作了长篇小说《四世同堂》第三部《饥荒》及《鼓书艺人》。1949年12月返回北京。曾任政协全国委员会常务委员、中国文联副主席等职。1951年12月北京市人民政府授予老舍"人民艺术家"称号。1966年逝世。主要作品有：长篇小说《骆驼祥子》、《四世同堂》、《猫城记》、《离婚》、《牛天赐传》等，短篇小说《赶集》、《樱海集》、《蛤藻集》等，话剧《方珍珠》、《茶馆》、《龙须沟》等，以及其他报告文学、杂文、短评和通俗文学作品。

同月，梅兰芳自导自演的戏曲影片《春香闹学》和《天女散花》在京上演。

同月，文论集《文化新介绍》（上下册）初版，由尚学会编辑部所编，收入胡适《文学改良刍议》、傅斯年《怎样做白话文》、王世栋《学术进步之好现象》等27篇论文。

同月起，沈雁冰所译俄国作家托尔斯泰的小说作品《活尸》连载于《学生杂志》第7卷第1号至第7卷第6号。

同月，贡少芹所译贝尔斯的小说《变相之宰相》由上海国华书局出版，为文言文译文。1936年上海国华新记书局再版时更名为《假面具》。

同月，蒋炳然、廖鸣韶所译小说《苦海双星》由上海商务印书馆出版，文言译文，1921年10月再版，收入说部丛书第3集第88编。

同月，耿匡所译俄国 Plestcheff 的诗歌《往前》以及俄国 Sourikoff 的诗歌《我的道路黑暗，真黑暗》发表于《曙光》第1卷第3号。

二月

1日，胡适的文论《国语的进化》发表于《新青年》第7卷第3号。本文以事实证明古文正在日益退化，白话文取而代之为历史的必然趋势。文章从四个方面进行了论证：第一，“文言达意表情的功夫久已减少至很低的程度了”；第二，“至于记载过去的经验，文言更不够用。文言的史书传记只能记一点极简略极不完备的大概”；第三，“至于教育这一层，这二十年的教育经验更可以证明文言的绝对不够用了。”“二十年来，教育变成了人人的权利，变成了人人的义务，故文言的不够用，渐渐成为全国教育界公认的常识”；第四，“至于作社会共同生活的媒介物，文言更不中用了”。

同日，郑振铎的杂感《“罪的研究”》开始发表于《新社会》第10号。续至本刊第11号。

同期还发表了郑振铎的杂感《怎样服务社会？》，陈独秀的杂感《基督教与中国人》。

同日，许地山的散文《强奸》发表于《新社会》第10号。

同日，朱希祖的杂文《敬告新的青年》发表于《新青年》第7卷第3号。

同日，张东荪的杂文《评资本主义的办事方法》和《利害冲突背后的人性观冲突》发表于《解放与改造》第2卷第3号附录。

同日，钱玄同的文论《减省汉字笔画底提议》发表于《新青年》第7卷第3号。

同日，郭沫若的书信《致宗白华书》发表于上海《时事新报·学灯》。文章强调“诗意诗境的纯真的表现”。

同日，陈独秀的通信《教育问题·复虞杏村》、《林纾与育德中学·复臧玉海》、《妇女选举权·复明慧》发表于《新青年》第7卷第3号。

同日，林纾的书信《复育德中学函》发表于《新青年》第7卷第3号，自署林纾。此文转录自本期《新青年》通讯栏载臧玉海致《新青年》记者的信中。

同日，周作人所译波兰作家 Stefen Zeromski 的小说《诱惑》发表于《新青年》

第7卷第3号，署名周作人译。

2日，郭沫若的诗歌《心灯》发表于上海《时事新报·学灯》，署名沫若。此诗作于本年1月25日。

2、3日，林纾的诗7首《岁暮闲居颇有所悟拉杂书之不成诗也》发表于《公言报》，署名畏庐。

3日，沈雁冰的作品《一个礼拜日》发表于《时事新报·学灯》，署名玄。

同日，郭沫若的诗歌《炉中煤——眷念祖国的情绪》发表于上海《时事新报·学灯》。

4日，沈雁冰的杂文《对于系统的经济的介绍西洋文学底意见》发表于《时事新报·学灯》。文章指出介绍西洋文学要注意“切要”和“系统”。同时“以为在系统之外，还有一个合于我们社会与否的问题”。他认为创作文艺“有三种功夫，似乎是必不可少的。(一)是观察，(二)是艺术，(三)是哲理”。

5日，沈雁冰的论文《生物界之奇谈》、《评〈新妇女〉》和《男女社交公开问题管见》皆发表于《妇女杂志》第6卷第2号，署名佩韦。

同日，沈雁冰的作品《谭天》发表于《学生杂志》第7卷第2号，署名雁冰。

同日，郭沫若《致宗白华书》发表于上海《时事新报·学灯》，署名沫若。

同日，沈雁冰所译 Authur Schnitzler 的作品《结婚日的早晨》发表于《妇女杂志》第6卷第2号，署名冰。

同期还发表了沈雁冰译自 Margaret Mcmillan 的作品《将来的育儿问题》，恩淑南的文章《欧洲妇女的结合》。

同日，陈独秀在武汉讲演，题目为《社会改造的方法与信仰》。

7日，郭沫若的诗歌《天狗》发表于上海《时事新报·学灯》，此诗作于本年1月30日。这首诗写于郭沫若新诗创作的爆发期，正是青年郭沫若情感最炽烈的时刻。诗风强悍、狂暴、紧张，一开始诗人便自称“天狗”，它可吞月、吞日，吞一切星球。而“我便是我了”则是个性获得充分张扬所带来的自豪感，是诗人在五四精神观照下对个性解放的赞歌。

同日，郭沫若的诗歌《岸》发表于上海《时事新报·学灯》，署名沫若。此诗作于1920年1月30日，收入《女神》、《沫若文集》时改名为《沙上的脚印》。

8日，周作人的诗歌《苦人》发表于《新生活》第25期，署名作人。

10 日，沈雁冰的杂文《世界两大系的妇人运动和中国的妇人运动》发表于《学生杂志》第 7 卷第 3 号，署名雁冰。

同日，沈雁冰译自 Jerome Davis 的论文《俄国人民及苏维埃政府》以及所译瑞典作家罗格洛孚女士的小说作品《圣诞节的客人》发表于《东方杂志》第 17 卷第 3 号，署名雁冰。

11 日，郑振铎的杂文《我们今后的社会改造运动》和《白拉克麦氏的〈社会学要义〉》发表于《新社会》第 11 号。

12 日，陈独秀作《我们为什么要做白话文》的演讲，讲稿发表于《晨报副刊》。

15 日，《少年中国》第 1 卷第 8 期为“诗学研究号（一）”，探讨新诗的问题。主要有周作人的文论《英国诗人勃来克的思想》、田汉的杂文《诗人与劳动问题》、宗白华的文论《新诗略谈》、周无的文论《诗的将来》。

其中，宗白华的《新诗略谈》“研究怎样才能做出或写出新体诗”。宗白华将诗定义为“用一种美的文字……音律的绘画的文字……表写人的情绪中的意境”，这其中包含了“形”（文字：音节和词句的构造）和“质”（意境：诗人的感想情绪）两个方面的美的要求。他认为，不但“文字中可以听出音乐式的节奏和协和”，“表写出空间的形相与彩色”，“质”的方面也需“表现天然画图的境界”，并以“音乐式的情调”，“表现时间中变动的情绪思想”。

周无在《诗的将来》中反思诗体问题。认为诗有“节韵”，这里的“节韵”即指节奏而言，他说：“至于韵节，也是他特有要素，只有进化改善，没有根本除去的。”又说：“须知律声是补助节韵，节韵是用来引起美情。”这种说法，一反前人对格律的看法，肯定了格律等要素对诗歌审美的积极意义。“诗有节韵——与旧诗的音乐不同……”他主张诗要有多元的音乐美，即音节多变化，以区别于旧诗狭窄严格的规律。“诗的进化和诗的实体进化，中间是有一定的尺度。”

田汉的文章《诗人与劳动问题》至 3 月 15 日《少年中国》第 1 卷第 9 期续载毕。

同期还发表了康白情的诗歌《疑问》，王光祈的《留别少年中国学会同人》。

同日，周作人的诗歌《荆棘》发表于《新生活》第 26 期，署名作人。此文作于本月 7 日。

同日，沈雁冰的杂文《评女子参政运动》发表于《解放与改造》第 2 卷第 4 号。署名雁冰。此文作于本年 1 月 18 日。

同期还发表了俞颂华的文章《柯蕾的〈社会的历程〉》，周佛海的杂文《教育的解放》。

同日，郭沫若作《致宗白华书》和《致田寿昌书》，书信初收于本年5月亚东图书馆初版《三叶集》，署名沫若。

19日，庐隐的杂文《“女子成美会”希望于妇女》发表于《晨报副刊》。

庐隐（1898—1934），女，小说家。原名黄英，笔名冷鸥。福建闽侯人。1916年毕业于北京女子师范学校，曾在北京、安徽、河南的一些女子中学和师范学校任教。1919年考入北京女子高等师范学校。1921年加入文学研究会，投身新文学运动，成为文学研究会中与冰心齐名的女作家。1922年大学毕业后到安徽宣城中学任教，半年后回北平师范大学附属中学教国文。1925年出版第一本小说集《海滨故人》。1926年到上海大夏大学教书，1927年任北京市立女子第一中学校长半年。1930年与李唯建结婚，1931年出版了二人的通信集《云欧情书集》。婚后一度在东京居住，出版《东京小品》。1931年起担任上海工部局女子中学国文教师。36岁时因临盆难产逝世。她以探索人生问题开始创作生涯，后来作品大多描写爱情的纠葛，在恋爱问题的外衣下，发出对恶浊的社会和糟糕的人生的诅咒。作品多采用自传式的书信体或日记体，文字清丽自然，但结构欠严谨。主要作品有小说集《海滨故人》、《曼丽》、《归雁》、《象牙戒指》等，通信集《云欧情书集》等。

21日，郑振铎的杂文《学生的根本上的运动》和《海士氏的〈社会学〉》发表于《新社会》第12号。

同日，郑振铎《社会学略史》开始在《新社会》第12号上发表。此作至3月1日第13号续载毕。

同日，瞿世英的杂感《婚姻问题》以及许地山的文论《我对于译名为什么要用注音字母》发表于《新社会》第12号。

23日，郭沫若的论文《生命底文学》发表于上海《时事新报·学灯》，署名沫若。

25日，沈雁冰的文论《我们现在可以提倡表象主义的文学吗？》发表于《小说月报》第11卷第2号。他批驳当时有人提出的象征主义做不到对恶社会腐败根源的抨击、“所以应该提倡写实，不是表象”的主张，而认为“我们该并时走几条路，所以该提倡表象了”，“表象文学是承接写实之后到新浪漫的一个过程，所以不得不先提倡”。

同日，周瘦鹃所译法国作家盎利梅尔伊的小说《黄叶》发表于《小说月报》第11卷第2号。

26日，郭沫若的诗歌《叹逝》发表于上海《时事新报·学灯》，署名沫若。此诗初见于本年2月15日《致宗白华书》。

29日，周作人所译日本作家千家元麿的小说《苍蝇》发表于《新生活》第27期，署名作人。

本月

北京大学首次允许女生到校听课，开创大学男女同校之先河。本年2月29日《北京大学学生周刊》第4号"本校要闻"栏刊登了《女子共学的先声现在已有三位女旁听生》一文，文中说："男女共学已为国内学者多数的主张，本校即先行开放，以为各校倡。但未得教育部许可，暂时不招正科生，只设女生旁听席，即有王兰、奚浈、查晓园三位女士入本校旁听。现在还有许多来报名的，闻从今年秋季招生起实行兼收女生云。"

同月，尤玄甫编长篇小说《碧玉串》由上海商务印书馆初版，收入《说部丛书》第3集第80编。

同月，王晴霓的诗歌《乞儿哭》、《画个圈儿》和《？》发表于《曙光》第1卷第4号。

同月，王统照的文章《美性的表现》发表于《曙光》第1卷第4号。

同期还发表了宋介的杂文《完成与文明》、《天才与社会》；王晴霓的文论《新文学的回答》。

同月，宋介的通信《复YCS》、《复何今亮》、《复曹靖华》发表于《曙光》第1卷第4号。

同月，陈家麟、林纾译的长篇小说《赂史》由上海商务印书馆初版，共2册，原著者为法国作家亚波倭得。收入《说部丛书》第3集第84编。又收入《林译小说丛书》第2集第26编。

同月，廖鸣韶编译长篇小说《菱镜秋痕》由上海商务印书馆出版，收入《说部丛书》第3集第85编。文言译文。

同月，陈家麟、林纾译的长篇小说《还珠艳史》由上海商务印书馆初版，共 2 册，原著者为美国作家堪伯路司。收入《说部丛书》第 3 集第 79 编。

同月，郭沫若翻译诗歌《献诗》，此诗原作者为德国诗人歌德，列于诗剧《浮士德》序幕之前。初见于本年 2 月 15 日《致宗白华书》。

同月，瞿秋白译自马德志尼（Joseph Wadsinie）《论〈不死〉书》发表于《曙光》第 1 卷第 4 号。

同期还发表耿匡所译俄国作家柴霍甫的诗歌《谗谤》，瞿秋白所译俄国 Gogoe 的独幕剧《仆御室》。

三月

1 日，《新青年》第 7 卷第 4 号出“人口问题号”，以陈独秀、顾孟余、马寅初等人为代表在《新青年》上发表了一系列文章讨论中国当时的人口问题。所发表的文章如：陈独秀的论文《马尔塞斯人口论与中国人口问题》、顾孟余对陈长衡《中国人口论》的书籍批评。

同日，王统照的小说《卖饼人》发表于《新社会》第 13 号。

同日，冰心的小说《世界上有的是快乐……光明》和报道《燕京大学男女校联欢会志盛》发表于《燕大季刊》第 1 卷第 1 期，署名谢婉莹。

同日，叶圣陶的诗《地主》发表于上海《民国日报・觉悟》，署名圣陶。

同日，瞿秋白的杂文《社会与罪恶》以及郑振铎的论文《吉丁斯氏的〈社会学原理〉》发表于《新社会》第 13 号。

同日，张东荪的论文《改造要全体谐和》发表于《解放与改造》第 2 卷第 5 号。

同期还发表了俞颂华的论文《述爱尔和特氏论社会常态的与变态的改革之大意》。

同日，瞿秋白所译托尔斯泰的杂文《告妇女》以及《答论驳〈告妇女〉书之节录》发表于《解放与改造》第 2 卷第 5 号。

同日，瞿世英所译文章《社会上各种活动的分析》（Hayes《社会学》片段）发表于《新社会》第 13 号。

5 日，沈雁冰的杂感《我们该怎样预备了去谈妇女解放问题》发表于《妇女杂志》

第 6 卷第 3 号，署名雁冰。此文作于本年 2 月 2 日。

同期还发表了沈雁冰所译爱伦凯的小说《爱情与结婚》，署名四珍。

6 日，郭沫若的诗歌《登临—— 一名〈独游太宰府〉》发表于上海《时事新报·学灯》，署名沫若。此诗初见于本年 2 月 25 日《致田寿昌书》。

同日，郭沫若作《致田寿昌书》，初收于本年 5 月亚东图书馆初版《三叶集》。

7 日，郭沫若的诗歌《日出》发表于上海《时事新报 · 学灯》，署名沫若。此诗作于本年 2 月 29 日。

10 日，沈雁冰所译爱尔兰作家夏脱的小说《沙漏》发表于《东方杂志》第 17 卷第 6 号，署名雁冰。

11 日，许地山的论文《社会科学底研究法》开始在《新社会》第 14 号上连载，至《新社会》第 18 号“劳动号（二）”载毕。

同日，郑振铎的论文《托尔斯泰的教育观——一封给他近亲某夫人的信》发表于《新社会》第 14 号。

同日，瞿世英译自 Ira W. Howerth. PhD 的《社会主义与教育》发表于《新社会》第 14 号。

同期还发表了耿济之的文章《译名问题》。

11 至 12 日，冰心所作小说《最后的安息》连载于《晨报》。

14 日，林纾的两首诗《己未除夕》、《寄怀郑苏堪同年》发表于《公言报》，署名畏庐，后收入《畏庐诗存》。

同日，周作人所译日本作家贺川丰彦的小说《没有钱的时候》和《涂白粉的大汉》发表于《新生活》第 29 期，署名作人译。

15 日，《新的小说》月刊创刊于上海，又名《新晓》。先后由张静庐、王靖主编，泰东图书局发行。创刊伊始，编者便明确宣布，该刊“趋旨”是“不和旧的小说一样”，所谓的“新的小说”，要履行“通俗教育的补助品”责任，要用“‘新的’文化来改造旧社会”、“‘新的’思想来建设新道德”。该刊第 2 卷第 5 期所载的一则《本刊特别启事》再次声明：“吾国自受西洋文学的思想震荡之后，思想界已有‘日新月异’的趋势，本志能力虽薄，也愿逐步改革，应世界文学潮流以新国人耳目；或者于新文艺前途能够尽些天职。”该刊专载新体小说、诗歌、剧本，第 2 卷以后增加小说研究、小说评论、通讯等内容，主要栏目有小说创作、翻译名著、新的小说、小说研究、小说批评、小说家传、欧美小说史等。主要撰稿人有张静庐、白萍、悟仇、笑佛、郭沫若、乐勤等。1921 年 6 月出至第 3 卷第 1 期时，改名为《新晓》，改名后仅出 1 期而终刊，共出 12 期。曾出“恋爱号”、“托尔斯泰号（上）”、“托尔斯泰号（下）”。

同日，《少年中国》第 1 卷第 9 期“诗学研究号（二）”，为本年 2 月 15 日所出“诗学研究号（一）”的续刊，对新诗的相关问题继续进行探讨，发表了一系列的文论和诗歌，其中有康白情的文论《新诗底我见》。作者认为，“旧诗里音节的表见，专幸音韵平仄清浊等满足感官底东西。因为格律底束缚，心官于是无由发展；心官愈不发展，愈只在格律上用工夫，浸假而仅能满足感官；竟嗅不出诗底气味了”。

同期还发表了康白情的四首诗歌《江南》、《朝气》、《“不加了”》以及《送许德珩杨树浦》；田汉的诗歌《竹叶》；黄仲苏的诗歌《春又来了！》、《送会友魏时珍、王若愚、陈剑修、许楚僧赴欧留学》；周无的诗歌《黄蜂儿》；郑伯奇的诗歌《别后》。

郑伯奇（1895—1979），中国电影剧作家，小说家，左翼文学运动开创者之一。原名隆谨，笔名郑君平、何大白等。陕西长安人。1917 年秋赴日本。1919 年参加同盟会，1920 年在《少年中国》第 1 卷第 9 期发表第一首诗作《别后》。1921 年创造社成立时，他是主要成员之一。1926 年毕业于日本京都帝国大学文学哲学科，同年回国。1927 年，他来到上海，开始从事文艺工作，主编或参与编辑的刊物有《创造月刊》、《北斗》、《新小说》等。1929 年，曾任上海艺术剧社社长。1930 年 2 月，当选为左翼作家联盟常务理事，同年参加左翼戏剧家联盟。这一时期，他创作了独幕剧《抗争》，后被选入《中国新文学大系・戏剧集》。1932 年起任良友图书公司编辑，先后主编过《世界画报》、《电影画报》、《新小说》等刊物。抗日战争爆发后回西安，与谢华主办《救亡》周报。其后去重庆，任郭沫若主持的文化工作委员会委员。1944 年起任陕西师范专科学校教授。新中国成立后，先后任西北大学教授、西北军政委员会文教委员会委员、西北文联副主席、中国文联委员、作协理事、作协西安分会副主席等职。主要作品有短篇集《打火机》，评论集《西栖集》、《参差策》，短篇戏剧集《抗争》等。

同日，林纾所作诗歌《番禺梁文忠公种树庐记》发表于《公言报》，署名畏庐。

同日，郭沫若的《致宗白华》和田汉的《复黄玄》发表于《少年中国》第 1 卷第 9 期。

同日，田汉所译 Shokama 的文论《歌德诗中所表现的思想》和黄仲苏所译诗歌《太戈尔的诗六首》发表于《少年中国》第 1 卷第 9 期“诗学研究号（二）”。《歌德诗中所表现的思想》系 Shokama 原作《歌德诗的研究》之一章，田汉译于本年 3 月 4 日午后 1 时，文中引录歌德的诗歌，大部分系郭沫若代翻译。

同日，周佛海所译日本作家室伏高信的文章《社会主义与劳动组合》发表于《解放与改造》第 2 卷第 6 号。

16 日，林纾所作诗歌《戏作烟云楼卧游诗四首》发表于《公言报》，署名畏庐，原无题，编者根据诗序拟此题。

17 日，林纾的《〈谒林日记〉序》发表于《公言报》，署名畏庐，后收入《畏庐三集》。

19 日，郭沫若的诗歌《光海》发表于上海《时事新报·学灯》，署名沫若。

同日，林纾所作词《一萼红·观梅郎演上元夫人》发表于《公言报》，署名畏庐。原词牌下无题，但有序，编者根据序拟此题。

20 日，鲁迅作《域外小说集序》，初收于 1921 年上海群益书社版《域外小说集》，署名周作人。

同日，郭沫若所译歌德的诗歌《风光明媚的地方——浮士德悲壮剧中第二部之第一幕》发表于上海《时事新报·学灯》，署名沫若。

21 日，瞿秋白的诗歌《心的声音》开始在《新社会》第 15 号上发表，后又在本年 5 月 1 日《新社会》第 19 号以及 8 月 15 日《人道》第 1 号上续刊，至本年 8 月 15 日载毕。

同日，瞿秋白的杂文《文化运动 = 新社会》发表于《新社会》第 15 号。

同期还发表了宋介的杂文《天才与社会》；瞿世英的文章《社会力的区分》；郑振铎的文章《爱尔和特的〈社会学与近代社会问题〉》。

22 日，郭沫若作诗歌《梅花树下的醉歌——偕田寿昌兄再游太宰府》。此诗初见于《三叶集》3 月 30 日《致宗白华书》，系郭沫若陪田汉游日本太宰府时所作。

24 日，胡适的《中学国文的教授》发表于《新青年》第 8 卷第 1 期、《新教育》第 5 卷第 3 期和《教育丛刊》第 1 卷第 2 期。

25 日，林纾、陈家麟译自俄国托尔斯泰的小说《球房纪事》发表于《小说月报》第 11 卷第 3 号。

同日，周瘦鹃译自易普生（即易卜生）的剧本《名家剧本·社会柱石》开始在《小说月报》第11卷第3号上发表，后又在《小说月报》第11卷第4、5、6、7、8、10、12号上续刊。至《小说月报》第12号（即本年12月25日）载毕，1921年10月上海商务印书馆出版单行本。

28日，周作人的随笔《"工学主义"与新村的讨论》发表于《工学》第1卷第5号，署名周作人。

同日，学衡派代表人物吴宓在日记中称："盖胡陈之学说，本不值识者一笑。凡稍读书者，均知其非。乃其势炙手可热，举世风靡，至于如此，实属怪异……呜呼，始作俑者，其肉岂足食乎？"体现了学衡派对于新青年派的态度和评价。

本月

在李大钊领导下，邓中夏、高君宇等人发起组织北京大学马克思学说研究会。同年10月，以马克思学说研究会的成员为骨干，发起组织了北京的共产党早期组织，李大钊被选为书记，邓中夏从此成为中国共产党最早的党员之一。

同月，共产国际远东局局长维金斯基来到北京，先后与李大钊、陈独秀会晤，商讨建立中国共产党的问题。

同月，《曙光》第1卷第5号出"两性问题号"。发表了宋介的杂感《两性与社会》和《欢迎朝鲜的〈曙光〉》；王统照的杂感《两性的教育观》和《美与两性》；王晴霓的杂文《家庭中之两性》、《两性的道德》以及《诗与两性》；刘静君的诗歌《我与你》；王统照的诗歌《紫藤花下》；王晴霓的诗歌《燕子》；宋介所译德国IWANBLONS的杂感《自由恋爱》等。

同月出版的小说有：包天笑编纂的长篇小说《童子侦探队》（上海商务印书馆出版，收入《说部丛书》第3集第90编）；程瞻庐的《茶寮小史》（上海商务印书馆出版）。

同月，胡适诗集《尝试集》由上海亚东图书馆初版。这是中国第一部白话新诗集。书前有钱玄同所写之序以及作者自序。书中分《尝试集》第一编和第二编，附录《去国集》。《尝试集》的出版，曾引起过多次讨论。钱玄同在《尝试集·序》中热情地肯定了胡适的尝试，他说："适之是现在第一个提倡新文学的人。我以前看见他做的一篇《文学改良刍议》，主张用俗语俗字入文，现在又看见这本《尝试集》，居然就用俗字俗语，并且有通篇用白话做的。'知'了就'行'，以身作则，做社会的先导。我对于适之这番举动，非常佩服，非常赞成。"1920年4月和7月，胡怀琛就分别在上海《神州日报》和《时事新报·学灯》上发表《〈尝试集〉批评》和《〈尝试〉正谬》，对《尝试集》中的8首诗做了修改和批评，从而引起一场论争。这场论争，从1920年4月起，到1921年1月止，先后有十多人在《神州日报》、《时事新报》、《星期评论》等报刊发表论辩文章。胡怀琛后来把这些论辩文章汇编成《〈尝试集〉批评与讨论》一书，于1921年3月由泰东图书局出版。在该书的《序》中，胡怀琛明确表示："这本册子，是我批评《尝试集》，及和他人讨论《尝试集》的通信。""我的批评，是标明旗帜，反对胡适之一派的诗；和我讨论的人，又反对我；大家笔战了一场，到底谁胜谁败，现在还没有定，还要等最后的解决。"

同月，王世栋选辑的《新文学评论》(上下册)由上海新文化书社初版。此书选辑《新青年》、《新潮》、《新教育》等期刊在"五四"前后发表的有关新旧文学论争的文章20篇。作者有胡适、陈独秀、傅斯年、罗家伦、蔡孑民等。附录当时教育部关于改用语体文、使用注音字母等4个文件。

同月，沈雁冰的文论《近代文学的反流——爱尔兰的新文学》发表于《东方杂志》第17卷第6、7号。

同月，林纾、陈家麟译自英国作家哈葛德的《金梭神女再生缘》由上海商务印书馆出版，共2册，收入《说部丛书》第3集第86编，又收入《林译小说丛书》第2集第46编。

同月，林纾、陈家麟译自英国作家高桑斯的长篇小说《欧战春闺梦》由上海商务印书馆出版，共2册，收入《说部丛书》第3集第87编，又收入《林译小说丛书》第2集第45编。

同月，林纾、叶于沅译自法国作家克里孟索德的小说《膜外风光》出版。

同月，郭沫若翻译歌德的诗歌《掘诗者》和《暮色》，初收于1927年10月15日上海创造社出版部初版的《德国诗选》。

同月，郭沫若翻译英国诗人雪莱的诗歌《云鸟曲》，此译诗曾出现于1920年3月20日《致宗白华书》中。后发表于1923年2月上旬《创造》季刊第1卷第4期。

四月

1日，《新青年》第7卷第5号对有关工读互助团结问题进行了讨论，针对此问题发表的文章有胡适的《工读主义试行的观察》、季陶《工读互助团与资本家的生产制》、李守常的《都市上工读团底缺点》、王光祈的《为什么不能试行工读互助主义》、陈独秀《工读互助团失败底原因在哪里》等。

同日，陈独秀的文章《新文化运动是什么》发表于《新青年》第7卷第5号，文中指出："通俗易解是新文学底一种要素，不是全部要素"，现在"主张白话文的人，也有许多只注重通俗易解。……白话文若是以通俗易解为止境，不注意文学的价值，那便只算是通俗文，不配说是新文学，这也是新文化运动中一种容易误解的"。陈独秀在文中阐明新文化运动的内涵，指出现存的误解与缺点，并提出了在新文化运动中应该注意的一些问题。

同期，还发表了蔡元培的《洪水与猛兽》，高一涵的《罗素的社会哲学》，王星拱的《什么是科学方法》、《奋斗主义底一个解释》。

同日，俞平伯的小说《狗和褒章》发表于《新潮》第2卷第3号。

同日，刘复的诗歌《敲冰》发表于《新青年》第7卷第5号。

同期还发表了陈绵的诗歌《快起来》，陈建雷的诗歌《树与石》。

同日，傅斯年的诗歌《阴历九月十五日夜登东昌城》、《自然》、《风的话》、《别她》发表于《新潮》第2卷第3号。

同期还发表了康白情的诗歌《疑问》，罗家伦的诗歌《往东车站送楚僧赴法》。

同日，庐隐的新诗《金陵》发表于《北京女子高等师范文艺会刊》第2期。

同日，胡适的杂文《非个人主义的新生活》发表于《新潮》第2卷第3号。

同期还发表了吴康的文论《我的白话文学研究》，俞平伯的杂感《一星期在上海的感想》，叶圣陶的论文《职业与生计》，孙伏园的杂感《海外中国大学为什么不成舆论？》，罗家伦的杂文《舆论的建设》、《批评的研究》等文。

同日，江绍原的文章《耶稣以前的基督》开始发表于《新潮》第2卷第3号，至5月1日《新潮》第2卷第4号载毕。

同日，庐隐的杂论《利己主义与利他主义》发表于《北京女子高等师范文艺会刊》第2期。

同日，周瘦鹃的杂谈《〈自由谈〉之自由谈》以及《花生日锁记》发表于上海《申报·自由谈》，分别署名鹃和紫兰主人。

同日，瞿秋白的杂文《将来的社会与现在的逆势》发表于《新社会》第16号。

同期还发表了瞿世英的文章《学生运动与社会改良》、许地山的杂论《十九世纪两大社会学家底女子观》、朱谦之的杂文《新生活的意义》等。

同日，周佛海的杂感《精神生活的改造》发表于《解放与改造》第2卷第7号。

同日起，沈雁冰《IWW的研究》开始在《解放与改造》第2卷第7号上连载，至第9号载毕。

同日，包世杰的书信《就基督教问题致陈独秀》发表于《新青年》第7卷第5号。

同日，周建人的文章《绍兴的结婚风俗》发表于《新青年》第7卷第5号。

周建人（1888—1984），社会活动家、生物学家、科普专家和妇女解放运动的先驱者之一，中国民主促进会创始人之一。初名松寿，乳名阿松，后改名建人，字乔峰，浙江绍兴人。笔名克士、高山、李正、孙鲠等。是周树人（鲁迅）和周作人之弟。1920年入北京大学旁听攻读哲学，次年至上海任上海商务印书馆编译所编辑，前后23年潜心研究生物学，并从事著译工作，在《东方杂志》、《妇女杂志》、《自然科学杂志》上发表文章，提倡妇女解放，普及科学知识。1932年参加中国民权保障同盟筹备工作，任该盟中央调查员。抗战胜利后，周建人任生活书店、新知识书店编辑。1945年12月，周建人同马叙伦、王绍鏊、许广平、林汉达等在上海发起成立中国民主促进会，当选为第一届理事会理事。生平著作有《生物学》、《动物学》、《植物学》、《科学杂谈》、《进化与退化》、《哺乳动物图谱》、《论优生学与种族歧视》、《花鸟鱼虫及其他》、《略讲关于鲁迅的事情》、《鲁迅回忆录》、《鲁迅故家的败落》等。

同日，陈绵的剧本《人力车夫》发表于《新青年》第7卷第5号。

同日，孙福熙的评论《美术与美育》发表于《新潮》第2卷第3号。

孙福熙（1899—1962），散文家，画家。笔名丁一、寿明斋等，浙江绍兴人。毕业于北京大学，曾任北新书局编辑，主编《北新周刊》。1928年到法国里昂国立艺术院学习美术。归国后任杭州艺术专科学校教授、新华艺术学校讲师等。1934年以后曾主编《艺风》月刊、《中华日报》副刊《小贡献》。抗战期间去云南执教。抗战胜利后回到南京，任《益世报·晚刊》编辑。新中国成立后，在北京编译社工作。他曾为鲁迅设计《野草》、《小约翰》等书的封面。所作散文及小说，素以精琢细密见称，地方色彩浓艳。主要著作有散文集《山野掇拾》、《归航》、《北京乎》、《春城》、《三湖游记》等。

同日，汪敬熙的评论《社会学方法论》发表于《新潮》第2卷第3号。

同日，朱自清所译Mc Dougall的作品《心理学的范围》发表于《新潮》第2卷第3号。

同日，周作人所译俄国作家A. Kuprin的小说《晚间的来客》发表于《新青年》第7卷第5号，署名周作人译。此小说译于本年2月29日。

同日，赵承易所译梅德林的剧本《白黎爱和梅立桑》发表于《新潮》第2卷第3号。

同日，沈性仁译自挪威作家卡尔生的剧本《新闻记者》开始发表于《新青年》第7卷第5号，至本年9月1日《新青年》第8卷第1号载毕。

3日，《新人》月刊创刊于上海，王无为任主编，"新人社"编辑，由泰东图书局发行，发行人是赵南公，太平洋印刷公司印刷，大32开，1921年5月出至第1卷第7、8期合刊号停刊，仅见第1卷第5号、第6号，第7、8号合刊。1920年第1卷第4—6期为"文化运动批评号"，1921年第1卷第7、8期为"泰谷儿号"。主要撰稿人有成平、王靖、孙滕麟、吴芳吉等。

5日，沈雁冰的《人工降雨》发表于《学生杂志》第7卷第4号，署名佩韦。

同日，沈雁冰所译作品《女子的觉悟》发表于《妇女杂志》第6卷第4号，署名雁冰。此文译于本年2月25日。

同期还发表了沈雁冰所译司脱林勃的小说作品《情敌》。

6至7日，冰心的小说《骰子》连载于《晨报》。

8日，胡适作《吴敬梓传》，收入亚东新式标点版《儒林外史》和《胡适文存》第1集第4卷。

11日，《新社会》第17号出"劳动号（一）"，发表的文章主要有郑振铎的杂感《什么是劳动问题》、《中国劳动问题杂谈》，许地山的杂感《劳动底究竟》，瞿秋白的杂感《谁的利器？》，瞿秋白所译法国都德的《付过工钱之后》等。

15日，《少年中国》第1卷第4期出"妇女号"，发表的文章有：康白情的杂文《人权之贼》、《女界之打破》和《"女子解放"大不当》，胡适的杂感《大学开女禁的问题》，李大钊的文章《妇女解放与Democracy》，田汉的杂文《第四阶级的妇女运动》，康白情的杂谈，周炳琳的杂谈《开放大学与妇女解放》，宗白华的杂文《叔本华之论妇女》等。

同日，黄仲苏的诗歌《一个黄昏》、《你究竟怎样》、《一只飞雁》、《中秋夜复成桥上望月》发表于《少年中国》第1卷第4期。

同日，王光祈的书信《答MR》发表于《少年中国》第1卷第4期“妇女号”。

同日，黄仲苏所译高尔基的小说《一个秋夜》发表于《少年中国》第1卷第4期“妇女号”。

18日，郭沫若的诗歌《巨炮之教训》发表于上海《时事新报·学灯》，署名沫若。

21日，《新社会》第18号出“劳动号（二）”，发表的文章有：瞿秋白的杂文《劳动底福音》、许地山的杂文《劳动底威仪》、宋介的文章《劳动与工作的本能》、郑振铎的杂文《劳动的要求与安逸的要求》、瞿秋白的论文《伯伯尔之泛劳动主义观》、郑振铎的文章《理想社会里的人类工作》。

24日，闻一多的评论《旅客式的学生》发表于《清华周刊》第185期，署名闻多。未收入专集。

25日，黄厚生的杂感《读〈小说新潮栏宣言〉的感想》发表于《小说月报》第11卷第4号。文章反对以小说为消遣品，认为“小说史改良社会，振兴国家，在教育上所占的位置，在文学上所占的价值，均能算刮刮叫的第一等”。同日，沈雁冰的《答黄君厚生〈读小说新潮栏宣言的感想〉》也在此刊发表，署名雁冰。文章认为中国文学在现阶段向西洋文学的借鉴和学习是必要的，指出“凡是思潮等等，有时间上的关系，没有空间上的分别”。

同日，周瘦鹃的杂文《兰簃瀛舸》发表于《小说月报》第11卷第4号。

同日，林纾、陈家麟译自托尔斯泰的小说《乐师雅路白忒遗事》发表于《小说月报》第11卷第4号。

同期还发表了周瘦鹃所译法国作家毛柏霜的作品《欧梅夫人》。

27日，林纾所作词《石湖仙·亡友李佛客有双辛楼词》发表于《公言报》，署名畏庐，原词牌下无题，但有序，编者根据序拟此题。

同期还发表了林纾的诗《病起书怀》，署名畏庐。

28日，林纾的诗《富贵》发表于《公言报》，署名畏庐。

30日，沈雁冰的《致白华》发表于《时事新报·学灯》，署名沈雁冰。

本月

在王独清的倡议下,上海举行了第一次纪念“五一”国际劳动节的活动。同年,王独清赴法国留学。

同月,陈望道译完马克思、恩格斯《共产党宣言》(全译本)。

同月,全国报界联合会致函苏俄人民和苏维埃政府,对苏维埃政府于本月宣布废止中俄不平等条约,及将俄帝国政府以掠夺手段向中国取得的各项权利一律无偿交还中国一事表示热烈欢迎。

同月,《美育》创刊于上海,总编辑为吴梦非,图画编辑主任为周湘,音乐编辑主任为刘质平,手工编辑主任为姜丹书,文艺编辑主任为欧阳予倩,编辑员周莲塘、周玲荪、刘海粟、丰子恺等,16开。主要撰稿人除了编辑人员之外,还有王海帆、钟映奎、朱金青、胡怀琛等。1922年4月出至第7期停刊,现仅见第1期至第5期。

同月所出版的长篇小说有:《秋窗月影录》(啸岩山人著,大中图书局出版);《隅屋》(瞿宣颖编纂、王蕴章校订,上海商务印书馆出版,共2册,收入《说部丛书》第3集第98编)。

同月,胡适的杂文《余所见之德国》和《〈淮南子〉的哲学》发表于《新中国》第2卷第4号。

同月,周作人的评论《中国民歌的价值》发表于《学艺》第2卷第1号,署名周作人。

同月,林纾、陈家麟译的小说《戎马书生》由上海商务印书馆出版,英国杨支原著,收入《说部丛书》第3集第89编,又收入《林译小说丛书》第2集第50编。

同月,林纾、陈家麟所译《妄言妄听》由上海商务印书馆出版,原作者为英国作家美森,共2册,内有小说15篇,收入《说部丛书》第3集第93编,又收入《林译小说丛书》第2集第49编。

同月,林纾、陈家麟所译《焦头烂额》由上海商务印书馆出版,原作者为美国作家尼可拉司,共2册,收入《说部丛书》第3集第94编,文言译文。

同月,兼生译自英国兰姆塞的《一九一九旅俄六周见闻记》由北京晨报社出版,收入《晨报社丛书》。

五月

1日，《平民》创刊于上海，由上海复旦大学学生创办，又名《平民周报》。第190期以前为4开4版小报，自第191期起改为16开8页杂志。第195期以前称《平民》，195期以后改为《民国日报》乙种附刊，随报纸分送，改称《平民周报》。前60期为非卖品，第61期起收费。主要栏目有论说·评论、短评、译述、演讲·谈话、合作研究、合作丛录、合作消息、妇女合作专号、问题研究、专载、社会调查、平民血泪、平民教育、本社消息、文学·艺术、小说、戏剧、寓言、诗、随感录、通信等。主要文学撰稿人有叔伦、立青、王靖、田汉、王世颖等。

同日，《妇女评论》半月刊创刊于苏州，初为报纸型，第1卷第3期起改成32开小册子，第2卷改为月刊。主要栏目有评论、学说、演讲录、调查、世界知识、记载、诗、小说、选录等。主要撰稿人有胡铮子、韵湘、梁伯强、味韶、丁沅、瞿秋白等。现仅见1920年10月1日出版的第2卷第2期和1920年11月1日出版的第2卷第3期。

同日，《新青年》出第7卷第6号，此卷为“劳动节纪念号”，其中有多篇文章讨论当时中国各地的劳动和工人状况，并对美国、日本、英国、俄罗斯等国家的劳动组织和运动进行介绍。发表的文章有：李大钊《五一运动史》；陈独秀的杂文《劳动者底觉悟》、《上海厚生纱厂湖南女工问题》；刘秉麟的杂感《劳动问题是些什么》等。

同日，《新社会》第19号发表了多篇关于“五一”劳动节的文章，主要有郑振铎的杂文《“五一”的纪念》、《我们应该注意的一件事》；许地山的文章《“五一”与“五四”》；朱谦之的杂谈《劳动节的教训》；瞿秋白的杂文《世界底新劳动节……中国底新劳动节》等。

同日，叶圣陶的短篇小说《两封回信》发表于《新潮》月刊第2卷第4号，署名叶绍钧。又发表于本年7月16日《妇女评论》半月刊第1卷第6期，署名圣陶，改题为《“你的见解错了”》。后再发表于本年7月30日上海《时事新报》，署名圣陶，标题同《妇女评论》。

同日，俞平伯的3首诗歌《仅有的伴侣》、《去来辞》、《和你撒手》发表于《新潮》第2卷第4期。《仅有的伴侣》收入《冬夜》时,诗后署“1920年4月8日作”,文字也稍有改动。后两首诗作于本年3月9日。

同日，俞平伯作旧体诗《七律·游兰亭有感》，初收于上海开明书店1928年8月版《杂拌儿》中《山阴五日记游》一文。题目系编者所加。

同日，蔡元培的论文《美术的起源》发表于《新潮》第2卷第4号。

同日，郭绍虞《社会改造家传略》开始在《解放与改造》第2卷第9号上连载，至本年8月15日《解放与改造》第2卷第16号载毕。

同日，罗家伦的文章《一年来我们学生运动底成功失败和将来应取的方针》发表于《新潮》第2卷第4号附录。

同期还发表了汪敬熙的书报评论《本能与无意识》。

同日，俞颂华的论文《个人对于旧势力的单独实现与对于新组织的社会化》发表于《解放与改造》第2卷第9号。

同日，蔡元培的《致志希（罗家伦）并附熊子真致蔡元培书》发表于《新潮》第2卷第4号。

同期还发表了《俞平伯来信》。

同日，就有关“工人底时间工作问题”，知耻写信《致陈独秀》，陈独秀后写《复知耻》，章积和写信《致陈独秀》，陈独秀后写《复章积和》，皆发表于《新青年》第7卷第6号。

同日，傅斯年的《致社中同人》发表于《新潮》第2卷第4号。

同期还发表了俞平伯的《致社中同人》、罗家伦的《答熊子真》和《答何仙槎》。

同日，孙伏园所译高尔基的小说《高加索之囚人》和潘家洵所译英国作家肖伯纳的剧本《陋巷》发表于《新潮》第2卷第4号。

同日，瞿世英所摘译Towne《美国劳动团体略史》发表于《新社会》第19号。

2、3日，林纾的诗《题画绝句三十首》发表于《公言报》，署名畏庐。编者根据诗序拟此题。

3日，沈雁冰的杂文《非杀论的文学家》发表于《时事新报·学灯》，署名冰。

4日，《解放画报》创刊于上海，周剑云主编，新民图书馆发行。主要栏目有评论、思潮、新闻、知识、诗、剧谈、小说、通信等。主要撰稿人有周剑云、朱朴、顾肯夫、潘公展、钱杏邨、郑正秋等。1921年12月出版至第18期停刊。

同日，鲁迅致函宋崇义，指出“无一根抵学问，爱国之类，但是空谈”，勉励他“熬苦求学”。

同日，《我们对于学生的希望》一文同时发表于《新教育》第2卷第5期、《晨报副刊》以及《东方杂志》第17卷第11号，署名蒋梦麟、胡适。

5日，沈雁冰的杂感《家庭服务与经济独立》和《怎样缩减生活费呢？》发表于《学生杂志》第7卷第5号，署名Y.P.。

6、7日，林纾的诗《续题画二十首》发表于《公言报》，署名畏庐。

7日，闻一多的评论《出版物底封面》发表于《清华周刊》第187期，署名闻多。未收入专集。此诗作于本年4月21日夜。

10日，沈雁冰所译俄国作家Alexandra Kollontay的小说《未来社会之家庭》发表于《东方杂志》第17卷第9号，署名雁冰。后又发表于本年6月22日《民国日报·觉悟》。

12日，胡适的书信《致张东荪》发表于《时事新报·学灯》。

15日，《少年中国》第1卷第11期出“新唯实主义号”。发表的文章有郑伯奇的论文《新实在论的哲学》等。

同日，《少年中国》第1卷第11期“新唯实主义号”发表了一系列诗歌，其中有：康白情的《妇人》和《往法兰西》；郑伯奇的《落梅》；王光祈的《去国辞》；应修人《许多人》、《新柳》、《宝贵》（署名修人）。

应修人（1900—1933），诗人。字修士，笔名丁九、丁休人。浙江慈溪人。早年在上海钱庄当学徒，五四时期开始创作新诗。1920年即在《少年中国》、《晨报副刊》、《学灯》上发表新诗作品。1922年同潘漠华等合出诗集《湖畔》，并主编小型文学刊物。1925年加入中国共产党，先后在广州黄埔军校和武汉国民政府劳工部工作。1927年赴苏联留学，1930年回国，从事革命文化工作，并参加“左联”。曾在上海中共中央军委、中共中央组织部工作，后任中共江苏省委秘书长、宣传部部长。1933年在上海同国民党特务搏斗时牺牲。主要著作有：诗集《湖畔》（合著）；童话《旗子的故事》、《金宝塔银宝塔》等。

同日，胡适在社会实进会讲演《研究社会问题的方法》，许地山记录。

同日，俞颂华的杂文《从觉悟到自觉》、周佛海的文章《社会主义的性质》发表于《解放与改造》第2卷第10号。

同日，恽代英的书信《致学会同人》和《致全体同志》发表于《少年中国》第1卷第11期“新唯实主义号”。

同期还发表了郑伯奇的书信《致李璜》和康白情的书信《答罗元恺》。

同日，周佛海所译日本作家室伏高信的文章《工行社会主义之国家观》以及沈江所译泰戈尔的文章《物质文明与精神文明论》发表于《解放与改造》第2卷第10号。

同日，郑伯奇所译日本掘口大学著作《影和光》发表于《少年中国》第1卷第11期“新唯实主义号”。

17日，胡适作《〈国语讲习所同学录〉序》，文中说：“今年四月，教育部召集各省有志研究国语的人，在北平办了一个国语讲习所。我也在这里面讲演了十几次。现在国语讲习所的诸君将要毕业了，他们刻了一本同学录，要我做一篇序。我想诸君是第一次传播国语的先锋，这回回省去，负的责任很大。我们对于诸君的临别赠言，没有别的……总括一句话：‘推行国语便是国语标准的唯一方法；等到定了标准再推行国语，是不可能的事。’”同时，胡适在文中对北洋军阀政府以白话文取代文言文的命令进行了评价：“这个命令是几十年来第一件大事。他的影响和结果，我们现在很难预先计算。但我们可以说，这一道命令，把中国教育革新，至少提早了二十年。”该文于1921年1月发表于《新教育》第3卷第1期，题为《国语标准与国语》。

20、21日，冰心的小说《还乡》连载于《晨报》。

21日，刘大白的书信《致石岑书》发表于上海《时事新报·学灯》。此诗作于5月17日。

25日，谢六逸的文论《文学上的表象主义是什么？》发表于《小说月报》第11卷第5号。

谢六逸（1896—1945），文艺理论家、翻译家。贵州贵阳人。早年留学日本早稻田大学，归国后，任商务印书馆编辑。1921年加入文学研究会，对日本文学和神话研究颇有贡献。1923年至1937年任复旦大学教授、新闻系主任，并兼任中国公学文理科学长兼国文系主任、上海《立报》副刊主编等。1937年5月编辑《国民周刊》，并创办《趣味》周刊。抗日战争爆发后在贵阳担任文通书局编辑部主任，主编《中央日报》文艺副刊及《新闻学丛书》，并与蹇先艾等人筹办中华全国文艺界抗敌协会贵阳分会，从事抗日救亡宣传，1945年病逝前任教于贵阳师范学院。

谢六逸文学研究方面的成就，以日本文学史研究最为显著。先后出版了《日本文学》、《日本文学纲要》、《日本文学史》等，是国内日本文学研究的权威著作。出版的儿童文学作品有《红叶》、《鹦鹉》、《海外传说集》，以及散文小品集《小诗集》、《茶话集》、《水沫集》、《文坛逸话》等。此外，还编辑、校订和翻译过大量中外著作和作品，为中国现代文学、中日文化交流、新闻教育、出版事业的发展做出了贡献。

同日，胡怀琛的新诗《燕子》发表于《小说月报》第 11 卷第 5 号，此诗下有附语。茅盾先生在《革新小说月报的前后》谈起这首小诗和附言时说："胡怀琛这番话，有积极意义。第一，他承认如要反对新体诗，必须自己做过新体诗；第二，自己做过以后，才知道新体诗绝不易做，不是脱不了词曲的旧套，便是变了白话文，都不叫新体诗。第三，他又提出天然音节问题，承认是'很难'……他在彼时彼地提出的对新诗三条意见，不但是当时新诗人所要解决的问题，甚至在六十年后的今日，也还没有完全彻底解决。"

同日，沈雁冰《〈兰沙勒司〉的附识》发表于《东方杂志》第 17 卷第 10 号，署名雁冰。

同日，林纾所译俄国托尔斯泰小说《高加索之囚》发表于《小说月报》第 11 卷第 5 号，口译者陈家麟，署名林纾。

26 日至 29 日，胡适在社会实进会的讲演稿《研究社会问题的方法》发表于《晨报副刊》，同时本月的 28 日至 6 月 1 日此讲演稿在《民国日报·觉悟》上连载。

本月

陈独秀在上海成立中国共产党发起组。

同月，进步文化思想刊物《新社会》在出版至第 19 期的时候，被当局查禁。《新社会》创办于 1919 年 11 月。从 1920 年起，由 4 开小报改为 16 开簿册。1920 年 4 月 11 日第 17 号为"劳动号（一）"，1920 年 4 月 21 日第 18 号为"劳动号（二）"。在新文化运动的激励下，由在北京读书的瞿秋白、郑振铎、耿济之、许地山、瞿世英等人所创。此刊物对社会改造、妇女解放及劳动等问题进行探讨。主要栏目有社会实况、新文艺、记载、名著、随感录、诗、书报介绍等。

同月，蔡达著《文学通义》，由上海商务印书馆初版。此专著主要论及中国古典及近代文学概论。分总论、论文章的分类、论思想、论文词、论美相 5 篇。

同月，林纾的短篇小说集《蠡叟丛谈》由上海《新申报》成记书局出版，署名林琴南。在此之前，4 月 1 日和 19 日《新申报》曾两次预告 :《蠡叟丛谈》将出版第一集；至 5 月 11 日又发表成记书局启事："林琴南先生新著《蠡叟丛谈》初集……今已出版，前购预约诸君请即持券临驾山东路新申报馆内本局取书可也。"

同月，沈步洲编纂的长篇小说《白羽记三编》由上海商务印书馆出版，上下册，收入《说部丛书》第 3 集第 96 编。

同月，王卓民编纂的长篇小说《恩怨》由上海商务印书馆初版，收入《说部丛书》第 3 集第 99 编。

同月，田汉、宗白华、郭沫若的书信集《三叶集》由上海亚东图书馆出版。集中收 1920 年 1 月至 3 月三人在日本留学期间的通信 19 封，即宗白华 8 封，郭沫若 7 封，田汉 4 封。前有田汉序、宗白华序、郭沫若译《浮士德》诗句代序共 3 篇。田寿昌的《序》说 :"大体以歌德为中心 ; 此外也有论诗歌的 ; 也有论现代剧的 ; 也有论婚姻问题、恋爱问题的 ; 也有论宇宙观和人生观的。"

同月，洪北平编本《白话文苑》(第一、二册)，由上海商务印书馆出版。第二册与第一册合订，为创作合集。

同月，林纾、陈家麟译自英国高桑斯的长篇小说《欧战春闺梦续编》由上海商务印书馆初版，共 2 册，收入《说部丛书》第 3 集第 97 编。

同月，林纾、陈家麟译的短篇小说集《泰西古剧》由上海商务印书馆出版。共 3 册，分为卷上、卷中和卷下，原著者为英国达威生，收入《说部丛书》的第 3 集第 91 编。又收入《林译小说丛书》第 2 集第 47 编。

六月

1 日，冰心的小说《小家庭制度下的牺牲》发表于《燕大季刊》第 1 卷第 2 期，署名谢婉莹。

同日，郑振铎的文章《新文学运动者的精神与态度》发表于《新学报》第 2 期。文章认为新文化运动者是运动的"原动力"。所以第一必须有"实践的精神"，要学习列宁刻苦实践的精神 ; 第二应有"坦白的心胸，光明的行动和高尚的人格" ;

第三应有“谦和的态度”；第四应有“彻底坚决的态度”，要学习马克思以数十年工夫写作《资本论》的精神。

同日，沈雁冰的杂文《组织劳动运动团体之我见》发表于《解放与改造》第2卷第11号，署名雁冰。

同期还发表了陈友琴的杂文《广义派学校的批评》。

同日，林纾《祭丁和轩文》发表于《公言报》，署名畏庐。

同日，叶圣陶的论文《评女子参政运动》发表于《妇女评论》半月刊第1卷第3期，署名圣陶。

同日，郑振铎的文论《俄罗斯文学底特质与其略史》发表于《新学报》第2期。文章认为俄罗斯文学的特质是：一是“人道的福音”、“爱的福音”；二是“悲苦的音调，灰色的色彩”；三是“悔恨的灵的自忏”；四是“平民的文学，国语的文学”；五是“富有哲学的主义，多讨论社会问题，人生问题”。文章还阶段性地介绍了俄国文学略史。

3日，刘大白在绍兴曹娥道中作诗歌《舟行晚霁所见》，初收于1924年3月上海商务印书馆初版《旧梦》，又收于《丁宁》。

5日，沈雁冰的杂论《怎样方能使妇女运动有实力》发表于《妇女杂志》第6卷第6号，署名雁冰。

6日，刘大白的诗歌《卖布谣（一）（二）》发表于《星期评论》第53号。

7日，刘大白的诗歌《这沉吟！为甚？》发表于《民国日报·觉悟》。

8日，刘大白的诗歌《双瞳》（作于本年5月28日）发表于《民国日报·觉悟》。

同日，刘大白的诗歌《寄老友大悲》（作于1920年5月29日）发表于《晨报副刊》。

10日，冰心的小说《一个兵丁》发表于《晨报》。

同日，胡适作诗歌《纪梦》，收入《尝试集》第2版。

13日，林纾《祭沈敬裕公文》发表于《公言报》，署名畏庐。

15日，田汉的文论《新罗曼主义及其他》发表于《少年中国》第1卷第12期。该文副题为《复黄日葵兄一封长信》。

同期还发表了郑伯奇的文论《补充白话文的方法》、李思纯的文论《汉字与今后的中国文学》、陈启天的文论《中学的国文问题》。

同日，田汉的诗歌《夜》以及康白情的诗歌《从连山关到祁家堡》发表于《少年中国》第 1 卷第 12 期。

同日，耿济之所译俄国作家柴霍甫的短剧《求婚》发表于《解放与改造》第 2 卷第 12 号。

23 日，胡适作诗歌《蔚蓝的天上》，收入《尝试集》第 2 版，第 4 版删去。

23、24 日，周作人的《新村的理想与实际》发表于《晨报副刊》，署名周作人。

25 日，林纾的两首诗《偶成》和《北溟得金轮玉玺名其斋曰金轮精舍易实甫为长歌纪之余即补图亦媵长句庐诗存》发表于《公言报》，署名畏庐。

同日，周瘦鹃所译法国作家 Jeaw Rameaw 的小说《一见》发表于《小说月报》第 11 卷第 6 号，署名瘦鹃。

同日，沈雁冰翻译法国作家巴比赛的作品《为母的》发表于《东方杂志》第 17 卷第 12 号。

26 日，鲁迅得到陈望道寄赠的《共产党宣言》中译本，认为翻译本书是“对中国做了一件好事”。当天鲁迅、周作人兄弟赴北京大学出版部。周作人在当天的日记中说：“同大哥至大学出版部，得陈望道君 22 日函。”陈望道的信是寄给鲁迅和周作人两人，与此同时，又将他所译的《共产党宣言》一书寄给鲁迅。信的大意为:因为在《新潮》上看到有鲁迅主张“现在偏要发议论，而且讲科学”的意见，极表赞同，所以特地寄赠《共产党宣言》的译本并请指正。又据周作人回忆：鲁迅在接到该书当天就翻阅了一遍，并称赞这个工作做得很好，鲁迅后来给陈望道写了复信，并赠以《域外小说集》作为答谢。

同日，林纾所作诗歌《谢林涼生寄天目笋》发表于《公言报》，署名畏庐。

27 日，周作人的诗歌《愚人的心算》发表于《晨报副刊》，署名仲密。

29 日，中国加入国际联盟。

同日，刘大白在杭州作《〈浙潮第一声〉序》，初收于 1920 年《浙潮第一声》。

本月

《新学报》第 2 号出版于浙江永嘉，由“永嘉新学会”编辑部编辑，“永嘉新学会”发行，16 开。主要栏目有诗、剧本、小说、杂载、附录等。主要文学撰稿人有郑振铎、马范、高卓、叶震等。目前该刊仅见 1920 年 6 月第 2 号、1920 年 6 月第 3 号两期。

同月，常乃德的论文《马克思历史的唯物主义》发表于《国民》第2卷第2号。

同期还发表了周长宪的《劳工之意义与价值》、周炳琳的《社会主义在中国应该怎么样运动》。

同月出版的小说有：长篇小说《蒋老五秘史》（郑正秋著，上海中央图书局初版）；《倭刀记》（程小青著，上海商务印书馆初版）。

同月，罗家伦的诗歌《自嘲》和《往前门车站送楚僧》发表于《国民》第2卷第2号。同期还发表孟寿椿的诗歌《一个骆驼》、《送楚僧剑翛往巴黎》。

同月，洪深的剧本《贫农惨剧》发表于《留美学生季报》第7卷第2、3、4期。在第2期随发了《〈贫农惨剧〉序》。此剧本是1916年洪深根据自己同清华园四周穷苦贫农的接触获得的生活经历而作，带有文明新戏格局。演出引起社会重视，这使洪深认识到戏剧是感化人类的有力工具，从此洪深踏上了面向社会与人生的现实主义戏剧道路。该剧原为6幕，1920年发表时删为5幕。此剧收入东南书局1928年9月初版的《洪深剧本创作集》。

同月，张静庐著的《中国小说史大纲》（第1编）由上海泰东图书局出版。此书论述小说的定义与性质、小说的沿革、近代小说的思潮、小说派别与种类，附录《传奇与弹词略言》，卷首有序5篇。《中国小说史大纲》共有5编，分4册出版。本编为第一册，其余三册未见书。

同月，陈大悲编译的长篇小说《红鸳艳蝶》由上海中央图书局初版，共2册，收入《说部丛书》第3集第95编。

同月，林纾、陈家麟译自瑞士作家鲁斗威司的小说《鹯巢记》、《鹯巢记续编》由上海中央图书局初版，均为2册，收入《说部丛书》第3集第92编和第100编。

七月

1日，俞颂华的论文《主义之科学的研究与集化文化之调和》发表于《解放与改造》第2卷第13号。

同日，刘延陵的杂感《政治的魔梦》发表于《解放与改造》第2卷第13号。

同期，刘延陵的《福来德的〈新国家〉》也在此号开始发表，至本月15日《解放与改造》第2卷第14号续完。

同日，沈雁冰的《巴比塞的小说〈名誉的十字架〉》发表于《解放与改造》第2卷第13号，署名雁冰。

2日，周作人译自日本作家石川啄木的诗歌《无结果的议论之后》发表于《晨报副刊》，署名仲密。

5日，沈雁冰的《理工学校在校记》开始发表于《学生杂志》第7卷第7号，署名雁冰、泽民。后续发至第8卷第2、3号。

同日，沈雁冰根据Patrick Geddes以及Authur Thomson两教授合著之《两性论》第9章译出文章《两性间的道德关系》，发表于《妇女杂志》第6卷第7号，署名佩韦。

同日，沈雁冰的译作《时间空间的新概念》和《天河与人类的关系》发表于《学生杂志》第7卷第7号，署名雁冰。前者原作者为Claude Bragdon，后一篇译自Wallace。

6日，留法勤工俭学的新民学会会员蔡和森、蔡畅、向警予等13人在蒙达尼召开会议，会上就中国革命的道路问题展开讨论。蔡和森主张组织中国共产党，实行无产阶级专政，走俄国革命的道路。10日会议结束。

同日，林纾《凤冈刘氏族谱序》发表于《公言报》，署名畏庐，后收入《畏庐三集》。

11日，郭沫若的诗歌《笔立山头展望》（此诗作于本年6月）和《无烟煤》发表于上海《时事新报·学灯》，署名沫若。

同日，郭沫若的诗歌《新阳关三叠——宗白华兄砚右》发表于上海《时事新报·学灯》，署名沫若。此诗作于本年4、5月间。

14日，郁达夫在母亲和孙荃家的要求下自日本横滨回国结婚。

15日，恽代英的《怎样创造少年中国？》发表于《少年中国》第2卷第1期。文章分为下列诸方面的讨论："（一）为甚么要创造少年中国；（二）创造少年中国的分工与互助；（三）创造少年中国与群众生活的修养；（四）创造少年中国与学术的研究；（五）创造少年中国与个人生活问题。""我们的目的，应该是以适应于少年世界为目标，求少年中国的实现。换一句话说，便是以求中国的返老还童为手段，而达到创造适应于少年世界的少年中国的目的。"本文至9月15日《少年中国》第2卷第3期续刊载毕。

同日，宗白华《戏曲在文艺上的地位》发表于《解放与改造》第2卷第14号附录。该文明确指出，“戏曲艺术是融合抒情文学和叙事文学而加之新组织的，他是文艺中的最高制作，也是最难的制作”。同时客观地分析了当时中国戏曲的改良问题：“旧时戏曲中积习深厚，积势洪大，不容易肯接受改良运动。二因中国旧式戏曲中有许多坚强的特性，不能够根本推翻，也不必根本推翻。”

同期宗白华还发表了《怎样使我们生活丰富？》。

同日，沈雁冰《巴比塞的小说〈复仇〉》发表于《解放与改造》第 2 卷第 14 号。

同期，还发表了余家菊的杂谈《什么是革命的最好方法？》。

同日，张东荪、君劢的通信《中国之前途德国乎俄国乎？》发表于《解放与改造》第 2 卷第 14 号。

同日，郑伯奇《致黄玄》、《致曾琪》、《致恽代英》和王光祈的书信《致会中诸同志》发表于《少年中国》第 2 卷第 1 期。

同日，陈启天的文论《中学的国文问题》发表于《少年中国》第 2 卷第 1 期。文中将国文科教授目的区分为“主目的”与“副目的”。在“主目的”之下有三项要求：一是要能说普通语言；二是要能看现代应用文和略解粗浅美术文；三是要能做现代的应用文。同时也提出了“副目的”的三项要求。这里说的“主目的”，即“形式”的；“副目的”，即“实质”的。

16 日，《台湾青年》月刊创刊于日本东京，又名《台湾》，是“新民会”的会刊，由台湾留日学生蔡惠如、林呈禄等创办，蔡培火主编，“台湾青年杂志社”编辑发行，1922 年出至第 4 卷第 2 期（总第 18 期）终刊，改出《台湾》。主要撰稿人有陈炘、甘文芳、陈瑞明、赖和、周定山等。

24 日，郁达夫在富阳与孙荃完婚。他对这桩旧式婚姻并不满意，在婚后给长兄的信中说：“弟婚事已毕，一切均从节省。拜堂等事，均不执行，花轿鼓手，亦皆不用。”

25 日，沈雁冰译自美国作家佩克作品《和平会议》发表于《东方杂志》第 17 卷第 14 号，署名雁冰。

27 日，胡适作《〈水浒传〉考证》，收入《胡适文存》一集。

30 日，刘大白的诗歌《对镜》发表于《民国日报·觉悟》。此诗作于 7 月 26 日。

同日，沈雁冰所译法国作家 H.Barbusse 的小说作品《错》发表于《学艺》第 2 卷第 4 号，署名雁冰。

本月

毛泽东到上海召集在沪的新民学会会员举行会议，后到长沙创办文化书社。

同月中旬，郭沫若拟回国到中学或小学当一名国文教员，曾由福冈到门司，后又折回福冈，想和一位朋友结伴同行。7月19日，因接到《时事新报》主笔张东荪的来信，希望他能够译《浮士德》，并因此中止了回国的计划。

同月，《新青年》刊登启事："本志自卷八一号起，由编辑部同人自行组织'新青年社'，直接办理编辑印刷发行一切事务。"当时，这个设在上海法租界的"新青年社"，实际已成为上海共产主义小组的机关，《新青年》也成为其机关刊物。陈望道、李达等都积极参加了《新青年》的编务和撰稿。但是胡适反对《新青年》的这一转变，两次写信给有关人员，要求发表新宣言，"声明不谈政治"。由于李大钊、鲁迅等的不妥协斗争，他未能如愿。尽管五四新文化统一战线出现了分裂的趋势，"新青年社"在关于"无政府主义论"、"社会主义讨论"中，仍然有力地捍卫了马克思主义，坚定了"走俄国人的路"的信念。

同月，洪深的文论《中国的舞台》发表于美国《舞台艺术》。

同月，沈颖等译短篇小说集《俄罗斯名家短篇小说第一集》由北京新中国杂志社初版，各家篇首前有作者简介，且卷首有瞿秋白以及郑振铎的序文。瞿秋白在序跋中指出：一、俄国文学"能见世界的近代的文学的真价"；二、体现了"'真'的精神"，"是感情的直觉的表现"，"是国民性格，社会情况的写真"；三、"是人的文学，是切于人生关系的文学，是人类的个性表现的文学"；四、"是平民的文学"；五、"独长于悲痛的描写，多凄苦的声音"，是"悲剧的文学"。文章认为翻译介绍俄国文学是建设中国新文学的基础。认为俄国文学是俄国政治、经济上变动的反映。社会的变动影响于思想，思想的变化又影响于文学。"没有因文学的变更而后影响于思想，因思想的变化又影响于文学。"所以我们看俄国文学，"可以知道他国内社会改革的所由来，断不可说，模仿着去制造新文学就可以达到我们改革社会的目的"。"不是因为我们要改造社会而创造新文学，而是因为社会使我们不得不创造新文学。既然是中国的社会使我们不得不创造新文学，那么，我们创造新文学的材料本来不一定取之于俄国文学，然而俄国国情，很有与中国相似的地方，所以还是应当介绍。”瞿秋白在这里指出中国新文学的发生有其社会现实的必然性，廓清了新文学运动中的一些不正确的认识。

同月，P. ch. Ming 所译施米德的小说《寡妇传》由河北献县张家庄天主堂初版。

八月

1 日，胡适的杂谈《争自由的宣言》发表于《晨报临时增刊》，后来又发表于 8 月 11 日《民国日报》，署名蒋梦麟、胡适、李大钊、高一涵等 7 人。他认为“政治如果不由人民发动，断不会有真共和实现。但是如果想使政治由人民发动，不得不先有养成国人自由思想自由评判的真精神的空气”。“我们相信人类自由的历史，没有一国不是人民费去一滴一滴的血汗换来的。没有肯为自由而战的人民，绝不会有真正的自由出现。这几年军阀政党胆敢这样横行，便是国民缺乏自由思想自由评判的真精神的表现。我们现在认定，有几种基本的最小限度的自由，是人民和社会生存的命脉，故把他提出，让我全国同胞起来力争。”宣言中特别重申，下列四种自由，不得在宪法外更设立限定的法律：①言论自由；②出版自由；③集会结社自由；④书信秘密自由。另外还提出，应即实行《人身保护法》，保障人民身体的自由，行政机关和警察机关不经法庭审判，不得擅自拘留或惩罚每一个公民；组织选举监督团，杜绝选举中的舞弊现象。

同日，“儿童公育”第一次辩论在《解放与改造》第 2 卷第 15 号上展开，发表了俞颂华《儿童公育问题的我见》、沈雁冰的《评儿童公育问题》。其中，沈雁冰的文章本月 6 日又发表于《时事新报·学灯》，署名雁冰。

同期还发表了胡先骕的文论《欧美文学最新之趋势》。

同日，冰心的小说《一个奇异的梦》发表于《晨报》。

同日，刘大白的诗歌《一颗月》发表于《民国日报·觉悟》，此诗作于 1920 年 7 月 26 日。

同日，郁达夫作七律《无题》发表于日本文学杂志《太阳》第 26 卷第 9 号。自序云：“与文伯夜谈，觉中原事已不可为矣，翌日文伯西归。谓将去法国云。”

同日，刘延陵所译俄国作家克鲁泡特金的文章《无治主义略说》发表于《解放与改造》第 2 卷第 15 号。

2日，鲁迅被北京大学聘为讲师。蔡元培在《我在教育界的经验》中说："自陈独秀君来任学长，胡适之、刘半农、周豫才、周岂明诸君来任教员，而文学革命，思想自由的风气，遂大流行。"

4日，胡适作序跋《〈尝试集〉再版自序》，收《胡适文存》第1集第1卷。

同日，沈雁冰的杂文《艺术的人生观》发表于《学生杂志》第7卷第8号，署名佩韦。《艺术的人生观》一文认为艺术与生活从来就有密不可分的关系。"人从日常生活的经验中抽取了生活的方式，艺术家也是从日常生活的经验中抽出他做艺术品的方式。"在混乱的社会里，有"趋向艺术的人生观的必要"。

同期还发表了沈雁冰的《航空救命伞》。

同日，沈雁冰的杂文《妇女运动的意义和要求》发表于《妇女杂志》第6卷第8号，署名雁冰。

同日，沈雁冰所译M. Maeterlinck的作品《室内》发表于《学生杂志》第7卷第8号，署名雁冰。

5日，《人道》旬刊创刊于北京，它实际上是《新社会》的续刊，仍以北京社会实进会的名义出版发行，32开，郑振铎和许地山任编辑，一些稿件接《新社会》继续刊登，但仅此一期。第2期"新村研究号"编好之后，虽然在刊物上登出了目录预告，但是北京基督教青年会慑于北洋军阀的压力，停止了对该刊的经费供应，因而未能出版。

同日，郑振铎的《人道主义》一文发表于《人道》旬刊第1号。

同期还发表了瞿世英的杂文《社会化之研究》；宋介的《言论自由与盲目的言论取缔》；庐隐的杂文《思想革新的原因》；郑振铎的随想《中国人与人道》、《天地人》和《"北京社会实进会"纪事》。

同日，郑振铎所译泰戈尔的诗歌《偈檀伽利》、C. Z所译高尔基《创卧四日记》、许地山所记H. S. Galt的讲演《优生学与社会进步》发表于《人道》第1号。

8日，刘大白创作诗歌《立秋日病里口占》，初收于1924年3月上海商务印书馆初版《旧梦》，又收于《丁宁》。

同日，胡适的诗歌《外交》发表于《时事新报·学灯》，此诗作于本月7日。

9日，刘半农《"她"字问题》一文发表于上海《时事新报·学灯》。文章首创"她"、"它"二字，以为第三人称女性和无生物代词，并因此引起争论。

同日，冰心的小说《一个军官的笔记》发表于《晨报》。

11 日至 14 日，胡适的讲演《白话文法》刊《时事新报·学灯》，陈启天记。

12 日，胡适作诗歌《一笑》，后收入《尝试集》第二版。

15 日，《劳动界》周刊在上海创刊。这是中国第一份马克思主义工人刊物。由上海共产主义小组主办，32 开，陈独秀主编，参加编撰工作的有李汉俊、戴季陶、沈玄庐、陈望道等。设有“演说”、“本埠劳动界”、“国内劳动界”、“国外劳动界”、“时事”、“诗歌”等栏目。广泛报道国内外工人运动和中国工人的状况，通俗地向工人进行马克思主义的启蒙教育，启发工人组织起来进行斗争。积极发动工人写稿，计发表工人稿件 30 篇左右。所见最后一期是 1921 年 1 月 23 日出版的第 24 期。

同日，田汉的诗歌《一个日本劳动家》和《黄昏》发表于《少年中国》第 2 卷第 2 期。

同日，李大钊的杂文《亚细亚青年的光明运动》、陈启天的文论《什么是新文化的真精神》、苏甲荣的《庄子哲学》发表于《少年中国》第 2 卷第 2 期。

同日，恽代英的评论《驳杨效春君〈非“儿童公育”〉》发表于《解放与改造》第 2 卷第 16 号。该文为“儿童公育”第二次辩论，转录自《学灯》。

同期还发表了郭绍虞的杂文《布尔塞维克的批判》。

同日，王光祈的书信《致李璜、周无、李劼人、何鲁之》发表于《少年中国》第 2 卷第 2 期。

19 日，叶圣陶的诗歌《人力车夫》发表于北京《晨报》，署名圣陶。

22 日，中国社会主义青年团在上海渔阳里 2 号成立。

23 日，郭沫若为朱谦之所著《革命哲学》作序诗，题为《宇宙革命底狂歌》。《革命哲学》1921 年 9 月由上海泰东图书局初版。

25 日，沈雁冰译自爱尔兰作家唐珊南的作品《遗帽》发表于《东方杂志》第 17 卷第 16 号，署名雁冰。

28 日，冰心小说《一只小鸟》发表于《晨报》。

同日，郭沫若的诗歌《岸上三首》发表于上海《时事新报·学灯》，署名沫若。此诗作于本年 7 月 26 日、27 日和 29 日。

本月

在共产国际代表帮助下，陈独秀、李汉俊、沈玄庐、陈望道、俞秀松、李达、施存统、杨明斋、邵力子在上海法租界渔阳里 2 号陈独秀家中成立“中国共产党”。

同月，周佛海发起东京共产主义小组。

同月，陈望道所译《共产党宣言》在上海出版。为“社会主义研究小丛书第一种”。本年 4 月末，陈望道在译完《共产党宣言》全文后，经陈独秀与李汉俊二人校阅，当年 8 月便在上海首次出版印刷 1000 本。所印 1000 本很快售完，当即再版，仍然售空。到 1926 年 5 月止，已经达到了重印 17 版之多。

陈望道（1890—1977），语言学家。原名陈参一。笔名晓风、雪帆等。浙江义乌人。金华中学毕业后入之江大学，1915 年留学日本获法学学士学位，1919 年回国，在杭州浙江第一师范学校任教，积极投身五四运动。1920 年翻译出版我国首部全译本《共产党宣言》。编辑《新青年》，参与上海共产主义小组的组织工作，成为中国共产党上海发起组的成员之一。1920 年后在复旦大学任教，并在《民国日报》、《妇女评论》等报刊发表文艺短论。1923 年后任上海大学教授、中文系主任、教务长。1926 年出版《美学概论》。1928 年与人合办大江书铺，编辑出版《文艺理论小丛书》、《艺术理论丛书》、《大江月刊》、《文艺理论》季刊。1932 年出版《修辞学发凡》。1934 年参加发动大众语运动，提倡大众语和大众语文学，主编《太白杂志》。抗战期间和抗战以后，在复旦大学任教。新中国成立后历任华东军政委员会文化教育委员会副主任兼文化部部长、复旦大学校长、《辞海》（试行本）主编等职。主要著作有《陈望道语文论集》、《陈望道文集》（第 1 至 4 卷）、《陈望道修辞论集》；主要译著有《共产党宣言》等。

同月，胡适暑假期间在南高师的讲演《研究国故的方法》发表于《东方杂志》第 18 卷第 16 号和 1921 年 8 月 4 日《时事新报·觉悟》。

同月，无我生编纂的长篇小说《贼博士》由上海商务印书馆出版。收入《说部丛书》第 3 集第 46 编。

同月，《分类白话诗选》由上海崇文书局出版，许德邻编辑，又名《新诗五百首》。前有《自序》、《刘半农序》、《白话诗研究》（摘录胡适、宗白华、执信等新诗论）等。

收胡适、玄庐、康白情、沈尹默、刘半农、郭沫若、田汉、黄仲苏、鲁迅、俞平伯、罗家伦、季陶、刘大白、傅斯年、沈兼士、周作人、辛白等 74 人（以收诗多少为序）及未署名者的诗共 235 首。全书所选诗作分为写景、写实、写情、写意 4 类。阿英称“此集为初期新诗之最完备的选集”。

同月，周作人辑译的小说集《点滴》由北京新潮社初版，分为上下两册，收入《新潮丛书》第 3 种，同时又由北京大学出版部在本年 8 月出版。附录文章有《人的文学》、《平民的文学》、《新文学的要求》。

九月

1 日，《新青年》出版第 8 卷第 1 号。从这时起，它即成为中国共产党上海发起组的机关刊物。此卷专设一栏“俄罗斯研究”，就俄罗斯苏维埃政府、俄罗斯同业组合运动和俄罗斯当时的生活展开译介。

同期还发表了蔡元培的文章《〈社会主义史〉论》。

同日，鲁迅的小说《风波》发表于《新青年》第 8 卷第 1 号。此作品写于本年 8 月 5 日。

同期还发表了陈衡哲的短篇小说《小雨点》。

同日，叶圣陶的短篇小说《伊和他》发表于《新潮》第 2 卷第 5 号，署名叶绍钧。此作品写于本年 8 月 12 日，又刊本年 11 月 19 日北京《晨报副刊》，署名圣陶。

同期还发表了杨振声的小说《贞女》。

同日，冰心所作小说《一个忧郁的青年》发表于《燕大季刊》第 1 卷第 3 期，署名谢婉莹。

同日，康白情的诗歌《紫踟躅花之侧》、《唐山纪游》、《斗虎五解》、《天亮了》、《鸭绿江以东》、《从连山关到祁家堡》和《庐山纪游》发表于《新青年》第 8 卷第 1 号。

同日，陈独秀的杂谈《谈政治》、《对于时局的我见》发表于《新青年》第 8 卷第 1 号。

同期还发表了陈独秀的《随感录》（84—88），分别是《虚无主义》、《俄国的精神》、《男女同学与议员》、《上海社会》、《比较上更实际的效果》。

同日，冰心所作杂感《译书的我见》和《解放以后责任就来了》发表于《燕大季刊》第 1 卷第 3 期，署名谢婉莹。

同日，胡适的演讲稿《中学国文的教授》发表于《新青年》第 8 卷第 1 号。

同日，陈独秀复信多人，就儿童公育、妇女、劳动、华侨、哲学等问题展开讨论，书信往来皆发表于《新青年》第 8 卷第 1 号。

同日，罗家伦的文论《近代中国文学思想之变迁》发表于《新潮》第 2 卷第 5 号。文章试图从政治社会背景的变动中解释各种文学思想产生的缘由。文章把中国近代时势的变迁分为四个时代，认为由于经济生活的改变、世界大战的影响、对国内政治的失望和学术的接触渐近等种种原因，我们觉悟到以政治的势力改革政治是没有用的，必须从改革社会着手，改革社会必须从改革思想入手，但是改革思想必须有表现正确思想的工具，所以我们大致都是主张“文学为人生的表现和批评，从最好的思想里写下来的”。同时文章又提到，表现批评人生最自然的莫过于国语，记载思想最正确的也莫过于国语，于是“‘国语文学’应着时代的要求产生出来”。因此，“国语文学的精神就是‘人生化’的精神”。文章还论述了国语文学因“中国旧思想”和“东方的或类似东方的思想”过多过重所带来的危机，并指出用科学的方法来洗刷思想和注重研究西洋文学，可以补救这种危机。

同期还发表了何思源的文章《哲学与常识》、《个人创造》以及汪敬熙的论文《心理学之最近的趋势》。

同日，鲁迅所译德国尼采的《察拉图斯武拉的序言》发表于《新潮》第 2 卷第 5 号，署名唐俟。此文译于本年 8 月 10 日。

同期还发表了周作人所译俄国作家弥里珍的小说《老乳母》；孙伏园所译托尔斯泰的小说《呆子伊凡的故事》；潘家洵所译 Sudhermann 的独幕剧《福利慈欣》；江绍原所译英国作家达微思的《古佛教》。

同日，李汉俊做所译德国作家伯伯尔的小说《女子将来的地位》发表于《新青年》第 8 卷第 1 号。

3 日，胡适作书信《致吴虞》，收入《胡适文存》一集，改题《寄又陵先生书》。

4 日，刘半农在伦敦创作歌词《教我如何不想她》，并首次将“她”字运用到该歌词中。后该词由赵元任谱曲，传唱甚广。收 1925 年出版的《新诗歌集》。

5 日，梁启超等创设“讲学社”，邀请各国学者来华讲学。

同日，沈雁冰的文论《文学上的古典主义、浪漫主义和写实主义》发表于《学生杂志》第 7 卷第 9 号，署名雁冰。自述 :“本篇之作，约含三个意思 :（一）是想用不偏颇的眼光解说三个主义和本身的价值。”“（二）是想用‘鸟瞰’的记叙说明文艺进化三大路线。”“（三）是想为古典主义浪漫主义鸣冤，为写实主义声明不受过分之誉。”

同期还发表了沈雁冰的文章《汉语研究的现在和将来》，署名佩韦。

同日，沈雁冰根据《What woman want》的第 16 章所译成的《妇女运动的造成》发表于《妇女杂志》第 6 卷第 9 号，署名佩韦。

7 日，刘大白的诗歌《问西风的话》发表于《民国日报 · 觉悟》，此诗作于本年 8 月 14 日。后又载于 1921 年 3 月 21 日《晨报副刊》。

同日，郭沫若所作诗歌《雷雨》、《晴朝》、《霁月》等发表于上海《时事新报·学灯》，署名沫若。

10 日，刘大白的《全体教职员挽留经校长宣言》发表于本年《浙潮第一声》。

同日，沈雁冰的杂文《爱伦凯的母性论》发表于《东方杂志》第 17 卷第 17 号，署名雁冰。

同日，郭沫若的文论《论诗》发表于《新的小说》第 2 卷第 2 期“通讯”栏。此篇文论是给建雷的信，信中附译 Faust 歌词一首，《春蚕》诗一首。此诗作于本年 7 月 26 日。

同日，沈雁冰译爱尔兰作家葛雷古夫人的小说作品《市虎》发表于《东方杂志》第 17 卷第 17 号，署名雁冰。

同期还发表了周作人所译希腊作家蔼夫达利阿谛思的小说《神父所孚罗纽斯》。

12 日，胡适《答胡怀琛信》发表于《时事新报 · 学灯》，收入《尝试集的批评和讨论》。

15 日，《解放与改造》半月刊从本日出版的第 3 卷第 1 期开始，更名为《改造》，改为月刊，16 开，由梁启超、蒋百里编辑，卷期号续前。《解放与改造》是北京新学会的会刊，1919 年 9 月 1 日创刊于北京，原来由张东荪、俞颂华任编辑，先后由上海文明书局与上海中华书局出版印刷，《解放与改造》杂志社和上海中华书局发行，原为 32 开。

同日，康白情的诗歌《庐山纪游》、《天亮了》；应修人的诗歌《速写》（署名修人）发表于《少年中国》第 2 卷第 3 期。

同日，张东荪的书信《复百里》发表于《改造》第 3 卷第 1 号。

同日，沈雁冰的文论《为研究新文学者进一解》发表于《改造》第 3 卷第 1 号，署名雁冰。文章提出今后新文学运动应该是新浪漫主义，因为“自然派只用分析的方法去观察人生表现人生以致见的都是罪恶，其结果是使人失望，悲闷，正和浪漫主义（指十九世纪消极的浪漫主义）的空想虚无使人失望一般，都不能引导健全的人生观。所以浪漫文学固有缺点，自然文学的缺点更大”。“在社会黑暗特甚，思想锢蔽特甚，一般青年未曾彻底了解新思想意义的中国，提倡自然文学，盛行自然文字，其害更甚。”因此，中国的新文学要提倡新浪漫主义。因为“浪漫的精神常是革命的解放的创新的，……这种精神，无论在思想界在文学界都是得之则有进步有生气”。“把我的意思总结一句，便是：能帮助新思潮的文学该是新浪漫的文学，能引我们到正确人生观的文学该是新浪漫的文学，不是自然主义的文学，所以今后的新文学运动该是新浪漫主义的文学。”

同期还发表了梁启超的杂文《政治运动之意义及价值》以及蒋百里的两篇杂文《军国主义之衰亡与中国》、《新思潮之来源与背景》。

同日，李思纯所译诗歌《海的黄昏》发表于《少年中国》第 2 卷第 3 期。

17 日，胡适在北京大学第 23 年开学日典礼上作演说；18 日，此演说稿发表于《北京大学日刊》，又以《提高与普及》为题发表于本年 9 月 23 日的《晨报》。胡适批评新文学运动“就是新名词运动。拿着几个半生不熟的名词，什么解放、改造、牺牲、奋斗、自由恋爱……无政府主义……你递给我，我递给他”。并说：“我自己是赌咒不干的，我也不希望你们北大同学加入。”胡适认为新文化运动有两个方面，一是“普及”，二是“提高”，他希望“北大的同人一齐用全力向‘提高’这方面做功夫。要创造文化、学术及思想，惟有真提高才能真普及”。后来，陈独秀在本年 12 月 1 日《新青年》第 8 卷第 4 号上也发表了《提高与普及》，此文对胡适关于普及与提高的意见提出不同看法。文中说：“一国底学术不提高固然没有高等文化，不普及那便是使一国底文化成了贵族的而非平民的，这两样自然是不能偏废。”但现在的学生“没有基础学又不能读西文书，仍旧拿中国旧哲学旧文学中的昏乱思想，来高谈哲学文学，是何等危险！”因此，现在最要紧的事不是“高谈什么提高不提高”，而是“整顿各科底基础学”，使学生多读外国文，“好医治他们无条理的昏乱思想”。

21 日，胡适写信给《晨报》记者，指出“豪先生”在 9 月 16 日《晨报》第 7

版上发表的《对于胡适之先生在北大开学典礼时演说的感言》，“有许多错误的地方”。胡适要求把“演说原文登载出来，使人知道我反对的‘普及运动’并不是平民教育一类的事业，乃是‘拿着几个半生不熟的名词，你递给我，我递给他’的‘互抄运动’”。胡适希望全国有志青年仔细思考他所说的“只有提高才能真普及”这句话。

22日，胡适的诗歌《艺术》发表于《新青年》第8卷第3号。

23日，刘大白的诗歌《促织》发表于《民国日报・觉悟》。

同日，郭沫若的剧本《棠棣之花》第1幕第2场（聂母墓前）脱稿，发表于上海《时事新报・学灯》，署名沫若。

24日，闻一多的诗歌《西岸》发表于《清华周刊》第191期，署名闻一多，这是他初次用“闻一多”这个笔名。此诗作于本年7月13日。

同日，刘大白《答玄庐底〈读大白的《一颗月》〉》发表于《民国日报・觉悟》。此诗写于本年9月22日。

25日，《五七月刊》创刊于无锡，由无锡“五七社团”出版，1921年出至第8期停刊。

同日，沈雁冰的《〈欧美新文学最近之趋势〉书后》发表于《东方杂志》第17卷第18号。《欧美新文学最近之趋势》一文的作者胡先骕认为，“新浪漫主义为补救写实主义丰肉弱灵之弊，为补救写实主义之全批评而不指引，为补救写实主义不见恶中有善”。新浪漫主义对于写实主义“非反动而为进化”。

同日，周瘦鹃译自法国作家莫泊桑的小说《报复》发表于上海《小说月报》月刊第11卷第9号，署名瘦鹃。

同日，林纾译自美国克雷小说《想夫怜》开始在《小说月报》第11卷第9号连载，至《小说月报》第11卷第12号载毕。口译者毛文钟，署名林纾。

同日，沈雁冰所译美国作家亚伦坡的小说作品《心声》发表于《东方杂志》第17卷第18号。

26日，《社会小说报》周报创刊于天津，由《社会小说报》编辑部编辑，社会小说报社出版。刊有长篇小说、短篇小说、社会小说，以及谈话、短评、时评、趣闻、笑话、演说、谈丛、杂文、尾声、插话等专栏。1921年1月23日出至第18期停刊。

29日，冰心所作小说《三儿》发表于《晨报》。

30 日，郭沫若的诗歌《葬鸡》发表于上海《时事新报·学灯》，署名沫。

本月

巴金考入成都外语专门学校。读书期间，在五四新思潮影响下，参加《半月》、《平民之声》等进步刊物的编辑工作，加入进步青年组织“均社”。

同月，《南风》杂志创刊于广州，由广州岭南大学“南风社”编辑、出版、发行，广州编译公司印刷，广州双门底共和书局代售，或署“广州岭南大学学生会”编辑发行，“广州私立岭南大学学生自治会出版部”编辑、“广州私立岭南大学学生自治会”发行、赠阅，各省大书局代售。主要人员有总编辑骆汉昌，助理员张喜洲、周信生等。1939 年 7 月第 15 卷第 1 期署编辑顾问李兆强，编辑杨启骧，助编林文赞等，由“私立岭南大学学生自治会”出版，香港国华印务公司印刷；1940 年 6 月第 16 卷第 1 期署编辑余国瓒，助编孙家钧等，“私立岭南大学学生自治会”出版，香港国际商业印刷公司印刷，此为所见最后一期。主要栏目有随感录、书报介绍、小说、译述、诗、译诗、诗歌、戏剧、书信、翻译、散文、论著、文艺、论文、现代史料、小说与散文、专载、消息等。主要撰稿人有陈受颐、何鸿平、卢伟、赵士芳等。

同月，梁实秋的第一篇翻译小说《药商的妻》发表于《清华周刊》增刊第 6 期。

梁实秋（1902—1987），散文家、学者、文学批评家、翻译家，国内第一个研究莎士比亚的权威。原名梁治华、梁秋实，字实秋，号均默，笔名子佳、秋郎、程淑等，祖籍浙江杭县（今杭州市余杭区），出生于北京。1915 年秋考入清华学校（今清华大学）。在该校高等科求学期间开始写作。第一篇翻译小说《药商的妻》在 1920 年 9 月发表于《清华周刊》增刊第 6 期。第一篇散文诗《荷水池畔》发表于 1921 年 5 月 28 日《晨报》第 7 版。1923 年于清华学校毕业后，去美国科罗拉多大学、哈佛大学、哥伦比亚大学留学。1926 年回国，留任南京东南大学、上海暨南大学、复旦大学教授。1928 年 3 月与徐志摩等人创办《新月》月刊，一度任总编辑，为新月派的文艺理论家，与鲁迅及革命文学作家发生过论争。1930 年任青岛山东大学外文系主任，1934 年改任北京大学外文系主任。抗日战争爆发后赴四川，主编《中央日报》副刊，并在国立编译馆任职。1946 年回北平师范大学任教授。1949 年初到广州任中山大学教授。同年 6 月去台湾，任台湾师范学院教授，1966 年退休。1987 年 11 月 3 日病逝于台北。主要著译有:《浪漫的与古典的》、《偏见集》、《文艺批评论》、《莎士比亚全集》(37 卷)、《咆哮山庄》、《远东英汉大辞典》等。

同月，张墨池、景梅九所译俄国托尔斯泰的散文作品《忏悔》自印出版，上海基督教救国会代售，1922 年由上海大同书局再版。

十月

1 日，陈衡哲的小说《波儿》发表于《新青年》第 8 卷第 2 号。

同日，叶圣陶的诗歌《两行深深的树》发表于《妇女评论》第 2 卷第 2 期，署名圣陶。

同日，胡适的诗歌《追悼许怡荪》发表于《新青年》第 8 卷第 2 号。

同期还发表了刘复的诗歌《牧羊儿的悲哀》、《地中海》、《登香港太平山》。

同日，陈独秀发表《随感录》(89—91 》于《新青年》第 8 卷第 2 号，分别是《再论上海社会》、《学说与装饰品》、《懒惰的心情》。

同期还发表了周建人的杂文《生存竞争与互助》。

同日，闻一多的评论《征求艺术专业的同业们底呼声》发表于《清华周刊》第 192 期。

同日，陈独秀与知耻等人关于男女同校、大学教授、工人教育等问题讨论的书信往来发表于《新青年》第 8 卷第 2 号。

同日，《新青年》第 8 卷第 2 号集中发表了关于罗素的文章和译作。包括张崧年的介绍文章《罗素》;张崧年所译《梦与事实》、《民主与革命》、《哲学里的科学法》;沈雁冰所译《游俄之感想》; 凌霜所译《工作与报酬》。

同日，周作人所译俄国作家科罗连珂的小说《玛加尔的梦——基督降生节的故事》发表于《新青年》第 8 卷第 2 号。此作品译于本年 8 月 27 日。后出单行本。

同日，郑振铎所译高尔基的文论《文学与现在的俄罗斯》发表于《新青年》第 8 卷第 2 号。

2 日，周作人所译拉忒伐亚库拉尔、勃加利亚遏林沛林的散文诗 2 篇《“你为什么爱我”》、《“鹰的羽毛”》发表于《晨报副刊》，署名仲密译。

3日，《劳动者》周刊在广州创刊，这是广州共产主义小组出版的向工人进行马克思主义宣传的通俗刊物。创作者为梁冰弦、刘石心等人，该刊为铅印36开，现看到的有1至8期，每期约7000至8000字。主要撰稿人有冰（即梁冰弦）、兼生（即黄凌霜）、（傅）无闷、（薛）剑耘等，均是当时有名的无政府主义者。该刊是一个向工农劳动者进行启蒙教育、宣传新思潮的通俗刊物，但实质上主要是宣传工团主义、经济主义，尤其是宣传消灭一切政权和法律的无政府共产主义的刊物。

同日，刘大白的文论《"可"字底分析——对于陈望道底〈文字漫谈〉底"可"字条的争议》发表于《民国日报·觉悟》。

4日，北京第一个共产主义小组成立，李大钊为负责人。

5日，沈雁冰的文论《意大利和现代第一文学家邓南遮》发表于《东方杂志》第17卷第19号。

同日，沈雁冰所译美国作家纪尔曼夫人的作品《家庭生活与男女社交的自由》发表于《妇女杂志》第6卷第7号，署名P.生。

7日，冰心所作小说《忏悔》发表于《晨报》。

8日，闻一多的新诗《时间底教训》发表于《清华周刊》第193期。

10日，鲁迅的小说《头发的故事》发表于《时事新报·学灯》，本作品写于本年9月29日。

11日，叶圣陶作诗《夜》，初收于1922年6月商务印书馆新诗合集《雪朝》。

同日，刘大白的文论《旧诗新话》开始发表于《民国日报·觉悟》，署名汉胄。《旧诗新话》共有60篇诗话，前45篇作于1926年以前，可以说是为文学革命"呐喊"的文字。作者要"从古墓中掘出抒情诗来"，以历史中的白话诗为由头，提倡白话，反对纲常。其文不仅有学问、有见识、有性情，而且也透露着"五四"的热情、凌厉与欢快。而后面几十篇则是关于自家诗歌的诗话。1928年5月，《旧诗新话》作为《黎明社丛书》之一由上海开明书店初版。

13日，周作人的诗歌《醉汉的歌》发表于《晨报副刊》，署名仲密。此诗作于本年10月8日。

同日，刘大白的诗歌《寄老友大悲》发表于《民国日报·觉悟》。

14日，刘大白的诗歌《丁宁》开始在《民国日报·觉悟》上发表，后在本月15日《民国日报·觉悟》续刊载毕。此诗作于本年10月11日。

同日，刘大白的诗歌《燕子去了！》发表于《民国日报·觉悟》，此诗写于本年9月23日，但收入《旧梦》的时候，写作日期误注为1920年5月31日。

同日，胡适写作《什么是文学（答钱玄同）》，收入《胡适文存》第1集卷1。

15日，《少年中国》第2卷第4期出“法兰西号”。发表的文章主要有：李璜的《法兰西近代群学》、周无的《法兰西近世文学的趋势》、李璜所记亚尔伯尔谈话《法兰西一个学者的“进化”观》、周无所译法国作家爱米尔·德司巴克斯的诗歌《幸福》、何鲁之所译莫泊桑小说《林中》等。

同日，李劼人的《鲁渥的画》发表于《少年中国》第2卷第4期“法兰西号”。

同日，蒋方震的杂文《中国之新生命》发表于《改造》第3卷第2号。

同日，梁启超的杂谈《历史上中华国民事业之成败及今后改进之机运》发表于《改造》第3卷第2号。

同日，刘麟生所译罗素《一九二〇年之俄国苏维埃政府》发表于《改造》第3卷第2号。

16日，周作人所译日本作家与谢野晶子、生田春月的诗歌《野草》、《小悲剧》发表于《晨报副刊》，署名仲密。

17日，刘大白的诗歌《秋深了！》发表于《民国日报·觉悟》。此诗作于本年10月13日。

同日，郭沫若的诗歌《鸣蝉》、《司健康的女神》发表于上海《时事新报·学灯》，署名沫。

19日，周作人的杂感《罗素与国粹》发表于《晨报副刊》，署名仲密。此文作于本月17日。

20日，《批评》半月刊在上海创刊，郑振铎任主编，附《民国日报》发行。原为随上海《民国日报》附送的小报型刊物，从第7号开始改为单行本月刊，由上海商务印书馆印行。主要撰稿人有郑振铎、周长宪、王统照、周建人、庐隐、李大钊、张邦铭等。该刊在19日创刊的广告词中说：“文化运动怎样能上正轨？怎样重新估定一切价值？自然是要‘批评’。可是我国出版界独少一个‘……无不下一种正确忠实的批评’。”1920年12月8日第4号、1920年12月26日第5号、1921年1月23日第6号均为“新村号”。

同日，郭沫若的诗歌《狼群中的一只羊》和《〈狼群中的一只羊〉序》发表于上海《时事新报·学灯》，皆作于本年10月10日。

22日，闻一多的诗歌《印象》、《黄昏》发表于《清华周刊》第195期，署名风叶。

同日，周作人的杂感《排日的恶化》发表于《晨报副刊》，署名仲密。

同日，闻一多的时论《对于双十祝典的感想》发表于《清华周刊》第195期。未收入专集。

同日，鲁迅所译俄国作家阿尔志跋绥夫的小说《工人绥惠略夫》开始在《小说月报》上发表，后又在《小说月报》第12卷第7期、第9期、第11期、第12期续刊，至第12卷第12期载毕。1922年5月由上海商务印书馆作为“文学研究会丛书”之一初版，1927年6月又作为《未名丛书》之一由上海北新书局再版。

23日，周作人的杂感《亲日派》发表于《晨报副刊》，署名仲密。此文作于本月19日。

24日，周作人的诗歌《所见》发表于《晨报副刊》，署名仲密。此诗作于本年10月20日。

25日，周作人的杂文《译诗的困难》发表于《晨报副刊》，署名仲密。此文作于本年10月20日。

26日，周作人在北京孔德学校讲演，讲题为《儿童的文学》。

同日，周作人的诗歌《儿歌》、《慈姑的盆》发表于《晨报副刊》，署名仲密。两首诗分别作于本年10月21、22日。

27日，刘大白创作诗歌《月蚀》，收于1929年11月上海开明书店《丁宁》。

28日，叶圣陶的杂文《梦》发表于上海《时事新报·学灯》，署名圣陶。

同日，周作人的译作《风》、《燕子》、《凤仙花》发表于《晨报副刊》，署名仲密。《风》译自英国作家络绥谛、《燕子》译自日本作家生田春月、《凤仙花》译自北原口秋。

29日，文学研究著作《白话诗研究集纲要》发表于《晨报副刊》，谢楚桢、胡适、康白情编，易家钺、周作人、黎锦熙、蔡孑民鉴阅。

本月

由著名的文明戏演员汪仲贤主持，在上海新舞台剧演出了肖伯纳的名作《华伦夫人之职业》，此剧是《新青年》所提倡的一部西方现代话剧，但是遭到了意外的失败。此事间接促成了次年上海民众剧社的诞生。

同月，英国唯心主义哲学家罗素来华讲学，研究系张东荪、梁启超借此在《改造》杂志上宣传基尔特社会主义。

同月，常乃德的诗歌《夜半》、《京奉道中》发表于《国民》第2卷第3号。

同月，周长宪的杂谈《怎么样做人》和常乃德的杂感《东方文明与西方文明》发表于《国民》第2卷第3号。

同月，周作人翻译波兰作家普路斯的小说《世界的霉》发表于《时事新报·学灯》双十节增刊，此文译于本年9月28日。

同月，由常觉、小蝶所译英国柯南达里所著小说《恐怖窟》(福尔摩斯最新探案)由上海中华图书馆再版，1921年8月3版，后在1936年3月由上海春明书店再版。

同月，沈雁冰的童话作品集《飞行鞋》由商务印书馆印行，署名沈德鸿。

同月，陈大悲所编戏剧集《北京学生联合会新剧团剧本》由北平北京学生联合会初版，收入陈大悲的五幕剧《良心》和五幕剧《英雄与美人》，以及人艺社所编五幕剧《是人吗》。

十一月

1日，胡适的诗歌《〈尝试集〉集外诗五首》发表于《新青年》第8卷第3号。

同期还发表了俞平伯的诗歌《绍兴西郭门头的半夜》、《送缉斋》和《题在绍兴柯岩照的相片》。

同日，郁达夫的七律诗《无题》发表于日本《太阳》第26卷第13号。自序云："新婚未几，病虐势危，斗室呻吟，百忧俱集，悲佳人之薄命，嗟贫士之无能，饮泣吞声，于焉有作。"

同日，陈独秀的《随感录》(93—95)发表于《新青年》第8卷第3号，分别是《社会的工业及有良心的学者》、《劳动者的知识从那里来》、《三论上海社会》。

同期他还发表了杂感《国庆纪念的价值》。

同日，张崧年的《试编罗素既刊著作目录》开始在《新青年》第8卷第3号上连载，至本年12月1日《新青年》第8卷第4号载毕。

同日，陈独秀与郑贤纵等人的关于国家政治法律和劳动专政问题的书信往来发表于《新青年》第8卷第3号。

同日，周作人所译犹太宾斯奇的小说《被幸福忘却的人们》发表于《新青年》第8卷第3号。同期还发表了他的《杂译诗二十三首》。

同日，《新青年》发表翻译的一系列罗素文章，主要有：郑振铎所译罗素《自叙》、李季所译罗素的杂谈《能够造成的世界》、沈雁冰翻译美国作家哈德曼的杂谈《罗素论苏维埃俄罗斯》。

4日，郭沫若的诗歌四首《胜利的死》及札记《〈胜利的死〉书后》发表于上海《时事新报·学灯》，署名沫。4首诗分别作于本年10月13日、22日、24日和27日。

5日，沈雁冰的杂文《精神主义与科学》发表于《学生杂志》第7卷第11号，署名雁冰。

7日，《共产党》月刊在上海出版，由上海共产主义小组秘密出版。

同日，叶圣陶作诗《儿和影子》、《拜菩萨》，两诗后来都发表于1921年7月30日上海《时事新报·文学旬刊》第9期。

同日，刘大白的诗歌《一座大山》发表于《民国日报·觉悟》。

同日，周作人的诗歌《秋风》发表于《晨报副刊》，署名仲密。本诗作于本年11月4日。

同日，沈雁冰的书信《复P. R》发表于《时事新报·学灯》，署名雁冰。

10日，沈雁冰的文论《译书的批评》发表于《时事新报·学灯》，署名冰。

11日，俞平伯写作诗歌《在路上的恐怖》，初收于《冬夜》。

12日，闻一多的评论《黄纸条告》发表于《清华周刊》第198期，署名一多。未收入专集。

同日，沈雁冰的书信《复黎锦熙》发表于《时事新报·学灯》，署名冰。

14日，沈雁冰的文论《说部、剧本、诗三者的杂谈》发表于《时事新报·学灯》，署名冰。

15日，国际联盟召开第一次全体大会。

同日，宗白华的诗歌《艺术》发表于《少年中国》第2卷第5期。

同期还发表了周太玄的诗歌《夜雨》和《小歌》；王独清的诗歌《“谁理呢！”》。

王独清（1898—1940），诗人，原名王诚，字笃卿，陕西长安人。五四运动前后赴日本，不久去法国助工俭学。其后漫游欧洲，受到西欧象征派、颓废派诗歌影响，诗作流露出浓厚的感伤主义情绪，自称为中国没落贵族的代表。归国后加入创造社。1926年3月赴中山大学任教，不久代理中山大学文学院院长。1929年9月任上海艺术大学教务长。1930年7月主编托派组织的《展开月刊》，并参加中国托洛斯基派组织。抗日战争爆发后，由上海返回陕西，1940年病故。主要著作有诗集《圣母像前》、《死前》、《威尼市》，剧作《杨贵妃之死》等。

同日，梁启超的杂文《前清一代中国思想界之蜕变》发表于《改造》第3卷第3号。续刊该文至第4号。

同期还发表了蒋方震的杂感《代军阀而兴者谁》。

同日，恽代英的论文《论社会主义》发表于《少年中国》第2卷第5期。

同期还发表了苏甲荣的杂文《今后的文化运动——教育扩张》、王光祈的杂感《旅欧杂感》。

同日，田汉的戏剧《环珴璘与蔷薇（上）》发表于《少年中国》第2卷第5期；同年12月15日，该刊第6期续刊《环珴璘与蔷薇（下）》。

15、16日，周作人在北京师范学校以及协和医校的讲演稿《文学上的俄国与中国》发表于《晨报副刊》，署名周作人。

21日，叶圣陶的短篇小说《母》发表于北京《晨报》，署名圣陶。又刊于1921年1月10日《小说月报》第12卷第1号，署名叶绍钧。此作写于本年10月2日。

23日，周作人、郑振铎等7人在北京万宝盖胡同耿济之的寓所商量组织文学研究会事。周作人在《知堂回想录》中说："民国九年（1920）我很作了些文学的活动，十一月二十三日下午到东城万宝盖胡同（俗称王八盖）的耿济之君家里开会，大约记得是商量组织'文学研究会'的事情，大家都叫我拟那宣言，我却没有存稿，所以记不得是怎么说了，单记的其中有一条，是说这个会是预备作为工会的始基，给文学工作者全体联络之用。"

同日，周作人的短评《翻译与批评》发表于《晨报副刊》，署名仲密。此文作于本月21日。

24日，胡适作书信《询姚际恒著述书》（寄顾颉刚），收入《古史辨》第1册。

25日，孙中山偕伍廷芳、唐绍仪等离沪去粤。28日，经香港抵广州。29日，重组军政府。

同日，周瘦鹃的人物传记《奈他士传》开始在《小说月报》第11卷第11号上发表，续刊至《小说月报》第11卷第12号，署名瘦鹃。

26日，刘大白的诗歌《病院里雨后看吴山》（此诗作于本年10月30日）、《黄昏（1至3首）》（此诗作于本年11月22日）发表于《民国日报·觉悟》。

同日，周作人的杂感《民众的诗歌》发表于《晨报副刊》，署名仲密。

27日，燕京大学女校为募捐赈灾而演出了比利时戏剧家梅特林克的话剧《青鸟》。

同日，胡适的杂文《究竟死的是谁的老子》发表于《晨报》。

29日，文学研究会的发起者瞿秋白等人经过初步酝酿，借北京大学图书馆主任李大钊工作室召开第一次筹备会，讨论成立文学研究会的办法，公推郑振铎起草会章。

同日，郑振铎作评论《评燕大女校的新剧〈青鸟〉》，发表于《晨报》11月29日第5版、11月30日第7版。本文作者"渴望西洋戏剧能够实现在中国的舞台上"，并作此剧评给予热情的赞扬。

茅盾发表于1921年6月10日上海《民国日报·觉悟》上的《看了中西女塾的〈翠鸟〉以后》一文也赞扬这出话剧的演出。他说："公开演出梅特林克的六幕长剧《翠鸟》（也译作《青鸟》），这并不是偶然的。选中这个剧，表明了她们求光明的渴望。《翠鸟》的象征意义就在须先自己牺牲后可得幸福；到光明之路是曲折的，必须自己奋斗。这种象征意义和教会学校最注重的宗教教义是格格不入的。"他又说："《翠鸟》大概是中国戏剧史上所曾演出的第一个外国话剧，比神州女校学生排演果戈里的《钦差大臣》早了几年。"

本月

文学研究会由郑振铎等人发起筹备。郑振铎、耿济之等打算在北平出版一种文学杂志，藉以发表文学创作，介绍外国作品，并且也可以担负整理国故的责任；但因为经费难筹，因此当时未能实现。后来经商务印书馆负责人张菊生、高梦旦两先生的赞助，准在该馆所印行的《小说月报》上发表文学作品。

同月，沈雁冰正式接编《小说月报》，接编的条件是："已买下的稿子（指鸳鸯蝴蝶派的）一概不在《小说月报》上刊登，以后《小说月报》的编辑方针不受馆方的约束。”他在馆方答应这个条件后着手全面革新，1921 年 1 月 10 日，革新了的《小说月报》第 12 卷第 1 号出版。刊物的名称虽然没有变，却以全新的面目出现在中国现代文坛，成为现实主义文学的重要阵地。

同月，张资平的小说《约檀河之水》发表于《学艺》第 2 卷第 8 号。

张资平（1893—1959），小说家。原名张星仪，又名张声。广东梅县人。1906 年入美籍传教士创办的广益中西学堂读书。1910 年考入广州高等警官学堂求学。辛亥革命后被派赴日本留学。1914 年 7 月，他和郭沫若、郁达夫同时考入日本东京第一高等学校。1915 年转入九州熊本第五高等学校。1916 年加入丙辰学社（中华学艺社前身）。1919 年考入东京帝国大学理学院地质系学习。从 1920 年开始，陆续创作并发表作品。1921 年夏，在日本东京参与发起新文学团体——创造社，为该社初期骨干成员之一。1922 年 5 月毕业返国，任广东省熊岭矿山经理兼技师。1924 年冬由蕉岭到武汉，任湖北武昌师范大学地质系教授。1926 年陆续发表中篇小说《飞絮》、《苔莉》及短篇小说《不平衡的偶力》等，以擅长写三角恋爱小说闻名于世。同年，北伐后到达武汉，任总政治部国际宣传局少校翻译。1927 年出版《最后的幸福》等小说。1928 年去上海。此后，大量炮制以“多角关系”为题材的恋爱小说。抗战后投靠日伪政权，任汪伪农矿部简任技正等伪职。1948 年被国民党司法当局判刑 1 年零 3 个月。新中国成立后为商务印书馆编译《实用矿物岩石学》、《化工大全》等自然科学著作。1959 年在安徽病故。主要著作有：《约檀河之水》、《她怅望着祖国的天野》、《冲积期化石》等小说；中篇小说《飞絮》、《苔莉》及短篇《不平衡的偶力》等。

同月，胡适创作杂文《嘱点读〈伪书考〉书》（寄顾颉刚），收《古史辨》第 1 册。

同月，胡适《井田制度有无之研究》（与廖仲恺等的通讯）作于 11 月至 1922 年 4 月，刊于《建设》第 2 卷第 1、2、5 号，收入《胡适文存》第 1 集卷 2。

同月，周瘦鹃等译述的小说《伪病》、《贼妻》、《化身人》、《药酒》、《狱秘》、《幕后人》（皆无原著者名）收入上海交通图书馆初版的《欧美名家侦探小说大观》第 5 集。

同月，短篇小说集《小说》由北京晨钟报社出版部出版，为晨钟社图书。收入冰心《去国》、《两个家庭》，鲁迅《一件小事》，陈大悲《三分长一个烟卷头》，止水《城里的共和》等作品。

同月，杨熙初所译易卜生的戏剧《海上夫人》由上海商务印书馆初版，1922年8月3日再版，收入《共学社文学丛书》，书前有译者引言。

十二月

1日，周作人的诗歌《儿歌》、《慈姑的盆》和《秋风》发表于《新青年》第8卷第4号。

同日，郁达夫的七律诗《无题》发表于日本《太阳》第26卷第14号。自序云："七夕行装已具，邀同学数人小饮于室，王一之有诗饯行，依韵和之。"

同日，冰心所作诗歌《影响》、《天籁》和《秋》发表于《燕大季刊》第1卷第4期，署名谢婉莹。

1日，陈独秀的杂文《关于社会主义的讨论》发表于《新青年》第8卷第4号。

同日，陈独秀的《随感录》（95—103）发表于《新青年》第8卷第4号，分别为《华工》、《四论上海社会》、《劳工神圣与罢工》、《主义与努力》、《革命与作乱》、《虚无的个人主义与自然主义》、《民主党与共产党》、《提高与普及》、《无意识的举动》。

同日，冰心所作杂感《圈儿》、《我》发表于《燕大季刊》第1卷第4期，署名婉莹。

同日，周作人的文论《儿童的文学》、李大钊的论文《唯物史观在现代历史学上的价值》、俞平伯的文论《做诗的一点经验》发表于《新青年》第8卷第4号。

同日，鲁迅所译俄国作家阿尔志跋绥夫的小说《幸福》发表于《新青年》第8卷第4号。小说译于本年10月30日。

同期还发表了周作人所译日本作家千家元麿的小说《深夜的喇叭》。此小说译于本年9月18日。

4日，文学研究会的筹备者郑振铎等在耿济之家开第二次筹备会，讨论并通过郑振铎所写的《文学研究会简章》，并推周作人起草《文学研究会宣言》，"宣言书起草竣后，遂以周作人、朱希祖、蒋百里、郑振铎、耿济之、瞿世英、郭绍虞、孙伏园、沈雁冰、叶绍钧、许地山、王统照十二人名义发起本会"。

5日，《评论之评论》季刊创刊于北京，由北京大学"评论之评论社"编辑，费觉天主编，上海泰东图书局发行。主要栏目有评论、到自由的路、时论编目、书报评论、出版界评论、新诗谈、小评论等，主要撰稿人有陈顾远、费觉天、李大钊、周长宪、胡适、郑振铎等。1921 年 12 月出至第 1 卷第 4 期停刊。

同日，庐隐的《新村底理想与人生底价值》发表于《批评》第 4 号“新村号”。

7 日，沈雁冰的一系列关于共产主义的文章发表于《共产党》第 2 号，分别是《共产主义是什么意思——美国共产党中央执行委员会宣布》、《美国共产党党纲》、《共产党国际联盟对美国 IWW 的恳请》、《美国共产党宣言》、《托尔斯泰的文学》，署名 P. 生。

12 日，俞平伯的演讲词《从经验上所得做“诗”的教训》发表于《浙江第一师范十日刊》第 5 期，范尧深记。

13 日，《文学研究会宣言》和《文学研究会简章》在《晨报》第 5 版首次发表。后又发表于本月 19 日《民国日报·觉悟》、1921 年 1 月 1 日《新青年》第 8 卷第 5 期和 1921 年 1 月 10 日《小说月报》第 12 卷第 1 期。《文学研究会宣言》表述了发起文学研究会的宗旨及文学为人生的基本主张：我们发起这个会“一是联络感情”，“二是增进知识”，“三是建立著作工会的基础”。“将文艺当做高兴时的游戏或失意时的消遣的时候，现在已经过去了。我们相信文学是一种工作，而且又是于人生很切要的一种工作；治文学的人也当以这事为他终身的事业，正同劳农一样。所以我们发起本会，希望不但成为普通的一个文学会，还是著作同业的联合的基本，谋文学工作的发达与巩固：这虽然是将来的事，但也是我们的一个重要的希望。”

15 日，俞平伯为《草儿》作序，初收于上海亚东图书馆 1922 年 3 月版《草儿》。

同日，郭沫若的诗歌《胜利的死》发表于《少年中国》第 2 卷第 6 期。

同日，俞平伯作诗歌《游皋亭山杂诗》（六首），初收于《冬夜》。

同日，郑振铎的杂文《自治运动的目的与方法》和《俄国文学发达的原因与影响》发表于《改造》第 3 卷第 4 号。

同期还发表了张东荪的杂感《现在与将来》；耿济之的文章《自治运动与中国改造》；沈雁冰的文论《托尔斯泰的文学》。

同日，李璜的杂文《留学评议》、张梦九的杂感《旅法两周的感想》、李思纯的文论《诗体革新之形式及我的建议》发表于《少年中国》第 2 卷第 6 期。

同日，田汉的书信《致左学训》、郑伯奇的书信《致诸会员》发表于《少年中国》第 2 卷第 6 期。

同日，蒋百里的书信《同一湖谈自治的一封信》发表于《改造》第3卷第4号。

同日，瞿秋白所译德国伯伯尔的文章《社会之社会化》发表于《改造》第3卷第4号。

同日，何鲁之所译法国哥伯的小说《失路之儿》和王独清所译 Tagore 的诗歌《末尾》发表于《少年中国》第2卷第6期。

16日，《〈小说月报〉改革宣言》发表于《晨报》第7版，后来又发表于1921年1月10日《小说月报》第12卷第1号。

17日，闻一多的评论《电影是不是艺术》发表于《清华周刊》第203期，署名一多。未收入专集。此文作于本月10日。

18日，胡适作文论《告拟作〈伪书考〉长序书》（寄顾颉刚），收入《古史辨》第1册。

本日和19日，楚桢的《白话诗研究集琐录摘要》（一）（二）发表于《晨报副刊》。

20日，郭沫若的诗歌系列《我的散文诗》之一至四发表于上海《时事新报·学灯》，分别是《冬》、《她与他》、《女尸》、《大地的蹄》。

同日，刘大白的诗歌《二个老鼠抬了一个梦（1—2）》发表于《民国日报·觉悟》。此诗作于本年11月29日。

同日，郭沫若作书信《给李石岑的信》，该信1921年1月15日发表于上海《时事新报·学灯》"通讯"栏。1925年12月收入上海光华书局出版《文艺论集》时改为《论诗》（一），至1929年7月4版改名为《由诗的韵律说到其他》。收入《沫若文集》第10卷时，篇名题《论诗三札》（一）。另见1943年7月桂林普及出版社初版《当代作家书简》题名为《关于诗与音乐底个体》。

21日，冰心所作小说《鱼儿》发表于《晨报》。

23日，胡适作书信《告续得姚际恒著述书》（寄顾颉刚）和《答顾论〈竹柏山房丛书〉及〈庄子内篇〉书》。

24日，鲁迅开始到北大授课。先讲授"中国小说史"，鲁迅在讲课过程中不断充实完善"中国小说史"的讲义，1923年12月和1924年6月鲁迅由此讲义整理而成的《中国小说史略》由北大新潮社分上下册印制出版，全书共28篇，1925年由北京北新书局合印一册出版，1931年北新书局又出版修订本。后又讲授文艺理论，以日本厨川白村的《苦闷的象征》为教材，至1926年8月止。

25 日,《小说月报》第 11 卷的 12 号发表《本月刊特别启事一—五》。启事中说：在新思想东渐，新文学的建设在谋求发展的情况下，本刊于明年 12 卷 1 号起，“将尽其能力，介绍西洋之新文学，并输进研究新文学应有之常识”。并改旧有门类，设评论、研究、译丛、创作、特载、史传、杂谈诸栏目。同时，“本刊明年起更改体制，文学研究会诸先生允担任撰著，敬列诸先生之台名如下：周作人、瞿世英、叶绍钧、耿济之、蒋百里、郭梦良、许地山、郭绍虞、冰心女士、郑振铎、明心、庐隐女士、孙伏园、王统照、沈雁冰。”

同日,《新安徽》创刊于上海，由旅沪安徽人创办，16 开。主要栏目有论说、专著、小说、短评、诗、自治潮、通信、编辑余谈等，主要撰稿人有大吕、张秋白、宁少清等。现在该刊仅存 1 本。

同日，林纾和毛文钟所译美国作家克雷女士的小说作品《想夫怜》、梁实秋所译法国作家宝德的小说《执旗的兵》发表于《小说月报》第 11 卷第 12 号。

26 日，周作人的杂文《新村的讨论》发表于《批评》第 5 号。

同日，周作人的诗歌《劳动的歌六首》发表于《批评》第 5 号。

29 日，胡适的文论《论辑录辨伪文字书》(寄顾颉刚)，收《古史辨》第 1 册。

30 日，文学研究会在京发起人在耿济之家开第三次筹备会，通过两星期来报名参加者名单，并决议于 1921 年 1 月 4 日在北京中央公园来今雨轩召开成立大会和会议议事程序。

本月

老舍被任命为教育部通俗教育研究会会员。

同月，刘半农、钱玄同成立歌谣研究会。

同月中旬，全面革新的《小说月报》第 12 卷第 1 号稿件准备就绪。据茅盾《茅盾回忆录》中的《革新〈小说月报〉的前后》一文回忆：“郑振铎寄来冰心的《笑》、叶绍钧的《母》、许地山的《命命鸟》、瞿世英的《荷瓣》、王统照的《沉思》，再加我刚收到的投稿两篇(指慕之的《不幸的人》、潘垂统的《一个确实的消息》)，凑成了创作栏的七篇。郑振铎还寄来了周作人的《圣书与中国文学》，耿济之等人的翻译，我写了《改革宣言》、《文学与人的关系及中国古来对于文学者身份的误认》，又翻译了挪威般生（比昂逊）的话剧《新结婚的一对》……泽民译了俄国安得列夫的剧本《邻人之爱》，再加上《海外文坛消息》六则，这第一期算是拼凑出来了。只看第一期，便知道这是‘百家争鸣’的局面。”“就第一期的三篇论文而言，步调并不相同。也就是说，改组后的《小说月报》一开始就自己说明它并非同人杂志。”

同月，《中国新书月报》创刊于上海，由“中国新书月报社”编辑，华通书局出版、发行，1923 年出至第 3 卷第 3 期停刊，第 1、2 卷各出 12 期，第 3 卷出 3 期。

同月，月刊《游戏新报》创刊于苏州，在上海印刷、发行，范君博、郑逸梅、赵眠云主编，游戏出版社出版。主要栏目有图画、游戏文、艺林、诗话、谈丛、小说、剧坛等，主要撰稿人有顾明道、徐振亚、范烟桥、周瘦鹃等。同年停刊，仅出 1 期。其中周瘦鹃所译法国莫泊桑的小说《一百万金》发表于《游戏新报》第 1 期，署名瘦鹃译。

同月，郭沫若作歌曲《湘累》，初收于 1935 年 9 月现代歌舞研究社版《现代名歌三百选》。此歌原为诗剧《湘累》中之一首诗，电影《生之哀歌》收录为插曲。

同月，陈光尧所著《谜语研究》由上海商务印书馆初版，1947 年 4 月 3 日再版。此书分 10 章，论述谜语的性质、分类、起源、发展、功能、影响以及谜语与其他文学形式的关系等问题。

同月，周大猷、李定夷所译英国作家柯南道尔的小说《急富党》（福尔摩斯最新探案）由上海国华书局再版。

本年

春，郁达夫、张资平、成仿吾在东京帝国大学“不忍”池畔寓所，曾相约开会酝酿成立一个反帝反封建的文学团体。成仿吾带来郭沫若的信及诗稿，表示有相同的愿望。但因为找不到出版处，出版杂志的计划只好暂停。

5、6 月间，郭沫若创作诗歌《我是个偶像崇拜者》，诗中道：“我崇拜偶像破坏者，崇拜我！我又是个偶像破坏者哟！”该诗 1921 年 2 月 14 日发表于上海《时事新报·学灯》，署名沫若。

冬，王统照的小说《“是艺术杀了她！”》发表于《曙光》杂志第 1 卷第 6 号。

冬，宋介的杂文《贫民救济问题》、《新俄罗斯之建设》、《克鲁泡特金之安那其的社会学》发表于《曙光》杂志第 1 卷第 6 号。《曙光》第 1 卷第 6 号原刊无出版日期，从文章写作日期来看，大约出版于 1920 年冬。此后各期，原刊均无出版日期，仅知出版于 1921 年。

冬，郑振铎所译苏联托罗斯基杂文《我们从什么着手呢？》发表于《曙光》杂志第 1 卷第 6 号。

同期还发表王统照所译苏联 N. Lenin 的杂文《旧治更新》；王统照译论文《俄罗斯之农业的社会化》、《劳农大学》；瞿秋白所译苏联 Tom《俄国革命周年纪念》；宋介所译小说《母亲与婴儿》；郑振铎译自 Soviet Russia 的小说《彼得・克鲁泡特金与苏维埃》、译自 Lazar Shatskin 的小说《红色军队》(The Big Army)；段澜所译美国作家 Mehricle 的小说《黑面包与茶》；瞿世英所译 Living age 的《近代俄罗斯小说》。

同年，郭沫若拟组织“歌德研究会”，未成。

同年，《文华月刊》创刊于武昌，武昌文华大学校主办，1922 年出至第 22 期停刊。

同年，《月月》月刊出版于江苏无锡，由唐忍庵编辑，“月月杂志社”出版。刊有社会通讯、文艺通讯、文学作品、随笔等作品。

同年，王平陵的小说《雷峰塔下》发表于上海《时事新报・学灯》副刊。

王平陵 (1898—1964)，小说家，散文家。原名王仰高，笔名西冷、秋涛，江苏溧阳人。早年考入杭州省立第一师范读书。毕业后在沈阳美术学校、南京美专任教。1924 年主编《时事新报・学灯》，并为《东方杂志》撰稿。1928 年任上海暨南大学教授，后又主编《中央日报》两个副刊。1930 年与傅彦长、黄震遐等鼓吹民族主义文学运动，与当时的左翼文学运动相抗衡，受到鲁迅等人批判。1938 年中华全国文艺界抗敌协会在武汉成立时，被选为该会常务理事。同年 11 月任《扫荡报》编辑。抗战胜利后留居重庆，1949 年去台湾。生平著述多种，主要有：短篇小说集《残酷的爱》、《湖滨秋色》、《归来》等；长篇小说集《茫茫夜》；戏剧《自由魂》；诗集《狮子吼》；评论集《卅年文坛沧桑录》等。

同年，欧阳予倩创作京剧《人面桃花》，1950 年重新整理。1954 年和 1956 年分别由北京宝文堂书店和上海文化出版社出版单行本。1980 年 8 月收入中国戏剧出版社《欧阳予倩文集》第 2 卷。1982 年 8 月又收入湖南人民出版社的《欧阳予倩戏曲选》。

同年，闻一多翻译英坎白尔的诗歌《点兵之歌》，名为《点兵行》，收入手抄本《古瓦集》。

同年，王无为的长篇小说《蒙古旅行记》由上海泰东图书馆出版，分为上、中、下册。书前有张静庐、王靖所作的序。

同年，侯曜的第一本戏剧集《复活的玫瑰》由商务印书馆出版。其中《复活的玫瑰》一剧引起剧坛的广泛注意。

1921年

一月

1 日，《文学研究会宣言》发表于《新青年》第 8 卷第 5 号。该宣言制定了三条基本原则，即“联络感情”，使从事新文学事业的人能够“互相理解”，“结成一个文学中心的团体”；“增进知识”，特别是外国文学方面的知识；“建立著作工会的基础”，使文学不再是一种游戏或消遣，而是一种“终身的事业”。

同日，俞平伯的诗歌《潮歌》、《乐观》，胡适的诗歌《梦与诗》、《礼》、《十一月二十四日夜》发表于《新青年》第 8 卷第 5 号。

同日，周作人的随感《旧约与恋爱诗》、《野蛮民族的礼法》、《个性的文学》发表于《新青年》第 8 卷第 5 号“随感录”。

同日，周作人的论文《文学上的俄国与中国》、周建人的论文《达尔文主义》发表于《新青年》第 8 卷第 5 号。

同日，周作人所译小说《少年的悲哀》（[日] 国木田独步著）发表于《新青年》第 8 卷第 5 号。

同日，震瀛所译论文《罗穗与哥尔基》（Soriet Russia 著）、《苏维埃政府的保存艺术》（A. lunacharsky 著）发表于《新青年》第 8 卷第 5 号。

2 日，胡适写信给陈独秀探讨《新青年》发展方向的问题。他在信中认为：“《新青年》‘色彩过于鲜明’。”为改变此种状况，“一、听《新青年》流为一种有特别色彩之杂志，而另创一个哲学文学的杂志”；“二、若要《新青年》‘改变内容’，非恢复我们‘不谈政治的戒约，不能做到……故我主张趁兄离沪的机会，将《新青年》

编辑的事，自九卷一号移到北京来。由北京同仁……发表一个新宣言……注重学术思想艺术的改造，声明不谈政治”；“三，暂时停办”。

3日，鲁迅致信胡适，回复其关于《新青年》发展方向的建议。他在信中表示：“寄给独秀的信，启孟以为照第二个办法最好。他现在生病，医生不许他写字，所以由我代为声明。我的意思以为三个都可以。但如北京同仁一定要办，便可以用上两个办法，而第二个办法更为顺当。至于发表新宣言，说明不谈政治，我却以为不必。这固然小半在‘不愿示人以弱’，其实则凡《新青年》同仁所作的作品，无论如何宣言，官场总是头痛，不会优容的。此后只要学术思想艺文的气息浓厚起来，——我所知道的几个读者极希望《新青年》如此——就好了。”

4日，文学研究会于北京中央公园来今雨轩正式成立，成为中国现代文学史上最早的新文学团体。发起人有郑振铎、王统照、沈雁冰、叶绍钧、郭绍虞、周作人、孙伏园、朱希祖、瞿世英、蒋百里、耿济之、许地山12人。后来会员发展到170多人，其中包括朱自清、俞平伯、冰心、庐隐、鲁彦、老舍、丰子恺等知名作家。1932年“一·二八”上海抗战爆发，《小说月报》因商务印书馆编译所毁于战火而被迫停刊，文学研究会也就自动解散。

文学研究会以“研究介绍世界文学，整理中国旧文学，创造新文学”为宗旨(《文学研究会简章》)，开展了一系列的文学活动，主要包括：对封建复古派、礼拜六派、新文学作品开展了卓有成效的批评；编辑出版了影响极大的会报与丛书，如《小说月报》、《文学旬刊》、《诗》月刊，以及“文学研究会丛书”、“文学研究会创作丛书”、“文学周报丛书”、“文学研究会世界文学名著丛书”、“小说月报丛书”、“文学研究会通俗戏剧丛书”、“文学研究会幽默丛书”7套丛书；注重中国旧文学的整理和研究；致力于对外国文学的翻译和介绍，特别是在翻译介绍被压迫民族和弱小国家的文学方面做了大量工作，在翻译介绍俄国和苏联文学方面倾注了更大的热情。

同日，刘大白的诗歌《姻缘——爱》发表于《民国日报·觉悟》。

6日，陈大悲的五幕剧《幽兰女士》发表于1月6日至17日《晨报副刊》。该剧是20年代文明新戏中家庭戏的代表作品，故事讲述了20年代北平投机政客丁葆元家中所发生的一系列道德丑闻和家庭悲剧，体现了五四时期反对封建伦理道德、追求个性自由解放的思想倾向。

10日，沈雁冰主编、经过全面革新的《小说月报》第12卷第1号正式出版，同期发表了《〈小说月报〉改革宣言》，并以“附录”的形式发表了《文学研究会宣言》和《文学研究会简章》。

《〈小说月报〉改革宣言》称对《小说月报》“谋更新而扩充之，将于译述西洋名家小说而外，兼介绍世界文学潮流之趋向，讨论中国文学革进之方法”，“旧有门类，略有改变”，设置评论、研究、译著、创作、特载、杂载6个门类。此外，还表示“尚有二三意见将奉以与此刊同进行者”：一、译西欧名著使读者得见某派面目之一斑。二、不论如何相反之主义鲜有研究之必要，故对于为艺术的艺术与为人生的艺术，两无所袒，必将忠实介绍，以为研究之材料。三、写实主义在今日尚有切实介绍之必要，非写实主义的文学亦应该充其量输入，以为进一层之预备。四、“必先有批评家，然后有真文学家”，介绍西洋之批评主义以为先导，但不愿国人皆奉西洋之批评主义为天经地义而扼杀自由创造之精神。五、深信一国之文学为一国国民性之反映，亦惟能表现国民性之文艺能有真价值，能在世界的文艺中占一席之地。六、中国旧有文学对于将来亦有几分之贡献，甚愿发表治旧文学者研究所得之见，俾得与国人相讨论。惟平常诗赋等项，恕不能收。该宣言在某种程度上也代表了文学研究会对刊物的编辑方针。

同日，许地山的小说《命命鸟》、王统照的小说《沉思》、叶绍钧的小说《母》发表于《小说月报》第12卷第1号“创作”。

《命命鸟》发表后引发争论，褒贬不一。潘垂统在《对于〈超人〉〈命命鸟〉〈低能儿〉的批评》一文中，指出《命命鸟》在艺术上“窃取《石头记》的笔法和结构”；在思想上，可称得上“佛教小说”，其佛教思想“容易诱惑烦闷的青年厌世”。（1921年11月《小说月报》第12卷第11号）

陈炜谟在《读〈小说汇刊〉》一文中，指出《命命鸟》“是一篇好小说”，“有人认为他容易诱惑烦闷的青年厌世，但我还是相信施蘅君的话‘《命命鸟》是烦闷青年的一服兴奋剂，因为他是可以资现实青年借鉴的一件事实”。（1922年12月《小说月报》第13卷第12号）

成仿吾在《〈命命鸟〉的批评》一文中，认为《命命鸟》“被地方的与时代的色彩蒙蔽了”，从观察、技术到人物都是旧的，“他所预想的宗教的色彩，也没有可以挽救的实力”，进而提出了自己的意见，即“在狂热与神秘的氛围气之外，我们希望一切的现象，由人性的各种本能发展……我们要求作者把现象里面的人性的本能之发展进行，也写给我们看”。（1923 年 5 月 1 日《创造》季刊第 2 卷第 1 期）

茅盾在《落花生论》一文中，指出“《命命鸟》充满了‘异域情调’”，虽然“主人公的思想多少和宗教有点关系”，但作者是“顶不‘回避现实’的一人”，“虽然喜欢用‘异域情调’的材料，可是他在那些小说里试要给一个他所认为‘合理’的人生观；他并没建设了什么‘理想’的象牙塔，自己躲在里面唱赞美歌。不过他的人生观是多少带点怀疑论的色彩罢了”。

蹇先艾在《〈春雨之夜〉所激动的》一文中，指出“《沉思》是一篇含着深炙的隐痛的小说。解剖官吏画师新闻记者之流的心理和态度，都极精微。处处令我们愤慨激昂”。（1924 年 5 月 21 日《文学旬刊》第 36 号）

同日，冰心的散文《笑》发表于《小说月报》第 12 卷第 1 号“创作”。

同日，沈雁冰的通讯《脑威文豪哈姆生（Hamsun）获得一九二零年的诺贝尔文学奖金》、《安得列夫（Andreyev）最后的著作》、《研究犹太新文学的三种新出英译本》、《惠尔斯（H. G. Wells）的〈人类史要〉（The Outline of History）》、《罗兰（Romain Rolland）的近作》、《劳农俄国治下的文艺生活》发表于《小说月报》第 12 卷第 1 号“海外文坛消息”。

同日，周作人的论文《圣书与中国文学》发表于《小说月报》第 12 卷第 1 号“论丛”。同期发表的论文有：沈雁冰的《文学与人的关系及中国古来对于文学者身份的误认》、《脑威写实主义前驱般生——要真懂得某文学家的著作，必先明白他的生平》。

《圣书与中国文学》一文系周作人 1920 年 11 月 30 日在燕京大学文学会的讲演稿。文章侧重于分析“圣书的精神与形式，在中国新文学的研究及创造上，可以有如何的影响”。同时“顺便”说及“现今欧洲的圣书之文学的考据的研究，也有许多地方可以作中国整理国故的方法的参考”。

沈雁冰在《文学与人的关系及中国古来对于文学者身份的误认》一文中，指出“文学的目的是综合地表现人生”，要具有“时代的特色”，“文学者表现的人生应该是全人类的生活”。因此，中国文学者的责任，“一方是要把文学与人的关系认得清楚，自己努力去创造；一方是要校正一般社会对于文学者身份的误认。‘装饰品’的时代已经过去，文学者现在是站在文化进程中的一个重要分子；文学作品不是消遣品了，是沟通人类感情代全人类呼吁的唯一工具。从此，世界上不同色的人种可以融化可以调和。而在我们中国的文学者呢，更有一个先决的重大任务，就是创造我们的国民文学！”

同日，《小说月报》第12卷第1号“译丛”发表的翻译作品有：郑振铎所译诗歌《杂译太戈尔诗》（云与波、对举、同情）；耿济之所译小说《疯人日记》（[俄]郭克里著）、周作人的《乡愁》（[日]加藤武雄著）、孙伏园的《熊猎》（[俄]托尔斯泰著）、王统照的《农夫》（[波兰]高米里克基著）和《忍心》（[爱尔兰]夏芝著）；沈雁冰所译剧本《新结婚的一对》（[脑威]般生著）、沈泽民的《邻人之爱》（[俄]安得列夫著）。

11日，钱玄同致信鲁迅、周作人，阐述自己对于《新青年》编辑事宜的意见。他在信中说：“顷得李守常来信，附来信札三件，兹寄上，阅后，请直接寄还守常为荷。初不料陈、胡二公已到短兵相接的时候！照此看来，恐怕事势上不能不走到老洛伯所主张的地位。我对于此事，绝不愿为左右袒。若问我的良心，则以为适之所主张者较为近是。”他对胡适关于《新青年》发展方向的建议表示支持。

15日，郭沫若的论文《儿童文学之管见》发表于《民铎》月刊第2卷第4期。

同日，宗白华的论文《艺术生活》发表于《少年中国》第2卷第7期。

同日，《少年中国》第2卷第7期发表的翻译作品有：王独清所译诗歌《云与波》、《“那时候”与“为什么”》（[印度]戴歌尔著），恽震、袁弼的同名翻译小说《月光》（[法]莫泊桑著）。

22日，胡适致信李大钊、鲁迅、钱玄同、陶孟和、张慰慈、周作人、王星拱、高一涵，修正之前自己对于《新青年》编辑问题的三条意见，并征询《新青年》在京各位同仁的意见。胡适在信中明确表示：放弃“停办”一条，取消“宣言不谈政治”一说，只主张将《新青年》移回北京编辑。鉴于陈独秀对自己的误解，胡适在信中解释道：“我并不反对他个人，亦不反对《新青年》。不过我认为今日有一个文学哲学的杂志的必要。今《新青年》差不多成立 Soviet Russia 的汉译本。故我想另创一个专关学术艺文的杂志。今独秀既如此生气，并且认为反对他个人的表示，我很愿意取消此议，专提出‘移回北京编辑’一个办法。”从北京同仁表决的结果看，明显倾向于“移回北京”，但又都不希望损坏与陈独秀的交情，不愿意争议布露天下。

28日，陈望道致信周作人，他在信中说：“胡适先生口说不谈政治，却自己争过自由；我们颇不大敢请教他了。但稿颇为难。在京一方面，只有希望先生与豫才、守常、玄同诸先生努力维持了。”一方面对胡适的政治倾向表示不满，将上海同仁与胡适的思想分歧在同仁圈内公开化；另一方面将撰稿希望寄托在周氏兄弟、李大钊、钱玄同身上。

29日，钱玄同致信胡适，他在信中说：“与其彼此隐忍迁就的合并，还是分裂的好。……《新青年》的结合，完全是彼此思想投契的结合，不是办公司的结合。所以思想不投契了，尽可宣告退席，不可要求别人不办。换言之，即《新青年》若全体变为《苏维埃俄罗斯》的汉译本，甚至于说这是陈独秀、陈望道、李汉俊、袁振英等几个人的私产，我们也只可说陈独秀等办了一个‘劳农化’的杂志，叫做《新青年》，我们和他全不相干而已，断断不能要求他们停办。这是玄同个人对于今后《新青年》的意见。”

30日，郭沫若的诗剧《女神之再生》脱稿。

本月

《新声杂志》(月刊)创刊，该刊系鸳鸯蝴蝶派刊物，由施济群主编，上海新声杂志社发行，1922年6月停刊，共出刊10期。

同月，田汉的话剧《灵光》发表于《太平洋》杂志第2卷第9期。该剧本创作于1920年10月，1920年10月20日由留日学生所组织的华北赈灾会首演于日本东京有乐座，取得了“彩声雷动”的效果。剧本讲述了一对恋人顾梅丽和张德芬在面对祖国和民众的苦难时，出于为祖国做一点事的共同理想而放弃一己之私、化解彼此间的情感矛盾，作品中洋溢着知识分子情调和浪漫主义气息。

同月，沈雁冰、沈泽民合译的小说《七个被缢死的人》([俄]安特列夫著)发表于《学生杂志》第8卷第1、4、9号。

同月出版的小说作品有长篇小说《情波》(顾明道著，上海国华书局)。

同月出版的翻译作品有散文集《人格》([印度]泰戈尔著，景梅九、张墨池译，上海大同图书馆)；戏剧《巡按》([俄]果戈理著，贺启明译，上海商务印书馆，收入《共学社丛书》之《俄国戏曲集》)；小说《以德报怨》([美]沙司卫甫夫人著，毛文钟、林纾译，商务印书馆）。

二月

1日，郭沫若的诗歌《太阳礼赞》发表于《时事新报·学灯》。

3日，沈雁冰的书信《致李石岑》发表于《时事新报·学灯》。沈雁冰在文章中感激李石岑在《介绍〈小说月报〉并批评》一文中对“提倡新文学的热情”，认为中国的新文艺正在萌芽时代，我们以现在的精神继续做去，眼光注在将来，不做小买卖，或者七年八年之后有点影响出来，并代表“国内有志文学的人宣言：我们的最终目的是要在世界文学中争个地位，并尽我们民族对于将来文明的贡献”，对《小说月报》的“切实的不容情的批评”表示欢迎。

5日，沈雁冰的论文《近代英美文坛的一个明星——虎尔思》发表于《学生杂志》第8卷第2号。

同日，陈大悲的论文《我们底剧场在哪里》发表于2月5日、6日北京《实话》报，署名大悲。

10日，《小说月报》第12卷第2号“通讯”栏开展“翻译文学书的讨论”，发表了《周作人致雁冰先生》、《沈雁冰致启明先生》两封书信。周作人在来信中说，“陈胡诸君主张翻译古典主义的著作，原也很有道理；不过我个人的意见，以为在中国此刻，大可不必……我以为我们可以在世界文学上分出不可不读的及供研究的两项:不可不读的（大抵以近代为主）应译出来;供研究的应该酌量了”,毕竟“中国此刻人手缺乏，连译点近代的东西还不够”。沈雁冰在回信中同意周作人的意见，并且建议找几个人合编一个目录，“少取讽刺性的及主观浓的作品，多取全面表现的，普通呼吁的作品”，同时认为“文学上分什么主义，实是多事，我们定目录的时候，自然更不可分”。

“通讯”栏同期还节选了沈雁冰的《讨论创作致郑振铎》信中的一段。沈雁冰在信中认为，“《说报》现在发表创作，宜取极端的严格主义。差不多非可以为人模范不登。这才可以表现我们创作一栏的精神”；“批评和艺术的进步，相激励相改错而成。苟其完全脱离感情作用而用文学批评的眼光来批评的，虽其评为失当，我们亦应认其有价值，极愿闻之”。

同日，《小说月报》第12卷第2号以“附录”的形式发表了《文学研究会读书会简章》和《文学研究会务报告（第一次）》。《简章》规定：凡文学研究会会员均须参加读书会，读书会甲部以国别分为“中国文学组”、“英国文学组”、“俄国文学组”、“日本文学组”；乙部按文学种类分为“小说组”、“诗歌组”、“戏剧文学组”、“批评文学组”。读书会的成立对于提高会员的文学素养有一定的作用。《会务报告》则简要介绍了文学研究会的“发起之经过”和“成立会纪事”。

同日，庐隐的小说《一个著作家》与叶绍钧的小说《一个朋友》、《低能儿》发表于《小说月报》第12卷第2号“创作”。

同日，沈雁冰的通讯《又是一个斯干的那维亚的文学家得了诺贝尔文学奖金》、《文学家与社会问题》、《肖伯纳最近的著作》、《巴西文学家的一本小说》、《波兰剧场与Kobiety》、《克勒满沙的文学著作》、《脑威文学家降到美演讲》、《美国著名女著作家的新作》、《哈姆生生平的余闻》、《阿姆生的〈饿者〉》、《哈姆生的“Pan”》、《再志劳农俄国的文艺生活》发表于《小说月报》第12卷第2号“海外文坛消息”。

同日，《小说月报》第12卷第2号“论丛”发表的论文有：沈雁冰的《新文学研究者的责任与努力》、《波兰近代文学泰斗显克微支》，胡愈之的《新文学与创作》，郭绍虞的《谚语的研究》。

沈雁冰在《新文学研究者的责任与努力》一文中，讨论新文学建设中的三个问题。首先，文章指出新文学运动的目的在于“使文学更能表现当代全体人类的生活，更能宣泄当代全体人类的情感，更能声诉当代全体人类的苦痛与期望，更能代替全体人类向不可知的命运作奋抗与呼吁”，同时，也还带有建立“国语文学运动的性质”。其次，文章指出介绍西洋文学的目的“一半是欲介绍他们的文学艺术，一半也为的是欲介绍世界的现代思想”，所以，介绍西洋文学的第一事是注意选择，要对被介绍的作家的生平和他著作的特色有深切的了解。最后，针对怎样创作这个问题，文章指出创作作品是靠“观察与想象”，然后去“综合地表现人生”，创作还须有个性和国民性。

胡愈之在《新文学与创作》一文中，强调“文学的价值，全在于创作；一切专事模拟没有独创精神的东西，都不好算做文学的作品”。翻译外国作品固然重要，但不过是过渡期的办法，文艺运动的终极在于创作。文学是国民性的反映，所以一国的文学要有一国的特点，文学创造须具备“天才”和“适度的艺术制作”。

同日,《小说月报》第12卷第2号“译丛”发表的翻译作品有：耿济之所译小说《侯爵夫人》([俄]柴霍甫著)、郑振铎的《木筏之上》([俄]高尔基著)、仲持的《审判》([波兰]莱芒著)、真常的《名节保全了》([法]考贝著)；沈泽民所译剧本《妇人镇》([西班牙]阿尔伐昆戴罗斯兄弟著)。

同日，周瘦鹃所译小说《实验》([法]莫泊桑著)发表于《东方杂志》月刊第18卷第3号。

11日,上海法国巡捕房以“言词激烈,有违租借章程”为由,查封了新青年社,并对该社经理处以50元罚款。同日，陈望道致信周作人通报此事，并在信中表示：“这事究从何方推动，于今还未分明。但事业仍是要进行的。”

13日，陈望道致信周作人，表示“‘周氏兄弟’是我们上海、广东同人与一般读者所共同感谢的。多如先生们病中也替《新青年》做文章,《新青年》也许看起来，象是‘非个人主义’,‘历史主义’，却不是纯粹赤色主义或‘汉译本的Soviet Russia’”，对胡适的观点进行反驳，同时也说明上海方面有意“稍改内容”，“趋重于文学哲学”，争取“北京同人多做交流”。

15日,《少年中国》自第2卷第8期始开设“宗教问题号”,分为上、中、下3期。第8期发表了王星拱、梁漱溟、屠孝实、李煜瀛、罗素等关于宗教问题的演讲稿。与此同时，还发表了田汉致曾琦的书信《少年中国与宗教问题》。

同日，陈独秀分别致信胡适、周氏兄弟，通报《新青年》将移粤出版的消息。在给胡适的信中称：“我当时不赞成《新青年》移北京，老实说是因为近来大学空气不大好；现在《新青年》已被封禁，非移粤不能出版，移京已不成问题了。你们另外办一个报，我十分赞成，因为中国好报太少，你们做出来的东西总不差，但我却没有工夫帮助文章。而在北京出版，我也不宜做文章。我是一时不能回上海了。你劝我对于朋友不要太多疑，我承认是我应该时常不可忘却的忠告。但我总是时时提心吊胆恐怕我的好朋友书呆子为政客所利用。我仍希望你非候病十分好了，不可上课、做文章，而且很想你来广东一游。”在致周氏兄弟的信中，陈独秀则表示：“《新青年》风波想必先生已经知道了，此时除移粤出版无他法，北京同人料无人肯做文章了，惟有求助于你两位。如何，乞赐复。”据陈望道、沈雁冰回忆,《新青年》后来并未移粤出版，仍在上海印刷，只是更换了承印商。

同日，康白情的诗歌《太平洋上飓风》发表于《少年中国》第2卷第8期“宗教问题号（上）”。

同日，郭沫若的诗剧《女神之再生》发表于《民铎》月刊第 2 卷第 5 期，附有郁达夫的评论《读〈女神之再生〉》。

16 日，郭沫若的评论《屠尔格涅浦之散文诗》、翻译的诗歌《自然》（[俄] 屠尔格涅浦著）发表于《时事新报・学灯》。

同日，沈雁冰的评论《梅特林克评传》发表于《东方杂志》第 18 卷第 4 号。

18 日，刘大白的评论《混“译”为“著”的问题——是“冒”不是“窃”》发表于《民国日报・觉悟》，署名汉胄。

20 日，周作人所译文章《追悼文一首》发表于《新生活》第 45 期，署名仲密译。

25 日，周作人致信李大钊，他在信中表示：“《新青年》我看只有任其分裂，仲甫移到广东去办，适之另发起一种杂志，此外是实在没有法子了。仲甫如仍拟略加改革，加重文艺哲学，我以力之所及，自然仍当寄稿。适之的杂志，我也很是赞成，但可以不必用《新青年》之名。《新青年》的分裂已是不可掩的事实。但如果发表出去，未免为旧派所笑。请便中转告适之。”这一立场在 27 日致李大钊的书信中被再次重申，同时从读者接受以及“未必见容于‘华大人’”两个方面分析了胡适另办一注重哲学文学的杂志时，大可不必用“新青年”名称的原因。

26 日，陈大悲所译论文《舞台术语译义》发表于 2 月 26 日至 3 月 5 日北京《实话》报，署名大悲。该论文系美国芝加哥雄辩学校戏剧专科讲义。

本月

《海外新声》第 1 卷第 1、2 期分别发表署名“舍予”的小说《她的失败》和新诗《海外新声》，这是目前发现最早的老舍的白话文小说和新诗。

本月出版的翻译作品有：长篇小说《魔侠传》（[西] 西万提司著，陈家麟、林纾译，商务印书馆出版，本书即《堂・吉诃德》）；《甲必丹之女》（[俄] 普希金著，安寿颐译，上海商务印书馆出版，本书即《上尉的女儿》）；《卫生俱乐部》（无原著者名，周瘦鹃译，上海国华书局出版）；剧本《雷雨》（[俄] 奥斯特洛夫斯基著，耿济之译，上海商务印书馆出版，收入《共学社丛书》之《俄国戏曲集》）。

三月

4日，闻一多的评论《敬告落伍的诗家》、诗歌《美与爱》发表于《清华周刊》第211期，署名风叶。

同日，陈大悲的小说《这么小一个洋车夫》发表于《晨报副刊》，署名大悲。

5日，叶绍钧开始在《晨报副刊》上发表以《文艺谈》为题的系列评论，截止日期为1921年6月25日，共计40篇，署名圣陶。针对当时文坛出现的各种现象，他明确阐述了自己对于文学的见解，提出了一系列有见地的观点，被认为是系统的现实主义文艺观。在《文艺谈·二》中，叶绍钧针对当时“作品取材的范围很狭”而且“意境又大略相似”的不良倾向，指出“各个艺术家的观察不同，所得印象不同，思想情绪之精微的方面也不同”，呼吁“有志于文艺的人应当赶紧从走错的路上回转来，卓然独立，一空依傍”，“修养我们的思想情绪”，“真切地观察一切事物”，“有什么感受就写录出什么来”。在《文艺谈·四》中，叶绍钧将作者的态度分为“诚的”、“不诚的”两类，呼吁“我们所希望的真文艺品，没有范本可临，没有捷径可走，唯一的方法乃在自我修养，磨炼到一个‘诚’字。我们应以全生命浸渍在文艺里，我们应以浓厚的感情倾注于文艺所欲表现的人生”。在《文艺谈·五》中，叶绍钧提出“文艺的目的在表现人生”，“心灵的颤动是绝妙的画稿，是最好的诗料，总之，是艺术的泉源”，进而明确指出“文艺家有一种不可推诿的责任，便是保留这等美妙的思想语言”，而实现这一目标的前提就是“文艺家应有精细的观察”而不是闭门造车。在《文艺谈·十一》中，叶绍钧针对当时“艺术究竟是为人生的抑为艺术的”这一文学观上的分歧，从艺术创作的动机和结果两方面出发，得出“真的文艺必兼包人生的与艺术的”结论。在《文艺谈·十二》中，叶绍钧指出文艺作品“必须是浑然的一个有机体，而不是支离杂凑的集合体”。在《文艺谈·二十五》中，叶绍钧强调文学创作过程中独创精神、真诚态度的重要性，强调要“大胆地率真地写我们的文字”，形成“特别的风格，彼此各殊，不会混同”。在《文艺谈·二十九》中，叶绍钧呼吁新文学创作者要广泛地反映社会，“便是穷乡僻壤，山村水集，也须印有创作家的足迹，各种生活，都该镂入创作家的脑海”。在《文艺谈·三十七》中，叶绍钧针对“宁可不娶小老嬷，不可不看《礼拜六》”的广告，发表了自己对于《礼拜六》、新文学发展的看法。首先，他指斥礼拜六派的这种行为是对自己、对文学、对他人的侮辱，长此以往“不仅是文学前途的渺茫和忧虑，竟是中国民族超升的渺茫和忧虑了”。其次，明确表述了自己的文学信念，即文学是“人们最高精神的链锁，从无数的弱小的心团结为大心”，“能揭破黑暗，迎接光明，使人们弃去卑鄙和浅薄，趋向高尚和精深”。再次，对于如何引导那些为《礼拜六》等庸俗文艺蛊惑的读者走向真的文艺，提出了自己的建议，即“因势利导”，“以猛烈的讽刺和正确的改正”,使他们在潜移默化中入于新的途径。在《文艺谈·三十九》中，叶绍钧鉴于“现在的成人与文学疏远”，认为必须改换新路，注意儿童早期的文学教育，进而呼吁为人父母者、教师、学校能让儿童的一切本能获得自由发展，更帮助他们发展；创作家要“多多为儿童创作些新的适合儿童的文学”，希望“个个儿童能欣赏文学，接近文学”，并认为“这也是伟大的事业”。

6日，刘大白的杂感《翻译界底工作自由和营业自由》发表于《民国日报·觉悟》。

7日，周作人的诗歌《梦想者的悲哀》发表于《晨报副刊》，署名仲密。

10日，叶绍钧的小说《恐怖的夜》与《萌芽》、王统照的小说《遗音》发表于《小说月报》第12卷第3号“创作”。

同日，叶绍钧的诗歌《感觉》、《成功的喜悦》、《锁闭的生活》发表于《小说月报》第12卷第3号“创作”。

同日，沈雁冰的通讯《再志瑞士诗人斯劈脱尔》、《英文学家威尔士在美的行踪》、《印度文家泰戈尔的行踪》、《巴比塞的社会主义谈》、《俄文豪高尔该被逐的消息》、《侨美波兰女著作家的近作》、《丹麦作家奈苏的一本英译》、《美国文艺学会的新会员》、《最近在伦敦举行的文学辩论会》、《脑威现代作家鲍具尔》、《将有专研究诗的月刊出版》、《奥国文家梅勒的剧本》、《惠特曼在法国》、《日本文家之赴法热》发表于《小说月报》第12卷第3号“海外文坛消息”。

同日，《小说月报》第12卷第3号“论丛”发表的论文有：郑振铎的《译文学书的三个问题》、《史蒂芬孙评传》，沈雁冰的《西班牙写实文学的代表者伊本讷兹》。

同日，郑振铎在《小说月报》第12卷第3号“文艺丛谈”栏目中，在谈论写实主义文学时指出，写实主义的特质在于：“科学的描写”与“谨慎的，有意义的描写对象之裁取”，它虽然“是忠实的写社会或人生的断片的，而其裁取此断片时，至少必融化有作者的最高理想在中间”。

同日,《小说月报》第12卷第3号“译丛”发表的翻译作品有:耿济之所译小说《猎人日记》([俄]屠格涅甫著)、沈雁冰所译小说《一个英雄的死》([匈]拉兹古著)、伧叟所译剧本《婀拉亭与巴罗米德》([比]梅德林著)、沈雁冰译《新结婚的一对》([脑威]般生著,续一号)。

13日,冰心的小说《国旗》发表于《晨报副刊》。小说以1919年的“青岛事件”为背景,写中国、日本、德国三个不同国籍的儿童之间的友谊,借中国小孩之口说出小说的主题思想,即“他也爱我们的国,我们也爱他们的国,不是更好么?各人爱各人的国,闹得朋友都好不成!我们索性都不要国了,大家合拢来做一个国”。表现出作家幻想用无国界的爱来乞求祖国的“安宁”的创作意图。

14日,北京大学、高等工业专门学校、农业专门学校全体教职工因为经费拮据,被迫举行同盟罢工。次日,法政专门学校、医学专门学校、高等师范学校、女子高等师范学校、美术专门学校的教职员工也加入了同盟罢工。

同日,陈大悲的小说《泪魂初登台的那一天》发表于3月14日、15日《晨报副刊》,署名大悲。

15日,鲁迅的小说《风波》转载于《五七》月刊第4期,该刊物系由江苏无锡的五七团编辑,1920年9月25日创刊,共出8期。

同日,刘大白的诗歌《祝〈戏剧〉出世》发表于《民国日报·觉悟》。

同日,郭沫若的诗歌《蜜桑索罗普之夜歌——此诗呈Salome之作者与寿昌》发表于《少年中国》季刊第2卷第9期田汉所译小说《沙乐美》之前。

16日,叶绍钧的小说《隔膜》发表于3月16日至19日北京《京报·青年之友》。

同日,叶绍钧的小说《阿凤》发表于3月16日、17日北京《晨报副刊》。

17日,刘大白的评论《“双声叠韵”和“句里用韵”问题底往事重提》发表于《民国日报·觉悟》,署名汉胄。

19日,《礼拜六》在上海复刊,进入后100期时期。复刊号发表了《周瘦鹃心血的宣言》,即《礼拜六》周刊复刊词,指出复刊的目的是为了“给看官们时时把玩”,做看官们茶余饭后的消遣。刊物辟有小说、笔记、译丛、琐闻、笑话等栏目,曾遭到新文艺团体和作家们的批判。复刊后亦出100期即停刊。

同日,叶绍钧的小说《绿衣》发表于19日、20日《晨报副刊》,署名圣陶。

21日,文学研究会集会讨论成立读书会事宜。

22日，叶绍钧的小说《苦菜》发表于3月22日至24日北京《晨报副刊》，署名圣陶。

28日，刘大白的随感《讨厌“的”字的新诗人》发表于《民国日报·觉悟》，署名汉胄。

30日，刘大白的评论《答复胡怀琛先生——“双声叠韵”和“句里用韵”问题》发表于《民国日报·觉悟》。

本月

吴宓的论文《论新文化运动》发表于上海《留美学生季报》第8卷第1期，又发表于1922年《学衡》第4期。文章认为，“一国之人，皆醉心于大同之幻梦，不更为保国保种之计，沉溺于淫污之小说”，势必造成“国粹丧失”、“国将不国”的结果。文章还指出“浪漫派文学”“已经前人驳诘无遗”，而“脱胎于浪漫派”的“写实派”也“每况愈下，在今日已成陈迹”，进而批评“今新文化运动之流，乃专取外国吐弃之余屑”。主张今之作者应在“模仿”古人的基础上做到“自出心裁”，即“古今之大作者，其幼时率皆力效前人，节节规抚，初仅形似，继则神似，其后逐渐变化，始能自出心裁，未有不从模仿出者也”。

吴宓（1894—1978），比较文学家，西洋文学家，国学大师，红学家。字雨僧、雨生，笔名余生。陕西泾阳人。1911年入清华学堂中等科。1917年，赴美国留学，攻读西洋文学和比较文学，与陈寅恪、汤用彤并称为“哈佛三杰”。1921年回国，任南京高师和国立东南大学文学院教授。1922年，与梅光迪、柳诒徵一起创办《学衡》杂志，别成一派，发表了《论新文化运动》、《中国之旧与新》、《再论新文化运动》等有广泛影响力的文章。1941年，被国民政府教育部聘为首批部聘教授。先后在东北大学、清华大学、西南联大、燕京大学、武汉大学、重庆女子师范学院、四川大学、武昌华中大学等高校任教。1947年1月起主编《武汉日报·文学副刊》一年。1949年，入蜀定居，先后在相辉学院、北碚勉仁学院、四川教育学院、西南师范学院任教。“文革”中遭到错误批判。他是最早将《红楼梦》推介到国外的权威学者之一，在国内红学界与胡适之、蔡元培、俞平伯、景梅九、周汝昌等人齐名，曾用中、英文发表《红楼梦新谈》、《石头记评赞》、《红楼梦之文学价值》、《红楼梦与世界文学》、《红楼梦之人物典型》等文学论著；他不仅是我国第一个系统学习比较文学的学者，而且是在高等学校开设比较文学课程、运用其理论与方法研究中国文学的第一人。著有《吴宓诗文集》、《空轩诗话》等。

同月，民众戏剧社成立于上海。该社由汪仲贤发起，主要成员有沈雁冰、欧阳予倩、郑振铎、陈大悲、徐半梅、熊佛西、张聿光、柯一岑、陆冰心、沈冰血、滕若渠、张静庐。该社"以非营业的性质，提倡艺术的新剧为宗旨"，于同年5月创办了中国第一个戏剧刊物《戏剧》，专门发表社内外成员对戏剧的见解、对西洋戏剧理论的译介文章以及创作或翻译的剧本。由于成员中相当一部分人是文学研究会成员，因此剧社的政治倾向和美学趣味与文学研究会接近，都以"为人生"的艺术为宗旨，强调戏剧改良社会的功能，主张戏剧摆脱商业控制，实行真正的民众演出。其主要贡献有：重视戏剧的社会作用，认为"当看戏是消闲"的时代已经过去了，戏剧应是"搜寻社会病根的X光镜"；提出"民众戏剧"的口号，倡导建立"民众戏剧院"；以鲜明的立场批判旧剧和文明戏的弊端；提倡组织"爱美的"剧团，认为这是创造戏剧的"光明运动"，是改变文明戏商业化、庸俗化倾向，提高戏剧的艺术质量和教育作用的关键。1921年10月，《戏剧》月刊停刊，民众戏剧社成员分散各地，剧社也随之解体。

本月出版的诗歌作品有：胡怀琛的诗集《大江集》，该诗集收录了作者写于1919—1920年的新诗，以及《诗与诗人》、《新派诗说》、《诗学研究》3篇文章，是继胡适《尝试集》之后的又一部新诗诗集。

本月出版的翻译作品有：长篇小说《贫孩得胜》（I. T. Thurston著，福幼报社译，上海广学会），《瞎目英雄》（[英]泊恩原著，林纾、毛文钟译，商务印书馆）；戏剧《村中之月》（[俄]屠格涅夫著，耿济之译，上海商务印书馆，收入《共学社丛书》之《俄国戏曲集》），《黑暗的势力》（[俄]托尔斯泰著，耿济之译，上海商务印书馆，收入《共学社丛书》之《俄国戏曲集》），《同名异娶》（[英]王尔德著，王靖、孔襄我译，上海泰东图书局，收入《新人丛书》）。

四月

1日，《新青年》第8卷第6号发表《本刊特别启事》，声明《新青年》迁到广州。

同日，沈兼士的诗歌《小孩和小鸽》发表于《新青年》第8卷第6号“诗歌”。

同日，巴金的短论《怎样建设真正自由平等的社会》发表于成都《半月》刊第17号，署名芾甘。

巴金（1904—2005），小说家、散文家、翻译家、出版家。原名李尧棠，字芾甘，笔名佩竿、余一、王文慧等。四川成都人，祖籍浙江嘉兴。1920年，入成都外语专门学校攻读英语，其间参加进步刊物《半月》的编辑工作，并组织“均社”。1923年，赴上海、南京求学，宣传无政府主义。1927年，赴法国留学，在巴黎完成第一部中篇小说《灭亡》。1934年，任《文学季刊》编委。1935年，任上海文化生活出版社总编辑，出版《文学丛刊》、《文化生活丛刊》和《文学小丛刊》。1936年，与靳以创办《文季月刊》。抗战期间，担任中华全国文艺界抗敌协会的理事、《呐喊》周刊（后改名《烽火》）发行人兼主编。抗战胜利后，主要从事翻译、编辑和出版工作。新中国成立后，历任全国文联副主席、中国作家协会主席、中国笔会中心会长、全国政协副主席等职，并主编《收获》杂志，首倡建立中国现代文学馆。主要作品有长篇小说《家》、《春》、《秋》、《寒夜》等；中篇小说《灭亡》、《新生》、《雾》、《雨》、《电》、《憩园》、《第四病室》等；短篇小说集《复仇》、《光明》、《将军》、《还魂草》、《神·鬼·人》、《小人小事》等；散文集《海行》、《点滴》、《生之忏悔》、《废园外》、《赞歌集》、《随想录》等；译著克鲁泡特金理论著作《面包略取》、高尔基短篇小说集《草原故事》、普希金诗集《叛逆者之歌》、斯托洛短篇小说集《迟开的蔷薇》、高尔基回忆录《回忆托尔斯泰》、巴甫洛夫斯基回忆录《回忆屠格涅夫》、与萧珊合译的《屠格涅夫短篇小说集》等。

同日，周作人所译小说《愿你有福了》（［波兰］显克微支著）、《世界的徽》（［波兰］普路斯著）、《一滴的牛乳》（［阿美尼亚］阿伽洛年著）发表于《新青年》第8卷第6号“小说”。同期发表的翻译作品有沈雁冰的《一封公开的信给〈自由人〉（月刊）记者》（勃拉克女士著）。

4日，周作人的诗歌《过去的生命》发表于《晨报副刊》，署名仲密。

7日，叶绍钧的短篇小说《欢迎》发表于4月7、8日北京《京报·青年之友》。

9日，周瘦鹃所译小说《蝴蝶》（［匈牙利］华士伯爵著）发表于《礼拜六》周刊第104期。

10日，冰心的小说《超人》、许地山的小说《商人妇》、叶绍钧的小说《苦菜》、易家钺的小说《烟突》发表于《小说月报》第12卷第4号“创作”。

小说《超人》被视为冰心最有代表性的作品，是她宣传“爱的哲学”的力作。小说发表后立刻在知识分子读者中引起了强烈反响。

沈雁冰在发表小说时用“冬芬”笔名写了一篇《〈超人〉附注》。他在附注中说：“雁冰把这篇小说给我看过，我不禁哭起来了！谁能看了何彬的信不哭？如果有不哭的啊，他不是超人，他是不懂得吧！”14年之后，沈雁冰在《中国新文学大系·小说一集·导言》中，再次提到了《超人》：“《超人》发表于1921年，立刻引起了热烈的注意，而且引起了模仿（刘纲的小说《冷冰冰的心》，见《小说月报》第13卷第3号），并不是偶然的事。因为人生究竟是什么？支配人生的，是爱呢，还是憎？在当时一般青年的心里，正是一个极大的问题。冰心在《超人》中间的回答是：世界上人都是互相牵连，不是互相遗弃的。她把小说题名为《超人》，但是主人公的何彬实在并不是超人，冰心她也不相信世上有超人。”

枝荣在《批评〈超人〉》一文中，一方面肯定小说“和一面忠实的镜子一样，照出来的人生，丝毫毕肖”的写实风格，指出主人公何彬身上“处处都表现出他底思想的不彻底和矛盾”；另一方面，在阐发小说主题在于“示人们以世界虽或空虚和无意识，但有花，和光，和爱——侧重爱，更重母爱”的同时，批评其在接受效果上却产生了适得其反面的结果，即“这样的母爱，断不足令世界充实和有意识”。（1921年6月21日《时事新报》）

潘垂统在《对于〈超人〉的批评》一文中，肯定“《超人》是一篇成功的著作”，“著者的苦心立意，全在援救一般颓丧的青年”，而且“最能救近来一般青年的堕落”。（1921年11月《小说月报》第12卷第11号）

佩蘅在《评冰心女士底三篇小说》一文中，指出“《超人》中包括的思想有三个不可忽略之点”：第一，“她底‘超人’是假的”，何彬“不过是一个比虚无主义者更虚无的厌世者罢了；不能实现人生价值于刹那，徒然感到前后底虚空，中间底短促，因而怕爱与怜悯只能增加痛苦而至于摒绝两者，这是现在许多意志薄弱的青年的通例”。第二，“在《超人》中又看见了在《笑》中所出现的同样的理想——在爱底微笑中，人与全人类与神底一体的结合”。第三，“冰心在儿童心中实在是见出着无穷的天真的美”。（1922年8月《小说月报》第13卷第8号）

王统照在《论冰心的〈超人〉与〈疯人笔记〉》一文中，认为“冰心的全体作品，处处都可看出她的‘爱的实现’的主义来……其中《超人》一篇，尤为是她整个思想的最高的表现”。“此篇的思想，看去似乎单纯，然实是包含尽了现代青年烦闷的问题，至于轻灵的描写，与带有诗意的句子，艺术上的美丽，也是读之令人怡悦的。”（1922 年 9 月《小说月报》第 13 卷第 9 号）

成仿吾在《评冰心女士的〈超人〉》一文中，指出小说有三个“超群出类”的地方：“第一，没有爱的（孤独的）生活；第二，过去的追忆；第三，爱的实现（realization）。它们的关系是：没有爱的生活——过去的记忆——爱的实现。”并且，突出强调“过去的追忆”是“《超人》的最重要的内容”，“得力的地方”。与此同时，也指出了《超人》在艺术上的缺点，即“写没有爱的生活，也只就客观的现象描写，也错在把何彬写到了极端的否定”；“写过去的追忆，也很安插得勉强”；“写爱的实现，也是热有而力不足”。并且“似乎没有把爱的真谛看出”，即“真的纯洁的爱，在授而不在受，在与（to give）而不在取（to take）”；“诗人的天分”很高，但是“都有几分被抽象的记述胀坏了的模样”。（1923 年 2 月《创造》季刊第 1 卷第 4 期）

同日，沈雁冰的通讯《研究斯干的那维亚文学的一本自修书》、《神秘剧的热心实验者》、《罗兰的最近著作》、《阿真廷文（Argentime）的剧本》、《英文学家威尔士的剧本》、《倍奈德的新作》、《法人的史蒂芬孙评》、《俄国文学出版界在国外之活跃》、《文学家对于劳农俄国的论调一束》、《邓南遮将军劳乎》、《梅莱（Murry）的文学批评》、《美国的研究脑威文学热》、《爱尔兰文学家唐珊南被捕的消息》、《一本详论劳农俄国国内艺术的书》、《高尔基被逐的消息不确》、《西班牙诗选》发表于《小说月报》第 12 卷第 4 号“海外文坛消息”。

同日，《小说月报》第 12 卷第 4 号“论丛”发表的论文有：沈雁冰的《译文学书方法的讨论》、《春季创作坛漫评》、《脑威现存的大文豪鲍具尔》，李达所译论文《日本文坛之现状》（[日] 宫岛新三著）。

沈雁冰在《译文学书方法的讨论》一文中指出，翻译文学书的人“一定要他就是研究文学的人”、“了解新思想的人”、“有些创作天才的人”；强调文学翻译要保留“神韵”，“与其失‘神韵’而留‘形貌’，还不如‘形貌’上有些差异而保留‘神韵’”。

同日，冰心在《小说月报》第 12 卷第 4 号“文艺丛谈”发表评论，指出：“文学包含一切书写品，凡是可以综合的，以作者生平涌现于他人之前的”，“‘能表现自己’的文学，是创造的，个性的，自然的，是未经人道的，是充满了特别的感情和趣味的，是心灵的笑语和泪珠。这其中有作者他自己的遗传和环境，自己的地位和经验，自己对于事物的感情和态度，丝毫不可挪移，不容假借的，总而言之，这其中只是一个字‘真’。所以能表现自己的文学，就是‘真’的文学”。她呼吁新文学作家要“努力地发挥个性，表现自己”。

同日，刘大白的评论《再答胡怀琛先生》发表于《民国日报·觉悟》。

同日，《小说月报》第12卷第4号“译丛”发表的翻译作品有：周作人所译小说《到网走去》（［日］志贺直哉著）、耿济之所译小说《猎人日记》（［俄］屠格涅甫著）、子缨所译小说《代替者》（［法］考贝著）、邓演存所译小说《祈祷》（［俄］托尔斯泰著）、沈雁冰所译小说《人间世历史之一片》（［瑞典］史特林褒格著）、许地山所译小说《在加尔各答途中》（［印度］太戈尔著）；伧叟所译剧本《婀拉亭与巴罗米德》（［比利时］梅德林著，续）、许光迪所译剧本《印度短剧》（［印度］Meric Chakatika 著）、郑振铎所译诗歌《杂译泰戈尔诗》（续）。

同日，周瘦鹃所译小说《小间谍》（［法］杜德著）发表于《东方杂志》第18卷第7号。

14日，叶绍钧的小说《寒晓的琴声》发表于《京报·青年之友》，署名叶绍钧。

15日，徐志摩的论文《安斯坦相对主义——物理界大革命》发表于《解放与改造》第3卷第8号“相对论号”。

徐志摩（1897—1931），诗人，散文家。名章垿，字槱森，留学美国时改名志摩，小字又申。笔名南湖、诗哲、海谷、谷、云中鹤、鹤等。浙江海宁人。1910年入杭州府中学堂。1916年入北京大学法科，拜梁启超为师。1918年赴美留学。1921年入伦敦剑桥大学。1922年回国后写下了大量新诗，后结集为《志摩的诗》。其间，倡导成立新月社，并加入文学研究会。1924年与胡适等创办《现代评论》周刊，并任北京大学教授。1924年负责接待泰戈尔来华讲学，后陪同泰戈尔赴日讲学。1925年至1926年，主编《晨报副刊》。1926年在《晨报副刊》上主编11期《诗镌》，与闻一多、朱湘等开展新诗格律化运动，对新诗的艺术发展产生过很大影响。1927年，与胡适等人筹办新月书店。同年，第二本诗集《翡冷翠的一夜》出版。这期间先后担任上海光华大学、东吴大学、大夏大学、南京中央大学教授，并兼任中华书局编辑。1928年《新月》创刊，曾一度担任主编。同年，再度游历英国、美国、日本和印度，在回国途中写下新诗《再别康桥》。1930 年，任中英文化基金委员会委员，被选为英国诗社社员。1931 年，与陈梦家等创办《诗刊》季刊。同年北上，任北京大学英文系教授，并在北京女子大学兼课，出版了第三本诗集《猛虎集》。1931 年 11 月因飞机失事遇难。主要作品还有：诗集《云游》，散文集《落叶》、《自剖》、《巴黎的鳞爪》、《秋》，小说集《轮盘》，与陆小曼合著的戏剧《卞昆冈》，日记《爱眉小札》、《志摩日记》，译著《涡堤孩》、《死城》、《曼殊斐尔小说集》等。

同日，恽震所译小说《爱情》（[法] 毛泊桑著）发表于《少年中国》第 2 卷第 10 期“小说”。

16 日，叶绍钧的小说《疑》发表于《京报·青年之友》。

同日，周瘦鹃所译小说《情书一束》（[匈牙利] 莫勒士·姚开著）发表于《礼拜六》周刊第 105 期“写情小说”。

17 日，周作人的诗歌《中国人的悲哀》发表于《晨报副刊》，署名仲密。

同日，刘大白的译诗《译泰戈尔〈园丁集〉第廿八首》、《译泰戈尔〈园丁集〉第廿三首》发表于《民国日报·觉悟》。

19 日、20 日，冰心的小说《月光》发表于《晨报副刊》。

20 日，陈大悲的论文《爱美的戏剧》开始发表于《晨报副刊》，在该刊续刊至 9 月 4 日。又发表于 6 月 30 日《戏剧》第 1 卷第 2 期。初收入 1922 年 4 月北京晨报社版单行本。陈大悲称其以雪尔敦·陈霈的《剧场新运动》、爱默生·泰勒的《爱美的舞台实验法》、威廉·兰恩·佛尔泼的《二十世纪的剧场》等著作为参考，就中国戏剧界的现实情形立言，致力于“编一部专为中国人灌输常识而且可以眼前实用的书”。

21 日，张资平的小说《她怅望着祖国的天野》脱稿于日本。

同日，郭沫若的诗剧《湘累》发表于上海《学艺》第 2 卷第 10 期。

同日，鲁迅所译小说《沉默之塔》（[日] 森欧外著）开始发表于《晨报》“小说栏”。续刊至 24 日。

23 日，《时事新报》刊登《本报特别启事》，宣告将出版副刊《文学旬刊》，同期还刊登了《文学旬刊宣言》和《文学旬刊体例》。《文学旬刊宣言》明确表示本刊同作“确信文学的重要与能力”，认为“人们的最高精神的联锁，惟文学可以实现之”。“在此寂寞的文学废墟中，我们愿意加入当代作者译者之林，为中国文学的再生而奋斗，一面努力介绍世界文学到中国，一面努力创造中国的文学，以贡献于世界的文学界中。"《文学旬刊体例》中明确表示《文学旬刊》大致分为论文、创作、译丛、传记、文学界消息、文艺丛谈、书评、特载等几大类，并对各类文章的特点进行了简要说明。

24日，郭沫若的诗歌《海舟中望日出》、《黄浦江口》、《上海印象》发表于《时事新报·学灯》。

25日、26日，郭沫若的诗歌《西湖游记·沪杭车中四首》发表于《时事新报·学灯》。

26日，叶绍钧的小说《潜隐的爱》发表于4月26日至30日北京《晨报副刊》，署名圣陶。

26日、28日，郭沫若的诗歌《西湖游记·雷峰塔下二首》发表于《时事新报·学灯》。

27日，俞平伯创作《考证红楼三家书简·一、告疑〈红楼梦〉后四十回之回目亦非固有书》（致顾颉刚），该书信发表于1944年2月15日《学术界》月刊第2卷第1期，题目系赵肖甫所加。后又发表于1981年8月《红楼梦学刊》第3辑，题目为《俞平伯和顾颉刚讨论〈红楼梦〉的通信》。

写作该书信，源于俞平伯由欧洲回到北京时，胡适正发表《红楼梦考证》，顾颉刚亦致力于《红楼梦》研究，遂引起了俞平伯对《红楼梦》研究的兴趣。顾颉刚那时常去京师图书馆查找有关《红楼梦》的资料，俞平伯就常到顾颉刚寓所探询找到的材料，他们以此进行讨论和研究。后来顾颉刚回到南方，他们二人就以通信的方法研究《红楼梦》，这些书信多发表于1944年《学术界》月刊和1981年8月《红楼梦学刊》第3辑。1922年夏初，俞平伯在通信的基础上整理撰写了《红楼梦辨》，共3卷、17篇，1923年由上海亚东图书馆出版，该书辨明《红楼梦》原书只有八十回是曹雪芹原作，后四十回是高鹗续的，不但本文是续补，回目亦断非固有，从而把红学研究推上一个新阶段，去掉了旧红学中的那种牵强的附会和虚实的猜测，成为"新红学"的开拓者之一。

28日，郭沫若的诗歌《西湖游记·赵公祠畔》发表于《时事新报·学灯》。

30日，郭沫若的诗歌《西湖游记·三潭映月》、《西湖游记·雨中望湖——湖畔公园小御碑亭上》发表于《时事新报·学灯》。

同日，周瘦鹃所译小说《火车中》（[法]亚克·瑙孟著）发表于《礼拜六》周刊第107期"言情小说"栏。

本月

本月出版的小说有：长篇小说《江南燕》（程小青著，华亭书局）、《风流艳史》（陆秀兰著，上海世界书局）、《雌蝶影》（李涵秋著，上海国宝书室）。

本月出版的理论集有《短篇小说作法》，由李涤镜、顾一樵、梁实秋等清华小说研究社7名社员合著，北京共和印刷局出版，全书分上、中、下三篇，分别介绍短篇小说的性质、结构和小说作者的预备。

郑振铎主编的《共学社丛书》之一《俄国戏曲集》，共10册，从1月到4月由商务印书馆出齐，其中本月出版的作品有：戏剧《樱桃园》、《伊凡诺夫》、《万尼亚叔父》（[俄]柴霍甫著，耿式之译）；《教育之果》（[俄]托尔斯泰著，沈颖译）；《海鸥》（[俄]柴霍甫著，郑振铎译）；《六月》（[俄]史拉美克著，郑振铎译），《六月》一书后附有《俄国戏曲集作者传记》和《俄国名剧一览》。本月出版的翻译作品还有戏剧《红衣记》（[法]布里安著，陈良猷译，上海泰东图书局）。

五月

1日，鲁迅的小说《故乡》发表于《新青年》第9卷第1号。

同日，俞平伯的诗歌《莺儿吹醒的》、刘半农的诗歌《伦敦》、刘大白的诗歌《看牡丹底唐花》发表于《新青年》第9卷第1号。

同日，沈雁冰的评论《哈姆生和斯劈脱尔——新的诺贝尔文学奖金的两文豪》发表于《新青年》第9卷第1号，同期还发表了陈望道的评论《文章底美质》。

同日，《新青年》第9卷第1号发表的翻译作品有：沈雁冰所译小说《西门底爸爸》（[法]莫泊三著）、沈泽民所译小说《快乐》（[俄]古卜林著）。

2日，郭沫若的诗歌《西湖游记·司春的女神歌》发表于《时事新报·学灯》。

同日，俞平伯的诗歌《北京底又一个早春》、《风尘》发表于《晨报》（第5版），署名平伯。

3 日，周作人的诗歌《病中的诗》发表于《晨报副刊》，署名仲密。

6 日，鲁迅的杂文《“生降死不降”》发表于《晨报副刊》，署名风声。

7 日，鲁迅的杂文《名字》发表于《晨报副刊》，署名风声。

10 日，《〈小说月报〉第一次特别征文》发表于《小说月报》第 12 卷第 5 号。征文题目为：对于本刊创作《超人》、《命命鸟》、《低能儿》的批评；短篇小说或长诗《风雨之下》，截止日期为 1921 年 7 月 10 日。

同日，《文学旬刊》在上海创刊，同期发表了《〈文学旬刊〉宣言、本刊同人、体例》。

该刊为20年代影响最大的文学期刊之一。初名《文学旬刊》，8开2页，附上海《时事新报》发行。1922 年 5 月 22 日第 37 期，公开声明该刊是文学研究会的定期刊物。前 80 期作为第 1 卷。1923 年 7 月 30 日从第 81 期起，作为第 2 卷，改名为《文学》周刊。1925 年 5 月 10 日第 172 期更名为《文学周报》，开始按期分卷独立发行，16 开 4 页。自第 4 卷起由上海开明书店印行，改出 32 开。自第 8 卷起改由远东图书公司印行。1929 年 12 月 23 日出至第 9 卷第 5 期后休刊，第 9 卷各期均为 16 开。前后共计出版 380 期。首任主编为郑振铎。1922 年 12 月由谢六逸接任主编。1923 年 5 月 12 日第 73 期起，改由沈雁冰、叶绍钧、郑振铎、谢六逸等 12 人共同负责编辑。1923 年 12 月 24 日第 102 期起，由叶绍钧主编。1927 年由赵景深任主编。1929 年 1 月 8 日起，改由赵景深、郑振铎、谢六逸、耿济之、傅东华、李青崖、徐调孚、樊仲云 8 人集体负责编辑，直至终刊。

《〈文学旬刊〉宣言》声明，该刊“愿意加入当代作者译者之林，为中国文学的再生而奋斗。一面努力介绍世界文学到中国，一面努力创造中国的文学，以贡献于世界的文学界中”。独立发行前，撰稿者多为文学研究会会员，主要发表文学评论和理论研究文章，并致力于介绍外国文学，与此同时，也刊登少量诗歌、散文、小说等作品。内容多是倡导为人生的写实主义艺术。在对鸳鸯蝴蝶派的斗争和与学衡派的论争中发挥了较大作用，曾与创造社就文学的性质和作用等问题展开讨论。该刊独立发行后，扩充篇幅，创作和评论分量有所增加，并涉及一般社会问题。在“五卅”运动及其后的“三一八”惨案时，曾刊载大量反帝爱国文章，产生了广泛的影响。创作方面有短篇小说、诗歌、游记、译丛、传记、剧本、漫画等，评论则有文艺论丛、文艺丛谈、文学随笔、书评、特载、中外作家研究等，并在较长时间里开展了有关翻译问题的讨论，在翻译的目的、内容、态度等方面都提出了一些建设性的意见。此外，还曾出版“悼念王国维专号”、“托尔斯泰百年纪念专号”、“世界民间故事专号”、“苏俄小说专号”、“茅盾三部曲批评号”等专辑。

同日，叶绍钧的小说《小病》发表于《文学旬刊》第1号，署名谌陶。

同日，许地山的小说《换巢鸾凤》发表于《小说月报》第12卷第5号“创作”。同期发表的小说还有：胡怀琛的《第一次恋爱》、王荣桂的《站长》。

同日，沈雁冰的通讯《爱尔兰文坛现状之一斑》、《瑞典大诗人佛罗亭的十年忌》、《到日本讲学的英国文学家之西洋文化批评》、《征求威尔士大著〈人类史要〉的批评》、《霍夫曼柴尔的裴多芬评》、《梅德林旧情人的行踪和言论》、《捷克斯拉夫对于脑贝尔奖金的热心》、《哈姆生最近作的〈井旁妇人〉》、《俄文豪古卜林的近作〈苏罗芒的星〉》、《美国科学艺术协会给予一九二零年份最好的短篇小说的奖金》、《阿失西蒙思近刊的戏曲集》、《变态“性格”演剧的剧本》发表于《小说月报》第12卷第5号“海外文坛消息”。

同日，郑振铎的《文学的定义》、沈雁冰的《中国文学不发达的原因》发表于《文学旬刊》第1号。

郑振铎在《文学的定义》一文中，讨论了文学与科学、文学与别的艺术的不同，给文学的定义是“文学是人们的情绪与最高思想联合的‘想象’的‘表现’，而它的本身又是具有永久的艺术的价值与兴趣的”。

沈雁冰在《中国文学不发达的原因》一文中指出：“中国文学不发达的原因，由于一向只把表现的文学看做消遣品，而所以会把表现的文学看做消遣品的原因，由于一向只把多种论文诗赋看做文学，而把小说等都视为稗官野史街谈巷议之品；现在欲使中国文艺复兴时代出现，惟有积极的提倡为人生的文学，痛斥把文学当做消遣品的观念，方才能有点影响。”

同日，沈雁冰的评论《百年纪念祭的济慈》发表于《小说月报》第12卷第5号“卷头辞”。

同日，周作人的《日本的诗歌》、沈泽民的《译文学书三问题的讨论》和《王尔德评传》发表于《小说月报》第12卷第5号“论丛”。

同日，《小说月报》第12卷第5号“译丛”发表的翻译作品有：周建人所译小说《微笑》（[俄]梭罗古勃著）、耿济之所译小说《猎人日记》（[俄]屠格涅甫著，续)、耿式之所译小说《泥泞》([俄]柴霍甫著)、理白所译小说《豢豹人的一个故事》([美]贾克伦敦著)、顾一樵所译小说《一诺》([法]Frederic Boutet著)、胡天月所译小说《只要一句话!》([德]L. E. Meier著);耿式之所译剧本《一个不重要的妇人》([英]王尔德著)、瞿世英所译剧本《齐德拉》([印度]泰戈尔著)。

同日,张晋译所译小说《仁善的小孩》([意大利]Amuchnce著)发表于《文学旬刊》第1号。

11日,鲁迅所译小说《鼻子》([日]芥川龙之介著)发表于1921年5月11日至13日《晨报》"小说栏"。

12日,周作人的诗歌《苍蝇》、《小孩》发表于《晨报副刊》,署名仲密。

13日,冰心的杂感《石象》发表于《晨报》。

同日,闻一多的时评《痛心的话》发表于《清华周刊》第219期,署名一多。

14日,周作人的杂感《批评的问题》发表于《晨报副刊》,署名子严。

15日,俞平伯的诗歌《如醉梦的踯躅》发表于《晨报副刊》。

同日,周作人的论文《宗教问题》、沈雁冰的论文《罗曼罗兰的宗教观》发表于《少年中国》第2卷第11期"宗教问题号"(中)。

同期发表的论文有:刘伯明的《宗教哲学》、陆志伟的《宗教与科学》、方东美的《詹姆士宗教经验观》、刘国钧的《海甫定宗教经验观》、太朴的《时代观之宗教》以及李达所译论文《唯物史的宗教观》(Hermann Gorter著)。

16日,俞平伯的诗歌《不知足的我们》发表于《晨报》(第5版),署名平伯。

同日,郑振铎的评论《文学的危机》发表于《时事新报·学灯》,署名西谛,文章集中批判了礼拜六派。

17日,叶绍钧的小说《一课》发表于《晨报副刊》,署名圣陶。

19日,瞿秋白撰写通讯《俄都记闻》,发表于8月31日、9月1日《晨报》。在通讯开首,他阐明了撰写此文的目的:"如今另辟《俄都记闻》一栏,随得随记,一则做记者自己随后研究编辑时的底稿,二则仍先寄回国,做国人参考的资料。"

同日,俞平伯的杂感《重来者底悲哀》发表于5月19日至25日《晨报副刊》,署名平伯。

同日,刘大白的论文《诗韵问题》发表于《民国日报·觉悟》。

20日,《文学旬刊》第2号开辟"杂谈"栏目,发表短小精悍的杂文,就文学问题或评论、或批判、或讨论，具有较强的针对性。这一栏目，也是批判鸳鸯蝴蝶派的主要阵地，先后发表西谛、圣陶、厚生、C·P等人的有关文字几十篇。

同日，李之常的诗歌《离情》、郭绍虞的诗歌《上帝》发表于《文学旬刊》第2号。

同日，郑振铎的评论《翻译与创作天才》、《集锦小说》、《复活》发表于《文学旬刊》第2号“杂谈”，署名西谛。郑振铎在《翻译与创作》一文中，强调了翻译和翻译者的重要性，将翻译比作哺乳的“奶娘”，比作开窗“引进户外的日光和清气和一切漂亮的景色”，称“翻译者在一国的文学史变化更急骤的时代，常是一个最需要的人”。同期还发表了静观的评论《读晨报小说第一集》。

同日，性天所译诗歌《西喇叙事诗》（Schilcrs Ballade）、胡天月所译戏剧《匈牙利短喜剧：审判》（S. Guthi著）发表于《文学旬刊》第2号。

21日，周瘦鹃的小说《父子》发表于《礼拜六》周刊第110期“言情小说”栏。

22日，刘大白的评论《读晓风君底〈谈韵律〉》发表于《民国日报·觉悟》。

25日，《〈文学研究会丛书〉缘起》发表于《民国日报·觉悟》，后又发表于5月27日上海《时事新报·学灯》、6月10日《东方杂志》第10卷第11期。

27日，周作人的杂文《疑问五则》发表于《晨报副刊》，署名子严。

29日，郑振铎的《奇异的剿袭法》、胡愈之的《恋爱文学》发表于《文学旬刊》第3号“杂谈”。

郑振铎在《奇异的剿袭法》一文中，讽刺礼拜六派作家天笑生之流“不知廉耻”，以抄袭外国小说冒充自己创作的“狡狯”行径。

胡愈之在《恋爱文学》一文中，指出中国没有广义的性的恋爱，是“礼教的束缚”所致，但社会上那些“红男绿女式的挑拨肉感的”色情主义文学，也要负责一部分责任，矛头直指鸳鸯蝴蝶派。

同期该栏目还发表了胡愈之的《创作坛的新倾向》、《处女的最终》和来红的《系统介绍与取巧》、《什么叫系统的研究》。

同日，王统照的诗歌《春梦的灵魂》发表于《文学旬刊》第3号，署名剑。

同日，庐隐的论文《小说的小经验》、世农的评论《文学的特质》发表于《文学旬刊》第3号。

同日，性天所译诗歌《西喇叙事诗》（《手套》（续）、《姊妹爱》、《担保》）、妃白所译小说《影》（[波兰]薜洛士著）发表于《文学旬刊》第3号。

30 日，郭沫若的论文《我国思想史上之澎湃城》、《艺术之象征》发表于《学艺》月刊第 3 卷第 1 期。

31 日，《戏剧》月刊于上海创刊，同期以“附录”的形式发表了《民众戏剧社宣言》、《民众戏剧社简章》。

《戏剧》月刊由“民众戏剧社”编辑，中华书局发行，16 开。从 1922 年 1 月第 2 卷起改由“新中华戏剧协社”编辑，北京晨报社发行。撰稿人多为民众戏剧社成员，主要有陈大悲、徐半梅、汪仲贤、蒲伯英、沈冰血、陆明悔和欧阳予倩等。1922 年 4 月 30 日出版至第 2 卷第 4 号终刊，共出版 2 卷 10 期。《戏剧》是新文学第一个戏剧团体——民众戏剧社的机关刊物，也是现代文学史上最早出现的专门性戏剧刊物。它“以建设真的新戏为宗旨”，主要致力于戏剧理论的研究和宣传，曾开展“爱美的戏剧”与“职业性戏剧”的讨论，并大力介绍欧美和日本的话剧运动与流派，以及表演技巧、舞台美术等经验，同时也译介了部分西洋戏剧作品，对于了解新文学初期的戏剧运动有很高的参考价值。

《民众戏剧社宣言》称该戏剧社“以营业的性质，提倡艺术的新剧为宗旨”，坚持戏剧为人生的艺术主张，强调“‘当看戏是消闲’的时代，现在已经过去了。戏院在现代社会生活中，确是占着重要的地位，是推动社会前进的一个轮子，又是搜寻社会病根的 X 光镜；它又是一块正直无私的反射镜；一国人民程度的高低，也赤裸裸地在这面大镜子里反照出来，不得一毫遁形。这样的戏院，正是中国目前所未曾有，而我们不量能力薄弱，想努力创造的”。

同日，沈泽民的《民众戏院的意义和目的》发表于《戏剧》第 1 卷第 1 号。文后有沈雁冰所作的附注。沈泽民根据法国作家罗曼·罗兰的原著，提出戏剧的意义在于娱乐、能力、知识三项。文章进一步指出，编剧者和演剧者应反映民众的生活，把特权阶级的戏剧改造成为民众的戏剧。

同期发表的文章还包括：陈大悲的《演剧人的责任是什么》，陆明悔的《与创造新剧诸君商榷》，徐半梅的《无形剧场》、《古拉英的独立剧场》、《演剧协会》，滕若渠的《最近剧界的趋势》，汪仲贤的《化妆术的一得》，沈冰血的《演剧初程》，王统照的《高士倭绥略传》，汪仲贤所译论文《西洋的剧场轶闻》、《英国名优菲尔泼士事略》（[英] 彭尼士著），周学溥所译论文《英国近代剧之消长》（舟桥雄著），欧阳予倩所译论文《西洋歌剧谈》。

同日，陈大悲所译话剧《银盒》（[英]高士倭绥著）发表于《戏剧》第1卷第1号。

本月

《消闲月刊》创刊。该刊系鸳鸯蝴蝶派刊物，赵眠云、郑逸梅编辑，苏州观前华兴印书局代印，32开。编辑主任为赵眠云、郑逸梅，名誉编辑为范君博、顾明道、尤半狂、袁寒云、袁百衲、何海鸣、徐枕亚、吴双热。第1期出版于1921年5月，同年10月发行，第6期停刊。

本月出版的文学作品有：朱瘦菊（海上说梦人）的长篇小说《歇浦潮》（100回）在《新申报》连载5年，最终杀青，由新民图书馆出版单行本，本年12月再版，此书曾得到张爱玲的赞扬。

本月出版的翻译作品有：长篇小说《羔羊记》（Chahoin Schmid著，P. Ch. Ming译，河北献县天主堂出版），《俄宫秘史》（[俄]丹考夫原著，[法]魁特据德文译成英文，林纾、陈家麟据英文转译，上海商务印书馆，收入《说部丛书》第4集第1编），《洞冥记》（[英]斐鲁丁竹著，林纾、陈家麟译，上海商务印书馆，收入《说部丛书》第4集第2编），《怪董》（[英]伯鲁夫因支著，林纾、陈家麟译，上海商务印书馆，收入《说部丛书》第4集第3编），《炸鬼记》（[英]哈葛德著，林纾、陈家麟译，上海商务印书馆，收入《说部丛书》第4集第4编），《厉鬼犯跸记》（[英]安司倭司著，林纾、毛文钟译，上海商务印书馆，收入《说部丛书》第4集第6编），《僵桃记》（Bertha M. Clay著，林纾、毛钟文译，上海商务印书馆，收入《说部丛书》第4集第7编），《情翳》（[美]鲁兰司著，林纾、毛文钟译，上海商务印书馆）。

六月

1日，《新青年》第9卷第2号开展“新剧底讨论”，发表了苏熊瑞、陈公博、亚魂等人关于“新剧”问题的相关文章。

同期还开展了“注音字母的讨论”，发表了罗国杰、吴稚晖等人关于“注音字母”

问题的相关文章。

同日，胡适的诗歌《四烈士冢上的没字碑歌》、《死者》发表于《新青年》第9卷第2号。

同日，陈独秀《下品的无政府党》、《青年的误会》、《反抗舆论的勇气》发表于《新青年》第9卷第2号“随感录”。

同日，冰心的杂感《自由——真理——服务》、《五月一日》、《法律以外的自由》、《“是非”》、《提笔以前怎样安放你自己》、《除夕的梦》以及小说《海上》发表于《燕大季刊》第2卷第1、2期合刊。

同日，沈雁冰的论文《十九世纪及其后的匈牙利文学》发表于《新青年》第9卷第2号。

同日，沈性仁所译剧本《新闻记者》（[挪威]卡尔生著，续二）发表于《新青年》第9卷第2号。

5日，沈雁冰的论文《关于戏剧的说明》发表于《民国日报·觉悟》。

7日，周作人的散文《山中杂信》开始连载于《晨报副刊》，署名仲密。分别发表于6月7日、24日，7月2日、14日、21日和9月6日。1920年底，周作人突患肋膜炎，因病势恶化，1921年3月底至5月底曾住院两月，并于是年6月2日去香山碧云寺养病，住般若堂。其间，其给好友孙伏园所写的6封书信命名为《山中杂信》。

8日，周作人的评论《美文》发表于《晨报副刊》，署名子严。文章从理论上确认了文学性散文的地位，将以抒情叙事为主的艺术性散文视作美文，将之摆到了与小说、诗歌、戏剧并列的位置，倡导于议论性的杂文之外，多写“记述性的”、“艺术性的美文”，“给新文学开辟出一块新土地”。

同日，冰心的论文《文学家的造就》发表于《时事新报·学灯》。文章首先指出文学家是“人群的需要”，并从“遗传”和“环境”两个方面讨论了如何造就文学家的问题，即“文学家的父母——稍远些可以说祖先——要有些近于文学的嗜好”；文学家“要生在气候适宜，山川秀美，或是雄壮的地方”；“要生在中流社会的家庭”；“要多读古今中外属于文学的作品”；“要常和自然界接近”；“要多研究哲学社会学”；“要少和社会有纷侈的交际”；“要多作旅行的功夫”。

9日，朱湘的诗歌《春雨》发表于《晨报副刊》，署名朱幼衡。

朱湘（1904—1933），诗人，字子源，笔名天用等。祖籍安徽太湖，生于湖南沅陵。1919 年入清华学校学习，之后加入清华文学社，开始新诗创作。1922 年开始在《小说月报》上发表诗歌，加入文学研究会。1925 年出版第一本诗集《夏天》。1925 年以后，自觉追求新诗音韵格律的整饬，参与《晨报副刊・诗镌》的编辑工作，与徐志摩、闻一多一同提倡新格律诗运动。1926 年自办刊物《新文》，刊载自己创作的诗文及翻译的诗歌。1927 年赴美国留学，1929 年回国后出任安徽大学英国文学系主任。1932 年，因与校长意见不合，愤而辞职，漂泊辗转于北平、上海、长沙等地，终因生活窘困、家庭失和、愤懑失望，于 1933 年 12 月 5 日投江自杀。著有诗集《夏天》、《草莽》、《石门集》、《永言集》，评论集《文学闲谈》，散文评论集《中书集》，书信集《海外寄霓君》、《朱湘书信集》，译作《路曼尼亚民歌一斑》、《英国近代小说集》、《番石榴集》等。

同日，周作人的杂文《新诗》发表于《晨报副刊》，署名子严。

10 日，王统照的小说《春雨之夜》发表于《小说月报》第 12 卷第 6 号“创作”。蹇先艾在《〈春雨之夜〉所激动的》一文中指出，“《春雨之夜》好象一篇很美的诗的散文，读后得到无限的凄清幽美之感。”“由这篇不由我便想到剑三描写小说的两个优点——写情写景，都十分美妙动人。这篇自然是一个很好的代表了。”（1924 年 5 月 21 日《文学旬刊》第 36 号）

同期还发表了庐隐的小说《一封信》和洪白苹的小说《黯淡底秋夜》。

同日，沈雁冰的通讯《神仙故事集汇志——捷克斯拉夫波兰印度爱尔兰等处的神话》、《西班牙的诗与散文》、《哈姆生的〈土之生长〉》、《肖伯讷又有新作》、《德国文学家加尔霍德曼逝世消息》、《〈推敲〉的第一期》、《伦敦举行济慈百年纪念展览会的盛况》、《一九二零年最好的短篇小说》、《英国三大文豪的一九二一年》、《新爱尔兰文坛上失一明星》、《捷克斯拉夫短篇小说集》、《英译的〈五月花〉》、《安得列夫的最后剧本》、《德国的无产阶级诗与剧本》发表于《小说月报》第 12 卷第 6 号“海外文坛消息”。

同日，沈雁冰的评论《语体文欧化之我观（一）》、郑振铎的评论《语体文欧化之我观（二）》发表于《小说月报》第 12 卷第 6 号“文艺丛谈”。两篇文章就语体文欧化问题发表意见，并因此引起一场关于语体文欧化的讨论。

同日，胡愈之的《文学事业的堕落》和郑振铎的《思想的反流》、《新旧文学的调和》发表于《文学旬刊》第 4 号“杂谈”。

胡愈之在《文学事业的堕落》一文中，斥责礼拜六派那些“无耻的文学者，情愿买去了自己的人格，拿高贵的文学，当做消闲娱乐满足肉欲的东西”，玷污了人类高贵的文学事业。

郑振铎在《思想的反流》一文中，讽刺礼拜六派作者周瘦鹃所写的两篇宣扬“孝”、“节”的小说《父子》和《赤城环节》，揭露这派人物的思想纯粹是旧式的，却“时时冒充新式”的手腕。

在《新旧文学的调和》一文中，针对黄厚生认为新旧文学可以调和、新文学的目的在于给各民族保存国粹的观点，郑振铎一方面指出“上海滑头文人所出的什么《消闲钟》、《礼拜六》，根本上就不知道什么是文学，又有什么可调和呢？”“新与旧的攻击乃是自然的现象，欲求避而不可得的，除非新的人或旧的人舍弃了他们的主张，然后方可以互相牵合”；另一方面纠正了新文学的目的，即新文学“并不是给各民族保存国粹，乃是超越国界，求人们的最高精神与情绪的流通的”。

同期发表的评论还包括：郑振铎的《处女与媒婆》、《悬赏征文的疑问》，胡愈之的《独创的精神》和唐性天的《世界文学中的德国文学》。

郑振铎在《处女与媒婆》一文中，对 1920 年底郭沫若给《时事新报·学灯》编辑李石岑的信中称“我觉得国内人士只注重媒婆，而不注重处子；只注重翻译，而不注重产生。……翻译事业于我国青黄不接的现代颇有急切之必要，虽身居海外，亦略能审识。不过只能作为一种附属的事业，总不宜使其凌越创造、研究之上，而狂振其暴威。……总之，处女应当尊重，媒婆应当稍加遏抑”的观点进行回应，强调了翻译的重要性，认为郭氏“视翻译的东西为媒婆，却未免把翻译看得太轻了”，“翻译的性质，固然有些像媒婆。但翻译的大功用却不在此。……就文学的本身看，一种文学作品产生了，介绍来了，不仅是文学的花园，又开了一朵花：乃是人类的最高精神，又多一个慰藉与交通的光明的道路了。……所以翻译一个文学作品，就如同创造了一个文学作品一样：他们对于人们的最高精神上的作用是一样的”。

同日，《小说月报》第 12 卷第 6 号“论丛”发表的论文有：郑振铎的《审定文学上名辞的提议》、沈雁冰的《十九世纪末丹麦大文豪约柯伯生》、海镜所译文章《狂飙运动》（[日]黑田礼二著）、李达所译文章《现代的斯干底那维亚文学》。

郑振铎在《审定文学上名辞的提议》一文中，从文学翻译的角度探讨了文学名词的问题。他把文学上名词分为五类，即外国文学家的姓名、文学史上的地名、文学作品的题目、文学作品中的人名、地名和文学理论的术语。他大声疾呼，要求译界统一规范文学名词译名。

同日，《小说月报》第 12 卷第 6 号“译丛”发表的翻译作品有：郑振铎所译诗歌《泰戈尔诗》、六珈所译小说《一个冬天的晚上》（[法]美而暴著）、沈泽民所译小说《淑拉克和波拉尼》（新犹太范尔道孚著）、孙伏园所译小说《我们二十六个和一个女的》（[俄]高尔基著）、胡天月所译小说《弃妇》（[匈牙利]亚丹尔摩范男爵夫人著）、真常所译剧本《悭吝人》（[法]毛里哀著）、耿式之所译剧本《一个不重要的妇人》（[英]王尔德著，续）。

同日，《文学旬刊》第 4 号发表的翻译作品有：性天所译诗歌《西喇叙事诗·担保（续二）》、汪仲贤所译剧本《下午十点钟》（[美]Mary Aldis 著）。

同日，《文学研究会会务报告》、《文学研究会读书会各组名单》发表于《小说月报》第 12 卷第 6 号“附录”。

12 日，俞平伯的诗歌《秋蝉的辩解》发表于《晨报副刊》，署名平伯。

13 日，周作人的诗歌《山居杂诗》发表于《晨报副刊》，署名仲密。此后周作人还有题为《山居杂诗》的诗作，分别发表在 1921 年 6 月 25 日《晨报副刊》和 1921 年 9 月 1 日《新青年》第 9 卷第 5 号。

14 日，俞平伯的诗歌《破晓》发表于《晨报副刊》，署名平伯。

同日，鲁迅所译小说《罗生门》（[日]芥川龙之介著）开始发表于《晨报》“小说”栏。16 日、17 日续刊。

15 日，朱湘的诗歌《紫罗兰》发表于《晨报副刊》，署名朱幼衡。

同日，康白情的诗歌《庐山纪游》、沈泽民的诗歌《五月》、《羞啊！我》发表于《少年中国》第 2 卷第 12 期。

同日，周作人的杂文《实在情形》发表于《晨报副刊》，署名子严。

同日，徐志摩的评论《罗素游俄记书后》、《评韦尔思之游俄记》发表于《解放与改造》第 3 卷第 10 号，署名志摩。

同日，李璜的评论《法兰西诗之格律及其解放》、李思纯的评论《抒情小诗的性德及作用》、田汉的评论《白梅之园的内外》发表于《少年中国》第 2 卷第 12 期。

同日，《少年中国》第 2 卷第 12 期发表的翻译作品有：何鲁之所译小说《一簇葡萄》([法]阿拉多耳著)、恽震所译小说《比爱情还重大》([英]伊文斯著)、田汉所译话剧《哈孟雷特》([英]莎士比亚著)。

17日，周作人的杂文《廉耻与秩序》发表于《晨报副刊》，署名子严。

同日,沈雁冰的论文《奥勃洛摩夫主义》发表于《民国日报·觉悟》，署名P.生。

20日，胡适的《〈吴虞文录〉序》发表于《晨报副刊》和《民国日报·觉悟》。

同日，叶绍钧的小说《晓行》发表于北京《晨报副刊》,署名圣陶。续刊至23日。

同日，郑振铎的评论《文学的使命》发表于《文学旬刊》第5号，署名西谛。文章阐述了亨德关于文学使命的四点意见，指出“文学的真使命就是：表现个人对于环境的情绪感觉，欲以作者的欢愉与忧闷，引起读者同样的感觉。或以高尚飘逸的情绪与理想，来慰藉或者提高读者的干枯无泽的精神与卑鄙实利的心境。更简括的说一句话，他的使命就是：扩大或深邃人们的同情与慰藉，并提高人们的精神”。那些以金钱、名誉为目的而投世人之所好，给肤浅的快乐于读者的人，不但侮辱了文学的使命，也侮辱了自己的人格。

同日，叶绍钧的《侮辱人们的人》发表于《文学旬刊》第5号“杂谈”。文章痛斥那些用“宁可不娶小老婆，不可不看《礼拜六》”的语句来做广告，推销、兜售《礼拜六》的人，是“侮辱自己，侮辱文学，更侮辱他人！”“这样做法又为社会上很多人所容受，这不仅是文学前途的渺茫和忧虑，竟是中国民族超升的渺茫和忧虑了。”文章希望通过努力，提高人们的辨别能力，使他们了解所嗜好的东西的性质，并写作一些使他们接受的作品，在潜移默化中融入新的途径。

同期还发表了郑振铎的《文学中所表现的人生问题》、《不快之感》，鸿声的《文学名辞的审定》，柳钟文的《生命的谜》。

同日，沈雁冰的评论《一封诀别书》、《匈牙利彭斯》、《犹太的杜德》、《瑞典的法朗士》发表于《民国日报·觉悟》，署名P.生。

同日，李之常所译诗歌《情曲》([德]海涅著)发表于《文学旬刊》第5号。

21日，朱湘的诗歌《农歌》发表于《晨报副刊》，署名朱幼衡。

23日，冰心的小说《宇宙的爱》发表于《晨报副刊》，又发表于6月28日《时事新报·学灯》。

25日，冰心的散文《山中杂感》发表于《晨报副刊》。

27日，陈大悲的评论《中国的新剧还没有迎合群众心理吗？》发表于《晨报副刊》，署名大悲，续刊至28日。又发表于1921年6月《曙光》第2卷第3号，署名陈大悲。

28日，冰心的诗歌《人格》发表于《晨报》。

同日，周作人的杂文《三天》发表于《晨报副刊》，署名子严。

29日，冰心的散文《青年的烦闷》发表于《晨报》。

同日，陈大悲的评论《怪哉！真光电影院底广告》开始发表于《晨报副刊》，至7月1日载毕。

同日，周作人所译诗歌《日本俗歌五首》（[日]海贺变哲编）发表于《晨报副刊》，署名仲密译。

30日，庐隐的小说《一个病人》发表于《文学旬刊》第6号。

同日，徐半梅的剧本《工厂主》发表于《戏剧》第1卷第2号。

同日，郭沫若的剧本《史的悲剧苏武与李陵》发表于《学艺》月刊第3卷第2期。此篇乃序幕，系未完稿。

同日，沈雁冰的评论《我们现在所能做而且必须做的》发表于《民国日报·觉悟》，署名冰。

同日，世农的评论《现在中国创作界的两件病》发表于《文学旬刊》第6号。文章认为“从前的作家是好像立在‘人’以外的。现在却直立在人生内部，迫切地将人生呼喊起来”。因而，产生了一些好作品。但是，创作方面也还有“观察还太浅”和“没有确定的人生观”两种病，须待通过“考察人生的实况，研究人生之意义”来医治。

同日，厚生的《调和新旧文学进一解》、郑振铎的《新旧文学果可以调和吗？》与《血和泪的文学》发表于《文学旬刊》第6号“杂谈”。

厚生在《调和新旧文学进一解》一文中，解释自己关于调和新旧文学的意见，即“并不是把两方面——新与旧——用等量的力，牵合在一条路上去；乃是想把旧文人的作品，像化学家加些溶剂溶媒，叫他们新文学化才好”！新文学家“对于‘旧文人的作品’，固然要猛烈的攻击，救赎消极的。还要一方面积极地暗示和指导，灌输新文学的知识，久而久之，自会新文学化了”。

与此相对，郑振铎在《新旧文学果可以调和吗？》一文中，明确指出厚生主张调和新旧文学的意见是“迁就”，而“‘迁就’就是堕落”。郑振铎认为，我们与旧文学不能调和，“所能做的只是一方面极力攻击，免得后来的纯洁的人玷了污泥；一方面极力灌输文学知识，愿良心未尽死，热血未尽冷的人见了，知道文学的真义，能立刻弃旧污以就新途，我们所能做的，止于此了”。

郑振铎在《血和泪的文学》一文中指出，在“到处是榛棘，是悲惨，是枪声炮影”，是血迹的世界上，我们不能要那种“满口的纯艺术，剽窃几个新的名辞，不断的做白话的鸳鸯蝴蝶式的情诗情文，或是唱道着与自然接近、满堆上云、月、树影、山光等字”的作品。“我们所需要的是血的文学，泪的文学，不是‘雍容尔雅’‘吟风啸月’的冷血的产品。”

同期还发表了郑振铎的《盲目的翻译家》、胡愈之的《研究民间传说歌谣的必要》、《童话与神异故事》。

同日，《戏剧》第 1 卷第 2 号发表的评论及翻译文章有：蒲伯英的《戏剧之近代的意义》，郑振铎的《现在的戏剧翻译界》，陈大悲的《戏剧指导社会与社会指导戏剧》、《爱美的 AMATEVR 戏剧》、《编述的大意》，徐半梅的《英国爱白二氏的合同演剧》，滕若渠的《梅德林的〈青鸟〉及其他》，沈冰血的《演剧初程》（续），汪仲贤的《本社筹备实行部的提议》，陆明悔的《敬告上海的伶界联合会》；汪仲贤所译文章《美国最近组织的小剧场》（[美]爱登著）、《西洋的剧场轶闻》，徐半梅所译文章《一封谈“无形剧场”的信》（[日]小山内熏著），欧阳予倩所译文章《法兰西的歌剧》。

蒲伯英在《戏剧之近代的意义》一文中，认为现代戏剧应“一面是‘教化的娱乐’，一面是‘为教化的艺术’”。这种“教化”既非宗教的，又非道德的，而应为“再生的教化”，即作者在其作品中，“或者揭露现实底丑恶，或者提出种种人生问题，或者描写理想中的天国，或者现实声色中高尚的美，虽然取径各不相同，归根能是民众的精神常常有更新的机会，是一致不二的”。

陈大悲在《戏剧指导社会与社会指导戏剧》一文中，指出“无论如何，戏剧总免不了一点教育社会的意味”，“戏剧一开了幕，一与社会相接触，立刻社会就受到了影响”。因此，“要改造戏剧就不得不改造社会。要改造社会更不得不改造戏剧”，“将来的戏剧家”应当“立在社会之前”，“负指导社会的责任”。

同日，李之常所译诗歌《情曲》（[德]海涅著，续）发表于《文学旬刊》第 6 号。

本月

《游戏世界》月刊在上海创刊。周瘦鹃为之作《〈游戏世界〉的发刊词》。该刊系鸳鸯蝴蝶派刊物之一，周瘦鹃、赵苕狂创办，每月 25 日出版，内容分为特刊、说苑、长篇、谈荟、歌场、趣海、谐林、艺府、余兴、杂俎。发表的长篇小说，有周瘦鹃的《爆裂弹》、赵苕狂的《空中盗》、顾佛影的《新儒林外史》、忆凤的《十五年侨沪记》、心木的《春明尘梦录》。其他各栏要目，如宋春舫的剧本《连环夫妻》、顾佛影的《红梵精舍笔记》、范君博的《蠡园随笔》、半塘的《五好楼杂评》、燕山小隐的《梨园闲话》、周无住的《十笏天花室趣谈》、许一厂的《沪江花史》、郑逸梅的《滑稽诗话》、刘豁公的《春航小史》、曹绣君的《轩渠联话》、袁寒云的《说曲》、李涵秋的《废婢》、严独鹤的《十年》、李定夷的《使馆喋血记》、王锦南的《小说家别传》、尘梦的《民国以前的小说杂志》、姚鹓雏的《几园》，此外还有朱鸳雏、李伯元的遗著。1923 年夏出至 24 期停刊，有“新年号”、“滑稽小说号”、“家庭号”、“侦探小说”号。

同月，王统照的小说《梦》、《鞭痕》发表于《曙光》第 2 卷第 3 号。

同月，滕若渠的剧本《红灵》发表于《曙光》第 2 卷第 3 号。

同月，王统照的论文《俄罗斯文学的片面》、《语体文欧化的商榷》发表于《曙光》第 2 卷第 3 号。

同期发表的论文有：陈大悲的评论《中国的新剧还没有迎合群众心理吗》，王统照、滕固的评论《文艺的讨论》。

同月，宋介所译文章《彼得克鲁泡特金》（译自 Soviet Russia）、李茂斋所译文章《断片》（译自日本《改造杂志》）、郑振铎所译诗歌《泰戈尔诗》（《唤回》、《榕树》、《祝福》、《赠品》、《天使》）、刘英所译小说《宛可》（[俄]柴霍甫著）发表于《曙光》第 2 卷第 3 号。

本月出版的小说作品有：长篇小说《惊人奇案》（王艺著，会文堂新记书局）。

本月出版的散文作品有：书信集《康南海林琴南尺牍》（收录康有为书信 3 封，林纾书信 8 封，上海文明书局）。

本月出版的翻译作品有：长篇小说《琼岛仙葩》（著者不详，天笑生译，上海进步书局），《鲁宾孙漂流记》（[英]达孚著，严叔平译，上海崇文书局），《人耶非耶》([英]威尔士著，定九、蔼庐译述，天笑生修辞，上海进步书局),《生生死死》([英]玛克司·潘姆白吞著，苕狂译，上海进步书局),《鬼悟》([英]威而司著，林纾、毛文钟译，上海商务印书馆，收入《说部丛书》第4集第8编)。

七月

1日，胡适的论文《国语文法的研究法》发表于《新青年》第9卷第3号。

同日，沈雁冰的论文《十九世纪及其后的匈牙利文学》(续一)发表于《新青年》第9卷第3号。

同日，陈独秀的论文《社会主义批评》发表于《新青年》第9卷第3号。

同日，吴敬恒的论文《答〈君广韵注音字母的疑问〉》(附《广韵注音字母的疑问》)发表于《新青年》第9卷第3号。

同日，鲁迅所译小说《三浦右卫门的最后》([日]菊池宽著)发表于《新青年》第9卷第3号。

3日，叶绍钧的小说《悲哀的重载》开始发表于北京《晨报副刊》，署名圣陶。续刊至8日。

同日，《郭沫若启事》发表于7月3日、4日《时事新报·学灯》。文中称“沫若从事文学的述作两年于兹，所有一切稿件，均署本名，不曾另用别名，今后亦永远抱此宗旨不改。恐有疑拟之处，待此先行申明，有昭已责”。

5日，沈雁冰的评论《无抵抗主义与爱》发表于《民国日报·觉悟》，署名冰。

同日，冰心的杂感《图画》发表于《晨报副刊》。

6日，周作人的杂文《谈判》发表于《晨报副刊》，署名子严。

7日，郁达夫的小说《银灰色的死》发表于上海《时事新报·学灯》，署名T. D. Y.。8日、9日、11日至13日续刊完毕。

8日，鲁迅的杂文《无题》发表于《晨报》“浪漫”栏，署名风声。

9日，周作人所译小说《雉鸡的烧烤》发表于《晨报副刊》，署名仲密译。续刊至10日。

10日，《文学旬刊》第7号开展“语体文欧化的讨论”，转载了以下6篇文章：

沈雁冰的论文《语体文欧化之我观(一)》，署名雁冰，原载《小说月报》12卷

6 期。文章写道 :“现在努力创作语体文学的人，应当有两个责任 : 一是改正一般人对于文学的观念，一是改良中国几千年来习惯上沿用的文法。”沈雁冰在文章中赞成采用西洋文法的语体文，但同时也强调“要不离一般人能懂的程度太远。因为这是过渡时代试验时代不得已的办法”。

郑振铎的论文《语体文欧化之我观（二）》，署名振铎，原载《小说月报》第 12 卷第 6 期。文章指出 :“中国的旧文体太陈旧而且成滥调了。有许多很好的思想与情绪都为旧文体的成式所拘，不能尽量的精微的达出……所以为求文学艺术的精进起见，我极赞成语体文欧化。”

王统照的论文《语体文欧化的商榷》，署名剑三，原载《曙光》第 2 卷第 3 期。文章指出 :“旧体文的松懈、平凡俗劣，不能尽叙述与描写的能事”，“误了新文学的风调与趣味”，所以改革语体文是必要的。同时，他呼吁“要尽量作欧化的文字，今日研究文学的人，却不可不先担负这个任务”。

傅东华的论文《语体文欧化》，原载 6 月 30 日《京报》。文章批评沈雁冰、郑振铎关于欧化的意见“所见太浅”，认为“文艺原贵创造，模仿的或因袭的文艺不能算创新。欧化就含模仿的意思。不过把模仿古人，改为模仿欧人罢了”，“所以我以为与其用功夫去模仿欧人，不如多用功夫去养想象力”，用想象去创造美。

郑振铎的论文《语体文欧化问题与东华先生讨论》反驳傅东华在《语体文欧化》一文中的意见。他认为“只有想象力是决不能使我们达到创造新文学，或‘打破习惯’，‘求文学艺术的精进’的。因为想象是不能单独表白出来的，必定要借着文学……如果文学的‘形式’或‘文法’不改造，就有很强的想象力恐怕也是不能充分的发表出来的”。引入普通文法是无所谓模仿不模仿的。

沈雁冰的论文《“语体文欧化”答东华君》发表于《文学旬刊》第 7 号“语体文欧化的讨论”，指出“东华君却把‘文法’的欧化（这是我所讲的）和‘文学艺术’的欧化（这是我所未讲的）搅混了，以为我说的‘文法欧化’就是‘文学艺术欧化’或竟不曾看出我说的是‘文法’‘欧化’”。

同日，《小说月报》第 12 卷第 7 号开辟“创作讨论”专栏，发表了以下 8 篇文章 :

沈雁冰在《社会背景与创作》一文中指出，“什么样的社会背景便会产出什么样的文学来”，“怨以怒的文学正是乱世文学的正宗，而真的文学也只是反映时代的文学”。但是由于“作家太忽略了眼前的社会背景”，又未曾在“第四阶级社会内有过经验……所以反映痛苦的社会背景的小说不能出现”。“总之，我觉得表现社会生活的文学是真文学，是于人类有关系的文学，在被迫害的国里更应该注意这社会背景。”

沈雁冰在《创作的前途》一文中指出：“文学既反映这种社会情景，又应‘隐隐指出未来的希望，把新理想新信仰灌到人心中，这便是当今创作家最重大的职务’。”“文学的使命是声诉现代人的烦闷，帮助人们摆脱几千年历史遗传的人类共有的偏心与弱点，使那无形中还受着历史束缚的现代人的情感能够互相沟通，使人与人中间的无形的界限渐渐泯灭；文学的背景是全人类的背景，所诉的情感自是全人类共通的情感。”

瞿世英在《创作与哲学》开篇先界定了“创作”与“哲学”的含义，即“创作便是具有文学的特质的创造的作品”，“哲学便是要解答这人生问题与宇宙问题的世界观与人生观”，并指出“研究创作与哲学，最要紧的便是‘思想’这一部分”。他进而通过诗歌、小说、剧本等具体创作来论述“哲学是文学的创作的本质。要‘哲学的’创作才是真创作”，“文学家必须要有他的确定的人生观与世界观才有好创作”的论断。

叶绍钧在《创作的要素》一文中，针对当前创作中出现的一些不良倾向，提出了自己的建议，即“现时的创作家须注意的是：（一）要取精当的材料；（二）要表现一切的内在的真际；（三）要使质和形都是和谐的自由的”，从而发挥文学唤醒民众的神异的力。

庐隐在《创作的我见》一文中，认为“足称创作的作品，唯一不可缺的就是个性”，在此基础上自己对于“人生的艺术”和“艺术的艺术”两无偏向。同时，他指出“创作家的可贵之处”就在于能把“宇宙间的森罗万象，幽玄神妙……逐点的把他轻描浅抹地表现出来，无形中使人受到极大的感化”。他认为在当今中国创作家更应侧重于悲剧的描写，“用热烈的同情，沉痛的语调”将社会的悲剧描写出来，“使身受痛苦的人，一方面得到同情绝大的慰藉，一方面引起其自觉心，努力奋斗从黑暗中得到光明——增加生趣”。

郑振铎在《平凡与纤巧》一文中，指出“思想与题材太浅薄太单调”、“描写的艺术太差”、“没有独创的精神”是“现在作者的通病”，“平凡与浅薄是现在创作界的致命伤”。要扭转这一倾向，郑振铎认为要先从提升创作者思想、情绪的深刻度入手，“求其能不落平凡”，“以自己的哭声与泪珠，引起读者的哭声与泪珠”。

王世瑛在《怎样去创作》一文中，以小说创作为例，呼吁新文学作家要对文学做一番深入的研究，即“第一要有文学的修养——叫自我底精神与宇宙同化，与万物同情。第二要了解人生意义——知道人生价值所在，随在都可以发挥。第三要了解人生意义——知道人生价值所在。第四要直接慎重与文章修饰底工夫，合于美底方式”。

许地山在《创作底三宝和鉴赏底四依》一文中指出，创作的“三宝”包括:智慧宝，即“创作者个人的经验”，“从理性的评度，选出那最玄妙的段落——就是个人特殊的经验有裨益于智慧或识见底片段——描写出来”；人生宝，即“人间生活不能离开道德的形式”，创作者要使“作品与现实或理想的道德生活相表里”；美丽宝，即“美丽本身是不能独立的，他要有所附丽才能充分地表现出来”，所以要有“声音美”、“颜色美”、“思想美”。鉴赏的“四依”包括：依义，鉴赏者不必指摘创作语言的雅俗，而是要了解或感受作者所要标明的义谛；依法，鉴赏者要暂时抛开个人感情，明了作者的世界观、人生观，看他能否在艺术作品中充分地表现出来；依智，鉴赏者不能因作品描写的内容相像而断定创作者落入窠臼，而是要看创作者怎样将自己的观念和那事情融化，经过一番洗染把它们表现出来；依了义，鉴赏者“须在细心推究之后才可以下批评”，做到“不知所谓，不敢强解”。

说难在《我对于创作家的希望》一文中，对于新文学作家提出了以下几点希望：第一，文学创作“所叙述的固然是个人的事实，但作者眼光同时要注到社会的全体，而且要注到自然界的全体”；第二，中国作家“要晓得我们所担任的是中国一部分，要将中国社会的黑暗腐败的实情，描写得格外深切”，“去注意社会的需要”；第三，“我们所要创作的，是平民文学……所以要是作品适合于多数人的理解力”，要做到“新术语务要少用”，“叙述的语法，不宜过于欧化”。为了实现上述目标，“除了感情的锻炼修正和艺术力的涵养之外，实际社会是不能不投身考察的”。

同日，王统照的小说《伴死人的一夜》、吕澂的小说《归程》发表于《文学旬刊》第 7 号。

同日，王统照的小说《月影》、冰心的小说《爱的实现》、许地山的小说《黄昏后》、庐隐的小说《红玫瑰》、朱自清的小说《别》、孙梦雷的小说《快乐之神》与《死后二十日》发表于《小说月报》第 12 卷第 7 号“创作”。

同日，叶绍钧的独幕剧《恳亲会》发表于《小说月报》第 12 卷第 7 号“创作”。

同日，沈雁冰的通讯《两本研究罗曼罗兰的书》、《新希腊诗人的新希腊主义》、《爱尔兰葛雷古夫人的新著》、《战后德国文学的第一部杰作》、《俄国批评家对于威尔士的俄事观的批评》、《波兰文家莱芒的沉痛话》、《丹麦和奥国的两个文学家的英译》、《罗马尼亚短篇小说集》、《意大利戏曲家唐南遮的近作》、《阿尔克斯·托尔斯泰的近作》、《卡西尔的新作》发表于《小说月报》第 12 卷第 7 号“海外文坛消息”。

同日，张友仁的评论《中国创作界的四件病》发表于《文学旬刊》第 7 号“杂谈”。文章补充了世农在《现在中国创作界的两件病》一文中的意见，指出创作界尚有“艺术手腕的薄弱”、“不能反映民族的最高精神”、“缺乏个性的描写”、“取材单窄”四种病，并提出多读大文学家作品、注重民间文学研究、投身于社会等疗治办法。

同期还发表了厚生的评论《名辞的审定》、赵光荣所译论文《近代文学》（[日]伊达源一郎著）。

同日，海镜的论文《后期印象派与表现派》、厂晶所译论文《犹太文学与宾斯奇》（[日]千叶龟雄著）发表于《小说月报》第 12 卷第 7 号“论丛”。

同日，《小说月报》第 12 卷第 7 号“译丛”发表的翻译作品有：沈雁冰所译诗歌《阿富汗的恋爱歌》（从 E. Rowys Mahero 英译本译出）、郑振铎所译诗歌《杂译泰戈尔诗》、海峰所译诗歌《屠格涅夫散文诗》、鲁迅所译小说《工人绥惠略夫》（[俄]阿尔志跋绥夫著）、沈雁冰所译小说《禁食节》（[新犹太]潘莱士著）、蒋百里所译小说《印第安墨水画》（[挪威]般生著）、耿济之所译小说《猎人日记》（[俄]屠格涅甫著，续）、顾一樵所译小说《生欤死欤？》（[美]托马温著）、真常所译剧本《悭吝人》（[法]毛里哀著，续）。

11 日，沈雁冰的论文《活动的方向》发表于《时事新报·学灯》，署名冰。

同日，沈雁冰的评论《文学批评的效力》发表于《民国日报·觉悟》，署名冰。

13 日，刘大白的随感《三个寿昌》发表于《民国日报·觉悟》，署名汉胄。

同日，沈雁冰的评论《唯美》发表于《民国日报·觉悟》，署名冰。

15 日，《解放与改造》第 3 卷第 11 号开辟“中国翻译事业之研究”栏目，发表梁启超《中国古代之翻译事业》、蒋百里《欧洲文艺复兴时代翻译事业之先例》、郑振铎《俄国文学史中所译家》3 篇文章。

同日，周作人的杂文《宣传》发表于《晨报副刊》，署名子严。

17 日，鲁迅所译小说《父亲在亚美利加》（[芬兰]亚勒吉阿著）发表于 7 月

17日至18日《晨报》“小说”栏。

19日，周作人的杂文《麝香》发表于《晨报副刊》，署名子严。

20日，李开中的评论《文学家的责任》发表于《文学旬刊》第8号。文章认为文学家的责任就是“表现人生”。因此，“中国现代文学家应当提倡的是感情的冲动的文学，不是理性的玄邃的文学；是血与泪的文学，不是花与月的文学；是灰色的惨淡的俄国文学，不是贵族的雍容尔雅的英美文学”。

同期还发表了王世瑛的《“不全则无”》、王统照的《生命之火燃了》。

22日，冰心的杂感《回忆》发表于《晨报》。

23日，中国共产党第一次全国代表大会在上海召开，后因故转移至浙江嘉兴南湖。出席大会的有毛泽东、董必武、何叔衡、陈潭秋、李达、王尽美、刘仁静、李汉俊等13人，代表全国57名党员。大会讨论了当时的政治状况、党的基本任务、组织原则和组织机构等问题，制定了中国共产党的第一个纲领，并选举了党的中央机关。

同日，周作人的杂文《国荣与国耻》发表于《晨报副刊》，署名子严。

24日，沈雁冰的杂感《人格“杂感”》发表于《民国日报·觉悟》，署名冰。

同日，叶绍钧所译诗歌《园丁集（24）》（[印]泰戈尔著）发表于上海《时事新报·学灯》。

26日，周作人的杂文《新文学的非难》发表于《晨报副刊》，署名子严。

28日，叶绍钧所译诗歌《园丁集（61）》（[印]泰戈尔著）发表于上海《时事新报·学灯》。

29日，周作人的杂文《天足》发表于《晨报副刊》，署名子严。

30日，郑振铎的评论《文学与革命》发表于《文学旬刊》第9号，署名西谛。这是新文学以来第一次将文学与革命联系起来思考的文章。文章认为：文学是情感的产品，最容易感动人，飞腾人们的感情。因而描写旧的黑暗的情形的文学，会使人们对社会发生憎恶的感情。而现在的青年不去从事革命事业，就因为他们“憎恶旧秽的感情不盛大的原故”。所以，“把现在中国青年的革命之火燃着，正是现在的中国文学家最要紧最伟大的责任”。

同日，叶绍钧的小说《儿和影子》与《拜菩萨》、庐隐的小说《月夜里的箫声》、徐玉诺的小说《冲动》发表于《文学旬刊》第9号“创作”。

同日，周作人的杂文《胜业》发表于《晨报副刊》，署名子严。

同日，沈雁冰的评论《这也有功于世道？》、《棒与狗声》发表于《文学旬刊》第 9 号“杂谈”，署名玄。前者认为《申报》24 日发表署名“鹃”的文章《自由谈之自由谈》，把淫书《剩粉残脂录》“颂祷”为“有功世道”一事，是“上海‘文丐’的拿手好戏”，是“狗吠”。后者揭露眼前的“臭滥的文言”虽是“最讨厌”、“最下下乘”的，但“现在又大兴起来了”，似恶狗“哮哮然”，呼吁“棒千万不可离手”。

同日，郑振铎的评论《肉欲横行的中国》、《消闲？！》、《问汉胄君》发表于《文学旬刊》第 9 号“杂谈”。文章斥责黑幕小说、《礼拜六》等杂志对青年的毒害：“诚恳的忠告于一般青年，现在绝不是大家‘消闲’的时候……也应该振起精神，看看现在的人类，现在的中国了！”

同日，庐隐的论文《整理旧文学与创造新文学》发表于《文学旬刊》第 9 号“杂谈”。文章指出，文学界诸君“对于创造新文学的提倡，唯恐不力，而对于旧文学的整理竟置于不理，遂使创造新文学的，唯以崇拜外国文学为事，大有凡是外国的都是好的，所谓创造新文学，有大半是模拟外国的”。这要创造中国新文学就是不可能的事。因此他希望“创造新文学诸君，应先明了旧文学的得失”，“必须先整理旧文学”，这“实比创造新文学更要紧”。

同日，郑振铎的论文《光明运动的开始》发表于《戏剧》第 1 卷第 3 号。文章认为无论是自己编或是翻译别国的著作，它的精神必须是“平民的，并且必须是：带有社会问题的色彩与革命的精神的”；“纯艺术的戏剧，绝不是现在——尤其在中国——所应当说演的。因为在现在的丑恶、黑暗的环境中，艺术应该负一部分制造光明的责任的”。“所以我们责任有两重，一重是改造戏剧，一重是改造社会。”

同期发表的评论文章还包括：徐半梅的《本社筹备实行部的我见》，沈冰血的《我对于筹备实行部的意见》、《假须的研究》、《一个决心入新剧界的少年》，陈大悲的《与一位读者谈话》、《戏剧事业是有幸福的》，汪仲贤的《西洋的剧场轶闻》、《谁说旧剧不能表现中国人的特性》、《要想法子使剧本普遍》、《上海看客的程度》、《一个很重要的小问题》、《“游山玩景”——“金兀术”》、《昆曲——京剧——魔术派戏剧——纯粹新剧》、《耳聋和吐血》、《提高不如普遍》、《灌输戏剧常识的必要》、《我编译〈西洋剧场轶闻〉的旨趣》，东野的《“电报先生”与“白板先生”》，陆明悔的《上海的戏剧界》；徐半梅所译论文《剧场总理剧本主任和舞台监督》，欧阳予倩所译论文《德国的歌剧》。

同日，陈大悲所译剧本《银盒》（[英]高士倭绥著，续一）发表于《戏剧》第1卷第3号。

31日，周作人翻译发表小说《库多沙非利斯》（[希腊]蔼夫达利阿谛思著）和《父亲拿洋灯回来的时候》（[芬兰]哀乐著）。

本月

中旬，创造社于日本东京成立。郭沫若、郁达夫、张资平、何畏、徐祖正等在东京郁达夫的寓所聚会，商讨筹备组织酝酿已久的纯文学团体事宜，以“创造”的名称确定下来，并决定出版季刊。这次聚会被视为创造社正式成立的标志。创造社的发起人有郭沫若、郁达夫、成仿吾、张资平、郑伯奇、田汉、穆木天7人，主要成员还包括王独清、潘汉年、叶灵凤、冯乃超、阳翰笙等。该社先后出版有《创造》季刊、《创造周报》、《创造日》、《洪水》、《创造月刊》、《文化批判》等刊物和《创造社丛书》。文艺思想上倾向于浪漫主义和唯美主义，“五卅运动”后转为对革命文学的大力提倡。

下旬，郭沫若由日本回到上海，接替成仿吾担任泰东图书局编译所的编辑职务，开始筹办《创造社丛书》和《创造》季刊的出版工作。

同月，朱光潜《福鲁德的隐意识说与心理分析》发表于《妇女杂志》第7卷第7号。在这篇评介弗洛伊德学说的文章中，他抨击中国传统家庭与学校的无视儿童人格独立和思想自由，压制了人的自然发展。

朱光潜（1897—1986），美学家、文艺理论家。名孟实，笔名盟石、蒙者。安徽桐城人。1918年考入武昌高等师范学校，一年后转入香港大学。1921年，发表了白话处女作《福鲁德的隐意识说与心理分析》，随后又发表《行为派心理学之概略及其批评》、《进化论证》等文章。1922年大学毕业，相继在上海中国公学和浙江春晖中学任教，其间组织成立“立达学园”，并与叶绍钧等人创办了《一般》杂志（后改名《中学生》），开始文学活动。1925年赴美、英、法留学，写成《悲剧心理学》、《文艺心理学》、《诗论》等研究著作。1933年回国，在北京大学西语系任教。1936年，与朱自清等组织读诗会。1937年，与杨振声、沈从文等创办《文学杂志》，任主编。抗日战争爆发后，曾任四川大学文学院院长、武汉大学教务长，被选为中华全国文艺界抗敌协会理事。1946 年冬，任北京大学人文学院代理院长。新中国成立后，任北京大学教授、中国美学学会会长、外国文学学会常务理事、中国科学院哲学社会学部委员等职。著作有《给青年的十二封信》、《谈美》、《变态心理学派别》、《变态心理学》、《克罗齐哲学述评》、《美学批判论文章》、《西方美学史》、《谈美书简》、《孟实文抄》、《谈文学》、《美学拾穗集》、《艺文杂谈》等，译有克罗齐《美学》、黑格尔《美学》、柏拉图《文艺对话录》、爱克曼《歌德谈话录》、莱辛《拉奥孔：画与书的界限》、维柯《新科学》等外国著作。

同月，闻一多在湖北浠水老家将以前所作文言文、诗、词抄录为一集，名曰《古瓦集》，并作序一篇。该集未曾出版，原稿现存中国社会科学院文学研究所。

同月，张梓生的论文《论童话》发表于《妇女杂志》第 7 卷第 7 号。文章既从民俗学的角度，探讨了童话所保存的原始人类文化因素，童话的变异形式，又从儿童学的角度，分析了童话在儿童教育上的功能。

本月出版的小说作品有：短篇小说集《雷雨之夜》（李孑耕著，上海太平洋学社）。

本月出版的翻译作品有：长篇小说《茵梦湖》（[德]施笃谟著，郭沫若、钱君胥合译，上海泰东图书局），《女儿国》（[英]盖斯凯尔夫人著，林家枢译，上海泰东图书局），《马妒》（[英]高尔忒著，林纾、毛文钟译，上海商务印书馆，收入《说部丛书》第 4 集第 11 编）；短篇小说集《俄罗斯短篇杰作》（[俄]高尔基等著，叶劲风译，上海公民书局），《托尔斯泰短篇》（[俄]托尔斯泰著，刘灵华译，上海公民书局，收入《文艺丛书》），《俄罗斯名家短篇小说集》第一集（[俄]托尔斯泰、高尔基等著，耿匡、沈颖等译，北京新中国杂志社，秋白和郑振铎为此书作序，分析了中国热衷于介绍俄罗斯文学的原因和意义）；戏剧《救赎》（[俄]托尔斯泰著，张墨池、景梅九译，上海公民书局，收入《文艺丛书》）。

八月

1 日，《东方朔》月刊在上海创刊。该刊系鸳鸯蝴蝶派刊物，由沈禹钟、吴灵园编辑，群英书社发行，32 开，第 2 期改为大本，内容分新体作品、普通作品、世界作品、剧曲、游记等栏。该刊发表的作品有柳亚子的《磨剑室随笔》和《游分胡记》、王大觉的《精神病》、王梅癯的《饲鹤簃人鉴录》、朱鸳雏的《病榻漫言》、杨小仲的《书刘公力澄事》、邓顿铁的《狮威》、程宛扬的《东方朔语录》、吴灵园的《消夏余话》、张天方的《一隔二十五年底眼泪》、徐卓呆的《昨夜十一点钟》、许指严的《拍卖》、唐忍庵的《奈何》、花影簃的《文坛思旧录》，译作有爽秋的《蛮荒述异》，后因销路不畅而停刊。

同日，胡寄尘的小说《一个被强盗捉去的新文化运动者底成绩》发表于《晶报》。

同日，叶绍钧的小说《先驱者》发表于8月1日、2日上海《时事新报·学灯》。

同日，俞平伯的杂感《重来者底悲哀(二)》发表于8月1日至16日《晨报副刊》。

同日，《新青年》第9卷第4号发表的翻译作品有：周作人所译诗歌《杂译日本诗三十首》([日]石川啄木等著)、刘大白所译诗歌《夏天的黎明》(Wilfvid Wileon Gibson著)、鲁迅所译小说《狭的笼》([俄]爱罗先珂著)、沈雁冰所译小说《一队骑马的人》([挪威]包以尔著)。

2日，周作人所译小说《初恋》([希腊]蔼夫达利阿谛思著)发表于2日至3日《晨报副刊》，署名仲密译。

4日，冰心的杂感《非完全则宁无》发表于4日、11日、15日《晨报》。

同日，胡适的论文《研究国故的方法》发表于《民国日报·觉悟》和《东方杂志》第18卷第16期。

5日，郭沫若的诗集《女神》由上海泰东图书局初版，列为《创造社丛书》第一种，其中作品分为三辑，并附有序诗一首。第一辑收录的诗剧有《女神之再生》、《湘累》、《棠梨之花》；第二辑又分为三章，“凤凰涅槃之什”收录的诗歌有《凤凰涅槃》、《天狗》、《心灯》、《炉中煤》、《无烟煤》、《日出》、《晨安》、《笔立山头展望》、《浴海》、《立在地球边上放号》，“泛神论者之什”收录的诗歌有《三个泛神论者》、《电光火中》、《地球，我的母亲！》、《雪朝》、《登临》、《光海》、《梅花树下醉歌》、《演奏会上》、《夜步十里松原》、《我是个偶像崇拜者》，“太阳礼赞之什”收录的诗歌有《太阳礼赞》、《沙上的脚印》、《新阳关三叠》、《金字塔》、《巨炮之教训》、《匪徒颂》、《胜利的死》、《辍了课的第一点钟里》、《夜》、《死》；第三辑也分为三章，“爱神之什”收录的诗歌有《Venus》、《别离》、《春愁》、《司健康的女神》、《新月与白云》、《死的诱惑》、《火葬场》、《鹭鹚》、《鸣蝉》、《晚步》，“春蚕之什”收录的诗歌有《春蚕》、《“米桑索罗普”之夜歌》、《霁月》、《晴朝》、《岸上三首》、《晨兴》、《春之胎动》、《日暮的婚筵》，“归国吟”收录的诗歌有《新生》、《海舟中望日出》、《黄浦江口》、《上海印象》、《西湖纪游》。

诗集《女神》以其破旧立新、自由进取的精神，雄壮瑰丽、自由变换的诗艺成为中国现代新诗的奠基之作，开一代诗风，一经发表就产生了广泛的影响。田汉在《给郭沫若的信》中说："我对于你的诗的批评，与其说你有诗才，毋宁说你有诗魂，因为你的诗首先是你的血，你的泪，你的自叙传，你的忏悔录啊！我爱读你这纯真的诗。既不爱旧技巧派的诗，也不爱新技巧派的诗！"（《三叶集》，亚东图书馆，1920年5月）

闻一多在《〈女神〉之时代精神》（1923年6月23日，《创造周报》第4号）一文中，赞赏道："若讲新诗，郭沫若君的诗才配称新呢！不独艺术上他的作品与旧诗词相去最远，最要紧的是他的精神完全是时代的精神——二十世纪底时代的精神。有人讲文艺作品是时代底产儿。《女神》真不愧为时代底一个肖子。"他进而从动的精神、反抗精神、科学精神、绝望与消极的现代情绪体验等多个角度具体分析了《女神》中的"时代精神"。此外，闻一多在《〈女神〉之地方色彩》（1923年6月10日，《创造周报》第5号）一文中，对《女神》中过于欧化的倾向进行了批评。

朱湘在《郭君沫若的诗》一文中，从单色的想象，泛神论、自我主义所催生的宏大意象，向现代文明中寻找诗歌题材，插入西字，单调的结构等几个方面，具体评论了《女神》中诗歌的特色和对于中国新诗的贡献。（《郭沫若研究资料》）

朱自清在《〈中国新文学大系·诗集〉导言》中认为，郭沫若的诗"有两样新东西，都是我们传统里没有的：——不但诗里没有——泛神论，与二十世纪的动的和反抗的精神"。"看自然作神，作朋友，郭氏诗是第一回，至于动的和反抗的精神，在静的忍耐的文明里，不用说，史是没有过的。……有人说浪漫主义与感伤主义是创造社的特色，郭氏的诗正是一个代表。"（1935年10月，上海良友图书印刷公司版）

9日，周作人所译小说《凡该利斯和他的新年饼》（[希腊]蔼夫达利阿谛思著）发表于《晨报副刊》，署名仲密译。

10日，《〈文学研究会丛书〉编例》、《〈文学研究会丛书〉目录》发表于《小说月报》第12卷第8号"附录"。

同日，庐隐的小说《两个小学生》、刘纲的小说《两个乞丐》、赵荣鼎的小说《儿时的恐怖》发表于《小说月报》第12卷第8号"创作"。

同日，庐隐的诗歌《砍柴的女儿》发表于《文学旬刊》第 10 号，署名隐。

同日，朱自清的《旅途》、《人间》，梦雷的《慰死者》，光典的《印象》，沈松泉的《爱情》，乌群的《别离》发表于《小说月报》第 12 卷第 8 号“诗”。

同日，沈松泉的诗歌《死之天使》、洪白苹的诗歌《天亮了》发表于《小说月报》第 12 卷第 8 号“创作”。

同日，周作人的杂文《小孩的委屈》发表于《晨报副刊》，署名仲密。

同日，陈逖先的剧本《一个问题》发表于《文学旬刊》第 10 号。

同日，沈雁冰的通讯《荷兰文坛之现状》、《德国文坛之现状》、《劳农俄国的诗坛之现状》、《爱尔兰文坛之现状》发表于《小说月报》第 12 卷第 8 号“海外文坛消息”。

同日，《最近的法文学界》（松年致雁冰；沈雁冰答）、《安那其主义者的声明》（上海安那其主义者；雁冰答）、《批评创作》（张维祺致郎损；郎损答）发表于《小说月报》第 12 卷第 8 号“通讯”。其中，张维祺在来信中肯定了沈雁冰《春季创作坛漫评》一文，并认为“《小说月报》里的创作也应该在漫评之内”，询问是否因为“熟面孔”的原因而多有不便。沈雁冰在回信中从篇幅版面、读者阅读情况进行了具体说明，并表明了自己的文学批评立场，即“‘被批评者也不该以熟面生面而发生一种特殊之感情’，这自然是应当的”，但是当下的批评环境依然不太乐观。

同日，郑振铎的论文《中国文人对于文学的根本误解》发表于《文学旬刊》第 10 号，署名西谛。文章批评那些以文章为游戏、消闲的文人，指出“这不惟侮辱了文学，并且也侮辱了自己”。

同日，《打破应酬品的文学》发表于《文学旬刊》第 10 号“杂谈”，署名春。文章提出要攻击应酬品的文学，“挂起‘人的文学’的旗帜”。

同期发表的评论文章还有：王世瑛的《二百元》、庐隐的《“作甚么？”》、赵光荣所译论文《近代文学》（[日]伊达源一郎著，续）。

同日，沈雁冰的评论《评四五六月的创作》发表于《小说月报》第 12 卷第 8 号“论丛”，署名郎损。文章对三个月的创作进行题材、表现技法的分类，指出“描写男女恋爱的小说占了百分之八九十”，而描写农民和城市劳动者生活的作品只有十分之一。据此，推想当时的社会的概况：“知识阶级和城市劳动者，还是隔膜得厉害”；“一般青年对于社会上各种问题……的眼光还不能深入”，“只有切身的恋爱问题能刺激他们”；“从传统主义的束缚中解放出来，因了个人主义的趋势。特流于强烈的享乐主义的倾向”。进而他建议创作者要“到民间去”，“先造出中国的自然主义文学来”，“否则，现在的‘新文学’创作要回到‘旧路’”。

同日，《小说月报》第 12 卷第 8 号开辟“德国文学研究”专栏，发表了 4 篇介绍德国文学的论文，其中包括：海镜所译论文《近代德国文学的主潮》（[日]山岸光宣著），广晶所译论文《“最年青的德意志”的艺术运动》（[日]金子筑水著），李达所译论文《大战与德国国民性及其文化文艺》（[日]片山孤村著），程裕青所译论文《德国表现主义的戏曲》（[日]山岸光宣著）。同期还发表了孔常所译论文《罗曼罗兰评传》（Anna Nussbaum 著）。

同日，《小说月报》第 12 卷第 8 号“译丛”发表的翻译作品包括：周作人所译小说《燕子与蝴蝶》（[波兰]戈木列支奇著）、沈雁冰所译小说《愚笨的裘纳》（[捷克斯洛伐克]南罗达著）、鲁迅所译小说《工人绥惠略夫》（[俄]阿尔志跋绥夫著）、耿济之所译小说《猎人日记》（[俄]屠格涅甫著，续）、六珈所译小说《红蛋》（[法]法郎士著）；耿式之所译剧本《一个不重要的妇人》（[英]王尔德著）、沈雁冰所译剧本《美尼》（[犹太]宾斯奇著）。

同日，周瘦鹃所译小说《一死一生》（[法]曹拉著），开始连载于《东方杂志》半月刊第 18 卷第 15 号，至 25 日 16 号载毕。

12 日，周作人所译小说《库多沙非利斯》（[希腊]蔼夫达利阿谛思著）发表于 8 月 12 日至 13 日《晨报副刊》，署名仲密译。

14 日、15 日，陈大悲的哑剧《说不出》发表于《晨报副刊》。

15 日、16 日，叶绍钧的小说《脆弱的心》发表于上海《时事新报·学灯》。

同日，冰心的杂感《非完全则宁无（三）》发表于《晨报》。

同日，蒋百里的评论《莫泊三文学上之地位略谈》发表于《解放与改造》第 3 卷第 12 号，署名百里。

17 日，俞平伯的诗歌《孤山听雨》发表于《晨报》（第 7 版），署名平伯。

20 日，论文《儿童文学的翻译问题》发表于《文学旬刊》第 11 号，署名春。1921 年 8 月 12 日《京报》“青年之友”里有一篇文章认为，“凡是翻译的文学，只足供研究文学的人的研究资料而不能尽文学的真正任务——儿童文学尤其不是翻译的文学所能充当”。针对这一论断，作者在《儿童文学所译问题》一文中进行了质疑和批驳，指出“翻译不过是把文学作品的形式，变换一下，至于作品里所表现的思想情感，经过一度翻译之后，是决不会全然消失的；便是作品里的情调、风格、韵律，要是译得好，也往往能保存到八九分。那么翻译出来的东西，为什么竟‘不能尽文学的真正任务’呢？难道神曲的英文译本，浮斯德的法文译本，罪与罚的德文译本，都只是‘研究文学的人的研究资料’，不能算为一种文学作品吗？”人类的思想感情有相通的地方，儿童尤其如此，儿童文学不应有国界的分别。中国的问题，不是翻译过多了，而是嫌少，所以，他呼吁“为了我们的孩子，为了我们的文化前途”，应该多多翻译西洋童话。文章虽然是从儿童文学切入，但触及了对整个翻译文学功能的认识。

同日，《文学旬刊》第 11 号发表的翻译作品有：蒋复璁所译诗歌《寂寞的城》（Rieha Dshmsl 著）、李之常所译诗歌《情曲》（[德] 海涅著，续）、赵光荣所译论文《近代文学》（[日] 伊达源一郎著，续）。

同日，周作人所译诗歌《希腊的挽歌》发表于《晨报副刊》。该诗据英国洛生著《现代希腊民俗与古代希腊宗教》中所列译出，署名仲密译。

同日，周瘦鹃所译小说《手套》（[法] 柏来福著）发表于《礼拜六》周刊第 123 期“言情小说”栏。

22 日，叶绍钧的诗歌《小虎刺》、《扁豆》发表于《时事新报 · 学灯》，原题为《杂诗》。

25 日，陈大悲的书信《答复杨明辉先生“一封讨论新剧问题的通信”》发表于 8 月 25 日至 27 日《晨报副刊》。

26 日，郭沫若的《〈女神〉序诗》发表于《时事新报 · 学灯》。

同日，冰心的诗歌《一朵白蔷薇》、《冰神》发表于《晨报副刊》

30 日，一星女士的小说《出洋热》、徐玉诺的小说《移民》发表于《文学旬刊》第 12 号。

同日，郑振铎的诗歌《微光》、徐玉诺的诗歌《生命》与《秋晚》发表于《文学旬刊》第 12 号。

31 日，蒲伯英的《戏剧要如何适应国情》、沈雁冰的《中国戏剧改良我见》发表于《戏剧》第 1 卷第 4 号。

蒲伯英在《戏剧要如何适应国情》一文中，认为最适应国情的戏剧应是“写实的社会剧”，对演历史剧、输入国外的神秘象征剧、神秘剧持否定态度，而主张在现实题材的戏剧中，又当“以‘问题剧’为上乘”。

沈雁冰在《中国戏剧改良我见》一文中，提出要从思想方面根本改革中国的戏剧，“以为若不先从思想方面根本改革中国的戏剧，舞台艺术等等都只是一个空架子，实际上没有多大益处”。

同期还发表有：徐半梅的《两种态度》与《德国的自由剧场》、汪仲贤的《西洋的剧场轶闻》、陈大悲的《答问》、沈冰血的《十年来的回忆》；汪仲贤所译论文《美国的剧场公会》（[美] Dudley Digges 著）、《英国名优亨利欧文事略》（[英] 彭尼士著），俞梅初所译论文《密嘉尔和他失却的安琪儿》（[英] 琼斯著）。

本月

巴金创作短论《爱国主义与中国人到幸福的路》，该短论发表于 9 月成都《警群》月刊第 1 期，署名芾甘。

本月出版的文学作品有：长篇小说《白罗伞》（周瘦鹃著，上海大东书局）；诗集《大江集》（胡怀琛著，再版）；笔记集《畏庐琐记》（林纾著，商务印书馆，此书系《铁笛亭琐记》易名本，删去原书中《天生对》、《打先锋》两篇）。

本月出版的翻译作品有：小说集《托尔斯泰小说集》（[俄] 托尔斯泰著，新人社编译，上海泰东图书局，收入《新人丛书》）；戏剧《易卜生集（一）》（[挪威] 易卜生著，潘家洵译，上海商务印书馆，收入《世界丛书》，收录《娜拉》、《群鬼》、《国民公敌》三种话剧和胡适的论文《易卜生主义》）。

九月

1 日，中国共产党在上海成立人民出版社，为躲避敌人耳目，社址假托设在广州。《人民出版社通告》发表于《新青年》第 9 卷第 5 号，介绍《马克思全书》、《列宁全书》、《康民尼斯特丛书》和其他有关马克思主义的书籍。

同日，周作人的诗歌《病中的诗》、《山居杂诗》发表于《新青年》第 9 卷第 5 号。

同日，周作人的杂文《卖药》发表于《晨报副刊》，署名仲密。

同日，周建人所译论文《结群性与奴隶性》（[英]戈尔敦著）、沈雁冰所译小说《海青赫佛》（[爱尔兰]葛雷古夫人著）、周作人所译小说《颠狗病》（[西班牙]伊巴涅支著）发表于《新青年》第9卷第5号。

3日，周瘦鹃所译小说《瘫》（[法]巴比赛著）发表于《礼拜六》周刊第125期“言情小说”栏。

4日，沈雁冰的评论《中国式无政府主义质疑》、翻译作品《海里的一口钟》（檀曼尔著）发表于《民国日报·觉悟》。

6日，冰心的杂感《蓄道德能文章》发表于《晨报副刊》。

10日，庐隐的小说《哀音》、沈松泉的小说《夜》发表于《文学旬刊》第13号。

同日，徐玉诺的小说《一个不重要的伴侣》、孑耕的小说《被幸福忘却的人们》发表于《小说月报》第12卷第9号“创作”。

同日，高歌的小说《风雨之下》、王思玷的小说《风雨之下》发表于《小说月报》第12卷第9号“征文当选”，这是《小说月报》征文作品的第一次披露。同期还在“通讯”栏目发表《本刊第一次征文当选者》。

同日，《语体文欧化讨论》（一、二、三）发表于《小说月报》第12卷第9号“通讯”。

同日，《文学旬刊社致宋云彬先生信》发表于《文学旬刊》第13号“通讯”。宋云彬对《文学旬刊》批判“礼拜六”派表示不同看法，认为“不必怕‘礼拜六’式的‘瓦釜雷鸣’”，只要“把自己的‘黄钟’敲得响”。对于这种忠告，《文学旬刊》同仁在复信中说道：“中国近几年来的小说，一言以蔽之只有一派，这就是‘黑幕派’，而‘礼拜六’就是黑幕派的结晶体。黑幕派小说只以淫俗不堪的文字刺激读者的色欲，没有结构，没有理想，在文学上根本没有立脚点……对于这一类东西，惟有痛骂一法。”更无所谓“黄钟”、“瓦釜”之分。

同日，《文学旬刊》第13号发表的翻译作品有：赵光荣所译论文《近代文学》（[日]伊达源一郎著，续）、王统照所译诗歌《玛丽亥耐》（[爱尔兰]夏芝原著）、周作人所译小说《故事》（[波兰]推忒玛耶尔著）。

同日，《小说月报》第12卷第9号“译丛”发表的翻译作品有：钱稻孙所译诗歌《神曲一脔》；周作人所译小说《二草原》（[波兰]显克微支著）、周建人所译小说《犹太人》（[波兰]式曼斯奇著）、孔常所译小说《旅行到别一世界》（[匈牙利]

蔼夫达利阿谛思著)、鲁迅所译小说《工人绥惠略夫》([俄]阿尔志跋绥夫著，续)；沈雁冰所译剧本《冬》([犹太]阿胥著)、真常所译剧本《悭吝人》([法]毛里哀著，续)。同期还发表了纪念性文章《檀德六百周年纪念》。

同日，沈雁冰的通讯《第一期的“罗斯卡夷克倪茄”》、《几本斯干底那维亚的英译》、《瑞士文坛近况之一斑》、《德国女文学家中最有名的两个》、《匈牙利戏曲家莫奈尔的新作》发表于《小说月报》第12卷第9号“海外文坛消息”。

11日，叶绍钧的诗歌《损害》发表于《时事新报·学灯》，署名斯提。

14日，《半月》在上海创刊。该刊系鸳鸯蝴蝶派刊物，由周瘦鹃编辑。初由半月社发行，第5期起改由大东书局发行。内容以发表长篇小说和短篇小说为主，兼发随笔和少量译作。多出专号，如侦探小说号、秋季小说号、春节号、春季小说号、儿童号、夏季小说号、离婚问题号、情人号、娼妓问题号、家庭号等。1925年11月停刊，共计出刊4卷96期，每卷24期。

同日，俞平伯的《生活底疑问》发表于9月14日至20日《晨报副刊》，署名平伯。

15日，闻一多的时论《清华周刊底地位——一个疑问》、新诗《夜来之客》发表于《清华周刊》第223期。

16日，周作人的诗歌《希腊的挽歌》(一、二)发表于《晨报副刊》，署名仲密译。

17日，周瘦鹃所译小说《力》([法]巴比塞著)发表于《礼拜六》周刊第127期“言情小说”栏。

19日，叶绍钧的诗歌《两个孩子》发表于《时事新报·学灯》。

20日，李之常的诗歌《烦恼》、沈松泉的诗歌《秋心》、叶绍钧的诗歌《失望》发表于《文学旬刊》第14号。

同日，冰心的诗歌《迎神曲》、《送神曲》发表于《晨报副刊》。

同日，王靖的评论《高尔士委士的短篇小说〈觉悟〉的评赏》发表于《文学旬刊》第14号。

同日，周作人所译小说《清兵与壶庐》([日]志贺直哉著)发表于9月20日、21日、22日《晨报副刊》，署名仲密译。

21日，沈雁冰所译作品《我寻过——了》([比利时]梅德林著)发表于《民国日报·妇女评论》。

22日，叶绍钧的诗歌《杂诗》发表于北京《晨报》，署名圣陶。

同日，周作人的杂文《感慨》发表于《晨报副刊》，署名仲密。

23日，周作人的杂文《国语》发表于《晨报副刊》，署名仲密。

24日，鲁迅所译小说《池边》（［俄］爱罗先珂著）发表于9月24日至26日《晨报副刊》。

27日，郁达夫的诗歌《最后的慰安也被夺去》发表于9月27日、29日《时事新报·学灯》，署名YDT。

同日，高卓的评论《对于介绍外国文学的我见》发表于《时事新报·学灯》。

29日，郁达夫的通讯《纯文学季刊〈创造〉出版预告》发表于《时事新报》。郁达夫在这一以创造社同仁名义发表的预告中说“自文化运动发生后，我国新文艺为一二偶像所垄断，以致艺术之新兴气运，渐灭将尽。创造社同仁奋然兴起打破社会因袭，主张艺术独立，愿与天下之无名作家，共兴起而造成中国未来之国民文学”。

同日，周作人的杂文《新希腊与中国》发表于《晨报副刊》，署名仲密。

30日，《戏剧》第1卷第5号发表的评论及翻译论文有：蒲伯英的《我主张要提倡职业的戏剧》，汪仲贤的《真是英雄所见略同吗？》、《舞台艺术与时代》，陆明悔的《跑到嫂嫂卧房里去吵家架的石秀》、《看戏的“白看”与“被看”》，沈冰血的《我们自己的真诚》，徐半梅的《“幕”有什么用处》、《新剧领袖问题》、《舞台上的第三重要人物》，叶绍钧的《艺术的生活》；欧阳予倩编译的论文《英吉利之歌剧》，徐半梅所译论文《莎翁剧之疑问》、《大久保荣一封调查名剧的信》、《日本自由剧场第一次试演谈》（［日］小山内熏著），汪仲贤所译论文《一个演剧家的登台履历》（Edmund Breese著）、《英国名优麦须士事略》（［英］彭尼士著）、《西洋的剧场轶闻》。

同日，《戏剧》第1卷第5号发表的翻译作品有：宋春舫所译剧本《早已过去了》、《枪声》（Bruno Corra Settimelli合著），陈大悲所译剧本《银盒》（［英］高士倭绥著，续二）。

本月

《小说月报》12 卷增刊出“俄国文学研究专号”，比较系统地介绍俄国诸作家的重要作品和俄国文学的历史发展情况。

发表的论文及翻译论文有：郑振铎的《俄国文学的启源时代》，周作人的《文学上的俄国与中国》，沈泽民的《克鲁泡特金的俄国文学论》、《布兰兑斯的俄国印象记》，明心的《俄罗斯文艺家录》，胡根天的《俄罗斯的美术——绘画怎样发达》，耿济之的《俄国四大文学家合传》，沈雁冰的《近代俄国文学家三十人合传》，耿济之的《俄国乡村文学家伯得洛伯夫洛斯基》、《阿里鲍甫略传》，静观的《兹腊托夫拉斯基略传》，鲁迅的《阿尔志跋绥夫》，郭绍虞的《俄国美论与其文艺》，张闻天的《托尔斯泰的艺术馆》，沈泽民的《俄国的叙事诗歌》，耿济之所译论文《十九世纪俄国文学的背景》（[俄] 沙洛维甫著），陈望道所译论文《近代俄罗斯文学底主潮》（[日] 升曙梦著），周建人所译论文《菲陀尔・梭罗古勃》（[英] 约翰・科尔诺斯著），沈泽民所译论文《俄国的农民歌》（[英] 拉哀脱著），夏丏尊所译论文《俄国底诗坛》（[日] 白鸟省吾著）、《俄国底童话文学》（[日] 西川勉著）、《阿蒲罗摩夫主义》（[俄] 克鲁泡特金著），灵光所译论文《俄罗斯文学里托尔斯泰底地位》（[日] 升曙梦著）。

发表的翻译作品有：沈雁冰所译诗歌《伏尔加与村人的儿子米苦拉》、《孟罗的农民英雄以利亚和英雄斯维亚多哥尔》，CZ 和 CT 合译的诗歌《赤色的诗歌》；鹤征所译小说《帕拉什卡人》（[俄] 伯得洛柏夫洛斯基著），毕庶敏所译小说《外套》（[俄] 郭克里著），叶毅、王锡锌所译小说《旷野的秋夜》（[俄] 列维托夫著），王统照所译小说《活骸》（[俄] 屠格涅夫著）、《异邦》（[俄] 柴霍甫著），沈泽民所译小说《高原夜话》（[俄] 高尔基著），邓演存所译小说《一夕谈》（[俄] 柴霍甫著），胡根天所译小说《鹫》（[俄] 高尔基著），耿济之所译小说《一桩事件》（[俄] 安得列夫著）、《尺素书》（[俄] 屠格涅夫著），瞿秋白所译小说《痴子》（[俄] 兹腊托夫拉斯基著）、《可怕的字》（[俄] 阿里鲍甫著），陈大悲所译小说《贼》（[俄] 杜思退益夫斯基著），鲁迅所译小说《医生》（[俄] 阿尔志跋绥夫著），周建人所译小说《白母亲》（[俄] 梭罗古勃著），沈泽民所译小说《旧金山来的绅士》（[俄]

蒲英著)，郑振铎所译小说《林语》([俄]克洛林科著)，叔衡所译小说《压碎的花》([俄]安得列夫著)，沈雁冰所译小说《失去的良心》([俄]薛特林著)、《看新娘》([俄]乌斯潘斯基著)、《蠢人》([俄]列斯考夫著)、《杀人者》([俄]库普林著)、《赤俄小说三篇》([俄]M.Michels著，振亚译《盖屋的人》;Gregory Sannikoff著，振亚译《四人的故事》; Arkady Averchenko著，小柳译《死的救星》)，郑振铎所译剧本《莫萨特与沙莱里》([俄]普斯金著)。

本月出版的翻译作品有：长篇小说《德大将登兴堡欧战成败鉴》([法]蒲哈德著，林驺、林纾合译，商务印书馆出版)。

十月

1日，冯友兰的论文《柏格森的哲学方法》、《与印度泰谷尔谈话》发表于《新潮》第3卷第1号。

同日，叶绍钧的小说《"不快之感"》、杨振声的小说《磨面的老王》、潘垂统的小说《贵生与他的牛》发表于《新潮》第3卷第1号。

同日，闻一多的诗歌《志愿》发表于《清华周刊》第223期，署名风叶。

同日，徐玉诺的诗歌《花园》发表于《文学旬刊》第15号，署名玉诺。

同日，朱自清的诗歌《小草》、俞平伯的诗歌《屡梦孟真醒来长叹作此寄之》、《无名的哀诗》、《黄鹄》和汪静之的诗歌《海滨》、《星》发表于《新潮》第3卷第1号。

汪静之(1902—1996)，诗人。笔名书呆子、苦蜜。安徽绩溪人。1921年就读于杭州第一师范，与潘漠华发起成立"晨光文学社"。1922年3月，与潘漠华、应修人、冯雪峰等组织成立中国现代文学史上最早的新诗团体——湖畔诗社。1926年10月，经郭沫若介绍任北伐军总政治部宣传科编纂，次年任《革命军报》特刊编辑兼武汉国民政府劳工部《劳工月刊》编辑。1928年至1936年先后任中学国文教员及建设大学、安徽大学、暨南大学中文系教授。1947年8月任上海复旦大学中文系教授。1952年调至北京人民出版社古典文学编辑部任编辑。1955年调至中国作家协会。著有长篇小说《耶稣的吩咐》、《翠英及其夫的故事》，诗集《蕙的风》、《寂寞的国》、《诗二十一首》、《湖畔》(合作)，短篇小说集《父与女》，论著《李杜研究》、《诗歌原理》，选注《爱国诗选》、《爱国文选》等。

同日，黄仲苏的论文《一八二〇年以来法国抒情诗之一斑》发表于《少年中国》第3卷第3期。

同日，俞平伯的评论《诗底自由和普遍》、杂文《现行婚制的片面批评》发表于《新潮》第3卷第1号。

同日，郁达夫的《茵梦湖的序引》、李之常的《“情曲”的引词》发表于《文学旬刊》第15号。

同日，妃白所译小说《蛋》（[法]Guy de maupassant著）发表于《文学旬刊》第15号。

同日，方光焘所译小说《父之回家》（[日]菊池宽著）发表于《少年中国》第3卷第3期。

同日，周作人所译戏剧《狂热的小孩们》（[日]千家元麿著）、孙伏园所译小说《暗中》（[犹太]西尔雪般著）、穆敬熙所译小说《自私的巨人》（[英]王尔德著）发表于《新潮》第3卷第1号。

5日，沈雁冰的杂文《这也是礼教的遗形》、《不离婚而恋爱的问题》、《虚伪的人道主义》发表于《民国日报·妇女评论》，署名冰。

6日，沈雁冰的杂文《全或无》发表于《民国日报·妇女评论》，署名冰。

7日，郑伯奇的小说《最初之课》脱稿于上海。

同日，俞平伯的诗歌《凄然》发表于北京《晨报》（第7版），署名平伯。

同日，周作人的杂感《关于悲惨世界来历的两封信》发表于《国民日报·觉悟》，署名仲密。

同日，沈雁冰所译小说《夜夜》（檀曼尔著）发表于《民国日报·觉悟》，署名冯虚女士译。

8日，郭沫若创作诗歌《创造者》，该诗代《创造》季刊发刊词，发表于1922年5月1日《创造》季刊第1卷第1期。

同日，陈大悲的评论《二次试演哑剧〈说不出〉》发表于10月8日、9日《晨报副刊》。

9日，沈雁冰的评论《对于〈介绍外国文学的我见〉底我的批评》发表于《民国日报·觉悟》，署名冯虚。

10日，晨光社成立。由汪静之、潘漠华发起，主要成员有魏金枝、赵平复（柔石)、冯雪峰、周辅仁等 237 人,主要是杭州几个学校中爱好文学和写作的学生。1922 年下半年至次年春天,出版过作为当地报纸(有谓《浙江日报》,有谓《浙民日报》或《新浙江日报》)副刊之一的《晨光》文学周刊,主要发表社员的诗歌和散文。该社曾得到当时在杭州任教的叶绍钧、朱自清、刘延陵的指导,存在约一年多,1922 年下半年无形解散。

同日,《小说月报》第 12 卷第 10 号刊出"被损害民族的文学专号",集中发表了北欧、东欧诸国弱小民族的文学作品和介绍波兰、捷克、塞尔维亚、芬兰、犹太、白俄罗斯文学的译文。

沈雁冰在该专号《引言》中说道:"凡在地球上的民族都一样是大地母亲的儿子;没有一个应该特别的强横些,没有一个配自称为'骄子'!所以一切民族的精神的结晶都应该视同珍宝,视为人类全体共有的珍宝!而况在艺术的天地内是不分贵贱,不分尊卑的!"又说:"凡被损害的民族的求正义求公道的呼声是真的正义真的公道。在榨床里榨过留下来的人性方是真正可贵的人性,不带强者色彩的人性。他们中被损害而向下的灵魂感动我们,因为我们自己亦悲伤我们同是不合理的传统思想与制度的牺牲者;他们中被损害而仍旧向上的灵魂更感动我们,因为由此我们更确信人性的砂砾里有精金,更确信前途的黑暗背后就是光明!"

同期还发表了《被损害民族的文学背景的缩图》。

其间,发表的论文及翻译论文有:沈雁冰的《新犹太文学概观》、《芬兰的文学》(Hermione Ramsden 著)、胡天月的《新兴小国文学述略》、周作人的《近代波兰文学概观》([波兰]诃勒温斯奇著)、堂倏的《近代捷克文学概观》([捷克]凯拉绥克著)和《小俄罗斯文学略说》([德]凯尔沛来斯著)、沈泽民的《塞尔维亚文学概观》([塞尔维亚]Chedo Mijatovich 著)。

其间,发表的翻译作品有:沈雁冰所译诗歌《杂译小民族诗》;周作人所译小说《我的姑母》([波兰]科诺布涅支加著)、《伊伯拉亨》([新希腊]蔼夫达利阿谛思著)、《在希腊诸岛》([英]劳斯著)、《父亲拿洋灯回来的时候》([芬兰]哀禾著),鲁迅所译小说《疯姑娘》([芬兰]明娜·亢德著)、《战争中的威尔珂》([勃尔格利亚]跋佐夫著),沈雁冰所译小说《贝诺思亥尔思来的人》([新犹太]拉比诺维奇著)、《茄具客》([克罗西亚]森陀卡尔斯基著)、《旅程》([捷克]具克著),沈泽民所译小说《强盗》([塞尔维亚]Lazarevic 著),沈雁冰所译剧本《巴比伦的俘虏》([乌克兰] Lesya Ukrainka 著)。

同日，陈大悲的独幕剧《王裁缝的双十节》发表于《晨报副刊》。

同日，朱自清的评论《民众文学谈》发表于《时事新报》，署名柏香。文章认为民众文学有两种解释：一是民众的文学，二是为民众的文学；并认为文学只可以部分地民众化，否认文学有全部民众化的可能和必要。

同日，沈雁冰翻译的《匈牙利国歌》([匈]裴都菲著)发表于《民国日报·觉悟》。

11 日，刘延陵的诗歌《琴声》发表于《文学旬刊》第 16 号。

同日，陈大悲的独幕剧本《王裁缝》发表于《文学旬刊》第 16 号。

同日，谢六逸的评论《小说作法》发表于《文学旬刊》第 16 号，署名六逸。

同日，张友仁的评论《文学批评》、《语体文欧化平议》发表于《文学旬刊》第 16 号"杂谈"。张友仁主张推行语体文欧化只问好坏，不能仅拘泥于人懂不懂，推行广了、久了，大家就自然懂得。

同日，Y. L. 所译小说《归》([法] Charles-Louis Philippe 著)发表于《文学旬刊》第 16 号。

12 日，《晨报副刊》第 7 版改出为 4 开单张，题为《晨报副镌》，着重宣传新文学，同时按月出版合订本。在《晨报副刊》改革的影响下，一些报纸也纷纷改革副刊。如《民国日报》取消原有副刊《国民闲话》，改出《觉悟》;《时事新报》副刊《学灯》也实行改革,开始宣传西方新知识和新思想。这些副刊与稍后出版的《京报副刊》一起，并称为五四时期"四大副刊"。1925 年,《晨报副刊》为"新月派"控制。1928 年 6 月停刊。

同日，潘垂统的小说《一合米》发表于《晨报副镌》。

同日，胡适的诗歌《希望》发表于《晨报副镌》。

同日，胡适的杂感《记费密的学说》发表于《晨报副镌》。至 17 日续刊毕。

同日，陈大悲所译论文《教育的戏剧之意义与效果》(爱芙连·希力亚德女士著)发表于《晨报副镌》，至 17 日续刊毕。

13 日，鲁迅所译小说《三浦右卫门的最后》([日] 菊池宽著)发表于 13 日至 16 日《晨报副镌》。本月 21 日又发表于《文学旬刊》，附译者记。

15 日，郁达夫的第一本小说集《沉沦》由上海泰东图书局初版，列为郭沫若主编的《创造社丛书》第三种，其他两种分别为郭沫若的诗集《女神》和朱谦之的论著《革命哲学》。小说集《沉沦》是中国最早出版的白话短篇小说集，该书收录了郁达夫 1921 年在日本写的三篇短篇小说 :《沉沦》、《南迁》、《银灰色的死》。其中《银灰色的死》1921 年 1 月初脱稿,《沉沦》写于 5 月 9 日,《南迁》写于 7 月。《沉沦》的出版，产生了很大的社会影响。

郭沫若在《论郁达夫》中说 :“他的清新的笔调，在中国的枯槁的社会里面好象吹来了一股春风，立刻吹醒了当时的无数青年的心。他那大胆的自我暴露，对于深藏在千年万年的背甲里面的士大夫的虚伪，完全是一种暴风雨式的闪击，把一切假道学、假才子们震惊得至于狂怒了。为什么？就因为有这样露骨的真率，使他们感受着假的困难。”

谭国棠认为，“《沉沦》等三篇，亦未见佳 ; 虽然篇中加了许多新名词，描写的手法还是脱胎于《红楼梦》、《水浒》、《金瓶梅》等几部老‘杰作’”。(谭国棠致《小说月报》记者信,《小说月报》第 13 卷第 2 号) 针对这种看法,沈雁冰在回信中指出 :《沉沦》中三篇，“除第二篇《银灰色的死》而外，余二篇似皆作者自传 (据友人富阳某君说如此)，故能言之如是真切。第一篇《沉沦》主人翁的性格，描写得很是真，始终如一，其间也约略表示主人翁心理状态的发展 ; 在这点上，我承认作者是成功的 ; 但是作者自叙中所说的灵肉冲突，却描写得失败了。《南迁》中的主人翁即是《沉沦》中的主人翁,性格方面看得出来。这两篇结构上有个共通的缺点，就是结尾有些‘江湖气’，颇象元二年的新剧动不动把手枪做结束”。(1922 年 2 月 10 日《小说月报》第 13 卷第 2 号)

周作人的评论《沉沦》发表于 1922 年 3 月 26 日《晨报副刊》“文艺批评”栏。针对有人认为小说集《沉沦》是不道德的这一论断，文章首先讨论了三种所谓的“不道德的文学”: 第一种是“反因袭思想的文学，也就可以说是新道德的文学”;第二种是“不端方的文学”，又可分为“自然的”、“反动的”、“非意识的”三种，但它们都不是道德意义上的“不道德的文学”; 只有第三种，也就是“破坏人间的和平，为罪恶作辩护的”“非人道的名分思想的文章”才是“真正的不道德文学”。据此，周作人认为郁达夫的小说集《沉沦》“显然属于第二种的非意识的不端方的文学，虽然有猥亵的分子而并无不道德的性质”。而且，他认为“这集内所描写的是青年的现代苦闷，似乎更为确实。生的意志与现实的冲突是这一切苦闷的基本 ; 人不满足于现实，而复不肯遁于空虚，仍就这坚冷的现实之中，寻求其不可得的快乐与幸福。现代人的悲哀与传奇时代的不同者即在于此”。关于灵肉冲突的问题上，周作人指出：“我们鉴赏这部小说的艺术地写出这个冲突，并不要他指点出那一面的胜利与其寓意。他的价值在于非意识的展览自己，艺术地写出升化的色情，这也就是真挚与普遍的所在。至于所谓猥亵部分，未必损伤文学的价值；即使或者说不免太有东方气，但我以为倘在著者觉得非如此不能表现他的气分，那么当然没有可以反对的地方。”在文章结尾处，周作人郑重声明：“《沉沦》是一件艺术的作品，但他是‘受戒者的文学’，而非一般人的读物。”“已经受过人生的密戒，有他的光与影的性的生活的人，自能从这些书里得到希有的力”，但对于“正需要性的教育的‘儿童’们”和“那些不知道人生的严肃的人们”而言，“却是极不适合的”。该文凭借其严密的分析、入理的论断，以及周作人在新文学运动中的影响力，一经发布，使种种攻击、否定小说集《沉沦》的声音有所收敛。

同日，蒋百里的评论《社会主义怎样宣传》、小航所译论文《罗素批评进化主义的哲学》、济之的论文《托尔斯泰的哲学》发表于《解放与改造》第 4 卷第 2 号。

同日，周瘦鹃所译小说《定数》（[法] 巴比塞著）发表于《礼拜六》周刊第 131 期“写情小说”栏。

同日，刘凤生所译论文《柴霍甫传》（[俄] 歇斯妥甫著）发表于《解放与改造》第 4 卷第 2 号。

16 日，陈大悲的评论《电影里的中国人》发表于《晨报副镌》。

17 日，台湾文化协会成立于台北。台湾文化协会简称“文协”，是日据时期最早的进步文化团体。由林献堂、蒋渭水、吴海水、林丽明等发起，林献堂任总经理，杨吉巨为协理，蒋渭水为专务理事，此外还有理事王敏川、林幼春、蔡培火、连温卿、陈逢源、吴海水、林丽明、赖和、谢春木等 41 人。会员除文化人外，还有工人、农民及其他社会各阶层人士，共 1300 余人。“文协”以唤起民众，反对日本殖民主义为目的，发行《台湾民报》和丛书，举办各种演讲会，领导各地青年开展爱国民主运动。1927 年 1 月，“文协”领导层发生分裂，林献堂等退出协会，由左翼知识分子王敏川、连温卿等领导协会，创办《大众时报》，继续开展工人、农民、学生运动，给日本殖民者以有力的打击。由于政治倾向，1931 年 6 月多数领导人员被捕，协会停止活动。

18 日，张玉桢的评论《评新剧〈母〉》发表于《晨报副镌》。

19 日，冰心的评论《介绍一位艺术家》发表于《晨报副镌》。

同日，谢明霄的评论《一封讨论〈英雄与美人〉剧本的信》发表于《晨报副镌》。翌日，陈大悲的评论《答谢明霄先生论〈英雄与美人〉》发表于 20 日、21 日《晨报副镌》。

同日，周作人所译小说《巡查》（[日] 国木田独步著）发表于 19 日、20 日《晨报副镌》，署名仲密译。

20 日，胡愈之的评论《介绍盲诗人爱罗先珂》发表于《晨报副镌》，署名愈之。

21 日，叶绍钧的杂文《中国公学中学部教员宣告这次风潮之因果始末》发表于上海《时事新报》，署名叶绍钧、常乃德、朱自清、刘建阳、陈兼善、吴有训、刘延陵、许敦谷。

同日，闻一多所译诗歌《克培小会堂》（阿诺底讷著）发表于《清华学生周刊》第 1 期，署名一多。

22 日，《晨报副镌》开辟“爱罗先珂号”，同期发表了鲁迅所译文章《盲诗人最近时的踪迹》和小说《春夜的梦》（[俄] 爱罗先珂著）。

同日，郁达夫的小说《友情和胃病》发表于上海《平民》周刊第 74 期，10 月 29 日、11 月 5 日、12 日第 75 期、76 期、77 期续刊。

23 日，陈大悲的评论《电影〈小东西〉》发表于《晨报副镌》，署名大悲。

同日，鲁迅的杂文《智识即罪恶》发表于《晨报副镌》，署名风声。

同日，周作人所译诗歌《日本俗歌八首》发表于《晨报副镌》，署名仲密译。

24 日，承轮所译小说《纷扰》（[法] 莫泊桑著）发表于 24—26 日《晨报副镌》。

26 日，俞平伯的诗歌《风中》、《黄叶》发表于《晨报副镌》，署名平伯。

同日，郑岳平的评论《哑剧〈说不出〉的讨论》发表于《晨报副镌》。

同日，沈雁冰所译文章《“假如我是一个诗人”》（[瑞士] 巴士著）、翻译小说《泪珠》（[芬兰] 罗纳褒格著）发表于《民国日报·妇女评论》，署名冯虚女士译。

27 日，严复（1854—1921）逝世。严复是中国近代资产阶级启蒙思想家、翻译家、教育家。甲午战败后，致力于译著，并在天津《直报》上连续发表《论世变之亟》、《原强》、《辟韩》、《救亡决论》等政论，力主变法图强，以西方科学取代八股文章。1896 年帮助张元济在北京创办通艺学堂，次年又与王修植、夏曾佑等在天津创办《国闻报》、《国闻汇编》。1898 年，撰写《上光绪皇帝万言书》，积极倡导维新变法；

同年，他翻译的第一部西方资产阶级学术名著《天演论》正式出版。至1909年期间，他先后译出亚当·斯密的《原富》、斯宾塞的《群学肄言》、约翰·穆勒的《群己权界论》与《穆勒名学》、甄克斯的《社会通诠》、孟德斯鸠的《法意》和耶方斯的《名学浅说》等西方名著，成为近代中国系统翻译介绍西方资产阶级学术的第一人，是将中国哲学建立在近代科学基础之上，使中国近代哲学真正摆脱古代“经学”形式的跨时代人物。此外，他还倾心于教育事业，1902年受聘成为京师大学堂编译局总办，1905年参与创办复旦公学，1906年赴任安徽省师范学堂监督，1912年出任京师大学堂总监督，兼文科学长。他在《与外交报主人论教育书》（1902）中，提出一个比较详细的学校教育制度蓝图，并对各级学校教学内容和教学方法提出自己的主张和要求，为中国资产阶级新式教育做出贡献。辛亥革命后，严复的思想日趋保守，在袁世凯任临时大总统时，他被委任为总统府外交法律顾问，并参与发起孔教会，极力主张尊孔读经。1914年5月任参政院参政及宪法起草委员，并任海军部一等参谋官。1915年成为拥护袁世凯复辟帝制的筹安会理事。五四时期曾反对学生运动。著有《严几道文集》、《愈懋堂诗集》、《严译名著丛刊》等。

同日，徐玉诺的诗歌《路上》发表于《晨报副镌》，署名玉诺。

同日，陈大悲的评论《复郑岳平君批评哑剧〈说不出〉的信》发表于《晨报副镌》，署名大悲。

同日，竹心所译小说《坏孩子》（[俄]契诃夫著，鲁迅附记）发表于《晨报副镌》。

28日，周作人所译诗歌《大言》（[古希腊]路吉亚诺斯著）发表于《晨报副刊》，署名仲密译。

29日，耿勉之所译小说《家居》（[俄]契诃夫著）发表于《晨报副镌》。

同日，周瘦鹃所译小说《四人》（[法]巴比塞著）发表于《礼拜六》周刊第133期“言情小说”栏。

30日，周作人的杂文《资本主义的禁娼》发表于《晨报副刊》，署名仲密。

同日，汪仲贤的独幕剧《好儿子》发表于《戏剧》第1卷第6号。好儿子陆慎卿是上海一户普通百姓家唯一有经济收入的人，但由于经济萧条他失业了，朋友离他远去，债主四处逼债，而母亲赌博、妻子穿戴、兄弟念书，这一切都要由他负担。妻子和母亲各存私房钱，在“封门”的威胁下都不肯拿出一点儿来。最终，他不得不走上了出售伪币的犯罪道路。此剧表现了下层人民卑微自私的心理，反映了社会的世态炎凉和人际关系的冷漠，暴露了现实的腐朽和民不聊生。该剧不仅在艺术上借鉴了西洋剧本的创作方法，而且在内容和形式上也关注了群众的审美要求，在当时颇受欢迎。同期还发表了陈大悲的独幕哑剧《说不出》。

同日，陈大悲的评论《电影：万恶的侦查长片》发表于《晨报副镌》，署名大悲，后又发表于11月8日上海《时事新报·学灯》。

同日，《戏剧》第1卷第6号发表的论文及翻译论文有：陈大悲的《一个旧戏辩护者的诬枉》，蒲伯英的《戏剧为什么不要写实?》，瞿世英的《演完太戈尔的〈齐得拉〉之后》，王统照的《剧本剧作的商榷》，济之的《译〈黑暗之势力〉以后》，简慕瑜的《对于写实戏的意见》，秦宝鑫和徐半梅的《独白的讨论》，汪仲贤的《说跌》，陆明悔的《说长道短》、《连台戏也是问题剧》、《呒啥希奇》、《演的剧本与看的剧本》、《戏剧上的方言问题》，徐半梅的《人而不如木偶乎》、《台上剧与纸上剧》；周学普译述的论文《剧作家的耶支》、欧阳予倩译编的论文《俄罗斯之歌剧》。

31日，周瘦鹃所译小说《石人》([法]巴比塞著)发表于《半月》半月刊第1卷第4号。

本月

杂文集《吴虞文录》由上海亚东图书馆出版，文集分为上下两卷，并附有胡适所作的序言、吴曾兰的《女权评议》、吴曾兰的《孽缘》。其中，上卷收录的文章有《家族制度为专制主义之根据论》、《说孝》、《道家法家均反对旧道德说》、《礼论》、《吃人与礼教》、《儒家主张阶级制度之害》；下卷收录的文章有《儒家大同之义本于老子说》、《读荀子书后》、《消极革命之老庄》、《明李卓吾别传》、《四川法政学校同学录序》、《松冈小史序》、《圆明语序》、《墨子的劳农主义》。

林纾著短篇小说集《畏庐漫录》由商务印书馆出版。此书即《践卓翁小说》一、二、三辑的易名本，出版时删去原书中《夏涟》、《方广生》两篇，并重新析为四卷。

本月出版的翻译作品有：长篇小说《沧波淹谍记》([英]卡文著，林纾、毛文钟译，上海商务印书馆，收入《说部丛书》第4集第10编)、《双雄义死录》([法]预勾著，林纾、毛文钟译，上海商务印书馆，收入《说部丛书》第4集第12编)；戏剧《社会柱石》([挪威]易卜生著，周瘦鹃译，上海商务印书馆，收入《说部丛书》第4

集第5编)、《春之循环》([印度]太戈尔著,瞿世英译,郑振铎校,上海商务印书馆,收入《文学研究会丛书》及《世界文学丛书》)。

十一月

1日,叶绍钧的小说《义儿》发表于《文学旬刊》第18号。

同日,康白情的诗歌《一个太平洋上底梦》发表于《少年中国》第3卷第4期。

同日,叶绍钧的评论《就是这样了么?》发表于《文学旬刊》第18号“杂谈”,署名斯提。叶绍钧“深信新文学是一切人一切事业的滋养料,安慰与希望、愉悦与鼓励,都含在里面”。因此,他希望“重新鼓起新文学运动,向多方面努力的运动!要改正一般人对于文学的腐旧观念,要使与文学素来绝缘的人尝到文学的甘甜;要供人以优美的艺术,要导人于正当的人生”。同期还发表了YL的评论《盼望》、《论诗》。

同日,田汉的评论《恶魔诗人波陀雷尔的百年祭》发表于《少年中国》第3卷第4、5期。

同日,性天所译诗歌《对月》、《游客夜歌》([德]歌德著),许震寰所译诗歌《所得》([德]歌德著)发表于《文学旬刊》第18号。

2日,汪静之的诗歌《荷叶上的一滴露珠》发表于《晨报副镌》。

同日,沈雁冰所译诗歌《乌克兰民歌》发表于《民国日报·妇女评论》,署名冯虚女士译。

3日,汪静之的诗歌《于是诗人笑了》发表于《晨报副镌》。

同日,郁达夫的散文《芜城日记》发表于《时事新报·学灯》。

4日,陈南士的诗歌《谒墓》发表于《晨报副镌》。

同日,鲁迅的杂文《事实胜于雄辩》发表于《晨报副刊》,署名风声。

同日,沈雁冰所译小说《无聊的人生》([法]Jules Romains著)发表于《民国日报·觉悟》,署名冯虚译。

5日,徐玉诺的诗歌《疯人的浓笑》发表于《晨报副刊》,署名玉诺。

6日,汪仲贤的评论《犹太小花脸与中国恶人》发表于《晨报副镌》“剧谈”。

同日,周作人所译小说《士兵》([古希腊]路吉亚诺思著)发表于《晨报副镌》

“古文艺”，署名仲密译。

8日，陈大悲的评论《电影:万恶的侦查长片》发表于上海《时事新报·学灯》。

9日，徐玉诺的小说《农夫贾林的死》发表于《晨报副镌》，署名玉诺。

同日，叶绍钧的杂文《说话》发表于上海《时事新报·学灯》，署名郢。

10日，冰心的小说《最后底使者》、《离家的一年》发表于《小说月报》第12卷第11号“创作”。佩蘅在《评冰心女士底三篇小说》一文中，从冰心创作思想发展的历程上，指出《最后底使者》“实在是冰心前后思想，前后作品的一个转机，一个界限。所以虽然是小小的一篇，却是不容易漠视”；在艺术上，肯定该小说“清丽的文字”，“潇洒的情调”，“能使枯燥的哲理的话有色彩，有情绪”。(《小说月报》第13卷第8号)

式岑在《读〈最后底使者〉后之推测》一文中，推测《最后底使者》是冰心的“艺术观的宣言”，即“视艺术是慰藉人们的”，“母亲的爱、小孩子的爱、朋友的爱，这三者是最纯洁高尚而且普遍的。这些爱的现实，便是冰心女士使人们所希望的，使人们所沉醉的，鼓励人们向着渺茫无际的尽头走的”。

同期发表的小说作品还有：庐隐的《灵魂可以卖么》、佷工的《看禾》、易家钺的《命运》、沈松泉的《一瞥》。

同日，潘垂统的评论《对于〈超人〉〈命命鸟〉〈低能儿〉的批评》和周作人的评论《日本诗人一茶的诗》发表于《小说月报》第12卷第11号。

同期发表的论文及翻译论文有：晓风《日本文坛最近状况》、汉俊《新希腊文学的近况》([法] Asteriotis著)、海晶《民众艺术底理论和实际》([日] 平林初之辅著)。

同日，沈雁冰的通讯《塞尔维亚文学批评家拉夫令的陀思妥以夫斯基评》、《澳洲的四个现代诗人》、《介绍美国女作家辛克拉的新作——〈威克的惠林顿先生〉》、《俄国文坛现状一斑——寓言小说之风行》、《略志匈牙利戏曲家莫尔纳的生平及其著作》、《高尔基的“童年”生活》发表于《小说月报》第12卷第11号“海外文坛消息”。

同日，《小说月报》第12卷第11号“译丛”发表的翻译作品有：刘半农所译诗歌《王尔德的散文诗五首》；沈雁冰所译小说《女王玛勃的面网》([尼加拉瓜] 达利哇著)、张镜轩所译小说《美术家的神秘》([南非] 须林娜著)、理白所译小说

《娱他的妻》([英]哈提著)、鲁迅所译小说《工人绥惠略夫》([俄]阿尔志跋绥夫著，续)；真常所译剧本《悭吝人》([法]毛里哀著，续)。

11日，《文学旬刊》第19号针对陀思妥耶夫斯基的百年纪念，发表了一系列介绍性文章，其中包括郑振铎的《陀思妥以夫斯基的百年纪念》、沈雁冰的《陀思妥以夫斯基带了些什么东西给俄国？》、胡愈之的《陀思妥以夫斯基年谱》。

郑振铎在《陀思妥以夫斯基的百年纪念》一文中，指出陀思妥以夫斯基的作品“最富平民精神，博爱思想，人道主义”，“他的作品所表现的，都是卑下的，病狂的人类，向来作家的笔锋所未曾顾及的”。

沈雁冰在《陀思妥以夫斯基带了些什么东西给俄国？》一文中，指出陀思妥以夫斯基的作品描绘了“被践踏者与被损害者”的纯洁灵魂，揭示出人性永久的真和善。“他在俄国人湿漉漉的抹布生活里寻出俄国人，也许即是人类的伟大来，寻出那些在湿漉漉的抹布生活中的人们的不绝的向上努力来，我们人类看了该怎样兴奋，而且怎样的感动呢！”呼吁我们应该注意到这位给俄国带来“人性的永久真实”的大作家。

同日，俞平伯的评论《与佩弦讨论“民众文学”》发表于《文学旬刊》第19号，引发了一场关于“民众文学”的讨论。此后，《文学旬刊》就民众文学问题展开了讨论，并在26、29号集中刊载文章进行深入探讨。文章指出“好的文学底素养，大部分是平民的，所以和民众隔绝只因为有了贵族的形貌”。若把形貌还原，这个问题差不多就解决了一半。如再将为民众所不了解的“思想”，诸如形而上学的思想，异常的、神秘的心理等解决好，则民众化是可能的，进而认为要实现民众化，不必是少数人为民众化而跟着多数人去跑，而应“是少数人领着多数跑”，“要领着便不能和民众绝端分离”，即“天才总是领着，但领着以前，须先与民众携手”。

同日，《文学旬刊》第19号“杂谈”栏，针对《国立东南大学南京高师日刊》1921年10月26日出版的“诗学研究号”专门刊登用古文写的论著、诗话、随笔和一些旧体诗的复古行为，发表了多篇批判性文章，其中包括叶绍钧《骸骨之迷恋》、佚名《呜呼所谓新诗作者》、严慎予《文学与呻吟》，由此引发了一场关于复兴旧体诗文的论争，该论争一直持续到1922年2月。

叶绍钧在《骸骨之迷恋》一文中，抨击说：“冢墓里的骸骨曾经一度有生命。可骸骨不就是生命。那些以前的生命或者留下些精神给后人……可以供我们参考，给我们研究，但决不是我们的精神；更有一层，决不能因尊重以前时代的精神，并珍重冢墓里的骸骨。”旧诗因“用死文字”、“格律严重拘束”已降为骸骨，而“诗学研究号”的先生们，“却在那里讨论作法，刊布诗篇，我不得不很抱歉地说他们是骸骨之迷恋”。《呜呼所谓新诗作者》更是直接讽刺“诗学研究号”的先生们是“步遗老遗少之后尘”。

同日，顾一樵所译小说《二十年后》（[美] O. Henry 著）发表于《文学旬刊》第 19 号，署名一樵译。

同日，宋春舫所译小说《短的短篇小说》发表于《晨报副镌》。

12 日，胡适的论文《〈红楼梦〉考证》定稿。

同日，周瘦鹃所译小说《阿第》（[法] 巴比塞著）发表于《礼拜六》周刊第 135 期“言情小说”栏。

13 日，周作人所译小说《魔术》（[古希腊] 路吉亚诺思著）发表于《晨报副镌》“古文艺”，署名仲密译。

14 日，梁启超的论文《中国文化史纲》发表于《解放与改造》第 4 卷第 3 号。同期还发表了朱光潜的论文《行为派心理学之概略及其批评》。

同日，周作人的评论《三个文学家的纪念》发表于《晨报副镌》，署名仲密。同期还发表了佚名的论文《介绍世界最著名之新闻家诺思克立夫》以及陈大悲的评论《影评与戏院广告》。

周作人在《三个文学家的纪念》一文中，从“现代人的悲哀”的角度对福楼拜、陀思妥耶夫斯基、波德莱尔进行评价，认为“所谓现代人的悲哀，便是这猛烈的求生意志与现在的不如意的生活的挣扎。这挣扎的表现可以为种种改造的主义，在文艺上可以为弗罗倍尔的艺术主义，陀思妥也夫斯奇的人道主义，也就可以为波特来耳的颓废的‘恶魔主义’了”。

17 日，胡适的演讲稿《好政府主义》发表于 11 月 17 日、18 日《晨报副镌》，署名胡适之。

20 日，顾麟若的评论《农专学生演的〈新村正〉》发表于《晨报副镌》“剧评”。

同日，周作人所译诗歌《散文小诗》（[法] 波特莱尔著）发表于《晨报副刊》，署名仲密译。初收入《陀螺》。

21 日，爱罗先珂的散文《我底学校生活底断片》发表于《晨报副刊》。

同日，《薛鸿猷致西谛》、《编者附记》发表于《文学旬刊》第20期“通讯”。“诗学研究号”编辑者薛鸿猷致信西谛，指责斯提的《骸骨之迷恋》一文“全失批评态度，又无学理根据”，闻该文作者为“贵部编辑之一，尤不当意气用事”。因此写这封信并寄上《一条疯狗》的文章要求刊出。《文学旬刊》编者在这封信后作“附记”，“新旧诗的问题，现在还在争论之中，迷恋骸骨的人也还不少，我们很想趁此机会很详细的讨论一番。所以决定下期把薛君的大稿登出，附以我们的批评”。

同日，叶绍钧的《对于鹦鹉的箴言》发表于《文学旬刊》第20期。文中讽刺了那些不思独创，而跟在大作家后面鹦鹉学舌的所谓新诗人。

同期发表的评论性文章还有：滕固的《爱尔兰诗人夏芝》、C的《陀思妥以夫斯基作品一览》。

22日，馥泉所译小说《虹之国》（[俄]爱罗先珂著）发表于《晨报副镌》。

23日，瞿秋白作《饿乡纪程》“跋”后的“志”，记述了写《饿乡纪程》、《赤都心史》的意图和经过：《饿乡纪程》着手于1920年，1921年10月脱稿，记录“自中国至俄国”路程中的见闻经过、具体事实以及思想起伏。至于到俄之后，这两部分，当即分开。第一部分用政治史、社会思想史的体裁记录自己在俄罗斯的一切调查、考察以及俄罗斯的制度、政事，拟著一部《现代的俄罗斯》；第二部分用日记、笔记的体裁记录著者的思想情感以及琐闻逸事，拟记一本《赤都心史》。瞿秋白声称在其精力范围之内，将所能贡献于中国文化的尽量发表。

同日，鲁迅所译小说《狭的笼》（[俄]爱罗先珂著）发表于11月23日至26日《晨报副镌》。

25日，鲁迅所译小说《雕的心》（[俄]爱罗先珂著）发表于《东方杂志》第18卷第22号。

26日，陈大悲的评论《介绍一个长命的爱美的剧社北京实验剧社宣言》发表于《晨报副镌》。

同日，周瘦鹃所译小说《夫妇》（[法]巴比塞著）发表于《礼拜六》周刊第137期“言情小说”栏。

27日，冰心的诗歌《病的诗人》发表于《晨报副镌》。

同日，周作人的杂感《体操》发表于《晨报副刊》，署名式芬。

同日，周作人所译诗歌《情歌》（[古希腊]台阿克利多思著）发表于《晨报副镌》，署名仲密译。

28日，蒲伯英的评论《我主张要提倡职业的戏剧》发表于11月28日至30日《晨报副镌》“戏剧研究”。

29日，周瘦鹃所译小说《匣剑帷灯》（[英]牛登·本甘著）开始连载于《半月》第1卷第6号，至第1卷第20号载毕。

30日，爱罗先珂在文学研究会所作的演讲稿《现代的忧虑》发表于《晨报副镌》。

本月

清华“小说研究社”接受闻一多的建议，扩充为清华文学社。

同月，北京实验剧社成立。该社是北京学生业余剧团的联合组织，由陈大悲、李健吾、陈晴皋、封至模、何玉书、邵商隐等发起成立。该社打破了之前学生业余演剧活动中学校与学校之间的隔阂，吸收许多学校的演剧积极分子参加，是一个实力雄厚、具有社会性的“爱美剧”团体。在实践过程中，把戏剧文学和剧场演出结合起来，一方面自己主办或协助其他学校剧社演出，另一方面研究各种戏剧理论，编写或翻译剧本，成为推动北京学生业余演剧活动的中坚力量。

同月，《世界文学丛书》开始出版。《世界文学丛书》是文学研究会文学丛书之一。1921年11月至1923年1月，由商务印书馆出版，收有《春之循环》（[印度]泰戈尔著，瞿世英译）、《意门湖》（[德]斯托尔母著，唐性天译）等。1929年5月至1933年10月由泰东书局出版，收有《冬天的春笑》（[苏联]爱莲堡著，蒋光慈译）、《铁踵》（[美]杰克·伦敦著，王抗夫译）等。1937年9月由上海燎原书店出版，收有《地下》（[苏联]绥拉菲摩维支著，金人译）。

本月出版的翻译作品有：长篇小说《情海一波》（[英]道因著，林纾、林凯译，上海商务印书馆出版，收入《说部丛书》第4集第9编），《梅孽》（[挪威]伊卜森著，林纾、毛文钟译，上海商务印书馆出版，收入《说部丛书》第4集第13编），《埃及异闻录》（[英]路易著，林纾、毛文钟译，上海商务印书馆出版，收入《说部丛书》第4集第14编），《沙利莎女王小纪》（[英]伯明罕著，林纾、毛文钟译，上海商务印书馆出版，收入《说部丛书》第4集第16编）。

十二月

1日，徐玉诺的小说《骆驼家》发表于《文学旬刊》第21、22号，署名玉诺。

同日，冰心的小说《一个不重要的兵丁》发表于《晨报副镌》。

同日，薛鸿猷的评论《一条疯狗！》发表于《文学旬刊》第21号。文章对斯提的《骸骨之迷恋》一文进行反驳。认为“文学（诗是一种）这种东西，是人生的奢侈品，应当由个人自由欣赏不受外力压迫，喜欢做文言，就用文言，喜欢做白话，就用白话，格律方面，自己需解放自己，但是愿受格律的拘束者听之”。同期发表的评论还有守廷《对于〈一条疯狗〉的答辩》、卜向《诗坛底逆流》、东《看南京日刊里的“七言诗文”》、赤《由〈一条疯狗〉而来的感想》，这些文章针对薛鸿猷的观点进行了批驳。

2日，胡适的论文《三国六朝的平民文学》发表于2日至5日《晨报副镌》。

3日，陈大悲的评论《对于〈新村正〉剧评的我见》发表于《晨报副镌》。

同日，明霄所译小说《马来突易先生的门》（[英]史蒂文森著）发表于《晨报副镌》。

4日，鲁迅的小说《阿Q正传》开始在《晨报副镌》连载，1922年2月12日连载完毕，每周或隔周刊登一次，署名巴人。第一章在“开心话”栏发表，12月11日第二章起移至“新文艺”栏发表。鲁迅曾在《俄文译本〈阿Q正传〉序及著者自叙传略》（1925年6月15日《语丝》周刊第31期）一文中，披露了自己塑造阿Q形象的动机，即“依了自己的觉察，孤寂地姑且将这些写出”，“画出这样沉默的国民的灵魂来”，“作为我的眼里所经过的中国的人生”。

《阿Q正传》发表后，在当时引起了很大反响，沈雁冰在给一位读者的回信中这样评价《阿Q正传》：“以我看来，实是一部杰作。你先生以为是一部讽刺小说，实未为至论。阿Q这人要在现社会中去实指出来，是办不到的；但是我读这篇小说的时候，总觉得阿Q这人很是面熟，是呵，他是中国人品性的结晶呀！我读了这四章，忍不住想起俄国龚伽洛夫的《Oblomov》了。”（1922年2月10日《小说月报》第13卷第2号）

1923年3月19日，周作人在《晨报副镌》“自己的园地”专栏发表了《阿Q正传》一文，肯定了沈雁冰关于阿Q是“中国人品性的结晶”的观点，并进一步发挥：“阿

Q这人是中国一切的谱——新名词称作传统的结晶，没有自己的意志而以社会的因袭的惯例为其意志的人，所以在实社会里是不存在又到处存在。”据此，周作人认为，“阿Q却是一个民族的类型……实在是中国人品性的‘混合照片’，其中写中国人的缺乏求生意志，不知尊重生命，尤为痛切，因为我相信这是中国人的最大的病根”。在艺术上，他肯定《阿Q正传》是一篇讽刺小说，并指出“讽刺小说是理智的文学里的一支，是古典的写实的作品，他的主旨是‘憎’，他的精神是负的。然而这憎并不变成厌世，负的也不尽是破坏”，“《阿Q正传》里的讽刺在中国历代文学中最为少见，因为他多是反语（irony），便是所谓冷的讽刺——‘冷嘲’”。他认为《阿Q正传》的讽刺艺术为新文学运动中的小说创作提供了一个楷模。

同日，周作人所译小说《割稻的人》（[古希腊]台阿克利多思著）发表于《晨报副镌》“古文艺”，署名仲密译。

5日，余上沅的评论《女高师〈脖链〉的排演和〈男女合演〉的问题》发表于《晨报副镌》，署名上沅。

余上沅（1897—1970），戏剧教育家、理论家，湖北沙市人。1920年入北京大学英文系，其间参加爱美戏剧活动，并在《晨报副刊》发表有关戏剧的文章。1923年赴美留学。1925年归国，在北京组织“中国戏剧社”，后在北京美专（后改北京艺术专科学校）开办戏剧系，讲授现代戏剧艺术、舞台设计及表演、排演诸课程，还为五五剧社导演独幕剧《兵变》等。1926年秋，任上海光华大学、暨南大学等校教授，并与徐志摩等筹办新月书店，担任编辑兼经理。1928年冬，兼任国立北平大学艺术学院戏剧系教授，并组织北平小剧院。1935年陪同梅兰芳赴苏联访问演出，继而赴西欧各国考察戏剧教育。1935年秋，被聘为国立戏剧学校校务委员兼校长。1948年秋，赴英讲学，并在捷克斯洛伐克出席了国际戏剧协会第一届年会。新中国成立后，先后在沪江大学、复旦大学、上海戏剧学院任教。新中国成立前，主要著作有：剧作集《上沅剧本甲集》、论文集《国剧运动》、翻译著作易卜生的剧本《野鸭》等。新中国成立后，著有《中国文学史》、《编剧概论》、《中世纪的戏剧》、《西洋戏剧理论批评》等，并翻译了易卜生的剧本《玩偶之家》、美国短篇小说集《光明列车》、苏联短篇小说集《队旗》等外国作品，以及贝克《戏剧技巧》、阿契尔《戏剧性与非戏剧性》、琼斯《戏剧的规律》、勃吕纳太《戏剧规律》、卡斯特尔维屈罗《亚里斯多德〈诗学〉的注释》、维伽《当代编剧的新艺术》、博马舍《论严肃戏剧》、哥尔多尼《回忆录》等外国戏剧理论著作。

6日，俞平伯的诗歌《到家了》、《白》发表于《晨报副镌》，署名平伯。

7日，独见的评论《看了〈英雄与美人〉之后》发表于《晨报副镌》。

9日，陈大悲的评论《让我来戳破这个西洋景罢》发表于12月9日、10日《晨报副镌》“论坛”。

10日，沈雁冰的评论《一年来的感想与明年的计划》发表于《小说月报》第12卷第12号“论丛”。文章介绍了自己工作一年之后的感想：对于中国的“艺术之花”抱有“确信的预想的乐观”；从文学与人生之关系、文学技术的角度，认定翻译文学作品“在尚未有成熟的‘人的文学’之邦像现在的我国”“尤为重要”，“把西洋文学进化的路径介绍过来，把西洋的含有文学技术的作品介绍过来”依然是一项重要的工作；对于明年刊物体例的变动情况进行了简要介绍。在文章的最后，沈雁冰重申在新的一年里，《小说月报》“仍是主张为人生的艺术，仍是将不颇不偏的普通的介绍西洋文学，仍是把创作翻译二者看得同一般重要”，“仍是公开的和国人研究，仍是极愿听批评”，“仍是希望本刊能促进国人的文学知识，努力想帮助未曾研究文学的人们由本刊跨上研究的第一步，而且自不量浅薄，更希望本刊也能给正在研究文学的同志们一些小小的参考或助益”。

同日，《小说月报》继续讨论“语体文欧化”问题。第12卷第12号“通讯”栏发表了《语体文欧化讨论》（四、五、六）三封书信，即胡天月、王砥之、何霭人3人和《小说月报》记者的往来书信。

胡天月在来信中，先指出“‘欧化’二字，是具体的，细细分析起来，一定有许多局部底小化”，因此之前的讨论未免“大而无当”。进而主张实行语体的“中立性的世界语化”。记者在回信中，对于“化”的内涵进行了解释，所谓“欧化”就是在断句方面参用点西洋文法，而西洋各国文法在这一点上大致相同，因此不必指出具体的德化、英化。

王砥之在来信中，发表了自己关于“语体文欧化”的困惑，即“用古人的文法，来说今人的话，是不合理的；那末用欧西的语法，来说中国人的话，就算合理吗”？对此，记者在回信中予以解释，“主张语体文的文字可以参用一点西洋文法，实即‘研究改良’的意思，然而‘造名词’极难，不得已用了‘欧化’二字，遂引起许多人的误解，把记者相对的主张，认为绝对的主张，把‘化’字放大，认为一丝一毫都要‘欧’化”。

何霭人在来信中，对于“语体文欧化究竟是可以不可以”这个问题提出了自己的鉴别方法，即“拿一篇欧文东西找好手用欧化的语体文译一份，再用不欧化的语体文译一份,然后拿来三方对案看一看,是哪一种比较不失原来意思精神”。并且，他通过周瘦鹃、周作人两篇译文的对比，得出“只怕大家还要替欧化文拍案叫绝”的价值判断。

同日，叶绍钧的小说《云翳》、庐隐的小说《思潮》发表于《小说月报》第 12 卷第 12 号“创作”。

同日，《小说月报》第 12 卷第 12 号发表的论文及翻译论文有：沈雁冰《纪念佛罗贝尔的百年生日》、晓风《文艺上的自然主义》([日]岛村抱月著,沈雁冰附注)、海镜《意国文学家邓南遮》([日] 村松正俊著)。

同日，涵庐的评论《看过〈英雄与美人〉新剧的感想》发表于《晨报副镌》。

同日，沈雁冰的通讯《俄国诗人布洛克死耗》、《意大利文坛近状》、《德国文坛近状》、《狂飙诗人勃伦纳尔的绝对诗》、《华波尔与高士华绥的同方面的新作》、《从来没有英译本的易卜生的三篇戏曲》发表于《小说月报》第 12 卷第 12 号“海外文坛消息”。

同日，《小说月报》第 12 卷第 12 号“译丛”发表的翻译作品有：沈泽民所译小说《归来》([法] 莫泊桑著)、夏丏尊所译小说《女难》([日] 国木田独步著)、鲁迅所译小说《工人绥惠略夫》([俄] 阿尔志跋绥夫著，续);耿式之所译剧本《一个不重要的妇人》([英] 王尔德著，续)。

同日，周瘦鹃所译小说《骏马》([法] 巴比塞著) 发表于《礼拜六》周刊第 139 期“实事小说”栏。

11 日，缪凤林的评论《旁观者言》发表于《文学旬刊》第 22 号。文章为“诗学研究号”进行辩护。

同日，《文学旬刊》第 22 号“通讯”栏发表了《欧阳翥致守廷》、《守廷复欧阳翥》、《编者致薛鸿猷》三篇书信。其中，欧阳翥认为“当今之世，‘新’‘旧’文学之是非优劣，尚无定论。人之个性不同，好尚斯异。犹之酸咸苦辣，诸味不能强人以同嗜。各得其得，各适其适。‘新’与‘旧’亦何必不可并存”。守廷则反驳欧阳翥的“新旧”论，认为新旧是不能、也不必调和的。

同日，周作人所译小说《苦甜》（[古希腊]朗戈思著）发表于《晨报副镌》“古文艺”。

同日，胡天月所译小说《猢狲》（[匈牙利]Francisks Herczeg 著）发表于《文学旬刊》第 22 号。

13 日，陈大悲的书信《选择剧本问题的来往两信的复信》发表于《晨报副镌》。

同日，翻译小说《戏院归后》、《绅士底朋友》（[俄]契诃夫著）发表于《晨报副镌》，未署名。

14 日，沈雁冰的杂文《享乐主义的青年》发表于《民国日报・妇女评论》，署名佩韦。

15 日，《评论之评论》第 1 卷第 4 期开辟“提倡革命的文学”专栏，转载了郑振铎的《生命之火燃了》、《文学与革命》两篇文章以及费觉天、瞿世英等人与郑振铎讨论革命文学的文章。

16 日，周作人的诗歌《歧路》发表于《时事新报・学灯》，署名仲密。

同日，俞平伯的诗歌《所见》、《客》发表于《晨报副镌》，署名平伯。

18 日，陈大悲的评论《电影戏与中国旧戏的舌战》发表于《晨报副镌》。

19 日，陈大悲的评论《电影〈小孩子的心〉》发表于《晨报副镌》。

20 日，石评梅的诗歌《夜行》发表于《新共和》第 1 卷第 1 号。

石评梅（1902—1928），女诗人、散文家，学名石汝璧，笔名微波、漱雪、冰华等。山西平定人。1919 年暑假，入北京女子高等师范学校体育系，1920 年，结识高君宇。1921 正式开始文学活动。1923 年 5 月下旬到 6 月下旬，与体育系 12 人、博物系 14 人组成“女高师第二组国内旅行团”南下旅游，撰写长篇游记《模糊的余影》。1924 年 11 月，与陆晶清等编辑出刊了《京报》副刊——《妇女周刊》。1926 年上半年，又与陆晶清等编辑北京《世界日报》副刊《蔷薇周刊》。1927 年发表小说《匹马嘶风暴》。1928 年 9 月 30 日因脑炎逝世。其创作以诗歌和散文著称，著有小说、散文合集《涛语》，散文集《偶然草》。

同日，周作人翻译的日本狂言《伯母酒》发表于《晨报副镌》，署名仲密译。

21 日，徐玉诺的诗歌《尸》、郭绍虞的诗歌《小试》、孙梦雷的诗歌《世界与人类》、《最后的尝试》发表于《文学旬刊》第 23 号。

同日，俞平伯的诗歌《夜归》发表于《晨报副镌》。

同日，《文学旬刊》第23号针对诗歌创作发表了多篇评论性文章，包括：YL《论散文诗》、静农《读“旁观者言”》、吴文祺《对于旧体诗的我见》、王警涛《为新诗家进一言》。其中，YL针对缪凤林文章中否定散文诗的说法，指出“诗的真髓在乎精神，不在乎形式”。静农更是明白指出缪凤林的观点“荒谬过多”。

同日，《文学旬刊》第23号“通讯”栏发表了《薛鸿猷致编辑》、《宓汝卓致西谛》两篇书信。前者，薛鸿猷申明“《一条疯狗》之文字，系余个人与贵刊之投稿者斯提之争辩。由余个人署名负责”。后者，则认为“新文学走回旧路，是决不会有的事”，现在“中国旧文人之所以愈走愈歧”，“现在青年作家之彷徨踯躅”“一大半是由于没有人指导他们底缘故”，因此希望《文学旬刊》能增加批评的文字分量。

同日，王统照所译诗歌《丧钟》、《天使与神秘》（呆弗司作）发表于《文学旬刊》第23号“现代诗杂译”，署名王剑三译。

同日，张若农所译小说《爱》（[法]莫泊桑著）发表于《晨报副镌》。

22日，品青所译诗歌《冷月》（[日]德福芦花著）发表于《晨报副镌》。

23日，冰心的诗歌《病的诗人（二）》发表于《晨报副镌》。

24日，冰心的诗歌《诗的女神》发表于《晨报副镌》。

25日，陈大悲的评论《十二月二十晚的〈第十二晚〉》发表于《晨报副镌》。

同日，周作人所译小说《金鱼》（[日]铃木三重吉著）发表于《东方杂志》第18卷第24号。

28日，郑振铎的评论《〈儿童世界〉宣言》发表于《时事新报·学灯》，后又发表于1921年12月30日的《晨报副刊》和《妇女杂志》。文章介绍了即将创刊的《儿童世界》（1922年1月上海创刊）的办刊内容、宗旨、方针、对象，是中国现代儿童文学史上的重要文献，体现了郑振铎创办儿童期刊的思想与早期的儿童文学观。他认为儿童期刊应注重文体多样化，供给小读者丰富的精神食粮；明确要以美国麦克·林东的三条原则作为办刊宗旨，即儿童文学必须契合读者对象的阅读欣赏情趣，所采用的稿件既从国外大胆“拿来”，也要“求合于乡土的兴趣”，适应民族特点。

同日，縠似所译小说《仆役》（[俄]希美约诺夫著）发表于《晨报副镌》。

31日，周瘦鹃所译小说《守夜人》（[法]巴比塞著）发表于《礼拜六》周刊第142期“实事小说”栏。

本月

邱昌谓和吴宓就新文化运动展开讨论，《论新文化运动·答吴宓君》、《再论新文化运动·答邱昌谓君》两篇文章发表于《留美学生季报》第8卷第4期。邱昌谓批评吴宓的昌明国粹的复古主张，认为中国“四千年来的社会心理，都是说过去的总比现在的好，养成一种群众心理，只知道向后看，并不知向前看”，“一个时代有一个时代的思想，思想变文体随之而变”，“文学变迁，譬如潮流，潮流断难制止”。吴宓撰文对邱昌谓的观点进行了反驳，该文章后转载于1922年4月《学衡》第4期。

同月，陈瑞明的评论《日用文鼓吹论》发表于《台湾青年》第3卷第6期。文章批判文言文的弊端，提倡白话文。

同月，闻一多在清华文学社做报告，报告题为《诗的音节研究》（有英文稿本）。

同月，闻一多自编手抄诗集《真我集》，该诗集收录了其1920年至1921年末所作的新诗15首，其中《雨夜》、《雪》、《黄昏》、《月亮和人》（改题为《睡者》），后选入诗集《红烛》。

同月，《胡适文存》由上海亚东图书馆初版。其中收录了新文学运动中一系列重要评论和作品，如《文学改良刍议》、《史的文学观念论》、《建设的文学革命论》、《文学进化观念与戏剧改良》、《谈新诗》、《尝试集自序》、《易卜生主义》、《一个问题》、《终身大事》等。

本月出版的翻译作品有：长篇小说《前夜》（[俄]屠格涅甫著，沈颖译，上海商务印书馆）；短篇小说集《托尔斯泰短篇小说集》（[俄]托尔斯泰著，瞿秋白、耿济之译，上海商务印书馆）、《域外小说集》（[英]淮尔特、[美]亚伦坡、[俄]契诃夫等著，周树人、周作人译，周作人序，上海群益书社）；戏剧《林肯》（[英]德林瓦脱著，沈性仁译，上海商务印书馆）、《黑暗之光》（[俄]托尔斯泰著，邓演存译，上海商务印书馆）、《活尸》（[俄]托尔斯泰著，文范村译，上海商务印书馆，收入《共学社丛书》）。

其中，《域外小说集》收录的作品有：《安乐王子》（[英]淮尔特）；《默》（[美]亚伦坡）；《月夜》（[法]摩波商）；《婚夕》、《舟师》、《萨摩师之酒》、《昔美思》、《明器》（[法]须华勃）；《皇帝之新衣》（[丹麦]安兑尔然）；《一文钱》（[俄]斯谛普虐克）；《邂逅》、《四日》（[俄]迦尔洵）；《戚施》、《塞外》（[俄]契诃夫）；《未生者之爱》、《寓言十篇》([俄]梭罗古勃);《谩》、《默》([俄]安特莱夫);《乐人杨珂》、《天使》、《灯台守》、《酋长》([波兰]显克微支);《不辰》、《摩诃末翁》([波思尼亚]穆拉淑微支);《老泰诺斯》、《秘密之爱》、《同命》([希腊]蔼夫达利阿谛思);《先驱》([芬兰]哀禾)。

本年

秋，冯至考入北京大学预科，其间根据自己的感受写出诗歌《绿衣人》，这是他新诗创作的真正开始。

冯至（1905—1993），诗人，学者，翻译家。原名冯承植，直隶涿州人。1921年考入北京大学德文系，开始文学创作。1923年，加入浅草社。1925年和杨晦、陈翔鹤、陈炜谟等组织成立沉钟社，出版《沉钟》周刊、半月刊和《沉钟丛刊》。1927年在北京大学任教，同年4月出版其第一部诗集《昨日之歌》。鲁迅在谈“五四”浅草社的众作家时，曾称赞他是“中国最为杰出的抒情诗人”。1930年赴德留学并获博士学位。1935年回国，历任上海同济大学、昆明西南联合大学、北京大学西语系教授、系主任，中国社科院外文所所长。中国作协副主席，中国文联委员，全国第一、五、六届人大代表。著有诗集《明日之歌》、《北游及其他》、《十四行集》、《西郊集》、《十年诗抄》，散文集《东欧杂记》、《山水》，中篇历史小说《伍子胥》，传记文学《杜甫传》，论文集《诗与遗产》、《论歌德》、《冯至学术精华录》，诗文集《立斜阳集》、《冯至诗文选集》、《冯至选集》，译著《哈尔茨山游记》、《德国，一个冬天的童话》、《海涅诗选》、《布莱斯特选集》等。

冬，上海戏剧协社成立。该社最早成员有应云卫、谷剑尘和中华职业学校的学生。1923年，欧阳予倩、洪深等相继加入，发展成为半职业性剧团，演出过欧阳予倩的《泼妇》、《回家以后》、陈大悲的《英雄与美人》和洪深根据王尔德《温得米尔夫人的扇子》改编的《少奶奶的扇子》等，曾受到当时观众的欢迎。该社在洪深的领导下建立了严格的导演制和排演制，提高了话剧演出的艺术质量，对于我国话剧运动的发展起到了促进作用。初期演出的大部分是西洋剧，观众只限于知识分子，20世纪30年代在左翼戏剧运动的影响下曾演出《怒吼吧，中国！》，轰动一时。1933年9月停止活动，是早期话剧团体中历史最长的一个。

冬，闻一多作《冬夜评论》，后收入1922年11月11日清华文学社版的《冬夜草儿评论》，列为《清华文学社丛书》第一种。闻一多在文章中主要针对俞平伯《冬夜》集中诗作的音节、幻想与情感等作了细致的剖析。

本年，白采在《东方杂志》上发表了他的第一篇白话小说《乞食》。小说描写乡村小镇上一个手工业者，每天辛勤劳作仍然穷得买不起米，只好吃糠咽菜，以致在几个月内接连饿死了两个孩子。他宁肯在饥饿与死亡线上挣扎，也拒绝向屋后财主乞食，表现了劳动人民不忘操守的人格品质。

白采（1894—1926），诗人，小说家。原名童汉章，字国华、爱智、瘦吟，自号吐凤、受之。江西高安人，祖籍四川奉节。1915年至1918年先后三次离家远游，到过南昌、九江、武汉、上海、南京、杭州等地，过着漂泊生活，常住山村寺庙。1918年至1922年曾在高安女子学校任教。1921年创作第一篇白话小说《乞食》。1922年考入上海美术专门学校。1923年底毕业，在上海当过教员、编辑。1924年写成著名长诗《羸疾者的爱》，歌颂为生命的尊严而献身的人，单纯、质朴、充满力量，被朱自清誉为“这一路诗的押阵大将”。1925年秋执教于上海江湾立达学园。1926年初应聘到厦门集美学校农林部任教，同年暑假动身到沪杭一带漫游，病逝于吴淞口船上。著作有小说集《白采的小说第一集》、诗集《白采的诗》和《绝俗楼上诗》、随笔集《绝俗我辈楼语》等。

本年，世界书局改组为股份有限公司。初以出版侠客、侦探、言情小说为主，后转向出版教科书、国学名著、医学书籍等，并率先出版连环图画书多种。至20世纪40年代末，成为仅次于商务印书馆、中华书局的大型出版机构。

1922年

一月

1日，许杰发起组织了微光文艺社，于《越铎日报》的《微光》副刊创刊号上发表《宣言》称“文学是喜欢人生的工具”。

许杰（1901—1993），小说家。原名许世杰，笔名士仁、张子三等。浙江天台人。1922年编辑《越铎日报》的《微光》副刊。1923年开始发表小说并加入文学研究会。1926年出版代表作短篇小说集《惨雾》。1928年到吉隆坡任华侨报纸《益群日报》主编，创办《枯岛》文艺副刊，提倡“新兴文学”。新中国成立后任复旦大学教授、华东师大教授兼中文系主任。曾任中国作协上海分会副主席、顾问及上海鲁迅学会主席、上海写作学会会长。写有长篇回忆录《坎坷道路上的足迹》，从1984年起在《新文学史料》连载。主要作品有短篇小说集《惨雾》、《飘浮》、《暮春》等，散文集《椰子与榴莲》等，评论集《现代小说过眼录》、《鲁迅小说讲话》等。

同日，朱自清的诗《挽歌》发表于《少年中国》第3卷第6期。

同日，郑振铎的《论散文诗》发表于《时事新报·文学旬刊》（即后来的《文学周报》）第24期，署名西谛。这是我国新文学史上较早研究和提倡散文诗的重要论文。本文针对缪凤林在《旁观者言》一文中否定新诗的观点，指出思想、情绪、想象等才是诗的要素而非韵，驳斥了缪凤林“非韵不为诗”的观点。本文的发表引起了一定的争论和反响，对于散文诗的确立产生了较大的影响。

同日，幼南的评论《又一旁观者言》发表于《时事新报·文学旬刊》第24期，文中赞同缪凤林否定新诗的观点。郑振铎在文章后作附记，予以反驳。

同日，李璜的评论《评莫泊桑的小说》发表于《少年中国》第 3 卷第 6 期。

同日，曾兆鹿重译自美国 J. H. White 的诗《自由声》，发表于《复旦》第 13 期。

同日，曾兆鹿译自英国摩尔的诗《伤心》，发表于《复旦》第 13 期。

5 日，周作人所译俄罗斯童话《犬的友情》发表于《学生杂志》第 9 卷第 1 号，署名为顽石。

7 日，我国第一本儿童文学专刊《儿童世界》在上海创刊，为周刊，由郑振铎主编，商务印书馆出版。本刊专门发表童话、儿歌、故事、神话和译作等，郑振铎为主要撰稿人，后邀请了叶圣陶、赵景深等人为刊物撰稿，并欢迎读者投稿。此刊出至 1941 年 6 月，第 49 卷第 9 期停刊。

9 日，《学衡》杂志创刊。初由吴宓主编，上海中华书局出版，后增补缪凤林为副主编，改由南京钟山书局出版。成员多为南京东南大学教员，如梅光迪、吴宓、柳诒徵、胡先骕、刘伯明等。他们大都曾留学欧美，接触过西方文化，以“学贯中西”、“博通古今”自诩。该刊宗旨为“讲究学术，阐明真理，昌明国粹，融化新知”，编发的文章既有关于中国古代学术的研究，也有对古代希腊罗马的哲学、宗教、历史、文学、艺术等的介绍，对开阔当时中国知识界的视野有一定的影响。《学衡》对新文学运动持反对态度，与新文化运动倡导者在对待中国传统文化、五四新文化等问题上展开过激烈论争，在当时就被认为是“复古派杂志”、“国粹派杂志”。《学衡》杂志于 1933 年 7 月停刊。共出 79 期。

10 日，《小说月报》第 13 卷第 1 号开辟“文学家研究栏”，刊出沈雁冰《陀思妥以夫斯基的思想》、小航《陀思妥以夫斯基传略》等文章。此后在这一栏目中被研究、介绍的外国作家有泰戈尔、屠格涅甫、包以尔、法郎士、霍甫德曼等。

同日，谢六逸著《西洋小说发达史》开始连载于《小说月报》第 13 卷第 1 号。以后第 2、3、5、6 号都有连载，至本年 11 月第 13 卷第 11 号连载完毕。此书以西方近代小说的发展走向为主线，进而探讨了西方近代各个时期文艺思潮的发展与变迁，对西方主要国家的著名作家和作品都进行了较细致的历史考察和评介。这部著作在当时影响较大，胡愈之称为“创举”，学者赵景梁认为：“这是一部最初的、恐怕也是现在为止最好且也最详的西洋小说史”。

同日，茅盾的评论《陀思妥以夫斯基的思想》发表于《小说月报》第 13 卷第 1 号，署名郎损。

该期还发表有梁宗岱的诗《失望》，朱湘的诗《废园》，汪静之的诗《D字样的月光》、《孤独的小和尚》，陆尚功的散文《一句没说出的话》，叶绍钧的小说《乐园》，冰心的小说《烦闷》，李鸿梁的小说《黑夜》，勒生的小说《阿爹》，凯士的小说《旱雨》，鲁迅译自俄国作家爱罗先珂的童话《世界的水灾》，郑振铎的《杂译太戈尔诗》（九、十、十一）和徐蔚南的诗《狱中的人》。

徐蔚南（1900—1952），诗人、小说家。笔名半梅、泽人。江苏盛泽人。文学研究会成员。早年留学日本，回国后在上海复旦实验中学任教。后历任浙江大学及上海艺术学院教授、世界书局编辑。新中国成立后，在上海市文化局工作。主要作品有散文集《春之花》、《龙山梦痕》（与王世颖合著）等，短篇小说集《奔波》，译有《莫伯桑小说集》。

朱湘（1904—1933），诗人。曾用笔名天用。原籍安徽，生于湖南沅陵。1919年考取清华学校，并参加梁实秋、闻一多组织的清华文学社。1922年开始在《小说月报》上发表新诗，并加入文学研究会。此后专心于诗歌创作和翻译。1925年出版第一本诗集《夏天》。1926年自办刊物《新文》。1927年9月赴美国留学，1929年8月回国后，生活动荡，为谋职业到处奔走，家庭矛盾也日渐激化。1933年12月5日，在上海开往南京的船上投江自杀。主要作品有：诗集《夏天》、《草莽》等，评论集《文学闲谈》，散文集《中书集》。

11日，梅光迪的评论《评提倡新文化者》发表于《学衡》第1期。作者反对新文化运动领导者们全盘否定中国传统文化、"全盘西化"的做法。他写道："彼等以推翻古人与一切固有制度为职志，诬本国无文化、旧文学为死文学，放言高论，以骇众而眩俗。然夷考其实，乃为最下乘之模仿家。"但是，这篇文章并不反映作者是国粹派、顽固派。作者也承认吸取欧西文化、建设新文化之必要。文章说："夫建设新文化之必要，孰不知之。吾国数千年来，以地理关系，凡其邻近，皆文化程度远逊于我，故孤行创造，不求外助，以成此灿烂伟大之文化。先民之才智魄力，与其惨淡经营之功，盖有足使吾人自豪者。今则东西邮通，较量观摩，凡人之长，皆是用以补我之短，乃吾文化史上千载一时之遭遇，国人所当欢舞庆幸者也。……欧西文化亦源远流长，自希腊以迄今日，各国各时，皆有足备吾人采择者。"因此，文章主张："改造固有文化与吸取他人文化，皆须先有彻底研究，加以至明确之评判，副以至精当之手续，含千百融贯中西之通儒大师，宣导国人蔚为风气，则四五十年后，成效必有可睹也。”

同日，胡先骕的书评《评〈尝试集〉》开始在《学衡》第1期发表，至第2期刊完。文章认为，胡适的白话诗“其形式精神皆无可取”，“不能运用声调格律以泽其思想，但感声调格律之拘束，复摭拾一般欧美所谓新诗人之唾余，剽窃白香山、陆剑南、辛稼轩、刘改之之外貌，以白话新诗号召于众，自以为得未有之秘”。文章进而论述声调、格律、音韵与诗的关系。文章认为，四言、五言、七言是中国韵语发展的自然趋向，合于中国人的记忆能力；整齐句法可以增加普通感情的活泼与感受性，辅助表现思想；格律既可以增加诗之美感，又对诗的情理形成一定的束缚，唯限制才能显出自由，显出诗人创造力。文章然后详论五言诗与七言诗各自的特点与效能，再驳胡适不讲对仗之说，认为对仗也是为了增加诗的美感。又论音节与韵有平仄谐婉、转折腾挪之妙，认为押韵与诗的关系，亦如句法与音节一般重要，引证英国席得黎、德莱登、阿狄生、约翰生、罗士等人所说押韵可限制范围诗人的幻想，使之不流于散文之平易，以说明声韵对于诗之不可少。

胡先骕对胡适“不用典”与“不避俗字俗话”二说持相对赞成态度，然又认为必要时用典，可为现时情事生色。认为文学的死活是以自身价值而定，而不以它所用文字的今古为死活。他反驳胡适不模仿古人之说，认为语言文字、歌曲舞蹈以至于哲学都是后天通过模仿才能有所创造。又以生物世代相传类似而又不类似为例，并举古来有成就的诗人为例，说明诗之创新即在于由模仿而成。他进而论古学派、浪漫派之分，认为诗的职责在能动感情，感情要真挚、合理，主张以理制情，反对胡适之诗与诗论的绝对自由主义。

胡先骕将中国诗的发展分为先秦四言诗与骚体、西汉至隋五言诗、唐开元至五代七古与律诗以及宋诗四个演进时期，认为当今只要有大诗人出，“以美好之工具修饰之，自不难为中国诗开一新纪元”，不必放弃乃至破坏历代几经改善的旧体诗形式。但他也希望有真正的新诗人出现：“洞悉溃决一切法度之学说之谬妄，而知韵文自有其天然之规律，庶能按部就班力求上达也。”

同日，郑重民的评论《我的诗说》发表于《时事新报·文学旬刊》第25期。

该期还发表有王平陵的评论《读了“论散文诗”以后》。

13日，郑振铎作《〈雪朝〉短序》，提倡在文学创作上要“真率”和“质朴”，反对“雕斫与粉饰”。

14 日，鲁迅任北京大学研究所国学专门委员会第一届委员。此委员会以蔡元培为委员长，委员除鲁迅外还包括胡适、钱玄同、周作人等，主要从事考古研究、歌谣研究、风俗调查、明清档案整理、方言调查等。

同日，郑振铎在《儿童世界》周刊第 1 卷第 2 期发表儿歌《散花的舞》、《我的新书》、童话《怪猫》、《重视的童子皮绿》、《老狗》，续载《两个小猴子的冒险记》等，并开始连载根据日本著名民间故事《竹取物语》译述的《竹公主》，共载 8 期。

15 日，中国社会主义共青团机关刊物《先驱》半月刊创刊于北京。创刊号至第 3 期由北京团组织主办，邓中夏、刘仁静主编。第 4 期起迁往上海，改由团的临时中央局主办，施存统主编。该刊是一个半公开性质的刊物，主要读者对象是青年学生和一般知识分子。每期出 4 开 4 版一张，内容有评论、讨论、译述、通信、政治短评、随感录等，宣传马克思主义理论，报道、介绍苏联及国际共产主义运动的情况，批判反马克思主义的思潮，在教育和团结广大青年参加革命方面起了很大作用。翌年 8 月停刊，共出 25 期。

同日，《诗》月刊创刊于上海，这是我国现代第一个新诗刊。由刘延陵、朱自清、俞平伯、叶绍钧创办，刘延陵、叶绍钧负责编辑，中华书局印行，16 开。

《诗》月刊的撰稿者绝大多数是文学研究会的成员，除了几位创办者外，还有王统照、郑振铎、徐玉诺、刘梦苇、汪静之、潘漠华、冯雪峰、冯文炳（废名）等 60 余人。

《诗》月刊的创办，主要目的在于为当时较好的新诗作提供发表的场所，而不在讨论诗的问题和介绍外国诗人、诗篇，因而该刊以发表新诗创作为主，兼及译诗和诗论，先后发表了近 400 首新诗，100 多首译诗，20 余篇诗歌评论，在早期的文学刊物中显得很有生气，它吸引并扶掖了一批新诗人，推动了新诗的发展，比起“五四”前后白话诗倡导时期的作品，该刊发表的许多新诗进一步摆脱了旧格律的束缚。虽然《诗》月刊存在的时间不长，但是作为现代文学史上最早的诗刊，它尽了探索和开拓道路的责任。1923 年 5 月 15 日，《诗》月刊出版第 2 卷第 2 号后终刊，共出 7 期。

同日，郑振铎的新诗《母亲》、《荆棘》发表于《时事新报·学灯》。前者歌颂了母爱，后者表示了对贪婪的占有心理和不专一的“爱情”的鄙夷。

同日，汪静之的诗《蕙的风》发表于《诗》第 1 卷第 1 号。

该期还发表有刘延陵的诗《姊弟之歌》、《夕阳与蔷薇》、《水手》，朱自清的诗《转眼》、《杂诗三首》，俞平伯的诗《小劫》、《归路》、《忆游杂诗》。

17日，郑振铎的诗《有卫兵的车》、《脆弱之心》发表于《时事新报·学灯》。

19日，周作人的评论《贵族的与平民的》一文发表于《晨报副镌》，收入《自己的园地》，署名仲密。文章认为在文艺上，平民的精神是叔本华所说的求生意志，贵族的精神是尼采所说的求胜意志。前者是要求"有限的平凡的存在"，后者是要求"无限的超越的发展"。求生意志虽然是生活的依据，但假若没有求胜意志促使人努力地追求善美的生活，那么适应的生存就容易成为退化而非进化的。他还说，文艺应该以平民的精神为基调，再加上贵族的洗礼，这样才能创造真正的人的文学。

21日，《时事新报·文学旬刊》第26期开辟专栏"民众文学的讨论"，参加讨论的都是文学研究会的同仁，如俞平伯、朱自清、许昂若、郑振铎和路易等人。参与者都是在承认建设民众文学的目标是为了启蒙、改造民众的宗旨下探讨文学与民众基本关系的。秉持文学启蒙民众、改造民众精神的立场，论争者对建构民众文学的必要性和紧迫性都有充分的认识，但关于如何建构民众文学的具体实践路径，论争者的意见并不相同。

同日，小说旬刊《快活》创刊于上海。此刊为鸳鸯蝴蝶派刊物之一，由李涵秋主编，上海世界书局出版。同年12月停刊，共出36期。

同日，《家庭杂志》月刊创刊于上海。江红蕉任主编，上海世界书局出版。32开，每期有插图4页。宣言上说："《家庭杂志》是给各人家庭里的男女老少消遣的，所以小说约占五分之三的篇幅，其他稿件约占五分之二的篇幅，但是也许有伸缩。总而言之，本杂志是一极活泼的杂志，不论那一条那一项可以改良，便随时改良，都听命于多数读者。"该刊共出12期。

同日，黄呈聪、黄朝琴的《论普及白话的新使命》、《汉文改革论》发表于《台湾》杂志。该文大力鼓吹白话文运动。

22日，儿童文学家孙毓修逝世，终年51岁。孙毓修被茅盾誉为"中国童话的开山祖师"，其编辑的"童话"丛书影响了许多五四新文学家的成长。曾创作过儿童文学作品的著名作家张天翼、赵景深、陈伯吹等，当年都曾读过孙毓修的童话，深受感染。赵景深说："孙毓修先生早已逝世。但他留给我们的礼物却很大，他那七十七册《童话》差不多有好几万小孩读过。张若谷在《文学生活》上说：'我在孩童时代唯一的恩物与好伴侣，最使我感到深刻印象的是孙毓修编的《大拇指》、《三问答》、《无猫国》、《玻璃鞋》、《红帽子》、《小人国》等。’我也有同感，我在儿时也是一个孙毓修派呢。”[①] 张天翼自述："在初小，参加全城小学运动会的五十码赛跑，得第二，给了我许多奖品，十几册商务印书馆的童话，孙毓修先生编的。有许多字不认识，母亲就读给我听。于是渐渐地自己看，买了一些，借了一些。商务、中华那时所出的童话都看全了。"[②]

同日，周作人的《自己的园地》发表于《晨报副镌》，署名仲密，后收入《自己的园地》。

同日，郑振铎的《一九二一年的得诺贝尔奖金者》发表于《时事新报·学灯》。

25 日，鲁迅译俄国作家爱罗先珂的小说《两个小小的死》，发表于《东方杂志》第 19 卷第 2 号。

同期还发表了王靖译自意大利剧作家 Giuseppe Giacosa 的戏剧《灵魂的权利》。

28 日，鲁迅编定《爱罗先珂童话集》并作序，序文收入《爱罗先珂童话集》，该书包括鲁迅翻译的《狭的笼》等 9 篇、胡愈之翻译的爱罗先珂《自叙传》和《为跌下而造的塔》2 篇以及汪馥泉翻译的《虹之国》，此书同年 7 月出版，被列为《文学研究会丛书》之一。1938 年鲁迅先生纪念委员会出版的《鲁迅全集》第十二卷《爱罗先珂童话集》，删去了他人译作，增收鲁迅从爱罗先珂童话集《幸福的船》中翻译的 4 篇，共 13 篇，后附日本作家江口涣《忆爱罗先珂华希君》一文。

同日，由许地山作曲、郑振铎作词的儿童歌曲《海边》发表于《儿童世界》周刊第 1 卷第 4 期。

同期发表的还有郑振铎根据阿拉伯故事译述的《骡子》，儿歌《运动》、《小鱼》、《雀子说的》，童话《一个母亲的故事》。

30 日，沫若的诗《洪水时代》发表于《学艺》第 3 卷第 8 号。

31 日，《时事新报·学灯》发表《西谛启事》："顷因事务过忙，'学灯'编辑职务不能兼顾，自二月一号起由柯一岑君继续负责……"《学灯》在宗白华、郭虞裳和郑振铎编辑期间，成为著名的"四大副刊"之一，郑振铎离开后，后继无人，

---

① 赵景深：《孙毓修童话的来源》，载《民间故事研究》，尚志书局1928年版。

② 张天翼：《我的幼年生活》，载《张天翼研究资料》，知识产权出版社2010年版。

虽犹存在，但已失去生气，不像往日那样有左右学术界的势力了。

同日，陈大悲的文章《为什么我没有提倡职业的戏剧》、《编剧的技术》等发表于《戏剧》第 2 卷第 1 号。

同期还发表了陈大悲的戏剧《爱国贼》。

本月

梁漱溟所著《东西文化及其哲学》由商务印书馆出版。作者主张维护中华民族文化传统，发扬“东方固有文化”，提出西洋、中国、印度三种文化依次轮流统治世界的文化发展史观。

同月，由毛文钟口译、林纾翻译的美国小说家沙司卫甫夫人的小说《以德报怨》第 1 卷第 1 册由商务印书馆出版。

同月，枕流阁主的小说《新九尾龟（三册）》由上海世界书局出版。

同月，上海影戏公司拍摄的我国第二部故事片《海誓》公映。

二月

1 日，朱自清的评论《民众文学底讨论》发表于《时事新报·文学旬刊》第 27 期。

该期还发表有许地山的评论《古希伯来诗底特质》，署名地山；滕固的评论《论散文诗》。

9 日，鲁迅的评论《估〈学衡〉》发表于《晨报副镌》，署名风声。鲁迅在文中列举了“学衡”派的一系列错误：“夫所谓《学衡》者，据我看来，实不过聚在‘聚宝之门’左近的几个假古董所放的假毫光；虽然自称为‘衡’，而本身的称星尚且未曾订好，更何论于他所衡的轻重的是非。所以，决用不着较准，只要估一估就明白了……总之诸公掊击新文化而张皇旧学问，倘不自相矛盾，倒也不失其一种主张。可惜的是于旧学并无门径，并主张也还不配。倘使字句未通的人也算是国粹的知己，则国粹更要惭惶煞人！‘衡’了一顿，仅仅‘衡’出了自己的铢两来，于新文化无伤，于国粹也差得远。我所佩服诸公的只有一点，是这种东西也居然会有发表的勇气。”

10日，朱湘的诗《荷叶》发表于《小说月报》第13卷第2号。

同期还发表有汪静之的诗《星》、徐蔚南的诗《微笑》、周作人的散文《一个乡民的死》、《卖汽水的人》、王统照的小说《一栏之隔》、落华生的小说《缀网劳蛛》。

《缀网劳蛛》讲述了这么一个故事：主人公童养媳尚洁逃离婆家后与长孙可望结为夫妻，后遭遗弃，到马来半岛独自为生。长孙知错，将尚洁接回，自己则去槟榔屿赎罪。作品具有浓郁的宗教色彩和异域情调。

沈从文认为：《缀网劳蛛》"全篇意思在人类纠纷，有情的人在这类纠纷上发现缺陷，各处的弥补，后来作者忍受不来，加以追究的疑问了。缺处的发现，以及对手缺处的位置，作者是更东方的把事情加以自己意见了的"。茅盾则在《论地山的小说》一文中认为：《命命鸟》是理想主义的，《缀网劳蛛》则逐渐转向了现实主义，他说："'理想主义'在这里让位给市民的'人生哲学'，坚强的生之欲求，借锲而不舍的补缀生活之网的破绽表现出来，但是人生的意义何在，并没浪漫主义的给以解答。这一移向写实主义的过程，到了《黄昏后》，我们就看见了顶点。"

同日，《小说月报》第13卷第2号"通信"栏刊出周赞襄、谭国棠、雁冰等讨论文学作品中有无主义的通信。

同日，张君劢的《欧洲文化之危机及中国新文化之趋势》发表于《东方杂志》第19卷第3号。文章认为，中国文化应输入西方文化"血清剂"来扫除中国文化之腐败现象，中国和西方各具特点的文化必然有一场大激战。

11日，许昂若的评论《文学上的贵族与平民》发表于《时事新报·文学旬刊》第28期。

15日，汪静之的诗《末路》、《谢绝》、《竹影》发表于《诗》第1卷第2号。

该期还发表有胡适的诗《我们的双生日》、《晨星篇》；冯雪峰的诗《小诗》、《桃树下》。

同日，梁启超的评论《中国韵文里头表现的情感》开始发表于《改造》第4卷第6号，续刊至第7号。

21日，郎损（沈雁冰）的评论《评梅光迪之所评》发表于《时事新报·文学旬刊》第29期。该文全面批评了"学衡"派的保守主义文学主张。沈雁冰在文中说："《学衡》第一第二两期登著梅光迪君的两篇文字，（一）《评提倡新文化者》，（二）《评今人提倡学术之方法》，中间有些讲到近代文学的话；梅君极力慕古，甚至说模仿古人

‘时亦得其神髓’，以此自满，所以我不想和他讨论古文学与今文学孰善的问题，只根据梅君批评近代文学那些话里的‘不尽不实’之处，指出来，请大家明白一下。”

比如梅光迪认为国人迷信文学进化论：“文学进化至难言者，西国名家（如英国十九世纪散文及文学评论大家韩士立 Hazilitt）多斥文学进化论为流俗之错误，而吾国人乃迷信之。”对此，沈雁冰的批评是“肆意而谈，很犯了颠倒系统，见一隅而不见全体的大毛病”。在沈雁冰看来，文学进化论大致有两种解释：“一是指文学的形式的进化，如叙事诗歌之于歌剧等等。一是把达尔文的进化论的原理应用在文艺上，把文艺看作一个生物。这两说：前者由来已久，众说纷呶，现尚未有定论；（梅君文中只混指文学进化论，未曾分言之，已觉太含糊。）梅君引韩士立为证，未免类乎‘灯草撞钟’。”

同日，路易的评论《文学与民众》发表于《时事新报·文学旬刊》第 29 期。

22 日，郑振铎与赴京任教的叶圣陶结伴陪同俄国诗人爱罗先珂离沪北上。隔日，与耿济之陪爱罗先珂至八道湾鲁迅住所。这是郑振铎与鲁迅的第一次见面。

24 日，俄国诗人爱罗先珂到达北京，暂住于八道湾鲁迅和周作人的寓所。1922 年 4 月 16 日回国。他曾以世界语和日语作童话多篇。在中国期间，鲁迅曾和他多有交往。他的《桃色的云》等著作由鲁迅译成中文出版。1922 年 12 月，鲁迅作《鸭的喜剧》，记述爱罗先珂在中国的生活片段。

28 日，蒲伯英的评论《中国剧天然革命的趋势》发表于《戏剧》第 2 卷第 2 号。

同日，北京女子高等师范学校国文部四年级学生编戏剧《孔雀东南飞》，发表于《戏剧》第 2 卷第 2 号。

本月

鲁迅介绍爱罗先珂到北京大学讲授世界语和俄国文学。

叶圣陶应北大校长蔡元培和中文系主任马玉藻之聘，到北大预科任讲师，主讲作文，初识周作人、孙伏园等。

白采离开江西，开始过“漂泊诗人”的生活。

鸳鸯蝴蝶派重要刊物《星期》周刊创刊于上海，由包天笑编辑，上海大东书局发行。翌年 3 月停刊，共出 50 期。

高语罕的散文集《广州纪游》由上海亚东图书馆出版。

张资平的小说《冲积期化石》由泰东图书局出版。这是新文学第一部长篇小说，32开，列为郭沫若、赵南公所编《创造社丛书》第四种。卷首有著者题“此书为纪念而作”、《以诗代序》，还有一封写给其亡父的信。1927年6月5版，书前有作者《以诗代序》，后附《篇后致读者诸君》。1935年4月印至8版。创造社出版部1926年12月另印行改订本。成仿吾认为这部小说写法上“有大毛病，首尾的顾应，因为中间的补叙太长，力量不足，并且尾部的悲哀情调，勉强得很。作者的议论也过多，内容也散漫得很”。(《创造》季刊第1卷第3期)

三月

1日，《新潮》第3卷第2号出版“1920年世界名著介绍特刊”，介绍1920年世界哲学、社会科学方面有影响的重要著作，如爱因斯坦的《相对原理》、杜威的《哲学改造》、劳斯的《社会学原理》等。

同日，茅盾的评论《近代文明与近代文学》发表于《时事新报·文学旬刊》第30期，署名郎损。

9日，上海非基督教学生同盟发表宣言，指出各国资本家在中国设立教会，无非要中国接受资本主义;在中国设立基督教青年会，无非要培养资本家的良善走狗，目的在于吮吸中国人民的膏血。

10日，叶绍钧的小说《旅途的伴侣》发表于《小说月报》第13卷第3号。

该期还发表有刘纲的小说《冷冰冰的心》、李开光的小说《埂上的一夜》。

12日，郎损的评论《驳反对白话诗者》发表于《时事新报·文学旬刊》第31期。

15日，创造社主办的第一个文学刊物《创造》季刊创刊于上海，由郭沫若、郁达夫、成仿吾轮流编辑，上海泰东书局印行，16开，横排(创刊号初版是竖排，重印时亦改为横排)。该刊很少能按时出版，并且除第1卷第3期之外，其余各期均未注明出版日期。本书所注出版时间，多由季刊编者在《学灯》、《时事新报·文学旬刊》、《时事新报》上所登的出版预告或广告推算而来。由于人事变迁，《创造》季刊于1924年2月下旬出版第2卷第2期之后即停刊，共出版6期。此刊各期重印次数较多，最多者重印过7次。停刊后曾出版过平面精装和纸面平装两种汇刊本。

郁达夫在此刊的出版预告中说："自文化运动发生后，我国新文艺为一、二偶像所垄断，以至艺术之新兴气运，澌失将尽，创造社同人奋然兴起，打破社会因袭，主张艺术独立，愿与天下之无名作家，共兴起而造成中国未来之国民文学。"这就是此刊编者的指导思想与办刊宗旨了。

《创造》季刊以登载创作为主，兼有文学评论和外国名著的翻译。撰稿人多为创造社成员，除编者之外，还有郑伯奇、田汉、张资平、陶晶孙、王怡庵、洪为法、邓均吾、何畏、王独清等人，同时也发表了一些属于其他文学社团的作家的作品，如闻一多、梁实秋、冯至、徐志摩等人的诗文。载于该刊的郭沫若的新诗、郁达夫的小说和成仿吾的评论，引起了文艺界和读者的注意，使此刊产生了广大的影响，人们把创造社的出现看成新文学一支异军的突起。

同日，郭沫若的《〈少年维特之烦恼〉序引》发表于《创造》季刊第1卷第1期。从本文对于歌德思想的评述中，可以得见郭沫若自己的文学观念。郭沫若在文章中首先谈到了自己对于诗歌的理解，他说："最近国人论诗，犹有兢兢于有韵无韵之争而诋散文诗之名为悖理者，真可算是出人意外。不知诗的本质，不在乎脚韵的有无。有脚韵者可以为诗，而有脚韵者不必都是诗……诗可以有韵，而诗不必一定有韵。"至于《少年维特之烦恼》，郭沫若说："我存心移译已经四五年了。"在他看来，歌德的思想与他有很多共鸣之处，"此书主人公维特的性格，便是'狂飙突进时代'（Sturm and Drang）少年歌德自己的性格，维特的思想，便是少年歌德自己的思想。歌德是个伟大的主观诗人，他所有的著作，多是他自己的经验和实感的集成。"至于自己和歌德思想的共鸣点，郭沫若总结为五个方面：主情主义、泛神论思想、对于自然的赞美、对于原始生活的景仰以及对儿童的尊崇。

该期还发表有郁达夫的《艺文私见》和郭沫若的《海外归鸿》。郁达夫在《艺文私见》中呼唤中国大批评家的出现："目下中国，青黄未接，新旧文艺闹作了一团，鬼怪横行，无奇不有。在这混沌的苦闷时代，若有一个批评大家出来叱咤叱咤，那些恶鬼，怕同见了太阳的毒物一般，都要抱头逃命去呢！""现在那些在新闻杂志上主持文艺的假批评家，都要到清水粪坑里去和蛆虫争食物去。那些被他们压下的天才，都要从地狱里升到子午白羊宫里去呢！"

郭沫若则在《海外归鸿》中说："我国的批评家——或许可以说是没有——也太无聊，党同伐异的劣等精神，和卑陋的政客者流不相上下，是自家人的做作译品或出版物，总是极力捧扬，简直视文艺批评为广告用具；团体外的作品或与他们偏颇的先入之见不相契合的作品，便一概加以冷遇而不理。他们爱以死板的主义规范活体的人心，什么自然主义啦，什么人道主义啦，要拿一个主义来整齐天下的作家，简直可以说是狂妄了。”

郁达夫和郭沫若的批判矛头实际上指向的是沈雁冰和郑振铎，因此，这两篇文章自然引起了文学研究会的批评，而创造社与文学研究会的论争也由此而起。

同日，郁达夫的小说《茫茫夜》发表于《创造》第1卷第1期。作品写留日青年于质夫在日本时染上酗酒、玩女人的恶习，为了追求一种新的生活，他回到了上海，但戒烟、戒酒、戒女色的计划未能成功，反而心理变态。后来他去内地任教，但学校里也不太平，学生闹事，他渴望得到爱情也未得到，于是他又故态重萌——嫖妓去。作品反映了当时青年的苦闷心理。

同日，汪静之的诗《定情花》、《母亲》发表于《诗》第1卷第3号。

该期还发表有冯雪峰的诗《落花》，子耕的诗《秋雨》、《希望》，馥泉的诗《妹嫁》，刘延陵的诗《牛》、《梅雨之夜》、《等她回来》、《竹》、《诗泉灌溉的花》，潘漠华的诗《归家》。

潘漠华（1902—1934），诗人。原名恺尧，学名潘训，笔名潘四、田言、锡田、若迦、季明等。浙江宣平县（今浙江武义）人。1920年入浙江第一师范求学。1921、1922年与同学冯雪峰、汪静之先后发起成立文学团体“晨光社”、“湖畔诗社”，合出诗集《湖畔》、《春的歌集》。1924年考入北京大学。1933年参加中国左翼作家联盟，是北方左联发起人之一。同年12月被捕。1934年12月在狱中的绝食斗争中牺牲。主要作品编入《应修人潘漠华选集》、《漠华集》。

同日，郭沫若的诗《创造者》、《南风》、《白云》、《新月》、《雨后》、《天上的市街》发表于《创造》季刊第1卷第1期。

该期还发表有张资平的小说《她怅望着祖国的天野》、《上帝的女儿们》（后续载3期），郑伯奇的小说《最初之课》，成仿吾的小说《一个流浪人的新年》。

《一个流浪人的新年》是作者一段留学生活的写照。除夕夜里，流浪人“他”和几个朋友守岁。他们预备了几瓶酒、几碟菜，围着几个小火盆边吃边谈。作品以朴实的笔调，反映了弱国子女对于故国的思念，以及他们内心深处的悲哀。

同日，田汉的戏剧《咖啡店之一夜》发表于《创造》季刊第1卷第1期。作品描写这样一个故事：穷秀才的女儿白秋英，因为父母双亡，贫苦无依，便到省城的某咖啡馆做侍女，一心一意等着他的爱人李乾卿前来相会。李乾卿是贩私盐起家的富商的儿子。因为白秋英不能继续升学，他就喜新厌旧，和另一女子订婚。当他和未婚妻来到咖啡店无意间发现久未见面的白秋英之后，不仅将她看作陌路人，而且还拿出钱来要赎回他以前写给她的情书。白秋英非常悲愤，就将他给她的钱和她所珍藏的情书付之一炬，以表示对于那种势利薄情的“少爷”的鄙视和憎恶。本剧揭露并批判了资产阶级青年在恋爱问题上的庸俗和虚伪，同情妇女的不幸遭遇，并且歌颂妇女要求自由独立的精神。

19 日，周作人的评论《〈阿 Q 正传〉》发表于《晨报副镌》，署名仲密。

26 日，周作人的评论《〈沉沦〉》发表于《晨报副镌》，收入《自己的园地》。

31 日，周作人与钱玄同、沈兼士、沈士远、马裕藻等共同在《晨报》上发表《主张信教自由者的宣言》。此文的发表有着复杂的文化背景：1922 年初世界基督教学生同盟决定 4 月 4 日在中国北京清华学校召开第 11 次大会，消息一传出，因反对会议的召开而形成了一场广泛的“非基督教运动”，非基督教学生同盟、非宗教大同盟等组织先后成立，纷纷发表宣言和公电，激烈地抨击基督教和宗教。针对举国上下一片声讨之势，周作人等人发表了这篇《主张信教自由者的宣言》，反对这个运动以群众的压力干涉个人的思想信仰自由。文中提出：“我们不拥护任何宗教，也不赞成挑战的反对任何宗教。我们认为人们的信仰，应当有绝对的自由，不受任何人的干涉，除去法律的制裁以外，信教自由，载在约法，知识阶级的人应首先遵守，至少也不应首先破坏。我们因此对于现在非基督教同盟的运动表示反对……”

这 5 位北大教授的宣言一发表，就引起了轩然大波。4 月 2 日《晨报》发表非宗教大同盟的第二份电报与张耀翔的反驳论文。接着，《晨报》第 7 版“是非之林”栏目于 4 月 5 日、4 月 11 日连续推出两期“宗教问题”专辑，双方观点集中亮相。反对方集中针对的是如何对待“信仰自由”的问题，基本观点是承认信仰自由，但认为宗教妨碍自由信仰和社会进步，所以不可以有自由，并认为“不反对耶教，即有倾向于拥护宗教之嫌疑”，主张“尊重弱者的自由，勿拿自由人道主义许多礼物向强者献媚”。周作人在《拥护宗教的嫌疑》、《思想压迫的黎明》诸文中申述了自己的自由主义思想原则，也表达了自己的隐忧，担心群众运动会对信仰自由构成压制："我深望我们的恐惧是'杞忧'，但我预感着这个不幸的事情是已经来了；思想自由的压迫不必一定要用政府的力，人民用了多数的力来干涉少数的异己者也即是压迫。"(《周作人复陈仲甫先生信》，载于4月20日《民国日报·觉悟》)

同日，周作人的评论《对于戏剧的两条意见》发表于《戏剧》第2卷第3号。文中说："我对于新剧提出的意见"，"一曰写实不涉猥亵，一曰寓意不涉教训"。

该期还发表有陈大悲的评论《编剧的艺术》、路易的评论《关于戏剧的一点意见》、刘蘅静的戏剧《一点虚荣》。其中陈大悲《编剧的艺术》至4月30日第2卷第4号方载完。

本月

张石川、郑正秋、周剑云、郑鹧鸪、任矜苹在上海创办的明星影片股份有限公司正式成立。

同月，李大钊、李达等创办新时代丛书社。

同月，刘伯明在《学衡》第3期发表《评梁漱溟东西文化及其哲学》，对梁漱溟的文化、哲学观点提出批评、商榷意见。

同月，胡先骕在《学衡》第3期发表了《论批评家之责任》。

同月，叶圣陶的第一个短篇小说集《隔膜》由商务印书馆出版。这是继《沉沦》、《冲积期化石》之后新文学的第三本小说集，32开，列为《文学研究会丛书》。内收《隔膜》、《一生》、《阿菊》、《苦菜》等20篇小说。其中的作品揭示了旧中国到处存在的隔膜、冷酷的世态。作者认为"人心本来是充满着爱的，但给附生物遮住了，以致成了隔膜的社会。人心本是充满着生趣和愉快的，但给附生物缠住了，以致成了枯燥的社会"。在作者看来，"爱"、"生趣"、"愉快"，是"世界的精魂"。不过在出版《隔膜》之后，作者逐渐发觉自己的作品和时代相比较，写作题材不够宽广，于是他仍然把"唤起世界的精魂"，让被"附生物遮住了"和"缠住了"的"人心"回到"人间"，作为观察生活和判断生活的依据，并奉为艺术的旨趣。

同月，俞平伯诗集《冬夜》由亚东图书馆出版。收入1918年至1921年所作新诗58首。另有作者《自序》和朱自清的《序》各一篇。《自序》称自己作诗抱了"自由"和"真实"两个信念，"我只顾随随便便的，活活泼泼的，借当代的语言，去表现出自我”。文章不同意“诗是为诗而存在的，艺术是为艺术而存在”的观点，认为不必去争执怎样作诗的问题，而应认真探讨“怎样做人”的问题。只有“不失其赤子之心”的人，才是真正的诗人。对《冬夜》中不免沾染贵族习气而不能真正“民众化”，文章表示了内疚。

《冬夜》出版后，得到了胡适等人的好评，但闻一多有不同意见。他写了《冬夜评论》一文，批评了这部诗集的创作倾向。闻一多认为，《冬夜》的“优点是它音节上的赢获，劣点是它意境上的亏损。因为太拘泥于词曲的音节，便不得不承认词曲的音节之两大条件：中国式的词调及中国式的意象。中国的意象是怎样的粗率简单，或是怎样的不敷新文学的用”。该文深入分析了《冬夜》的诗，指出了俞诗在幻想和情感等方面所存在的问题，并概括道：“大体上看来，《冬夜》的长处在它的音节，它的许多弱点也可以推源而集中于它的音节。它的情感也不挚，因为太多教训理论。——一言以蔽之，太忘不掉这人间世。但追究其根本错误，还是那‘诗的进化的还原论’。俞君不是没有天才，也不是没有学力，虽于西洋文学似少精深的研究，但是他那谬误的主义一天不改掉，虽有天才学力，他的成功还是疑问。培根讲，‘诗中有一点神圣的东西，因它以物之外象去将就灵之欲望，不是同理智和历史一样，屈灵于外物之下，这样，它便能抬高思想而使之以入神圣。’所以俞君！不作诗则已，要作诗决不能还死死地贴在平凡琐俗的境域里！”（闻一多、梁实秋：《冬夜草儿评论》，清华文学社，1922 年）

同月，康白情诗集《草儿》由亚东图书馆出版。收入新诗 114 首，附录旧体诗 74 首、《新诗短论》1 篇，写于 1919 年至 1920 年，另有《自序》和俞平伯的《序》。

在《自序》中，康白情说：“《草儿》是去、前年间新文化运动里随着群众的呼声，是时代的产物……平伯以创造的精神许我，谢不敢当！我不过剪裁时代的东西，表个人的冲动罢了。”俞平伯在《序》中称赞《草儿》：“许多作品，为诗国开许多新疆土。”

但梁实秋有不同意见。8 月，梁实秋作《草儿评论》一文，对康白情的诗集《草儿》进行了批评。梁实秋指出：“《草儿》……只有一半算得是诗，其余一半是真算不得诗。”“算得是诗”的，如《日观峰看浴日》、《江南》和《晚晴》，这些诗的景色描写值得鉴赏。“真算不得诗”的，可以分为几类，比如有的诗像“演说词”，如《别北京大学同学》、《植树节杂诗》等；有的诗近似“小说”，如《醉人的荷风》，尽是描写人物动作的话;有的诗像“记事文”,如《日光纪游》是一段简洁的“日记”,等等。此外,梁实秋还批评康白情写诗感情太薄弱,想象太肤浅,忽视了诗的音节和韵脚。他认为,诗的主要职责是抒情,诗的成就本应该以情感为中心,诗人写诗必须要有充沛的情感,“或是特别的委婉,或是特别的壮烈”,切忌在诗中说理议论,或客观地记事写景。另外,诗还要“情缘境生”。之所以在诗中不宜客观写景,是因为客观写景充其量不过是描绘出一幅“测量图”,而“情缘境生”则“把客观的景物主观的写出来”,“能把情景渗透,相融而莫分”。如杜甫的“感时花溅泪,恨别鸟惊心”等诗句便是主观写景,做到了“景真情挚,浑然莫辨”。而更重要的是,诗歌要有想象,“凭着想象,创造出美来,这是一切艺术美的原则,诗当然逃不出这个例去”。此外,梁实秋还特别指出诗要有音乐美,以及诗人要有“昂首天外的神情”和“潇洒的心胸”,等等。(闻一多、梁实秋:《冬夜草儿评论》,清华文学社,1922年)

郑振铎在同年11月11日《时事新报·文学旬刊》上登出2篇短评,指摘梁实秋《草儿评论》中的有些说法是要诗人“超出现实”。而郭沫若则从日本写信给梁实秋,热情地赞扬了梁实秋的文章,他说:“如在沉黑的夜里得见两颗明星,如在蒸天的炎天得饮两杯清水……在海外得读两君评论,如逃荒者得闻人足者跫然。”

四月

1日,修人的诗《懊恼》、《晓》、《或者》发表于《时事新报·文学旬刊》第33期。

同日,田汉的戏剧《薛亚萝的鬼》发表于《少年中国》第3卷第9期。

同日,郭沫若所译歌德的《少年维特之烦恼》由上海泰东图书局出版,列为《世界名家小说》第2种。

3日,闻一多致信父亲及家人,云“尽我最高度之力量为公理而战”。1921年6月清华学校学生参加北京八校的索薪斗争而罢考,闻一多等29人被校方勒令开除。后校方迫于压力,改为留级一年。1922年4月,外交部慑于舆论,发一通令,称“将留级办法暂缓执行以观后效”。闻一多等人在《清华周刊》撰文痛斥部令,认为“无过可悔”,宁愿留级,不愿出卖原则。此即写信的背景。

5日,周作人的《拥护宗教的嫌疑》发表于《晨报》。文章回答了“非宗教同盟”对于周作人、钱玄同等人发表的《主张信教自由者的宣言》的批驳，说明:“我们既不拥护任何宗教，那么反对非基督教非宗教同盟的运动，到底为什么呢，冠冕的说，是为维持约法上的信教自由的宣言书。”他主张：人们的信仰，应当有绝对的自由，不受任何人的干涉。“倘若不欲干涉人家的自由，尽可以说不赞成罢了，又何必表示反对呢。”

6日，周作人作《周作人复陈仲甫先生信》，载4月20日《民国日报·觉悟》。这封信是对4月2日陈独秀致周作人、钱玄同诸君信（载4月7日《民国日报·觉悟》）的答复。陈独秀因在报上见周作人、钱玄同、沈兼士、沈士远、马幼渔等人主张信教自由的宣言，遂写此信。信中说：“无论何种主义学说皆应许人有赞成反对之自由，公等宣言颇尊重信教自由，但对于反对宗教者自由何以不加以容许？”又说：“我们的言论集会的自由在哪里？基督教有许多强有力的后盾，又何劳公等为之要求自由，公等真尊重自由么？请尊重弱者的自由，勿拿自由、人道主义许多礼物向强者献媚！”周作人在复信中说：“我们宣言的动因……‘是在宗教问题以外，我们承认这回对宗教的声讨，即为日后取缔信仰以外的思想的第一步，所以要反对。这个似乎杞忧的恐慌，不幸因了近日攻击我们的文章以及先生来书而竟证实了：先生对于我们正当的私人言论反对，不特不蒙加以容许，反以恶声见报……这不能不说是对于个人思想自由的压迫的起头了。”“思想自由的压迫不必一定要用政府的力，人民用了多数的力来干涉少数的异己者也是压迫。”并说：“先生的请尊重弱者的自由这一句话，倒还应该是我们对先生及其他谩骂我们的诸位说的。”

10日，落华生的散文集《空山灵雨》开始连载于《小说月报》第13卷第4号，共载3期。

同日，沈雁冰的评论《包以尔的人生观》发表于《小说月报》第13卷第4号。

该期还发表有阮有秋的诗《必然之夜》、《风车夜啼》、《落月》，冰心的小说《疯人笔记》，汪静之的小说《被残的萌芽》以及徐雉的诗《一篮花》和《跛足的狗》。

徐雉（1899—1947），诗人。浙江宁波人。1921年夏考入苏州东吴大学文科，参加“文学研究会”。在五四新文化思潮影响下，热衷于白话诗创作。1925年，大学毕业后投笔从戎，奔赴广州。1928年至1937年，转而以严肃的现实主义态度从事小说创作。抗日战争爆发后，奔赴延安。1947年病逝。主要作品有诗集《雉的心》、《酸果》，小说集《卖淫妇》等。

11 日，朱自清的散文《匆匆》发表于《时事新报·文学旬刊》第 34 期。

该期还发表有张资平的评论《致读〈女神〉者》，署名资平。

12 日，鲁迅的《无题》发表于《晨报副镌》，收于《热风》。文章通过写“我”买“黄枚朱古律三文治”（巧克力杏仁夹心面包）和店员发生误会的一件小事，反映出旧社会人与人之间存在的相互猜疑和不信任的现象，也从店员表现“惭愧”的态度中，渐渐觉得周围“又远远地包着人类的希望”。

15 日，《天韵》日刊创刊于上海。先后由骆无涯、王瀛洲编辑。每逢星期日出一期小说版。

同日，叶绍钧的评论《诗的源泉》发表于《诗》第 1 卷第 4 号。文章提出了“生活是一切的源泉，也就是诗的源泉”的观点，强调诗人“生活充实”，“描写工作，就表现出厚实的力量，发抒烦闷，就成为切至的悲声，赞美则满含春意，诅咒则力量深痛”，才能写出“好诗”。

该期还发表有朱自清的评论《短诗与长诗》（署名佩弦），冯雪峰的诗《鸟儿叫着》，汪静之的诗《牧童》，修人的诗《拾取》，漠华的诗《立在街头吹箫的浪子》，徐玉诺的诗《读者》、《小诗》、《走路》、《瘦削的孩子》、《小鼠》，魏金枝的诗《家居》，陈学乾的诗《春寒》。

16 日，周作人的评论《文艺上的异物》发表于《晨报副镌》，署名仲密，收入《自己的园地》。文章认为，“古今的传奇文学里，多有异物——怪异精灵出现，在唯物的人们看来，都是些荒唐无稽的话”。但它能“跳出因袭轨范，自由的采用任何奇异的材料，以能达到所欲得的效力为其目的，这却不能不说是一个大的改革，文艺进化上的一块显著的里程碑”。

21 日，之常的评论《支配社会底文学论》发表于《时事新报·文学旬刊》第 35 期。

该期还发表有滕固的诗《独唱六首》、《异端者之忏悔》；徐玉诺的诗《他的现在》、《生活与性灵》、《人生的现实》。

23 日，周作人的《思想界的倾向》发表于《晨报副镌》，署名仲密，收入《谈虎集》。文章认为：“我看现在思想界的情形推测将来的趋势，不禁使我深抱杞忧，因为据我看来，这是一个国粹主义勃兴的局面，他的必然的两种倾向是复古与排外。”并预言：“不出两年大家将投身于国粹，着古衣冠，用古文字，制礼作乐，或参禅炼丹，或习技击，或治乩卜，或作骈律，共臻东方文化之至治。”文章抨击了当时社会上的复古倾向。

30日，陆明悔的评论《上海戏剧界的春季漫评》发表于《戏剧》第2卷第4号。

该期还发表有韵裳的戏剧《孤独者》。

本月

湖畔诗社成立于杭州。

同月，湖畔诗社成员潘漠华、冯雪峰、应修人、汪静之4人的诗歌合集《湖畔》(《湖畔诗集》第一集）出版。内收潘诗16首、冯诗17首、应诗22首、汪诗6首。

朱自清在《读〈湖畔诗集〉》中评价《湖畔》诗集时说：“大体说来，《湖畔》里的作品都带着些清新和缠绵底风格；少年的气氛充满在这些作品里。这因作者都是二十上下的少年，都还剩着些烂漫的童心；他们住在世界里，正如住在晨光来时的薄雾里。他们究竟不曾和现实相肉搏，所以还不至十分颓唐，还能保留着多少清新的意态。就令有悲哀底景闪过他们的眼前，他们坦率的心情也能将他融合，使他再没有回肠荡气底力量;所以他们便只有感伤而无愤激了。——就诗而论，便只见委婉缠绵的叹息而无激昂慷慨的歌声了。但这正是他们之所以为他们，《湖畔》之所以为《湖畔》。有了‘成人之心’的朋友们或许不能完全了解他们的生活，但在人生底旅路上走乏了的，却可以从他们的作品里得着很有力的安慰；仿佛幽忧的人们看到活泼泼的小孩而得着无上的喜悦一般。”

同月，《台湾》杂志社于台南市成立“白话文研究会”，展开传播白话文工作。

同月，丁玲先到故乡，与王剑虹等乘船去上海，入平民女校高级班，用名“冰之”。

同月，洪深应聘任中国影片制造股份有限公司编剧顾问。

同月，宣传无政府主义的周刊《平民之声》创办，创办人有巴金、吴先忧等。巴金主持编务，通讯处设在自己家里。该周刊刊发的文章、材料和论点大半是从上海、北京等处的新杂志上找来。第1期出版后即被警察厅禁止发售，但仍半公开地发行。该刊共出10期。

同月，《厦大周刊》创刊。该刊为厦门大学校刊。主要颁布教育部、厅的训令、学校章则、布告，并发表该校师生的学术论文及小说、诗歌等文艺作品，刊登时事评论，介绍该校学术研究成果，报道校闻及校友消息等。每周一期，寒暑假休刊。

同月，《民锋》创刊。吴沄（卢剑波）、胡迈（绿华）主编。该刊介绍世界无政府主义各著。

同月，石评梅第一部剧作六幕剧《这是谁的罪？》开始在《晨报副镌》上连载。剧作描述这样一个故事：男主人公王甫仁留学美国期间，与同学陈冰华发生恋爱并私订终身。回国后，王甫仁却不敢违逆父母之命，与先前订婚的李素贞结婚；婚礼上新娘意外死亡，而王甫仁与陈冰华得以结合。但新婚不久陈冰华就服毒自杀，死前坦白素贞系由她投毒致死，她因良心谴责而选择自尽。

同月，吴宓的评论《论新文化运动》发表于《学衡》第4期。文章认为，对于传统文化，自然有必要进行批判，但不可采取全盘否定的方式。而对于西方文化的引进当然完全必要，但新文化运动倡导者所引进的不过是西方近代思想中一家之言，并非西方文化的精华。看似对中国有立竿见影之效，其实这种病急乱投医的做法实在是非常危险。而且只强调引进却忽视对其进行吸收改造，或者更糟，以传统文化中的不良成分比附外来文化却名曰改造成功，这些都会对现代中国文化的重建产生致命的伤害。吴宓认为，不应认为国难当头就允许过激行为，就不允许他人对新文化运动提出批评。这并非个人好恶问题，而是关系民族存亡的大问题。所以他反对新文化运动提倡者对一切事物先下结论，然后不准他人提不同看法的态度。再者，吴宓反对那种认为谁反对或者不赞成新文化运动就是不爱国的说法，认为在美国的留学生大都是爱国的，但这并不影响他们对新文化运动做出自己的判断。如果一味要求他们全部赞成，否则即指责他们为不爱国，那是不公正的。

同月，华桂馨的评论《论戏剧与社会改良》发表于《学衡》第4期。

同月，王慈甫的小说《骇异奇观》由大陆图书公司出版。

五月

1日，鲁迅译完日本江口涣的《忆爱罗先珂华希理君》，并作《附记》。译文及《附记》均载5月14日《晨报副镌》，署名鲁迅。收入《爱罗先珂童话集》。此篇记叙了爱罗先珂遭受日本政府迫害、放逐的经过，曾作为《代序》收进爱罗先珂童话集《最后的叹息》。关于这篇译文，鲁迅曾回忆说："当爱罗先珂君在日本未被驱逐之前，我并不知道他的姓名。直到已被放逐，这才看起他的作品来；所以知道那迫辱放逐的情形的，是由于登在《读卖新闻》上的一篇江口涣氏的文字。于是将这译出，还译他的童话，还译他的剧本《桃色的云》。"《附记》中说明此篇由于揭露了日本当局的暴行，出版时"被抹杀了六处，一共二十六行"，译文已据原作译出补齐。

同日，邹谦的评论《教育与文艺的斗争》发表于《时事新报·文学旬刊》第 36 期。

该期还发表有朱自清的诗《复活》。

同日，李劼人的评论《法兰西自然主义以后的小说》发表于《少年中国》第 3 卷第 10 期。

4 日，鲁迅的《记剧中人物的译名》发表于 5 月 15 日《晨报副镌》，未署名。7 月 1 日又作修改，收入同年 7 月新潮社出版的《桃色的云》。

7 日，综合性周刊《努力周报》创刊，英文名为"The Endeavor"。由胡适发起，北京努力周报社编。创刊号的"发刊词"为胡适所作的《努力歌》。其中写道："朋友们，我们唱个'努力歌'：'不怕阻力！不怕武力！只怕不努力！努力！努力！'阻力少了！武力倒了！中国再造了！努力！努力！" 1923 年 10 月 21 日停刊。共出 75 期。

《努力周报》的内容侧重于国内政治和文学艺术两方面。政治方面，在"这一周"，"记载"、"调查"等栏，着重报道北洋军阀政府的施政动态、军事、财政状况和地方政局的变动。以"我们的政治主张"为题的讨论和对制宪问题的讨论，宣扬了"好政府主义"、"废督立宪"、"联省自治"等政治主张。在文艺方面，发表了胡思永、徐志摩、陈衡哲等人的新诗，陈衡哲、冯文炳、叶圣陶等人的小说。还出版了"玄学与科学论讨"专号，对张君劢"唯心主义玄学论"进行了批判；此外发表了胡适的《红楼考证》、《中国最早的一部讨论妇女问题的书——镜花缘》等著作，把他的实验主义运用到文学研究上来。

据胡适说，《努力周报》的创办与丁文江有莫大关系："在君是最早提倡的人，他向来主张，我们有职业而不靠政治吃饭的朋友应该组织一个小团体，研究政治，讨论政治，作为公开的批评政治或提倡政治革新的准备。"

《努力周报》第 2 期刊登了由胡适起草的《我们的政治主张》一文，宣传"好政府主义”的政治主张。

同日，胡适的《跋〈红楼梦考证〉》发表于《努力周报》第1期，署名适。续刊至第2期。

10日，高长虹的第一篇小说《红叶》发表于《小说月报》第13卷第5号，署名高仰愈。

高长虹（1898—1954），诗人、小说家。原名高仰愈，笔名长虹、残红等。山西盂县人。1924—1929年，创办《狂飙》、《弦上》、《长虹周刊》等多种进步刊物，并作为鲁迅倡导组织的“莽原社”的重要成员，鼎力协助鲁迅编撰《莽原》。1926年大肆攻击鲁迅，声誉下降。1931年赴欧研究政治经济学。抗日战争爆发后，返回祖国，在武汉、重庆等地从事抗日救亡宣传活动。1941年，徒步赴延安参加革命工作。主要作品有散文集《光与热》、诗集《给——》、《献给自然的女儿》等，散文、诗合集《心的探险》，小说集《实生活》、《春天的人们》等。

同日，梁宗岱的诗《高兴》、《夜鹃》发表于《小说月报》第13卷第5号。

该期还发表有宇众的诗《诗人的心》、《帐顶》，张维琪的诗《拒绝》、《醉》，孙俍工的小说《医院里的故事》。

同日，《小说月报》第13卷第5号“通讯”栏刊出周赞襄、雁冰、长虹、徐绳祖、刘晋云等争议自然主义问题的通信19篇。

11日，王任叔的第一篇评论《对于一个散文诗作者表一些敬意》在《时事新报·文学旬刊》第37期发表。

王任叔（1901—1972），小说家，评论家。笔名巴人、赵冷等。浙江奉化人。1923年加入文学研究会，开始发表诗歌和小说。1926年到广州，任北伐军总司令部秘书处秘书。次年回宁波，任中学教员，并潜心从事文学创作。1929年赴日本。次年回上海，参加中国左翼作家联盟。1932年到汉口，任《新民报》编辑和中学教员。抗日战争爆发后，在上海从事救亡活动和写作，编辑《译报》、《民族公论》等报刊，参加《鲁迅全集》的编辑工作。新中国成立后，历任中国驻印尼大使、人民文学出版社副社长、《文艺报》编委、中国作家协会外国文学委员会委员等职。主要作品有短篇小说集《监狱》、《破屋》等，中篇小说《阿贵流浪记》、《证章》，长篇小说《莽秀才造反记》等，评论集《窄门集》、《常识以下》等。

同日，沈雁冰的《〈创造〉给我的印象》一文开始连载于《时事新报·文学旬刊》第 37 期，至第 39 期载毕，署名郎损。文章评论了《创造》杂志上发表的创造社成员张资平的《她怅望着祖国的天野》、《上帝的女儿们》，田汉的《咖啡店之一夜》，郁达夫的《茫茫夜》等作品。

对于张资平的小说《她怅望着祖国的天野》，沈雁冰首先肯定了作品"为一个平常的不幸福的女子鸣不平"，但"结构不是短篇小说的结构"，"未曾畅意的描写，颇有些急就粗制的神气"；对于田汉的《咖啡店之一夜》，沈雁冰认为，"这篇东西未必能有怎样多的读者感受到真正的趣味"；对于郁达夫的《茫茫夜》，他指出："肯自承认而且自知，我以为这就是《茫茫夜》的主人翁所以可爱的地方。除此点而外，若就命意说，这篇《茫茫夜》只是一段人生而已，只是一个人所经过的一片生活，及其当时的零碎感想而已，并没有怎样深湛的意义。似乎缺少了中心思想。但描写得很好，使人很乐意的看下去。"沈雁冰在文中进一步指出："创造社诸君的著作恐怕也不能竟说可与世界不朽的作品比肩罢。所以我现在觉得与其多批评别人，不如自己多努力，而想当然的猜想别人是'党同伐异的劣等精神，和卑陋的政客者流不相上下'，更可不必。真的艺术家的心胸，无有不广大的呀。我极表同情于创造社诸君，所以更望他们努力！更望把天才两字写出在纸上，不要挂在嘴上，这话也许太唐突了，但我确有这感想，而且朋友们中也确有这些同样的感想，所以还是老老实实说出来罢。"

同日，郑振铎的评论《新文学观的建设》发表于《时事新报·文学旬刊》第 37 期。文章批判了"文以载道"和视文学为自娱、娱人之具的旧文学观，指出"文学是人生自然的呼声"，既非以"传道"为目的，更非以娱乐为目的。

该期还发表有俞平伯的诗《微笑》、《梦》。

13 日，鲁迅《将译〈桃色的云〉之前的几句话》、所译日本秋田雨雀的《读了童话剧〈桃色的云〉》都发表于《晨报副镌》。

15 日，《努力周报》第 2 期出版。该期推出了由胡适起草，蔡元培领衔，王崇惠、李大钊等 16 人签署的《我们的政治主张》，宣传"好政府主义"的政治主张。该文是以胡适、丁文江为首的小群体矢力于政治的纲领性文件，该主张宣示的改革道路，"第一步在于好人需有奋斗精神"，"凡是社会上的优秀分子，应该为自卫计，为社会国家计，出来和恶势力奋斗"，以戮力促成"好人政府"目标的实现。

宣言发表后，引起了知识阶层的广泛关注，包括《努力周报》、北京《晨报》、《益世报》、上海《民国日报》以及《先驱》等各具背景的报纸杂志发表了多篇回应之作，由此在全国范围内掀起了一个“好政府主义”的讨论。丁文江积极参与其间，并就有关观点反复辨析，他认为，政治之糜烂是百事不可为的主因，因此改良政治实为变革社会的首要之图，也是最易着手最易见效的环节；知识阶层应肩负起议政的责任，与此同时不忘加强自身修养，尤其应用科学的态度尽可能地研究政治的各相关层面，以作改良政治之依据。

同日，鲁迅译完俄国作家爱罗先珂的三幕童话剧《桃色的云》。从本日起到6月25日连载于《晨报副镌》。《桃色的云》是爱罗先珂在日本时以日语创作的三幕童话剧，收在他第二本童话集《最后的叹息》中，1921年12月初由日本东京丛文阁出版。爱罗先坷认为“这一篇更胜于先前的作品”，“想从速赠与中国的青年”。

同日，陈南士的诗《伴侣》发表于《诗》第1卷第5号。

该期还发表有葛有华的诗《我的心》、《沉思后》，陈乃裳的诗《父亲》、《蚊子》、《为何》。

17日，周作人的杂文《真的疯人日记》开始连载于《晨报副镌》，至23日载毕，署名槐寿。收入《谈虎集》。小说以著者在“民君之邦”游记的形式，隐晦地讽刺了当时教育界、文艺界的情形。

18日，周作人的《介绍小诗集〈湖畔〉》发表于《晨报副镌》，署名仲密。本文应汪静之之邀介绍了潘漠华、应修人、冯雪峰、汪静之合著的诗集《湖畔》。文中称赞这一诗集“是青年人的诗，许多事物映在他们眼里，往往结成新鲜的印象”。

21日，郭绍虞的评论《邵雍的诗》发表于《时事新报·文学旬刊》第38期。

本月

上海商务印书馆开始出版《文学研究会丛书》。至1948年共出王统照《一叶》、老舍《二马》、叶绍钧《火灾》、冰心《繁星》等文学著译101种。

同月，独鹤的小说集《集锦小说》由上海大成图书局出版。

同月，文学研究会成员的短篇小说创作集《小说汇刊》，由商务印书馆出版。收入叶圣陶、佩弦、庐隐等7人作品16篇。

同月，田汉的散文集《蔷薇之路》由上海泰东书局出版。内收作者 1921 年 10 月 10 日至 31 日的日记。

同月，鲁迅译俄国阿尔志跋绥夫的小说《工人绥惠诺夫》单行本由商务印书馆出版，为《文学研究会丛书》之一。

同月，周作人、鲁迅、周建人合译的《现代小说译丛》由商务印书馆出版，列入《世界丛书》，仅出第一集。收入 8 个国家 18 位作家的小说 30 篇，其中鲁迅翻译的有 3 个国家 6 位作家的小说 9 篇。译者在《序言》中说："这一部《现代小说译丛》，是我这两年（1920—1921）里所译小说的结集，一共三十篇，其中三篇（《微笑》、《白母亲》与《犹太人》）是我的兄弟建人译的，而安特来夫、契里珂夫、阿尔志跋绥夫各二篇，跋佐夫、亢德与亚勒吉阿各一篇，却是鲁迅君的翻译，现在得了他的赞同，也收在这集子了。"

六月

1 日，许钦文的小说《晕》发表于《越铎日报》，署名钦文。

许钦文（1897—1984），小说家。原名许绳尧，笔名钦文。浙江山阴人。1920 年赴北京工读，因乡谊与鲁迅先生过从甚密，自称先生"私淑弟子"。1922 年以后经常在《晨报副镌》发表小说和杂文，受到鲁迅的扶植与指导，被鲁迅列入"乡土作家"之列。新中国成立后的文学活动主要是从事鲁迅著作的研究。主要作品有短篇小说集《故乡》、《回家》等，中篇小说《鼻涕阿二》，散文集《无妻之累》、《学习鲁迅先生》等。

同日，叶圣陶的评论《玉诺的诗》发表于《时事新报·文学旬刊》第 39 期，署名圣陶。

2 日，周作人的《丑的字句》发表于《晨报副镌》，署名仲密。文中批评了梁实秋的一篇文章中认为"无产阶级"、"共产主义"、"革命"、"电报"、"社会改造"、"基督教青年会"、"北京电灯公司"、"军警弹压处"、"兰二太太"、"入厕"以及"洋楼"、"小火轮"等字句，"丑不堪言"，"不能入诗"的谬论。

4 日，周作人的《〈孔乙己〉》日译本发表于北京发行的日文报纸《北京周报》，署名仲密。译文前有用记者名义写的一段关于鲁迅的简介。

5 日，成仿吾致信郭沫若，对已经出版的创造社各丛书做了初步评论。这是其写作文学评论的开端。

10 日，许地山的散文《春底林野》发表于《小说月报》第 13 卷第 6 号。

该期还发表有梁宗岱的诗《森严的夜》，徐雉的诗《瞎子》、《跛足者》、《哑子》、《聋子》、《青年的悲哀》，俍工的小说《前途》，庐隐的小说《余泪》，冰心的小说《遗书》，利民的小说《三天劳工底自述》。

同日，王统照的戏剧《死之胜利》开始连载于《小说月报》第 13 卷第 6 号，至第 7 号载毕。

11 日，周作人陪同爱罗先珂去北京法政学校的世界语讲演会讲演，并任翻译。讲题为《公用语之必要》。讲稿载 6 月 13 日《晨报副镌》及 6 月 18 日《民国日报·觉悟》，署名周作人译。

19 日，《民国日报》副刊《觉悟》刊登“明天社”发起宣言。宣言抨击了黑幕派一类的作品，反对把文学作为发牢骚的工具，该社发起人为汪静之、冯雪峰、台静农、应修人等人。但该社以后并无活动，也未办刊物。

21 日，革初的评论《评读诗的进化的还原论》发表于《时事新报 · 文学旬刊》第 41 期。

同日，周作人的评论《论小诗》开始连载于《晨报副镌》，至 22 日载毕，署名仲密。收入《自己的园地》。本文原是为燕京大学文学会作的讲演稿，后因身体不适未讲。文中认为小诗“在中国文学里”“古已有之”，“中国现代的小诗的发达”，又“很受外国的影响”，特别是印度与日本的影响，并说“小诗的第一条件是须表现实感”，“对于现在发表的小诗”，“只能赏鉴”，“却不易批评”。

26 日，周作人的评论《神话与传说》发表于《晨报副镌》，署名仲密。收入《自己的园地》。文章批评了“神话是荒唐无稽的话，不但没有研究的价值，而且还有排斥的必要”的意见，论述了神话传说在文学上和文学史上的意义。

本月

吴宓的《西洋文学精要书目》开始载于《学衡》第 6 期。7 月第 7 期续载，11 月第 11 期载毕。共连载 3 期。

同月,《文学研究会丛书》之一《雪潮》,由北京新潮社出版,内收朱自清、叶绍钧、郑振铎、周作人等人的诗作,另有郑振铎的《短序》一篇。在序中,郑振铎说:“诗歌的声韵格律及其他种种形式上的束缚,我们要一概打破”,“我们要求‘真率’,有什么话便说什么话,不隐匿,也不虚冒。我们要求‘质朴’,只是把我们心里所感到的坦白无饰地表现出来”。

七月

1 日,《新青年》第 9 卷第 6 号刊登凌霜与陈独秀的通信,讨论无产阶级专政问题。

同日,汪静之的诗《悲哀的青年》、《竹叶》发表于《新青年》第 9 卷第 6 号。该期还发表有胡适的诗《平民学校校歌》、《希望》。

同日,宓汝卓的评论《小说的“做”的问题》发表于《时事新报·文学旬刊》第 42 期。

2 日,鲁迅作《〈桃色的云〉序》,未另发表,收入《桃色的云》。这是鲁迅根据《将译〈桃色的云〉以前的几句话》和《〈桃色的云〉第二幕第三节中译者附白》补充改写而成。文中说明了翻译经过,并指出本书的意义,“大约是可以无须乎详说的。因为无论何人,在风雪的呼号中,花卉的议论中,虫鸟的歌舞中,谅必都能够更洪亮的听得自然母的言辞,更锋利的看见土拨鼠和春子的运命”。译者通过对爱罗先珂在剧本所表现的爱憎和理想的阐述,寄托了对中国青年一代的命运的关注。

5 日,鲁迅译爱罗先珂童话《小鸡的悲剧》并作《译后附记》。

7 日,汪馥泉的评论《文艺上的新罗漫派》发表于《民国日报》副刊《觉悟》,署名馥泉。

8 日,郑振铎在“一品香”旅社召开文学研究会南方会员年会,讨论会务及其他问题,并欢送俞平伯赴美留学。

10 日,《小说月报》第 13 卷第 7 号“通信”栏刊出汪敬熙、雁冰、啸云等讨论“为人生的艺术”的通信 14 篇。

10 日,鲁迅的《白光》发表于《东方杂志》第 19 卷第 13 号,后又转载于同年 9 月 22 日上海《民国日报·觉悟》,收入《呐喊》。

同日，瞿世英的评论《小说研究（上篇）》发表于《小说月报》第13卷第7号。中篇发表于8月10日第13卷第8号，下篇发表于9月10日第13卷第9号。上篇论述小说与其他文学样式及自然科学、哲学的关系，尤其强调了小说作者人生观的重要性。中篇探讨了“小说本身及组织”，即小说创作的某些内部规律。下篇在介绍现实主义、浪漫主义小说的同时，描述了中国古典小说的发展轮廓。

同日，沈雁冰的评论《自然主义与中国现代小说》发表于《小说月报》第13卷第7号。文章认为，就“内容与形式或思想与结构”看来，中国现代的小说可以分作新旧两派。旧派作者受游戏消遣、金钱主义的文学观念支配，“只知主观的向壁虚构”，而不懂“客观的观察”。新派作者对文学抱有严肃的态度，但是缺乏客观的描写态度，“内涵欠丰厚，欠复杂，用意太简单，太表面化”。要纠正文坛的这些弊病，自然主义便是良方：“自然主义者最大的目标是‘真’……所以若求严格的‘真’，必须事事实地观察。这事事必先实地观察便是自然主义者共同信仰的主张。……自然主义是经过近代科学的洗礼的；他的描写法，题材，以及思想，都和近代科学有关系。”据此，沈雁冰认为：“现在国内有志于新文学的人，都努力想作社会小说，想描写青年思想与老年思想的冲突，想描写社会的黑暗方面，然而仍不免于浅薄之讥，我以为都因作者未曾学自然派作者先事研究的缘故。作社会小说的未曾研究过社会问题，只凭一点‘直觉’，难怪他用意不免浅薄了。想描写社会黑暗方面的人，很执着的只在‘社会黑暗’四个字上做文章，一定不会做出好文章来的。我们应该学自然派作家，把科学上发见的原理应用到小说里，并该研究社会问题，男女问题，进化论种种学说。否则，恐怕没法免去内容单薄与用意浅显两个毛病。即使是天才的作者，这些预备似乎也是必要的。”

该期还发表有潘漠华的诗《长途的倦客》，黄洁如的诗《枕上》、《微笑》、《离情》，朱湘的诗《死》、《地丁》，丁客的诗《烛光》，潘漠华的小说《乡心》，叶绍钧的小说《祖母的心》。

11日，茅盾的评论《评〈小说汇刊〉》发表于《时事新报·文学旬刊》第43期，署名玄。《小说汇刊》系文学研究会会员的小说集，共收16篇小说。沈雁冰认为，“在如此汹涌的‘灰色海’中，这本‘小说汇刊’，真乃如‘沧海之一粟’，然而这点‘如豆之光’将要耀到许多人的眼前，尽它的光的天职，但我尚怕这一点‘如豆之光’在久居黑暗的人们的眼前，还嫌太亮，耀得他们睁不开眼。”

同日，周作人的评论《文艺的统一》发表于《晨报副镌》，署名仲密。收入《自己的园地》。文章认为文艺上的统一“不应有”也“不可能”，“据我的意见，文艺是人生的，不是为人生的，是个人的，因此也即是人类的；文艺的生命是自由而非平等，是分离而非合并”。“我希望大家弃舍了统一的空想，去各行其是的实地工作。”

12日，周作人作《诗人席烈的百年忌》，本文是为英国诗人席烈（即雪莱）逝世100周年而作，文中认为雪莱“诗中的社会思想多半便是戈德文的哲学的无政府主义”，雪莱“心中最大的热情即在湔除人生的苦恶”，“他以政治的自由为造成人类幸福之直接的动原”，但他“并不直接去作政治的运动，却把他的精力都注在文艺上面”。该文载于7月18日《晨报副镌》，署名仲密，收入《谈龙集》。

14日，周作人作《送爱罗先珂君》。因爱罗先珂于7月3日离北京去芬兰参加第十四届万国世界语学会年会，遂写本文作为纪念。文中称赞爱罗先珂“怀着对于人类的爱与对于社会的悲，常以冷隽的言词，热烈的情调，写出他的爱与憎，因此遭外国资本家政府之忌”。该文载7月17日《晨报副镌》及7月20日《民国日报·觉悟》，署名仲密，收入《泽泻集》。

16日，闻一多乘船赴美留学。9月25日加入芝加哥美术学院学习绘画。翌年转到丹佛珂罗多大学美术系，第三年又转入纽约一所艺术学院。

21日，巴金以“佩竿”为笔名在《时事新报》副刊《文学旬刊》第44期发表其第一首新诗《被虐者底哭声》。

同日，胡愈之的《中国的报纸文学》开始连载于《时事新报·文学旬刊》第44期，续载至第46期，署名化鲁。

27日，郭沫若的评论《论文学的研究与介绍》发表于《时事新报·学灯》。文章针对郑振铎、沈雁冰关于译介外国文学的观点提出了不同看法，认为批评家对翻译作品的批评只能在译品成功之后进行，不能事先预断其后果良与不良。文学的介绍与翻译是紧密相连的事情，翻译应在研究的基础上翻译，而且也是研究的延续。

29日，周作人的评论《论小诗》发表于《民国日报·觉悟》，署名仲密。文章认为生活中会有刹那的迫切的感情，而小诗最宜于表现这种感情。但作小诗尤需简练，要“将迫切地感到的对于平凡事物之特殊的感兴”经济地、含蓄地表现出来，否则就是下乘之作。

30 日，郑振铎、沈雁冰应邀赴甬讲学，郑振铎演讲《儿童文学教授法》，王任叔作笔录。这是郑振铎与王任叔第一次会面。是年年底，经郑振铎介绍，王任叔加入文学研究会，成为该会早期作家之一。

本月

徐志摩结识英国著名女作家曼殊菲尔。

同月，由旧派文学家组成的通俗文学团体青社成立于上海，发起人有徐卓呆等。

同月，中国影响最大、维持最久的无政府主义刊物《民钟》月刊（后改为不定期刊）创刊于广东。1927 年 7 月 25 日停刊，共出 2 卷 23 期。

同月，邵祖平的《论新旧道德与文艺》发表于《学衡》第 7 期。

同月，王力的小说《苦儿记》由上海文明书局出版。

同月，由鲁迅等译俄国作家爱罗先珂的《爱罗先珂童话集》，由商务印书馆出版。卷首有爱罗先珂像和一首世界语原作诗、愈之译《我的学校生活的一断片——自叙传》、鲁迅《序》。除第 9 篇《虹之国》（汪馥泉译）、第 11 篇《为跌下而造的塔》（胡愈之译）外，其余均为鲁迅译。

八月

1 日，中国共产主义青年团旅欧支部内部刊物《少年》月刊创刊于法国巴黎。由陈延年、陈乔年负责刻写蜡纸和油印。主要内容为宣传共产主义，论证中国走共产主义道路的必要性、必然性，报道世界工运、中国青运的消息。从 1922 年 8 月到 1923 年底，《少年》共出版 13 期，曾摘要登载过马克思、恩格斯、列宁等有关经典著作，还发表了周恩来的《共产主义与中国》、《宗教精神与共产主义》、《告工友》、《十月革命》等重要文章。

同日，周作人与胡愈之、周建人等发起组织妇女问题研究会，并在《晨报副镌》上发表《妇女问题研究宣言》。

同日，雁冰的评论《介绍外国文学作品的目的》发表于《时事新报·文学旬刊》第 45 期。文章认为，“翻译一篇外国文学作品，于主观的爱好心而外，再加上一个‘足救时弊’的观念，亦未始竟是不可能，不合理的事。”文章还表示：“我是倾向人生派的。我觉得文学作品除能给人欣赏而外，至少还需含有永久的人性，和对于理想世界的憧憬。我觉得一时代的文学是对一时代缺陷与腐败的抗议或纠正。我觉得创作者若非是全然和他的社会隔离的，若果也有社会的同情的话，他的创作自然而然不能不对于社会的腐败抗议。我觉得翻译家若果深恶自身所居社会的腐败，人心的死寂，而想借外国文学作品来抗议，来刺激将死的人心，也是极应该而有益的事。”“我极力主张译现代的写实主义的作品。”文章最后指出：“我们无可奈何乃希望文学来唤醒这些人；我们迷信文学有伟大的力量，故敢作此奢望。”

同日，郭沫若的评论《论国内的评坛及对我对于创作上的态度》发表于上海《时事新报·学灯》，文章阐述了创造社的文艺理论主张，并对沈雁冰的《〈创造〉给我的印象》一文提出反批评。文中说：“批评如果是对于十恶不善的敌人，自当别论。如其不然，则应当生于一种渊深的同情。”批评家应以“博大的爱情以对待被批评者”，这样的批评“即使辞意峻严，形近攻击，但也可以问心无愧，可以放诸四海而无隐”。针对文学研究会当时提倡“血和泪”的文学，他说：“文艺如有真实生活的源泉流出”，“都是血与泪的文学。不必在纸面上定要有红色的字眼才算是血，不必在纸面上定要有三水旁边一个戾字的才算是泪。人生的苦闷，社会的苦闷，全人类的苦闷，都是血泪的源泉”。“主要的眼目，总要有生活的源泉。由灵魂深处流泻出来的悲哀，然后才能震撼读者的魂魄”。对于所谓的“艺术派”与“人生派”的问题，他说：“艺术与人生，只是一个晶球的两面。和人生无关系的艺术不是艺术，和艺术无关系的人生是徒然的人生。”他反对“一切艺术是完全无用”的说法，认为“一切艺术，虽然貌似无用，然而有大用存焉。它是唤醒社会的警钟，它是招返迷羊的圣箓，它是澄清河浊的阿胶，它是鼓舞革命的醍醐”。

针对郭沫若的批评，沈雁冰、郑振铎分别撰写了文章予以反驳。沈雁冰就是否应写“血与泪”的文学问题，特别指出：“处中国现在这政局之下，这社会环境之内，我们有血的，但凡不曾闭了眼，聋了耳，怎能压着我们的血不沸腾？从自己热烈地憎恶现实的心境发出呼声，要求‘血与泪’的文学，总该是正当而且合于‘自由’的事。”

2日，郁达夫的评论《〈女神〉之生日》发表于《时事新报·学灯》。该文一方面认为："中国自新文化运动开始以后，各人都岌岌于自己的地位与利益，只知党同伐异，不知开诚布公，到了目下终至演出甲派与乙派争辩，A团与B团谩骂的一种怪现象来。"另一方面，郁达夫又希望跟文学研究会消除意气，友好合作。他说："想请目下散在的研究文学的人，大家聚拢来谈一谈，好把微细的感情问题，便于一党一派的私见，融合融合，立个将来的百年大计。"为此，郁达夫倡议于8月5日晚上举行《女神》生日纪念会。以便"我们研究文学的人大家聚集一次，开诚布公的谈谈我们胸中所蕴积的语言，同心协力的想个以后可巩固我们中国新文学的方略。"后郁达夫与郭沫若到闸北拜访郑振铎，邀请他和文学研究会的其他作家参加纪念会，郑振铎欣然应允。

5日，郁达夫在上海一品香旅社如期举行了"《女神》会"，纪念郭沫若的《女神》出版一周年。应邀到会的除了创造社作家外，还有文学研究会的郑振铎、沈雁冰、谢六逸、庐隐等。会后拍照留念，但组织作家协会一事，却终未实现。而且，郭沫若与沈雁冰等人的矛盾却愈演愈烈。

7日，戴望舒的处女作短篇小说《债》发表于《半月》第1卷第23号。

戴望舒（1905—1950），诗人、翻译家。原名戴朝采，又名戴梦鸥。笔名艾昂甫、江思等。浙江杭县人。1923年考入上海大学文学系，后转入震旦大学法文班。1926年同施蛰存、杜衡创办《璎珞》旬刊。1928年与施蛰存、杜衡、冯雪峰一起创办《文学工场》。1932年参加施蛰存主持的《现代》杂志编辑社，后赴法留学，深受法国象征派诗人影响。1936年与卞之琳、孙大雨、梁宗岱、冯至等创办《新诗》月刊。抗日战争爆发后赴香港主编《星岛日报》副刊《星座》和英文刊物《中国作家》等。1941年被捕入狱。1949年在北京参加中华全国文学艺术工作者代表大会，后在新闻总署国际新闻局工作，1950年因气喘病去世。主要作品有诗集《我底记忆》、《望舒草》、《望舒诗稿》、《灾难的岁月》，另有译著等数十种，如《少女之誓》、《鹅妈妈的故事》、《麦克倍斯》、《高龙芭》、《洛尔伽诗钞》等。

10日，郑振铎的评论《文学的统一观》发表于《小说月报》第13卷第8号。主张"综合一切人间的文学，以文学为主观点，而为统一的研究"。

同日，茅盾的评论《"文学批评"管见一》发表于《小说月报》第13卷第8号。文章认为："中国一向没有正式的什么文学批评论，有的几部古书如《诗品》、《文心雕龙》之类，其实不是文学批评论，只是诗赋，词赞……等等文体的主观的定义罢了。”“如果国内的学术界内竟盛行‘严格取缔批评’的风气，竟认文学批评是几个‘老批评家’的特权，那我敢为中国新生的批评文学前途担忧。”

该期还发表有朱湘的诗《春》，梁宗岱的诗《小溪》，徐雉的诗《泪》、《旁观者》、《哭》，侍鸥的诗《夜》、《晚眺》，落华生的散文《落花生》，王统照的小说《自然》，李开光的小说《雪后》。

12日，郁达夫的小说《血泪》发表于上海《时事新报·学灯》。

14日，郭沫若作《卷耳集·序》。说明翻译《诗经》的缘由、目的和方法。收入《卷耳集》。与此同时，他选译《诗经·国风》40首。因为第一首诗是《周南卷耳》，所以定名为《卷耳集》。郭沫若说：“我们的民族，原来是极自由极优美的民族。可惜束缚在几千年来礼教的桎梏之下，简直成了一头死像的木乃伊。我们最古的优美的平民文学，也早变成了化石，译这些诗的目的，就是为了向这化石中吹嘘些生命进去，使这木乃伊的死像苏活转来。”因此，“对于各诗的解释，是很大胆的”，并不同于“古代的传统的解释”。在译述的方法上，不采用逐字逐句的直译而受泰戈尔所说的译诗“不必是字字直译——原文有时有被省略处，有时有被义释处”的暗示，译得非常自由。《卷耳集》是古诗今译的最初尝试。所译之40首诗从本年9月5日至26日在《中华新报·创造日》上发表以后，引起文学界的极大注意，《时事新报·学灯》、《民国日报·觉悟》和《晨报副镌》都曾发表了许多讨论、评论文章。

20日，胡适的评论《一篇绝妙的平民文学》发表于《努力周报》第16期，署名适。

21日，鲁迅致信胡适，对胡适本年3月为纪念上海《申报》50周年所写的《五十年来中国之文学》一文表示赞同，并说“大稿已经读讫，警辟之至，大快人心”。

25日，郭沫若的评论《批判意门湖译本及其他》发表于《创造》季刊第1卷第2期。在这篇文章中，郭沫若详细地列举了文学研究会出版、唐性天所译的《意门湖》中的译文错误，以说明文学研究会不负责任。同时，他对沈雁冰发表《〈创造〉给我的印象》一文很恼火，说沈雁冰跟“党同伐异的劣等精神和卑劣的政客者流不相上下”，是“鸡鸣狗盗式的批评家”，惯于使用“藏名匿姓，不负责任”、“吞吞吐吐，射影含沙”、“人身攻击，自标盛德”、“挑剔人语，不立论衡”等手法，不敢“堂堂正正地布出论阵来”，“犹抱琵琶半遮面”，“在那里白描空吠”。而对《〈创造〉给我的印象》一文本身却未做只言半句的评析。

沈雁冰也不示弱，于同年9月1日《时事新报·文学旬刊》第48期上发表了《“半斤”VS“八两”》一文，作为答复。在此文中，沈雁冰先是对使用化名“损”做了解释，说它是“公开的化名”，“凡认识我的，大概都知道”，并非“胆小”而不敢用真名。同时，他认为《〈创造〉给我的印象》一文是由于郭沫若“党同伐异”的一句“激将法”激出来的，但是“并非轻看《创造》，和《晨报副镌》的《估〈学衡〉》是不同的。却不料因此又开罪了”。之后沈雁冰进一步责问道：“难道大半页捕风捉影的‘空吠’——原词奉璧——就算是堂堂正正的论阵么？”此外，郑振铎也发表了致郭沫若的信，对他批评《意门湖》表示很感谢。并说明文学研究会之所以会出版该书，是因为该书的译成还在郭沫若译出此书之前，他们没有英译本，又没有注释完备的德日对照本，因而无从知道有无错误。但是，他也指出郭沫若在批评中“夹以辱及人格的谩骂”是不应该的，特别是“关于沈君的一些话”，“太谩骂一些”。

对茅盾等人的质问，郭沫若等暂时保持沉默，直到第121期《文学周报》刊出梁俊青的《评郭沫若译的〈少年维特之烦恼〉》，各方才唇枪舌剑，陆续交锋到第133期。

27日，鲁迅开始夜抄《遂初堂书目》，至9月3日抄毕。《遂初堂书目》是一部记载家藏图书的简目，其中《杂艺》、《谱录》等类目，都为尤袤所创订，对中国目录学的发展有很大影响。

28日，陈大悲的《关于剧评的我见》发表于《戏剧》第2卷第2号。

本月

熊佛西毕业于燕京大学。翌年秋经燕京大学戏剧教授柴斯介绍，赴美国哥伦比亚大学研究院学习戏剧、文学。

同月，朱光潜从香港大学毕业，旋即应吴淞中国公学张东荪之约，前往该校任英文教师兼校刊《旬刊》主编，其助手是该校学生姚梦生，即后来的姚蓬子。

同月，鸳鸯蝴蝶派重要刊物《红》创刊于上海。严独鹤为编辑主任，世界书局出版。每周一期，从不脱期。主要撰稿人有严独鹤、程瞻庐、徐卓呆、陆澹庐等。在发刊词中，严独鹤说："红者心血，灿烂有光，斯红杂志盖文人心血之结晶体耳。以文人心血之结晶，贡诸社会，文字有灵，当不为识者所弃也。"1924 年 7 月 18 日出至第 100 期后改组为《红玫瑰》而停刊。

同月，旧派小说的团体"星社"成立。发起人有范烟桥、姚苏凤、郑逸梅等。该组织以苏州文人为主体，每月聚会一次，没有一定的章程。出版有《星报》、《星光》、《星》等期刊。

同月，鸳鸯蝴蝶派的重要刊物《礼拜六》杂志复刊。

同月，郁达夫在《夕阳楼日记》中未点名地批评余家菊所译的《人生之意义与价值》一书中译文的错误，由此引起创造社与胡适派文人的一场笔战。胡适在《努力周报》第 20 期发表《骂人》，指责郁达夫和创造社其他成员。《创造》季刊第 3 期发表郭沫若的《反响之反响》和成仿吾的《学者的态度》，反驳胡适的责难。

同月，徐玉诺的诗集《将来之花园》由商务印书馆出版，共收入诗 95 首，另有西谛（郑振铎）的《卷头语》和叶绍钧的《玉诺的诗》。全书分《海鸥》和《将来之花园》两辑。西谛在《卷头语》中说："玉诺曾闪耀着美丽的将来之梦，他也想细细心心的把他心中更美丽，更新鲜，更适合于我们的花纹组在上边，预备着小孩子们的花园。但是挽歌般的歌声，却较这朦胧梦境之希望来得响亮多了。"

同月，"湖畔"诗人汪静之的诗集《蕙的风》由亚东图书馆出版。朱自清、胡适、刘延陵为诗集作序，周作人题写书名。诗集《蕙的风》问世以后引起了一定争议。

胡梦华先后发表《读了〈蕙的风〉以后》和《悲哀的青年》，攻击其中一些爱情诗"堕落轻薄"，"有不道德的嫌疑"，并与章洪熙（即章衣萍）展开辩论。

周作人于 10 月 12 日在《晨报副镌》发表《情诗》，为《蕙的风》辩护："静之的情诗……倘若由传统的权威看去，不特是有嫌疑，确实是不道德的了。这旧道德上的不道德，正是情诗的精神，用不着我的什么辩解。静之因为年岁与境遇的关系，还未有热烈之作，但在他那缠绵婉转的情诗里，却尽有许多佳句。我对于这些诗的印象，仿佛是散在太空里的宇宙之爱的彩霞，被静之用了捉蝴蝶的网兜住了不少，在放射微细的电光。所以见了《蕙的风》里的'放情地唱'，我们应该认为诗坛解放的一种呼声，期望他精进成就，倘若大惊小怪，以为‘革命也不能革到这个地步’，那有如见了小象还怪他比牛大，未免眼光太短了。”

11月1日，周作人又在《晨报副镌》发表《什么是不道德的文学》，继续声援《蕙的风》：“胡君批评《蕙的风》的话最重要的是‘有不道德的嫌疑’，‘故意公布自己兽性的冲动’，‘变相的提倡淫业’，‘应当严格取缔’！我不知道汪君情诗之所以不道德，因为什么缘故：是因为讲性爱呢，还是因为讲的欠含蓄呢？倘若是因为欠含蓄，那么这是技术上的问题，决不能牵涉到道德上去。然则他的不道德，一定是由于讲性爱了。我不明白为什么性爱是如此丑恶……中国即使性教育一点都不发达，青年的意志也还不至于这样变态的薄弱，见了接吻拥抱字样便会堕落到罪恶里去。世界上有什么地方，在文学上禁用这些字样？英美的勃来克惠得曼的话不去引用也罢，因为他们都是‘堕落派’，至于圣书里的诗文，那便是纯正的‘批评家’也没有指斥的勇气了罢。请看《雅歌》里的这一句话，‘你的嘴唇滴蜜，如像蜂房滴蜜’，比‘那样的亲吻异样甜蜜’如何？……倚了传统的威势去压迫异端的文艺，当时可以暂占优势，但在后世看去往往只是自己‘献丑’，在文学史上很多这种前车之鉴，不可不注意一点。《波伐理夫人》和《结婚》的公诉事件，在当日岂不是自命为维持风纪的盛举，却只落得留作法利赛人的卑怯的证据罢了。所谓严格取缔是否即用了法律的制裁，没有说明，不好任意断定，但是不得不说是同一派路，因为无论凭了道德或法律的神圣的名去干涉艺术，都是法利赛人的行为。”

鲁迅则于11月17日在《晨报副镌》发表《反对“含泪”的批评家》，批驳胡梦华：“我以为中国之所谓道德家的神经，自古以来，未免过敏而又过敏了，看见一句‘意中人’，便即想到《金瓶梅》，看见一个‘瞟’字，便即穿凿到别的事情上去。然而一切青年的心，却未必都如此不净。”后来，鲁迅在《不周山》、《〈故事新编〉序言》和《我怎样做起小说来》等文章中，对胡梦华的言论又多次进行过批判。

九月

1日，胡适的评论《康白情的〈草儿〉》发表于《读书》杂志第1期，署名适。文章称赞康白情的《草儿》是近几年中出版的新诗集中“最重要”的一部创作，认为它的纪游诗尤其值得称道，并认为诗人的成功在于他受“旧诗的影响不多，中毒也不深”，只是“自由吐出心里的东西”，故而“无意于创造而创造，无心于解放诗体而他的解放的成绩最大”。

同日，孔生的评论《读〈工人绥惠略夫〉后》发表于《时事新报·文学旬刊》第48期。

2日，周作人的评论《〈你往何处去〉》发表于《晨报副镌》，收入《自己的园地》，署名仲密。文中介绍了徐炳昶、乔曾劬所译波兰作家显克微支的《你往何处去》，称它是“历史小说中难得的佳作”。

3日，《读书》杂志创刊于北京，由胡适编辑，努力周报社出版并附《努力周报》发行。《努力周报》停刊后，由读书杂志社单独发行。《读书》杂志以引导青年埋头读书和宣传国学研究为宗旨，发表了不少对古籍的考订、诠释，对今人学术专著的述评和古史研究、古代哲学研究的文章；也刊登了一些考证评介《诗经》、楚辞、元曲、《西游记》等古典文学作品的文章；涉及现代文学的有胡适对康白情诗集《草儿》、俞平伯诗集《冬夜》的评论。

该刊与《国学季刊》相配合，鼓吹“整理国故”，特别是发表了胡适的《一个最低限度的国学书目》，开列了近200部达数千册的古书，其中包括《三侠五义》和多种佛经，当时在知识青年中产生了较大影响。1924年2月22日终刊，共出版18期，每期4开2版。

10日，周作人的评论《国语改造的意见》发表于《东方杂志》第19卷第17号，收入《艺术与生活》。文中略述了关于国语改造的意见：一、“现代国语须是合古今中外的分子融合而成的一种中国语”；二、“建设这种现代的国语，须得就通用的普通语上加以改造”，“采纳古语”，“采纳方言”，“采纳新名词”；三、“实行的办法”：“从国语学家方面，编著完备的语法修辞学与字典”；“从文学家方面……使国语因文艺的运用而渐臻完善”；“从教育家方面，实际的在中小学建立国语的基本”。

同日，鲁迅的小说《端午节》发表于《小说月报》第13卷第9号。《端午节》描写了教员方玄绰，因被政府长期拖欠薪水，以至于到了端午节，身边却只有六角钱，无法度日。作品揭露了北洋军阀政府政治腐败、经济困顿的黑暗现实。

该期还发表了冰心的小说《寂寞》。

同日，郭沫若的小说《残春》发表于《创造》季刊第1卷第2期。《残春》是现代文学史上第一篇意识流小说，描写了性本能被压抑及其梦中得到宣泄的全过程。

《残春》发表后，文坛褒贬不一。摄生在10月12日上海《时事新报·学灯》上发表《读了〈创造〉第二期后的感想》一文，该文评论道："郭沫若的那篇《残春》，除了句子构造艺术手段尚好外，我个人是不赞成这篇作品的。我从第一章第二章继续看下去，简直不知道全篇的Climax在什么地方，都是平淡无味。不过在每章每节里发表他的纪实与感想罢了。"

针对这种普遍的认识，成仿吾作《〈残春〉的批评》，认为不能以既有的传统结构观念去要求所有小说都必须具有"形式上的完备"，像《残春》这样"平淡无味"的小说也不失为一体，而且可能更"饶有余味"。

郭沫若本人曾撰文阐释自己的创作初衷："我那篇《残春》的着力点并不是注重在事实的进行，我是注重在心理的描写。我描写的心理是潜在意识的一种流动。——这是我做那篇小说时的奢望。若拿描写事实的尺度去衡量它，那的确是全无高潮的。"

该期还发表有郁达夫的小说《风铃》，张资平的小说《木马》，郭沫若的诗《星空》，洪为法的诗《雪》、《落叶》。

同日，郭沫若的戏剧《广寒宫》发表于《创造》季刊第1卷第2期。

该期还发表有田汉的戏剧《午饭之前》。

同日，沈雁冰的评论《文学与政治社会》、《自由创作与尊重个性》发表于《小说月报》第13卷第9号，署名雁冰。《文学与政治社会》一文认为，"功利的艺术观，诚然不对，要把带些政治意味与社会色彩的作品都摒出艺术之宫的门外，恐亦未为全对。""文学作品之所以要趋向于政治的或社会的，也不是漫无原因的。"文章列举普希金、易卜生等著名作家为例，说明文学不可能完全脱离社会和政治。《自由创作与尊重个性》引述万雷萨夫的一段话后指出："我相信创造的自由，该得尊重，但我尤其相信要尊重自己的创造自由，先须尊重别人的创造自由，所以在我看来，万雷萨夫的话，真是国内文学家的金箴。"

该期还发表有王统照的评论《评冰心〈超人〉与〈疯人笔记〉》，署名剑三，研厓的评论《评冰心女士的〈遗书〉》，方兴的评论《〈商人妇〉与〈缀网劳蛛〉的批评》。

14日，鲁迅夜抄《隋遗录》，后收入《唐宋传奇集》。《隋遗录》，传奇篇名，叙述隋炀帝南巡江都前后之事。

15日，国家主义派的刊物《孤军》月刊创刊，由曾琦、何公敢主编，泰东图书局出版。郭沫若为之写诗歌《前进曲》代发刊词。发表时题名为《孤军行》。1925年11月停刊，共出3卷30期，另附增刊1期。

关于“孤军派”，郭沫若后来回忆说：“我对于政治问题发生了一些关心的，是在这个时候。那时商务编译所里有一批人，便是后来的‘孤军派’，集合起来要出一种政治性的刊物”，“杂志本可以在商务出版，因为不便说话，便托我介绍由泰东刊行，因此我也被视为了准同人之例。在他们开会讨论的时候，我也列过几次席……我每次都是旁听，并没发言。不过我觉得他们的议论总是有点迂阔。”（《创造十年》，现代书局，1933年）

20日，教育部召开学制会议，会议持续到30日，通过了学制系统案。

同日，鲁迅的评论《“以震其艰深”》发表于《晨报副镌》，署名某生者，后收入《热风》。本文批判了上海租界的“国学家”，即鸳鸯蝴蝶派——他们反对新文化运动，不仅在许多报刊上大登“庸俗无聊”的“旧文化小说”，而且常写文言文，以“国学家”自居。

21日，茅盾的评论《“曹拉主义”的危险性》发表于《时事新报·文学旬刊》第50期，署名郎损。文章认为对曹拉（即左拉）抱“专在人间看出兽性”的偏见是不妥的，他与法国的福楼拜、俄国的契诃夫等完全可同归在“自然主义”或“写实主义”的“大厅”里。同时他认为“自然主义的真精神是科学的描写法。见什么写什么，不想在丑恶的东西上面加套子”，是值得新文学家们注意的。因为它“不但毫无可厌，并且有恒久的价值”。

同日，胡适的评论《蕙的风》发表于《努力周报》第21期，署名适。

28日，周作人的评论《复古的反对》发表于《晨报副镌》，署名仲密。文章分析了当时复古的反动的两个方面：“一是道德的，一是文学的”。“旧道德还有很大的堕力，复古运动当然很被欢迎”；“新文化的精神”是“评判的态度”，“反对新文化的小说，当然是非评判的，以服从传统为主的文学”，即“内容与形式都是传统的”。

本月

同月上旬,邓均吾的《新潮篇》(诗 30 首)发表于《创造》季刊第 1 卷第 2 期。

邓均吾(1898—1969),诗人、翻译家。原名成均,笔名默声。四川古蔺县人。早年在吴芳吉、郭沫若、郁达夫、成仿吾引导下步入文坛,协同编辑《创造》季刊,与林如稷等发起组织浅草社,创办《浅草》。新中国成立后在重庆主编《红岩》、《奔腾》,并任重庆市文联副主席、中国作家协会重庆分会副主席和四川省文艺研究会副主席。译有《人类悟性论》、《科学概论》等作品。

同月上旬,谢康的《读了〈女神〉之后》发表于《创造》季刊第 1 卷第 2 期。

同月,郁达夫去安庆政法专门学校任教。

同月,宗白华与王光祈、魏时珍在德国留学生中发起成立“中德文化研究会”,提倡中西文化交流。

同月,朱自清携夫人及两个孩子到台州第六师范任教。

同月,中国共产党重要机关刊物《向导》周报创刊于上海。

同月,吴宓的《诗学总论》发表于《学衡》第 9 期。

同月,瞿秋白的《饿乡纪程》(又名《新俄国游记》)由商务印书馆出版,内收作者去苏俄考察时从北京到莫斯科途中的见闻,共 16 篇,另有《绪言》和《跋》。《饿乡纪程》是现代文学史上第一部文学游记。瞿秋白说:这篇游记所写“具体而论,是记‘自中国至俄国’之路程,抽象而论,是记著者‘自非饿乡至饿乡’之心程”。所谓“饿乡”即他在《绪言》中所言:“我知道:乌沉沉甘食美衣的所在——是黑甜乡;红艳艳光明鲜丽的所在——是你们罚疯子住的地方,这就当然是冰天雪窖饥寒交迫的去处(却还不十分酷虐),我且叫他‘饿乡’。”

十月

1 日,茅盾的评论《“文艺批评”杂说》发表于《时事新报·文学旬刊》第 51 期,署名佩韦。

该期还发表有郑振铎的评论《整理中国文学的提议》,署名西谛。

同日,胡适的评论《俞平伯〈冬夜〉》发表于《读书》杂志第 2 期,署名适。

2 日，周作人的评论《恶趣味的毒害》发表于《晨报副镌》，署名子严。文中抨击了对于新文化反动的“恶趣味”即在文学上表现的“污毁一切的玩世与纵欲的人生观”。并说对于文学的反动的趋向“觉得沉默是不很对的，还须酌量的发点议论，不要太客气了才行。这是我所以决意打开书房门，出来加入‘反反动的运动’里的原因”。

3 日，鲁迅的评论《破〈唐人说荟〉》发表于《晨报副镌》，署名风声，后收入《集外集拾遗》。《唐人说荟》又名《唐代丛书》，内收文章多是唐代小说，在历史上流传很广，但谬误颇多。鲁迅的这篇文章列举事实，确切地指出书中的错误，批评了汇辑者对小说原文乱删乱改的恶劣作风。

4 日，鲁迅的评论《所谓“国学”》发表于《晨报副镌》，署名某生者，后收入《热风》。本文批判了“暴发的‘国学家’”，即“商人遗老”与洋场上做鸳鸯蝴蝶体小说的“文豪”。揭露前者是将旧书当古董的奸商，后者是“以拆白饷阅者的文士”，他们都是用拙劣的东西来骗取学生的钱财和腐蚀青年的灵魂。

8 日，冯文炳的诗《冬夜》、《小孩》发表于《努力周报》第 23 期。

冯文炳（1901—1967），诗人、小说家。笔名废名。湖北黄梅人。1922 年考入北京大学预科，两年后正式升入北大英国文学系，积极参与新文化运动，并开始创作小说，加入语丝社。1926 年起以“废名”为笔名发表作品。1930 年与周作人等创办文艺刊物《骆驼草》，同时为林语堂主编的《人间世》写稿。抗日战争爆发后回到故乡教学。1946 年重新任教于北京大学。1952 年调至东北人民大学（现吉林大学）中文系任教，致力于学术研究。1963 年后任吉林省文联副主席。主要作品有短篇小说集《竹林的故事》、《桃园》等，长篇小说《桥》、《莫须有先生传》，诗集《水边》，专著《谈新诗》等。

9 日，鲁迅的评论《儿歌的“反动”》发表于《晨报副镌》，署名某生者，后收入《热风》。本文讽刺了鸳鸯蝴蝶派作家胡怀琛。胡怀琛曾批评新文学运动，还曾改削胡适《尝试集》中的诗重新发表。本文以胡怀琛的一首“儿歌”为靶子，讽刺了其中的谬误，回敬他对新文学的攻击。

同日，鲁迅的小说《兔和猫》发表于《晨报副镌》，收入《呐喊》。小说叙述了弱小可爱的白兔被凶狠的黑猫吞噬的故事，以自然界的弱肉强食比喻现实社会的黑暗残酷，表达了对弱者的同情和对强者肆意践踏生命的憎恨。

同日，冰心的散文《往事（一）》发表于《小说月报》第13期第10号。

该期还发表有刘纲的小说《安乐村》、庐隐的小说《月下的回忆》。

同日，郑振铎的评论《圣皮韦的自然主义批评论》发表于《时事新报·文学旬刊》第52期，署名西谛。

14日，周作人的评论《先进国之妇女》发表于《晨报副镌》，署名式芬，收入《谈虎集》。本文据当时报纸上的一些文章指责“号称先进文明国”的日本“妇女界之黑暗依然如故”，从而指出：“中国和日本的妇女在境遇上可以说是半斤和八两，不过中国多了一件缠脚的小事情罢了。”

15日，哲的小说《孟哥哥》发表于《努力周报》第24期。

16日，周作人的评论《新诗的评价》发表于《晨报副镌》，署名式芬。文中就南方一些中学生和一位日本陆军大学教授对新诗的批评说：“新诗的评价是很不容易的事”，因为中学生的老师“多是复辟派的国学家”，日本的中国通，“所熟悉的是政情军情遗老遗少的心理”。

22日，吴宓的评论《写实小说之流弊》一文发表于北京《中华新报》。该文针对新文学家对写实文学的大力倡导，转而提出了写实小说的诸多问题。同年11月1日，沈雁冰在《时事新报·文学旬刊》第54期发表《“写实小说之流弊”？》一文，署名冰，针对吴宓借口黑幕小说、《礼拜六》等小说之不足而否定写实小说及俄国小说的观点进行了有力的反驳。

同日，胡适的诗《游大明湖》、《回响》发表于《努力周报》第25期，署名适。

同日，郭沫若的诗《彷徨（诗十首）》发表于《创造》季刊第1卷第3期。

该期还发表有郭沫若的小说《未央》，成仿吾的小说《灰色的鸟》，张资平的小说《一班冗员的生活》，何畏的小说《黄昏》，滕固的小说《壁画》，方光焘的小说《疟疾》，陶晶孙的小说《木犀》，郑伯奇的诗《梅雨》、《断章》，王怡庵的诗《诗境》、《溪边》、《夏午》，洪为法的诗《知心》、《隔阂》、《静夜》、《归舟》，郁达夫的戏剧《孤独的悲哀》。

24日，胡梦华的评论《读了〈蕙的风〉之后》发表于《时事新报·学灯》。

本月

北社编《新诗年选（1919）》由亚东图书馆出版。编选者是一个阅读小组，名曰“北社同人”。这是一个较为精当的选本,不同于单纯的抄录:一方面在数量上“瘦身”，只选诗 90 篇，诗人 40 家；另一方面，在诗作之外，还有编者撰写的评语和按语。该集是中国新诗史上最早的一本年度新诗选集，展示了新诗在 1919 年的成绩，也开了新诗年选之先河。

同月，顾明道的小说《啼鹃录》由湖州五洲书局出版。

同月，王统照的长篇小说《一叶》由上海商务印书馆出版。成仿吾在评论《一叶》时说：“在我们现在这种缺少创作力……尤其是缺少长篇的创作的文学界，除了资平的《冲积期化石》，王统照君的《一叶》要算是长篇大作了。”他认为,《一叶》不仅与《冲积期化石》同是现在“仅有的长篇”，就连“结构上也差不多同是一样”。“《一叶》不必是模仿《冲积期化石》，然而《冲积期化石》那样的结构，我个人是不大喜欢，在《创造》一卷三期上给沫若的信中，似乎我曾说过,《一叶》又用了这种结构，我是为《一叶》的内容，不是如《冲积期化石》那般不能任意宰割的。《冲积期化石》是一个整块,《一叶》却是由数个小块结成的，所以我想《一叶》的开场，为避开过长的倒叙可以不由在王志伯家说起。”此外，成仿吾还认为该作在具体叙述和细节上存在着矛盾，“对于修词似乎太不讲究”。尽管《一叶》有不少缺点，但成仿吾也肯定了该作的许多长处，如“全体用的都是第一人称，这是很好的”。他指出:“它的好处颇多，即使还有也不过是微瑕罢。《一叶》成功的地方，在能利用那四个插话，表出在运命掌中辗转的人类之无可奈何的悲哀，使谁看了，也要感到一种不知从何而来的悲哀的醺醉。它所以成功的原因，固由于那四个插话的哀婉，然而作者能到处维持那种美丽的情绪，确是一个重大的原因。至于何以能维持那种美丽的情绪，那倒是处理 Treatment 上自然的结果，作者既能够（有意识地或无意识地我可不知）把这些人生的现象的一小部，关连于全体 relative to the whole 表现出来，那种美丽的情绪，倒像是一件附属品（关于这种处理，我想有暇时再说）。至于他发见了爱与悲哀并行，那也是自然的，因为没有爱何以有悲哀呢？”①

① 成仿吾:《〈一叶〉的评论》，原载1927年上海创造社出版部出版的《使命》。转引自冯光廉、刘增人编:《王统照研究资料》，宁夏人民出版社1983年版。

十一月

1日，壬戌学制公布，又称“新学制”，是由全国教育联合会发起、酝酿和讨论修订，最后以大总统令公布的。这是在中国实行的美国教育模式。

同日，周作人的《我的复古的经验》发表于《晨报副镌》，收入《雨天的书》。文中回忆了自己过去用古文译著的经验，指出：“我们这样的复古，耗费了不少的时间与精力，但也因此得到一个极大的利益，便是‘此路不通’的一个教训。”

3日，周作人的《关于重修丛台的事》发表于《晨报副镌》，署名作人，收入《谈虎集》。文章从重修丛台而谈到保存古迹的目的可以分作两种，一是美术的，二是历史的；但是古迹未必都有美术的价值，所以这第二种的意义便占了重要的位置。

该期还发表有鲁迅的评论《“一是之学说”》，署名风声。该文继续批判学衡派。收入《热风》。

4日，鲁迅的《不懂得音译（一）》发表于《晨报副镌》，署名风声，此文与6日同样发表于《晨报副镌》的《不懂得音译（二）》一同驳斥了“国学家”们对新文化的非难。

9日，鲁迅的评论《对于批评家的希望》发表于《晨报副镌》，署名风声。文章批评了那些“靠了一两本西方的旧批评论，或则捞一点头脑板滞的先生们的唾余，或则仗着中国固有的什么天经地义之类”而从事文艺批评的所谓“批评家”，认为他们“太滥用了批评的权威”。同时，希望文艺批评家们至少“有一点常识”，对批评的对象要有所了解，不要随心所欲、信口胡说。

10日，沈雁冰的3篇评论《文学家的环境》、《真有代表旧文化旧文艺的作品么？》、《反动？》发表于《小说月报》第13卷第11号，皆署名雁冰。

《文学家的环境》一文对国内有人批评创作坛“单调”的问题，做了具体的分析，并探索其具体的原因：“还是作者的环境的相仿佛。……环境既然相似，作品安能不趋于一途而成为单调的？”“等到这一大批生力军正式加入战线的时候，就是文坛多方面发展的时期了。”“我们不见现在的学校生活小说无产阶级生活小说和婚姻小说中已经有不少卓技的么？”

《真有代表旧文化旧文艺的作品么？》一文不同意有些人把“礼拜六派”看作“旧文化旧文艺”的代表，并引用了北京《晨报副镌》上子严的一篇《杂感》中的话，说它们“只是现代的恶趣味——污毁一切的玩世纵欲的人生观”。“‘礼拜六派’的文人把人生当做游戏，玩弄，笑谑，他们并不想享乐人生，只把他百般揉搓使他污损为快。”“我们为要防止中国人都变‘猿猴之不肖子’的缘故，觉得有反抗这派运动之必要；至于为文学前途计，倒还在其次，因为他们的运动在本质上不能够损及新文学发达的分毫。”

《反动？》则从胡寄尘致函郑振铎，把“礼拜六派”的通俗刊物泛滥看作“反动”谈起。文章认为它们不是“反动”，而是“潜伏在中国国民性里的病菌得了机会而作最后一次的发泄”。文章分析了其产生的根源并提出了解决的办法：“治标不如治本，我们一方面固然要常常替可爱的青年指出‘通俗刊物’里的误谬思想与浅薄技能，一方面亦要从根本努力，引青年走上人生的正路。”

该期还发表有敦易的评论《对于〈寂寞〉的观察》、超常的评论《评叶绍钧的〈祖母的心〉》、赤子的评论《读冰心女士作品的感想》、徐雉的诗《石路》、刘纲的小说《他死了》、王思玷的小说《偏枯》、朴园的小说《两孝子》、王成祖的戏剧《飞》。

11 日，沈雁冰的《〈“中国文学史研究会”底提议〉一文的“文后按语”》发表于《时事新报·文学旬刊》第 55 期，署名冰。此文针对汪馥泉的《“中国文学史研究会”底提议》一文中所提到的关于文学研究会和创造社纠纷问题，指出：“文学研究会不是政治上的团体，他的会员当然不是政治的结合，故无所谓团体主张；换言之，各个会员的议论主张，只是他个人负责，和团体无关。”“文学研究会章程上虽有书记一职，然并不是以为对外负责代表全体之用……外人见我赞成自然主义，而遂谓文学研究会主张自然主义，见我赞成人生的艺术而遂谓文学研究会主张人生艺术，未免误会。”文章还指出，说文学研究会“太会拉人”，实在是一种偏见。

该期还发表有庐隐的诗《月下》。

17 日，鲁迅的《反对“含泪”的批评家》发表于《晨报副镌》，署名风声，收入《热风》。

18 日，鲁迅的《即小见大》发表于《晨报副镌》，收入《热风》。

19 日，思永的诗《彷徨》、《二次的祷告》发表于《努力周报》第 29 期。

20 日，周作人的评论《国语改造的意见》发表于《国语月刊》第 10 期。文中提出了改造现代国语的几个重要的项目，并提出实行这一改造的办法。

同日，章红熙的评论《〈蕙的风〉与道德问题》发表于《民国日报·觉悟》。

21日，赤波的诗《山花》、《落花》发表于《时事新报·文学旬刊》第56期。

同日，巴金的诗《梦》、《疯人》、《惭愧》、《丧家的小孩》发表于《时事新报·文学旬刊》第56期，署名佩竿。

22日，鲁迅赴人艺戏剧学校开学仪式。“人艺戏剧学校”是新文化运动以来在北京成立的第一所新戏剧专门学校，提倡“爱美的”艺术，主要成员有陈大悲、蒲伯英等，校址设在南横街10号。

23日，郭沫若作诗剧《孤竹君之二子》，载于《创造》季刊1923年2月第1卷第4期，收入《星空》。该剧写孤竹国二王子伯夷、叔齐不愿继承王位，逃往首阳山上靠薇草生活的故事。作者虽然揭露现实是“铁狱铜笼”，到处是险狠、阴贼、贪婪；诅咒万恶不赦的夏启，“在公有的天下中创下家天下的制度”，“种下了无穷无际的罪和不幸”，但是，诗人追怀太古，赞美“原人的纯洁，原人的真诚”，表示要“离群索居，独善吾身”，到首阳山上“靠着自然的恩惠过活”。诗人甚至认为，人们“回到这自然中来”，过那“纯粹赤裸的野兽生涯，比在囚牢之中做人还胜”。

24日，爱罗先珂在女子高等师范学校讲演，题目为《女子与其使命》。

25日，闻一多的诗《太阳吟》发表于《清华周刊》第260期文艺增刊。

本月

北京人艺戏剧专门学校由蒲伯英创办。该校以提高戏剧艺术，造就戏剧专门人才，辅助社会教育为宗旨。1924年因经费困难夭折。

同月，《东方杂志》第19卷第24号出版“爱因斯坦专号”，介绍爱因斯坦及其相对论学说。

同月，《社会科学季刊》创刊于北京，由顾孟余主编。

同月，余祥森的评论《俄国罗漫派文学与其反对派》发表于《学艺》第4卷第5至10号。

同月，闻一多、梁实秋的文艺论集《〈冬夜〉〈草儿〉评论》由清华文学社出版。

同月，陈独秀的文集《独秀文存》由亚东图书馆出版。陈独秀在该书《自序》中写道：“我这几十篇文章，不但不是文学的作品，而且没有什么有系统的论证，不过直述我的种种直觉罢了；但都是我的直觉，把我自己心里要说的话痛痛快快的说将出来，不曾抄袭人家的说话，也没有无病而呻的说话，在这一点，或者有出版的价值。在这几十篇文章中，有许多不同的论旨，就此可以看出文学是社会思想变迁底产物，在这一点，也或者有出版的价值。”

本月出版的小说有：张枕绿的小说《十七年后的》（上海良晨好友社出版）；陆士锷的小说《七剑八仙》（上海时还书局出版）。

十二月

1 日，鲁迅的小说《鸭的喜剧》发表于《妇女杂志》第 8 卷第 12 号。

同日，鲁迅的小说《不周山》发表于《晨报四周年纪念增刊》。同年 12 月 5 日上海《民国日报·觉悟》予以转载。1935 年《故事新编》编定时，改名为《补天》，收入其中。故事采用浪漫主义笔法，根据女娲补天和造人的神话，描绘了女娲炼石补天的伟大业绩，赞颂了她崇高的奉献精神和劳动的热情。这是鲁迅根据古代神话来改写短篇小说的第一次尝试。

同期，鲁迅还发表了译自爱罗先珂的《时光老人》，同年 12 月 4 日上海《民国日报·觉悟》予以转载，后收入《爱罗先珂童话集》。

同日，沈雁冰的评论《乐观的文学》、《文学的力》发表于《时事新报·文学旬刊》第 57 期，署名玄珠。

3 日，《小说日报》创刊于上海。初由许廑父、徐枕亚、严芙孙编辑，后期由郭元觉、朱松庐、孙季康编辑，上海清华书局发行。翌年 2 月停刊，共出 60 期。

同日，鲁迅作《〈呐喊〉自序》。序文回顾了自己从 19 世纪末到五四时期的思想发展和探索革命道路的过程，同时还谈到了自己的精神苦闷。他说：“我感到未尝经验的无聊，是自此以后的事。我当初是不知其所以然的；后来想，凡有一人的主张，得了赞和，是促其前进的，得了反对，是促其奋斗的，独有叫喊于生人中，而生人并无反应，既非赞同，也无反对，如置身毫无边际的荒原，无可措手的了，这是怎样的悲哀呵，我于是以我所感到者为寂寞。这寂寞又一天一天的长大起来，如大毒蛇，缠住了我的灵魂了。然而我虽然自有无端的悲哀，却也并不愤懑，因为这经验使我反省，看见自己了：就是我决不是一个振臂一呼应者云集的英雄。只是我自己的寂寞是不可不驱除的，因为这于我太痛苦。我于是用了种种法，来麻醉自己的灵魂，使我沉入于国民中，使我回到古代去，后来也亲历或旁观过几样更寂寞更悲哀的事，都为我所不愿追怀，甘心使他们和我的脑一同消灭在泥土里的，但我的麻醉法却也似乎已经奏了功，再没有青年时候的慷慨激昂的意思了。”

序文也说明了作者从事文艺运动的目的和态度，阐明了《呐喊》的创作意图：“在我自己，本以为现在是已经并非一个切迫而不能已于言的人了，但或者也还未能忘怀于当日自己的寂寞的悲哀罢，所以有时候仍不免呐喊几声，聊以慰藉那在寂寞里奔驰的猛士，使他不惮于前驱。至于我的喊声是勇猛或是悲哀，是可憎或是可笑，那倒是不暇顾及的；但既然是呐喊，则当然须听将令的了，所以我往往不恤用了曲笔，在《药》的瑜儿的坟上平空添上一个花环，在《明天》里也不叙单四嫂子竟没有做到看见儿子的梦，因为那时的主将是不主张消极的。”

4 日，郭沫若译《雪莱的诗》毕，并作《小序》。所译诗包括《西风歌》、《欢乐的精灵》、《拿波里湾畔书怀》、《招“不幸”辞》、《转徙》二首、《死》、《云鸟曲》、《哀歌》等。其中，《云鸟曲》系 1920 年的旧译，这次做了修改润色。《雪莱的诗》后有郭沫若编辑的《雪莱年谱》及“附白”。“附白”说：“这篇年谱大抵是根据内多精一氏的‘Shelley no Omokage’一书编成的，其中关于作品方面的梗概介绍及简单评语是我自己读后的印象。”译诗及《小序》载于《创造》季刊 1923 年 2 月第 1 卷第 4 期。

10 日，沈雁冰辞去《小说月报》主编职务。此时他接办《小说月报》已满 2 年，因商务印书馆内的保守势力对刊物的改革不满，遂辞去主编职务。他在本日出版的《小说月报》第 13 卷第 12 号的《最后一页》（未署名）中仅简单声明：“本刊自明年起，改由郑振铎君编辑。”

同日，周作人陪同爱罗先珂至北京大学讲演，周作人为之口译。由李小峰、宗甄甫记录后以《俄国文学在世界上的地位》为题连载于《晨报副镌》及 12 月 12 日《民国日报·觉悟》，署名周作人口译。

同日，鲁迅的小说《社戏》发表于《小说月报》第 13 卷第 12 号。

该期还发表有陈炜谟的评论《读〈小说汇刊〉》，王统照的小说《钟声》，庐隐的小说《或人的悲哀》，严敦易的小说《绿波》，焕斗的小说《回忆》，俍工的小说《命运》，梁宗岱的诗《新生》、《感受》，衡哲的诗《梦与希望》。

17日，北京大学《歌谣周刊》创刊，由歌谣研究会主编，主要编辑者为常惠、顾颉刚、魏建功、董作宾等，16开。周作人撰写的《发刊词》说：“本会搜集歌谣的目的共有两种，一是学术的，一是文艺的。我们相信民俗学的研究在现今的中国确是很重要的一件事业，虽然还没有学者注意及此，只靠几个有志未逮的人是做不出什么来的，但是也不能不各尽一分的力，至少去供给多少材料或引起一点兴味。歌谣是民俗学上的一种重要资料，我们把它辑录起来，以备专门的研究：这是第一个目的。因此我们希望投稿者不必自己先加甄别，尽量的录寄，因为在学术上是无所谓卑猥或粗鄙的。从这学术的资料之中，再由文艺批评的眼光加以选择，编成一部国民心声的选集。意大利的卫太尔曾说‘根据这些在歌谣之上，根据在人民的真感情之上，一种新的“民族的诗”也许能产生出来’。所以这种工作不仅是在表彰现在隐藏着的光辉，还在引起未来的民族的诗的发展：这是第二个目的。汇编与选录即是这两方面的预定的结果的名目。”

《歌谣周刊》是中国第一个刊登民歌和民间儿歌及其研究文章的专刊。据不完全统计，该刊发表的歌谣多达3000余首，研究文章多达100余篇。它刊登的歌谣以中国的为主，兼有日本俳歌与欧洲情歌；刊登的中国歌谣以近代为主，近代歌谣又以汉族的为主，兼有少数民族的民歌；以内陆地区的为主，兼有边疆省份（地域广达21省）的民歌。《歌谣周刊》还刊登了一些谚语、故事谜语、民间传说、童话、鼓词、小调以及与歌谣有关的方言，地方风俗介绍文章，等等。

1937年6月26日，《歌谣周刊》出至第4卷第1期终刊，共出版151期，每期8版。

同日，徐志摩的诗《马赛》发表于《努力周报》第33期。

21日，梅生的《〈复活〉给我的印象》发表于《时事新报·文学旬刊》第59期。

24日，郭沫若作《献诗》，收入《星空》。诗人自喻为“一只带了箭的雁鹅”，像“受了伤的勇士”，“偃卧在这莽莽的沙场”上，仰望着星空的闪闪的幽光，从中感受“无穷的安慰”。此诗比较形象地反映了作者这一时期的思想，也最能表现《星空》这一诗集的特点。此诗1928年收入《沫若诗集》时，曾改名为《星影初现时》。

同日，徐志摩的诗《地中海》发表于《努力周报》第34期。

31日，周作人的《汉字改革的我见》发表于《国语月刊》第7期（汉字改革号特刊）。此文系应钱玄同之邀而作，论述了对汉字改革的意见：主张用罗马字拼音。

实现这一改革前，应减省汉字笔画，这“乃是为了全国人民”，“尤其是后来的小孩子们”。

本月

瞿秋白自苏联回国。

同月，沈从文到北京。此前在湘西当了 5 年小兵。

同月，冯沅君从北京高等女子师范学校毕业后即考入北京大学国学研究所，并开始创作活动。

同月，耿济之被派往苏联赤塔中国领事馆当随习员，在赤塔 3 年，译了不少俄国小说。

同月，陈翔鹤开始与郁达夫交往。

同月，许杰毕业于浙江绍兴省立第五师范学校。到上海安徽公学任教。其间曾参加过无政府主义的运动，还参加过上海的世界语运动。

同月，冯文炳考入北京大学预科，并开始以“冯文炳”的名字发表短篇小说。

同月，郑正秋参与组织上海明星影片股份有限公司，任公司协理兼附设明星影戏学校校长。

同月，汪优游同谷剑尘、应云卫等在上海组织戏剧协社。

同月，张天翼开始以“张无净”的笔名，在《半月》、《星期》等杂志上发表其少年之作《少年书记》、《恶梦》等。

同月，白薇开始戏剧创作。

同月，黎烈文进上海商务印书馆任编辑，并开始小说创作。

同月，焦菊隐开始文学创作。

同月，范烟桥参加上海青鸟社。

同月，孙席珍参与发起组织绿波社，编辑《文学周刊》。

同月，冯铿开始在汕头《时报》副刊上发表诗歌、散文。

同月，陈西滢从英返国，任北京大学英文系系主任兼教授。

同月，郑振铎业余在谢六逸主持的神州中学任教，后与该校学生、高梦旦之女高君箴由师生关系而恋爱。

同月，黄俊的小说《恋爱的悲惨》由上海新文化书社出版。

同月，文学研究会初期的新诗选集《雪朝》由上海商务印书馆出版。选录朱自清、周作人、俞平伯、郭绍虞、郑振铎等人早期诗作 180 多首。

同月，洪深创作成名作剧本《赵阎王》。

本年

阳翰笙等排演反对旧制度的新剧《塔》，任导演，这是他首次接触话剧艺术。

本年，丰子恺应夏丏尊之邀，到浙江上虞春晖中学任教，同事中有朱自清、朱光潜、刘薰宇等。

本年，凌叔华考入燕京大学学习外语。

本年，上海明星影片电影公司开办中国第一所电影学校。初设导演、表演、摄影、洗印、化装等电影基础知识课程，后专门从事培养电影演员。

本年，赵景深编《朝霞》创刊于天津。

本年，北京新知书店主办的《今日》创刊。

本年，在日本东京的《台湾》杂志编辑创刊《台湾民报》半月刊（后改为旬刊），以"启发我岛的文化，振起同胞之气"为宗旨。刊物文章均用白话文书写。

本年，《民铎》第 3 卷第 1 号出版"柏格森专号"，刊登严既澄、张君劢、冯友兰、张东荪、李石岑等文章，介绍、宣传法国生命主义哲学家柏格森的思想。张东荪后还曾译过柏格森的代表作《物质与记忆》等。

本年，民智书局创办于上海。林焕庭主持社务，后由刘庐隐、杨幼炯等主持编务。初期曾出版蔡和森《社会进化史》等大量进步书籍，后渐右倾。出版过一批世界语书籍，并刊行《文科学院》、《法科学院》、《词学季刊》、《音乐界》等杂志。1936 年停业。

本年，北京师范大学教授余天休等发起组织中国社会学会，出版中英文合刊的会刊《社会学杂志》。该会系国内第一个社会学学术团体。

本年，追风（谢春木，又名谢南光）在《台湾》杂志发表台湾新文学史上第一篇短篇小说（用日文写）《她要何处去——给苦恼的姊妹们》，批判封建的婚姻制度。

本年，陶孟和的《社会与教育》出版，主张教育的任务是使个人成为社会化的人。该书为国内最早的教育社会学专著。

本年出版作品有：蒋百里的文艺论著《欧洲文艺复兴史》（上海商务印书馆），周作人的诗集《过去的生命》（北京北新书局），俞平伯的诗集《西还》（上海亚东图书馆），冰心的诗集《繁星》（上海商务印书馆），陆志韦的诗集《不值钱的花果》，赵景深的诗集《乐园》（天津新教育书社，内有部分译诗）。

1923年

一月

1 日，孙中山发表了《中国国民党宣言》，宣布建国主张，强调今后革命必须依靠民众力量。

同日，周作人的《妇女运动与常识》发表于《妇女杂志》第 9 卷第 1 号。文章认为“妇女运动”在“没有常识的人们中间”，“是很少成功的希望的”，因而主张“现在主持妇女运动的女子和反对妇女运动的男子都先去努力获得常识，知道自己是什么，人与自然是什么，然后依了独立的判断实做下去，这才会有功效”。

同日，胡适作诗《别赋——一篇寓言》，表达了相爱的人离别的痛苦，收入《胡适选集》诗词分册。

同日，汪馥泉的《小诗》和《洗巾》发表于《时事新报·文学旬刊》第 60 期。《时事新报·文学旬刊》自第 81 期改名为《文学》，同时改为周刊，后又改名为《文学周报》独立发行。

4 日，周作人作新诗《仁慈的小野蛮》，该诗分别发表于 1 月 15 日《晨报副镌》及 1 月 21 日《民国日报·觉悟》。

6 日，叶圣陶的《贡献给做父母的》发表于《时事新报·现代妇女》第 13 期，署名郢。文章希望做父母的不要残伤孩子们的身体，摧戕孩子们的心志。该文收入《叶圣陶集》第 11 卷时题名为《献给做父母的》。

同日，鲁迅所译俄国作家爱罗先珂《观北京大学学生演剧和燕京女校学生演剧的记》发表于《晨报副镌》。文章批评了中国没有好的喜剧，大学生演剧只是模仿优伶模样的不良倾向之后，对女校学生的表演表示了肯定："女学生诸君是自始至终，人似的上了舞台，用了人似的声音说了话。"

7日，胡适的《杂感》发表于《努力周报》第36号。文章对质疑他的告假原因进行了如下回答："我的病，我的告假，似乎颇引起了一些人的误会。……现在邵力子先生这一段随感录，很带有同样的疑心。……我借这个机会敬告邵力子先生和有同样疑心的人：'三十六计，跑为上计'，这种心理从不曾到过我的脑子里。中国的事所以糟到这步田地，这种卑劣的心理未尝不是一个大原因……我是不跑的。生平不知趋附时髦，生平也不知躲避危险。封报馆，坐监狱，在负责任的舆论家的眼里，算不得危险。然而'跑'尤其是'跑'到租界里去唱高调:那是耻辱！那是我决不干的！"

同期，胡适还发表了杂感《胡适先生到底怎样？》。

同日，汪原放的诗歌《黄浦江边》发表于《民国日报·觉悟》。

同期还发表了谭正璧的诗歌《微笑》，署名正璧；小凤的诗歌《风波》。

同日，《觉悟》在"文艺谈"中开始发表《安特来夫与其戏剧·其一:被诅咒者》，下一期续完。它由爱罗先珂用世界语讲述，耿勉之口译，李小峰、宗甄甫合记。

8日，汪原放的诗歌《门铃之声》发表于《民国日报·觉悟》。

9日，《民国日报·觉悟》出"周肇基纪念号"，纪念因争教育经费被打伤后死亡的周肇基。在发刊词中追问："回头看看，五四运动的勇敢精神，奋斗魄力，都消磨隐藏到哪儿去了？"

10日，《小说月报》第14卷第1号发行。该期由郑振铎接编，叶圣陶为之作《卷头语》。

该号辟"整理国故与新文学运动"专栏。郑振铎作《发端》，署名西谛。说明这次讨论的目的是想弄清"整理国故对于新文学运动有什么影响？""到底是反动不是？"发表的文章有:(1)郑振铎的《新文学之建设与国故之新研究》。文章说:"我主张在新文学运动的热潮里，应有整理国故的一种举动。"因为，"第一，我觉得新文学的运动，不仅要在创作和翻译方面努力，而对于一般社会的文艺概念，尤须彻底的把他们改革过。……第二，我以为我们所谓新文学运动，并不是要完全推翻一切中国的故有的文艺作品。这种运动的真意义，一方面在建设我们的新文学观，创造新的作品，一方面却要重新估定或发现中国文学的价值，把金石从瓦砾堆中搜找出来，把传统的灰尘，从光润的镜子上拂拭下去……而这种工作，都需要一种新的研究。”（2）顾颉刚的《我们对于国故应取的态度》。该文认为：“新文学与国故并不是冤仇对垒的两支军队，乃是一种学问上的两个阶段。生在现在的人，要说现在的话，所以要有新文学运动，生在现在的人，要知道过去的生活状况，与现在各种境界的由来，所以要有整理国故的要求。”（3）王伯祥的《国故的地位》。文章认为“整理国故”和“新文学运动”，“都是不可偏废的”，“历史观念非但不会损害现代精神，而且可以明了现代精神所由来，确定他在今日的价值”。（4）余祥森的《整理国故与新文学运动》。文章认为：“新文学的基础……须当建在外国旧文学和国故的混合物上面。”（5）茅盾的《心理上的障碍》。文章说：“中国社会上一般人的观察事理，往往陷入‘循环论’的成见。”文章希望“努力创造新文学和整理国故的人们除低头用功外，还要多用些消毒功夫，先打破一般人心理上的障碍——误谬的循环论”。（6）严既澄的《韵文及诗歌之整理》。

“整理国故”作为一个口号，最初是由胡适于1919年在《新思潮的意义》一文中提出的。胡适认为“整理国故”就是“用科学的方法来做整理的工作”，对各类“国故”，“还他一个本来面目”，“还他一个真价值”。该主张提出后，产生了深远的影响。1922年10月，郑振铎曾发表《整理中国文学的提议》，同年10月21日，汪馥泉也发表《整理中国古代诗歌的意义及其它》。从发表的文章看，一般都认为整理国故对于新文学运动是有益的、必要的。

同日，《小说世界》在上海创刊，由商务印书馆出版发行。初为周刊，每季为1卷，16开，由叶劲风主编，出至第13卷时改由胡寄尘主编，大32开。从1928年第17卷第1期起改为季刊，每年1卷。

这个刊物是《小说月报》革新后为了吸引通俗读物的阅读者而创办的，发表了大量反映并迎合小市民心理与欣赏习惯的作品。主要编撰者如叶劲风、包天笑、李涵秋、胡寄尘、赵苕狂、张舍我、程小青、徐卓呆、何海鸣、范烟桥、闻野鹤、恽铁樵等，多是民国初年以来被称为“鸳鸯蝴蝶派”的文人。它名为“小说世界”，实际除刊登小说外，还登有散文、论文、剧本、趣闻、风俗记、漫画、游戏，乃至少量的自然常识。该刊也比较重视刊登外国文学译作，所刊登的契诃夫、莫泊桑的短篇小说，小仲马的剧本《茶花女》，福尔摩斯的侦探记，都是比较有价值的文学作品。此外，还有对电影的介绍，影照与文字相配合，在社会上有较大的影响。

《小说世界》曾将其连载的长文汇印成册，出版了一套《小说世界丛刊》，还先后出版了 4 种附刊：《民众文学》、《侦探号》、《童话》、《闺阁词选》。

该刊的出版得到了商务印书馆编译所所长王云五的支持，但却招致当时的新文学家如沈雁冰、郑振铎、钱玄同、鲁迅等人的反对。

沈雁冰在其回忆录《复杂而紧张的生活、学习和斗争》中说：“他们想办一种通俗刊物，名《小说》，并郑重声明：《小说月报》方针不错，万无改回来之理，但《小说月报》有很多学术性的文章，一般人看不懂，现在他们要办个通俗性的《小说》，一面是要吸引爱看《礼拜六》一类刊物的读者，为扫除这些刊物做釜底抽薪之计，一面也要给《小说月报》做个梯子，使一般看不懂《小说月报》的读者由此而渐渐能够看懂。王云五并要求我及常在《小说月报》写小说的朋友给他们计划中的新刊物写点稿子。”因为王云五的这一说法，沈雁冰等人没有表示反对，但刊物面世时，他们才发现刊物的性质跟《礼拜六》一样，他们好像被王云五卑劣地欺骗和利用了。“直到《小说世界》出刊前两个月，郑振铎先听到一些消息，说商务将出《礼拜六》一样性质的刊物。郑振铎当即问王云五，王还矢口否认，等到《小说世界》在市面上发行，我们才知道这里面有包天笑、李涵秋（黑幕小说《广陵潮》的作者）、林琴南、卓呆、赵苕狂的‘大作’，我们大吃一惊，这才知道王云五及其同伙之卑劣无耻，有如此者！不用说，半年前经由我的手给他们的王统照的《夜读》及我的译文，也在《小说世界》第一期中出现，正如王云五当年说的以图‘开张大吉’。”

新文学家对此表示了激烈的反对意见。他们“为把此等黑暗伎俩暴露于光天化日之下”，发表了一系列文章。

1 月 10 日，钱玄同的《〈小说世界〉与新文学者——“出人意表之外”之事》发表于《晨报副镌》，署名疑古。他批评了《小说世界》的宗旨和倾向，并摘引鲁迅《他们的花园》一诗，劝告新文学家不要与它同流合污。

1 月 15 日，沈雁冰、郑振铎经过磋商，在《时事新报·学灯》上，以总题为《〈小说世界〉与新文学者》发表一组文章，对王云五的“卑劣伎俩”进行揭露。这些文章包括转发的钱玄同的文章《“出人意表之外”的事》，王统照的《答疑古君》，以及王统照给沈雁冰的信和沈雁冰的《我的说明》。沈雁冰忆及当年的行动时这样说道：“疑古这篇文章，不但把《小说世界》第一期出现的那些牛鬼蛇神，骂了个狗血喷头，也把商务当局冷嘲热讽，看得一文不值。说他们刚做了几件像人做的事，就不舒服了，‘天下竟有不敢一心向善，非同时兼做一些恶事不可的人！’这一手，大概是王云五他们所想不到的。”鲁迅则于《晨报副刊》发表通信《关于“小说世界”》，原题为《唐俟君来信——关于〈小说世界〉》。鲁迅在此文中，总结历史上新旧文化的斗争的普遍规律，指出：“凡当中国自身烂着的时候，倘有什么新的进来，旧的便照例有一种异样的挣扎。上海之有新的《小说月报》，而又有旧的（？）《快活》之类以至《小说世界》，虽然细微，也是同样的事。”他认为，标榜“旧文化小说”的“《小说世界》是怎样的东西，委实已由他自身来证明，连我们再去批评他们的必要也没有了”。文章希望“新的年轻的文学家的第一件事是创作或介绍，蝇飞鸟乱，可以什么都不理”。

1月21日，叶圣陶的《关于〈小说世界〉的话》发表于《时事新报·文学旬刊》第62期，署名华秉丞。文章评论了《小说世界》杂志上天笑、涵秋、求幸福斋主、胡寄尘、赵苕狂、叶劲风等人的小说，认为“绝不思想，绝不观察，只是在那里胡说”，“他们根本的毛病在于态度不严肃”。

1月23日，周作人的《意表之中的事》发表于《晨报副镌》，署名荆生。文中说：“商务印书馆搜集了一点上海‘文氓’的文章（？），出了一册《小说世界》”，这并非“出于意表之外”，乃是“意表之中的事”，因为“商人、文氓的终极目的都是赚钱”。

1929年12月《小说世界》出至第18卷第4期时停刊，共出版264期。

同日，叶绍钧的小说《火灾》发表于《小说月报》第14卷第1号。

同期发表的还有庐隐女士的小说《彷徨》，冰心的小说《到青龙桥去》，王任叔的4篇小说《酥碎之岩》、《原是死了》、《王四嫂》、《自杀》，钱江春的小说《密意》等。

同日，王统照的长篇小说《黄昏》开始在《小说月报》连载，共刊出6期。1933年曾出单行本。

同日，郭沫若的诗歌《波斯诗人莪默伽亚谟》发表于《小说月报》第14卷第1号。

同期还发表有王任叔的6首《山居杂诗》，梁宗岱的诗歌《途遇》，徐玉诺的诗歌《火灾》，黄驾白的诗歌《诗情》、《月夜》，王统照的《夜谈》等。

同日，鲁迅译自俄国爱罗先珂的小说《时光老人》发表于《小说月报》第14卷第1号。

同期还发表有周作人的《石川啄木的短歌》。

同日，邓演存所译英国 W. H. Hudson 著《研究文学的方法》开始在《小说月报》连载，共刊出 5 期。

11 日，Y D的《最可怕的》和《真正的敌人》发表于《时事新报·文学旬刊》第 61 期。前者说：最可怕的是"那些表现反动思想的'文学作品'"，即"根本否定人生，把人生看做消遣品的那种无聊文字"，"排外小说"，以及以"妇女为玩弄品的'情诗'和'言情小说'"。后者指出：新文艺的任务，最要紧的是"思想界的消毒"，即"扫清不正当的人生观"，"排除恶劣思想"，"纠正种种病态的不健全的观念"。其他如语体文的提倡，文体的解放，都是些"细微"的事。

同日，何宏图的《卑劣的作品》发表于《时事新报·文学旬刊》第 61 期"杂谈"，批评《小说世界》第 1 期中的几篇作品是些"卑劣"货，并断定这种刊物寿命不会很长。同期还发表有路易的《文学之分类》。

12 日，胡适作《〈国语月刊〉汉字改革号卷头语》。在该文中他提出了语言文字沿革史上的"一条通则"。他说："在语言文字的沿革史上，往往小百姓是革新家而学者文人却是顽固党。从这条通则上，又可得一条附则：促进语言文字的革新，须要学者文人明白他们的职务是观察小百姓语言的趋势，选择他们的改革案，给他们正式的承认。这两条原则，是我五年来关于国语问题一切论著的基本原理，所以我不须举例证来证明了。"该文后发表在 1923 年 3 月《国语月刊》第 1 卷第 7 期。

13 日，周作人的《读〈草堂〉》发表于《晨报副镌》。文章既高屋建瓴地谈到新文学的实绩，也充分肯定了地方文学的意义，鼓励草堂同仁努力。15 日此文又刊载于《民国日报·觉悟》。

同日，鲁迅作杂文《看了魏建功君的"不敢盲从"以后的几句声明》。去年年底，鲁迅伴同爱罗先珂观看北京大学学生演剧，爱罗先珂认为演员们都在"学优伶"，因而写了《观北京大学学生演剧和燕京女校学生演剧的记》一文加以评论。文章发表后，北大学生魏建功极为不满，发表《不敢"盲从"》一文进行抗议，文中故意对"观"、"看"等字眼加上引号，意在讽刺爱罗先珂本是盲人，不配观剧发表评论。鲁迅遂写此文，对于魏建功嘲笑爱罗先珂生理缺陷的轻薄行为予以批驳，指出："优伶如小丑，也还不至于专对他人的体质上的残废加以快意的轻薄的嘲弄，如魏建功君。"该文初发表于 1 月 17 日《晨报副镌》。16 日，周作人的《见了〈不敢盲从〉的感想》发表于《晨报副镌》,也对魏建功的做法进行批评。文中说道:“我可以宣言这篇文章的‘文格’确已完全没有了。‘学优伶’还未必与人格有关，做出这样的无文格的文章来倒是很可惜的事，更值得辨明哩。”

14 日，周作人将冰心的诗作《晚祷》翻译为日文，发表于日文版《北京周报》第 48 号，署名仲密，与原诗同载。

15 日,觉悟杂志社“专载”栏目继续发表高师纪念日之“民意测验”之第三问:“你最喜欢的中国旧小说是哪一本？”结果以《红楼梦》为最多，有 419 票，占全体合格答数的 51%;《水浒传》次之，有 153 票。其次有《三国演义》，115 票;《儒林外史》，46 票;《西厢记》，26 票;《东周列国志》，17 票;《聊斋志异》，15 票;《西游记》，8 票;《镜花缘》，7 票;《金瓶梅》，3 票;《今古奇观》、《花月痕》、《太平广记》、《红梁传》、《洪秀全》、《七侠五义》、《济公传》、《白圭志》、《说岳传》、《杏花天》各 1 票。

同日，周作人的《昼梦》发表于《晨报副镌》。文中开头即说道:“我是怯弱的人，常感到人间的悲哀与惊恐。”而作者的结尾是这样的:“我往何处去祈求呢?只有未知之人与未知之神了。要去信托未知之人与未知之神，我的信心却又太薄弱一点了。”

17 日，周作人的《爱罗先珂君的失明》发表于《晨报副镌》。文中记述了爱罗先珂的失明及失明后日本官宪对他的横暴无礼。

18 日，北大校长蔡元培宣布,因教育总长彭允彝干涉司法,蹂躏人权,羞与为伍,辞职出京。北大学生掀起挽蔡驱彭运动。

20 日，周作人的《关于“心潮”问题的公正话》发表于《晨报副镌》，署名荆生。当时因平民大学成立的“心潮社”与北京大学的“新潮社”名称偶合，受到一些人的指责，本文指出:“对心潮社应该竭力的谅解宽容”，因为“他总是倾向于新的一方面的”。

同日，郭沫若作诗歌《上海的清晨》和《励失业的友人》。《上海的清晨》深刻揭露了尖锐的阶级对立，该诗发表于 5 月 20 日《创造周报》第 2 号;《励失业的友人》则对失业者表现了深切的同情，要大家振作精神，把旧社会这“万恶的魔宫打坏！”该诗发表于 5 月 27 日《创造周报》第 3 号。

同日，巴金的《诗一首》发表于成都《草堂》第 2 期。该诗含四题:一、哭;二、沉没；三、锣声；四、母亲。署名佩竿。诗歌抒发对“弱者”和“受尽了人间一切的痛苦”、“倒在街心寂然地死了”的乞丐的同情，以“更夫沉重的锣声”象征内心的寂寞和痛苦，在“冷酷”的人世间，更忆起“亡故的母亲”的爱和温暖。

同期巴金还发表所译俄国迦尔询的短篇小说《旗号》，署名佩竿译。作品表达了只有善和爱才能“把灵魂从罪恶里救起来”的思想。

21日，胡适的《蔡元培以辞职为抗议》发表于《努力周报》第38号，就蔡元培向北洋军阀政府提出辞职事发表评论：“蔡先生久已有了‘以去就为抗议’的决心。”“在变态的社会之中，没有可以代表民意的正式机关，那时代干预政治和主持正谊的责任必定落在智识阶级的肩膀上。”“他这一次的抗议，确然可以促进全国国民的反省，确然可以电化我们久已麻木不仁的感觉力。”

23日，陈独秀《评蔡校长宣言》一文发表在《向导》第17期。文章对北大校长蔡元培愤而辞职一事进行了评论。他说：“打倒恶浊政治必须彻头彻尾采用积极苦战恶斗方法，断然不可取消极的高尚洁己态度。”又说：“革命的事业必须建设在大民众积极运动的力量上面，依赖少数人消极的拆台政策来打倒恶浊政治，未免太滑稽了，太幼稚了，而且太空想了。”

25日，周作人的《绿洲小引》、《〈镡百姿〉》发表于《晨报副镌》。《绿洲小引》中云：“除了食息以外，一天十二小时……偶然也有一两小时可以闲散的看书，而且所看的书里也偶然有一两种觉得颇惬心目，仿佛在沙漠中见到绿洲一般，疲倦的生命又恢复了一点活气，引起执笔的兴趣，随意写几句，结果便是这几篇零碎的随笔。”《〈镡百姿〉》介绍了日本大熊喜邦所编汇印古剑镡图案的《镡百姿》。

26日，周作人的《法布耳〈昆虫记〉》发表于《晨报副镌》。文中介绍《昆虫记》说：“书中所讲的是昆虫的生活，但我们读了却觉得比看那些无聊的小说戏剧更有趣味，更有意义。”

27日，瞿秋白的《最低问题——狗彘食人之中国》发表于《晨报副镌》。文前写有简短引言，说他离开中国两年回来后，本急于想把“在俄国研究所得以及俄国现状”告诉国人，但到京三天后，中国现实生活，使他“受异常的刺激”，所以“不得不先对中国说几句‘逆耳之言’”。瞿秋白在文章中正视现实，痛斥帝国主义的罪行，“纵犬食人”，谴责当局是“‘率兽食人’的政府”，“谄媚欧美帝国主义”，“屠杀中国平民劳动者”。指责统治阶级整天在高谈什么“最高问题”、“阁员问题”、“巡阅使问题”、“制宪问题”，等等，即所谓“高等华人的大心事”，而对帝国主义侵略中国的“威海卫问题”、“片马问题”、“英国派兵唐山问题”、“殴辱重庆学生问题”等所谓“最低问题”，实质是中国人民最根本的问题，则不予“一顾”，置之不理。瞿秋白呼吁人们，“不要再做华盛顿会议的黄粱梦了”。他指出：“中国真正的平民的民主主义，假使不推倒世界列强的压迫，永无实现之日。”“全国平民应当亟亟兴起，——只有群众的热烈的奋斗，能取得真正的民主主义，只有真正的民主主义能保证中国民族不成为亡国奴，切忌切忌！”

28 日，胡适的《本报特别启事》发表于《努力周报》第 39 号。文中说：“《努力周报》是胡适和他的几个朋友办的。言论的责任由胡适担负。经济的负担由他们从民国十年七月起每人每月储蓄收入的百分之五来分任。这个报和北京大学绝无关系。颇闻外间有误会，特此声明。”

同日，胡适的《蔡元培与北京教育界》发表于《努力周报》第 39 号，署名适。在文章中，胡适表示：“北京教育界应该认清蔡先生‘不愿为一人的缘故，牵动学校’的苦心；应该继续维持各学校。”他还说：“一切武器都可用；只有‘罢课’一件武器，无损于敌人而大有害于自己，而最无用的。”

同期胡适还发表了《蔡元培的“不合作主义”》，署名适。胡适认为蔡先生的“不合作主义”是不会成功的。但“在这个混浊黑暗无耻的国家里，在这个怯懦不爱自由的民族里”，不可不有蔡先生这种正义的呼声时时起来，使我们反省。

28 日，徐志摩的《“就是打破了头，也还要保持我灵魂的自由”》以及诗歌《“希望的埋葬”》、《“北方的冬天是冬天”》发表于《努力周报》第 39 号。

同日，老舍的短篇小说《小铃儿》在《南开季刊》第 2、3 期合刊号发表，署名舍予。

29 日，协五的《读汪静之君〈伊底眼〉》发表于《民国日报·觉悟》“诗歌”栏目中，以诗歌的形式表达了共鸣之意。

30 日，瞿秋白的《赤俄之归途》发表于《晨报副镌》。该文写于 1 月 25 日，作者以亲自考察所得，揭露帝国主义和中国反动当局对苏俄的污蔑。他要求人们无论如何应当知道俄国决不是什么“洪水猛兽的过激派”，“俄国是一个人的国，也许是‘人食狗彘’的国，可决不像狗彘食人的中国。”文章于 31 日载完。

同日，周作人的《北京的外国书价》发表于《晨报副镌》，文章认为北京外国书价昂贵，都不是以灌输文化便利读者为目的的。他说："希望教育界有热诚的人们出来合资组织一个书店，贩卖各国的好书，以灌输文化，便利读者为第一目的，营利放在第二。"他认为，"这种事业决不是可以轻视的，他的效力实在要比五分钟的文化运动更大而且坚实，很值得去做"。

31日，瞿秋白的《政治运动与智识阶级》发表于《向导》第18期。这是瞿秋白归国后为中共中央机关报撰写的第一篇文章。文章分析了"五四的精神"和"五四"以来"动荡不止"的"革命潮"，揭示了知识分子与政治运动的关系，肯定知识分子在政治运动中的重要作用。文章又指出知识分子随着革命运动的深入发展，必然要发生"阶级分化"。他特别强调青年学生的重要作用。他说："新的智识阶级之学生界，尤其占最重要的地位，和旧的智识阶级中之官僚一样。"瞿秋白最后提醒革命的知识分子不可以"自傲"，应当同革命主力军工农群众相结合，他说，"在两种政治倾向的冲突中"，智识阶级始终只是"社会的喉舌"、"辅助的工具"，"无论如何做不到主体"。

本月

冰心的诗集《繁星》由上海商务印书馆初版，收入《文学研究会丛书》。前有《自序》，共收小诗164首。胡愈之在本年5月12日的《时事新报·文学旬刊》上发表文章评论说："小诗的长处是在于能捉住一瞬间稍纵即逝的思潮，表现出偶然涌现到意识城的幽微的情绪。我们读了这些，虽然不能得到惊异，得到魁伟的印象，然能使我们的心灵得到一时间的感通，正如在广漠无垠的大洋中忽然望见扁舟驶过一般。《繁星》现在已印成单行本出版了。我把它重读一遍，觉得从一位天真的富于玄想的女作家的'冷静的心'里所发出的每个字，都暗示我们以一个更深微的世界。"赵景深在评价《繁星》时则说："《繁星》里的两个特点，一是用字的清新，一是回忆的甜蜜。……冰心的用字极其清新，使人感到美妙柔婉的情绪；即使在含有教训的几句小诗里也能很纤巧地用别一种艺术化的方法叙出来。……她的回忆的情绪极丰富，引起了我深深的共鸣。"但梁实秋则对冰心的诗歌表示出批评，他说："我读冰心诗，最大的失望便是她完全袭受了女流作家之短，而几无女流作家之长。……大概女作家的长处是在她的情感丰茂，无论表现情感方式如何，或则轻灵，或则浓厚，而其特别丰美则一。她的短处是在她的气力缺乏，或由轻灵而流于纤巧，或由浓厚而流于萎靡，不能大气流行，卓然独立。不幸冰心女士——现今知名的唯一的女作家——竟保持其短而舍去其长。”

同月，黄俊的诗集《恋中心影》由上海新文化书社发行，汪剑余为之作序，前有作者自序。诗集共分 4 辑。

同月，梁纪文的《南洋旅行漫记》由上海中华书局出版。这是中国新文学最早的一本游记。

同月，郑振铎所编童话第 3 集由商务印书馆出版，共出 4 编，收童话 13 篇。分别为《猴儿的故事》、《鸟兽球赛》、《白须小儿》、《长鼻的矮子》等。

同月，田汉译英国王尔德独幕悲剧《莎乐美》由上海中华书局出版，收入《少年中国学会丛书》。前有郭沫若所写诗《密桑索罗普之夜歌》。

同月，郭协邦译俄国安东列夫戏剧《安那斯玛》由上海新文化书社初版。前有郭协邦所写的序，附录收录了《安东列夫传略》、《安东列夫创作一览》以及剧本《安那斯玛》的批评。

同月，耿济之、耿勉之译俄国柴霍夫《柴霍夫短篇小说集》由上海商务印书馆初版，收入共学社《俄罗斯文学丛书》。

同月，程希孟译英国 A. W 平内罗戏剧《谭格瑞的续弦夫人》由上海商务印书馆初版，收入《共学社文学丛书》。

二月

1 日，沈雁冰的《对于文艺上新说应取的态度》发表于《时事新报·文学旬刊》第 63 期。文章表示希望反对者对一种新东西初出现后，不要“贸然说一个‘是’或‘否’”，而应把自己的“责任心拿出来”，“将对象研究透彻”。

同期还发表了谢路易的《现在需要的小说杂志》。

同日，周作人的《猥亵论》发表于《晨报副镌》。文中译述了英国性心理学者蔼理斯一篇论文艺上之猥亵的文章，藉以说明“假道学的所以不道德的地方”。

4 日，胡适《〈西游记〉考证》发表于《读书杂志》第 6 期。文中考证了《西游记》的形成过程，考证了作者吴承恩，分析了本书的思想性质，结语说：“这部书起于民间的传说和神话，并无‘微言大义’可说”，“小说的作者是一位‘放浪诗酒，复善谐谑’的大文豪做的，我们看他的诗，晓得他确有‘斩鬼’的清兴，而决无‘金丹’的道心”，“这部《西游记》至多不过是一部很有趣味的滑稽小说，神话小说，他并没有什么微妙的意思，他至多不过有一点爱骂人的玩世主义”。

同日，胡适的《蔡元培是消极吗?》发表于《努力周报》第40号“这一周”栏。对陈独秀在《评蔡校长宣言》中批评蔡元培辞职一事提出了不同看法。他说：“蔡先生的抗议在积极方面能使一个病废的胡适出来努力，而在消极方面决不会使一个奋斗的陈独秀退向怯懦的路上去！”“在这个猪仔世界里，民众固不用谈起，组织也不可靠，还应该先提倡蔡先生这种抗议的精神，提倡‘不降志，不辱身’的精神，提倡那为要做人而有所不为的牺牲精神。先要人不肯做猪仔，然后可以打破这个猪仔的政治！”

5日，《我们对于北京国立学校南迁的主张》发表于《晨报副镌》第32号，署名王伯祥、郑振铎、叶圣陶、顾颉刚。文章声援蔡元培和北京学生反对彭允彝的斗争，建议国立学校南迁以离开军阀政客“恶政治的漩涡”，并不做恶政府的装饰品，“使全国人都知道政府办教育没有诚意”。该文由叶圣陶作于1月30日。

8日，曦社在北京成立，由北京师范大学附中学生蹇先艾、李健吾、朱大枬、滕沁华等组织。曾出版刊物《爝火》。创刊号于1923年2月10日出版，同年7月1日出版第2期。

10日，《小说月报》第14卷第2号展开关于文学上名词译法的讨论，本期共刊出4篇文章，包括沈雁冰的《标准译名问题》，愈之的《翻译名词——一个无办法的办法》，郑振铎的《文学上名辞的英译问题》和吴致觉的《关于诗歌名词的译例》。前后均有郑振铎的附记。

同日，叶圣陶的小说《两样》、《归宿》发表于《小说月报》第14卷第2号，《归宿》写青年人“孤寂无侣”的烦闷，把“爱情”作为人生的“归宿”，署名叶绍钧。

同日，俞平伯开始发表诗歌《呓语》于《小说月报》第14卷第2号。《呓语》是作者的一组诗歌，至11月发表完毕。

同期还发表了王统照的诗歌《昨夜》(9首)。

同日，郑振铎的《何谓古典主义？》发表于《小说月报》第14卷第2号。

同期还发表有茅盾的评论《倍那文德的作风》、《欧美主要文学杂志介绍》等文。

同日，李青崖所译法国莫泊桑著小说《床边的协定》发表于《小说月报》第14卷第2号。

李青崖（1886—1969），翻译家，小说家。原名李允，湖南湘阴人。1907年肄业于上海复旦大学，1912年毕业于比利时列日大学。回国后曾在长沙组织湖光文学社，1921年参加文学研究会。20世纪30年代中期，李青崖在上海复旦大学任教，并开始发表莫泊桑著作的译文，引起国内文学界的关注。新中国成立后，曾任震旦大学教授、上海文史研究馆副馆长等职。几十年间致力于法国文学的翻译和介绍。主要翻译作品有《莫泊桑短篇小说全集》、福楼拜《包法利夫人》、左拉《饕餮的巴黎》、大仲马《三个火枪手》等。著有短篇小说集《上海》，论文集《一九三五年的世界文学》。

11日，徐志摩的小说《一个不很重要的回想》发表于《努力周报》第41期。后据胡适的意见改名为《春痕》。

同日，郑振铎的诗歌《怅惘》、《小诗》、《毒龙之国》发表于《时事新报·文学旬刊》第64期，署名西谛。

同日，周作人的《〈歌咏儿童的文学〉》发表于《晨报副镌》，文中介绍了日本高岛平三郎编，从日本的短歌、俳句、川柳、俗谣、俚谚、随笔中辑录关于儿童的文集《歌咏儿童的文学》。

14日，周作人的《〈俺的春天〉》发表于《晨报副镌》，文中介绍了日本小林一茶的俳文集《俺的春天》。他评价说："一茶的俳句在日本文学史是独一无二的作品，可以说是前无古人，大约也不妨说后无来者。他的特色在于它的所谓孩子气。"

20日，周作人作《文艺批评杂话》。文章认为："真的文艺批评，本身便应是一篇文艺，写出著者对于某一作品的印象与鉴赏，决不是偏于理智的论断。"他主张"在文艺批评里"要"具备了诚和谦这两件事"，"批评只是自己要说话，不是要裁判别人"。该文后收入《谈龙集》。

21日，沈雁冰的"杂谈"发表于《时事新报·文学旬刊》第65期。批评"现在市面上充塞的所谓'小说'都是些粗制的流水账的事实的集合物"。"而这些集合物的作者亦觍然是'小说家'了！"批评的矛头直指"礼拜六"派。

21日，K. H. 开始在《时事新报·文学旬刊》发表《普希金评传》。该传于《文学旬刊》第65期、66期刊完。

本月

上旬，《创造》季刊第 1 卷第 4 期辟“雪莱纪念”栏，由成仿吾编辑。发表了张定璜的《shelley》、徐祖正的《英国浪漫派三诗人——拜伦、雪莱、箕次》，郭沫若的《雪莱的诗》和《雪莱年谱》，以纪念这位“自然的宠子，泛神论的信者，革命思想的健儿”。

同月，成仿吾的《创造社与文学研究会》发表于《创造》季刊第 1 卷第 4 期。该文逐条驳斥汪馥泉的《中国文学史研究会底提议》中涉及创造社和文学研究会“打架”一事，指责这场纠纷，责任在文学研究会一方，并激烈抨击沈雁冰等人。认为沈雁冰“是政潮中的一位老手”，并进而嘲笑沈雁冰“不懂英文”，“关于雪莱差不多什么也不懂”。全文在评述这两个文学社团的关系时，多有攻击、讽刺对方的语言。对于成仿吾的攻击，沈雁冰等人没有答辩，他们所持的态度是：“本刊同人与笔墨周旋，素限于学理范围以内；凡涉于事实方面的，同人皆不愿置辩，待第三者自取证于事实。所以成仿吾屡次因辩论学理而大骂文学研究会排斥异己，广招党羽，我们都置而不辩，因为我们知道与成君辩论是极没有意味的事。”

同月，玫瑰社的《心潮》创刊于南京，由上海“民智”印行。

同月，胡适的《五十年来中国之文学》收入《申报》50 周年纪念专集《最近之五十年》。此文作于 1922 年 3 月。梅光迪在《评提倡新文化者》一文中，质问新文化运动者：如果“古文之后，当无骈体；白话之后，当无古文”的话，“何以唐宋以来文学正宗与专门名家皆为作古文或骈体之人”？对此，胡适在文章中回答说：“正为古文后还有那背时的骈文，白话已兴之后还有那背时的骈文古文，所以有革命的必要。”否则，“就用不着谁来提倡有意的革命了”。文章再一次回击了胡先骕在《评〈尝试集〉》一文中说《尝试集》为“死文学”的攻击：“《学衡》的议论，大概是反对文学革命的尾声了。”“文学革命已过了讨论的时期，反对党已破产了。从此以后，完全是新文学的创造时期。”

同月，郁达夫的小说《采石矶》发表于《创造》季刊第 1 卷第 4 期。

同期还刊有张资平的小说《爱之焦点》。

同月，郭沫若的诗歌《好像是但丁来了》（10 首）发表于《创造》季刊第 1 卷第 4 期。

同期还刊有闻一多的诗歌《寄怀实秋》，梁实秋的诗歌《答一多》、《荷花池畔》、《怀——》、《答赠丝帕的女郎》、《赠——》等，以及郭沫若的戏剧《孤竹君之二子》。

同月，高真常所译法国毛里哀的戏剧《悭吝人》由上海商务印书馆出版，收入《文学研究会丛书》，其中包括《毛里哀小传》、五幕剧《悭吝人》、独幕趣剧《装腔作势》。该著于 1926 年 6 月再版。

三月

1 日，《北京文学研究会总会启事》发表于《时事新报・文学旬刊》第 66 期。主要内容为督促会员就改选职员一事，从速选定书记及会计 1 人，函寄北京总会。

3 日，郭沫若作论文《批评与梦》，谈文艺批评。文章针对摄生对小说《残春》的批评，提出了反批评。认为文艺批评家应深切地了解作者与作品。如果说“文艺是天才的创作”，那么，“批评也是天才的创作”。批评需要“有极深厚的同情或注意，极锐敏的观察或感受”。该文发表于 5 月《创造》季刊第 2 卷第 1 期。

同日，周作人应“清华文学社”之邀往清华大学讲演，讲题为《日本的小诗》，讲演中介绍了日本小诗——俳句发展变化的大略情况。讲稿载于 4 月 3 日至 5 日《晨报副镌》及 4 月 15 日《诗》第 2 卷第1期，收入《艺术与生活》。

4 日，胡适的《一个最低限度的国学书目》发表于《读书杂志》第 7 期。本书目录原是应清华学校胡敦元、梁实秋等 4 人的约请而拟，胡适说：“他们都是将要往外国留学的少年，很想在短时期中得着国故学的常识。所以我拟这个书目的时候，并不为国学有根底的人设想。”作者声称，这一书目“只为普通青年人想得一点系统的国学知识的人”开列的。他在前言中说：“国学在今日还没有门径可说；那些国学有成绩的人大都是下死功夫笨干出来的。死功夫固是重要，但究竟不是初学的门径。……在这个没有门径的时候，我曾想出一个下手方法来：就是用历史的线索做我们的天然系统，用这个天然继续演进的顺序做我们治国学的历程。这个书目便是依着这个观念做的。这个书目的顺序便是下手的法门。”但胡适所开的国学书目，分工具、思想、文学史三部分，介绍图书却有 183 种之多。仅文学史方面的书籍就有 1000 多册。随后，梁启超发表《评胡适之的〈一个最低限度的国学书目〉》，他认为：

胡适所开书目“文不对题”。胡适只是从自己的爱好出发，开列的书目不适合“普通青年”阅读。对于一般青年，“这里头的书十有八九可以不读”。他自己另开了一个《国学入门书要目及其读法》，其中所列的各类必读书目凡 127 种。

胡适和梁启超开列的国学书目，使本就广受关注的整理国故问题再掀波澜。在此后大约两年的时间内，整理国故问题成为当时讨论的重要问题之一，影响甚大，国学遂成热门。同时，也引来诸多批评。

早在 1923 年年初，《小说月报》就曾在第 14 卷第 1 号发表了以“整理国故与新文学运动”为题的一组文章，表达了对于整理国故的不满和担忧。

吴稚晖 1923 年 7 月 23 日在《晨报副镌》发表《箴洋八股化之学理》一文，其中说：“最近梁先生上了胡适之的恶当，公然把他长兴学舍以前夹在书包里的一篇书目答问摘书，从西山送到清华园，又灾梨祸枣，费了许多报纸杂志的纸张传录了，真可发一笑……他受了胡适之《中国哲学史大纲》的影响，忽发整理国故的兴会，先做什么《清代学术概论》，什么《中国历史研究法》，都还要得。后来许多学术演讲，大半是妖言惑众，什么《先秦政治思想》等，正与《西学古微》等一鼻孔出气。所以他要造文化学院，隐隐说他若死了，国故便没有人整理。我一见便愿他早点死了。照他那样的整理起来，不知要葬送多少青年哩。”“他们的谬误，乃是完全摆出‘西学古微’的面孔，什么都是我们古代有的，什么都是我们还要好过别人的，一若进化学理直是狗屁。惟有二千年前天地生才，精华为之殚竭。无论亿万斯年，止要把什么都交给周秦间几个死鬼，请他们永远包办，便万无一失了。”吴稚晖批评“国故”这个“臭东西”，“本同小老婆吸鸦片，相依为命。小老婆吸鸦片，又同升官发财相依为命。国学大盛，政治无不腐败。因为孔孟老庄便是春秋战国乱世的产物。……什么叫做国故？与我们现今的世界有什么相关？它不过是世界一种古董，应保存的罢了。”吴稚晖因此批评梁启超道：“梁先生还要开一笔古董帐，使中学毕业的学生，挟之而渡重洋。岂非大逆不道？”“所以在三十年内姑且尽着梁先生等几个少数学者，抱守残缺，已经足够。不必立什么文化书院，贻害多数青年。更不必叫出洋学生带了许多线装书出去，成了一个废物而已。”

另外，创造社作家和鲁迅也对“整理国故”发表了意见。成仿吾在 11 月 18 日《创造周报》第 28 号上发表《国学运动的我见》一文，批评整理国故的神髓“可惜只不过是要在死灰中寻出火烬来满足他们那‘美好的昔日’的情绪，他们是想利用盲目的爱国的心理实行他们倒行逆施的狂妄。所以假使国粹派称新文化运动为清谈，我们当称这种国学运动为清谈中之清谈，遗害更加百倍的清谈。”鲁迅曾在许多文章中提出批评，告诫青年不要上学者的当，埋头故纸堆，脱离现实生活。1925 年 4 月 22 日《京报副刊》上鲁迅发表的《忽然想到（六）》一文中说：“我们目下的当务之急，是：一要生存，二要温饱，三要发展。苟有阻碍这前途者，无论是古是今，是人是鬼，是《三坟》《五典》，百宋千元，天球河图，金人玉佛，祖传丸散，秘制膏丹，全都踏倒它。保古家大概总读过古书，‘林回弃千金之璧，负赤子而趋’，该不能说是禽兽行为罢。那么，弃赤子而抱千金之璧的是什么呢？”

4 日，胡适的《读王国维先生的〈曲录〉》发表于《读书杂志》第 7 期。

6 日，胡适作《〈淮南王鸿烈集解〉序》，提出“整理国故，约有三途：一曰索引式之整理，一曰总账式之整理，一曰专史式之整理”，并说：“吾友刘叔雅教授新著《淮南王鸿烈集解》，乃吾谓总账式之国故整理也。”

7 日，胡适为日译本《中国五十年来之文学》作序。序中对原书提出了三点补充：第一，“这五十年的词，虽然没有很高明的作品，然而王鹏运（临桂人）、朱祖谋（湖州人）一班人提倡词学，翻刻宋元词集，却是很有功的”；第二，“近人对于元人的曲子和戏曲，明清人的杂剧传奇，也都有相当的赏鉴与提倡”；第三，“小说向来受文士的蔑视，但这几十年中也渐渐得着了相当的承认。古小说的发现，尤为这个时期的特色”。

8 日，周作人在《晨报副镌》发表《儿童剧》，文章论述了儿童剧的必要。他说：“希望于儿歌童话以外，有美而健全的儿童剧本出现于中国”，以使孩子们“正当地享受他们应得的悦乐”。

10 日，浙江省立第一师范学校发生厨工受人唆使在饭锅中投放砒毒事件，中毒者约 200 人，冯雪峰也受其害，经过抢救脱险。

同日，叶圣陶的小说《孤独》发表于《小说月报》第 14 卷第 3 号，署名叶绍钧；后收入短篇集《线下》。这是一篇心理描写小说，写一位老人晚境的孤独与凄凉，一个孤寂灵魂的挣扎与呼号。

同期还发表了孙俍工的小说《海的渴慕者》，署名俍工。小说写一个青年因家庭、社会、爱情种种束缚和不幸遭遇而悲观激狂，终至跳海自杀。引起了文坛的重视。

孙俍工（1894—1962），小说家、剧作家、语言学家。原名孙光策，又号孙僚光。

湖南隆回县人。1916 年考入北京高等师范学校。在校与同学组织文艺社团，参加五四运动。1920 年毕业后曾任教于长沙第一师范、中国公学。1924 年赴日本上智大学研究德国文学。1928 年回国任复旦大学教授。抗日战争爆发后到成都任中央军校政治主任教官和华西大学教授。新中国成立后，先后在四川教育学院、湖南大学、湖南师范学院等校中文系任教。主要作品有小说散文合集《海底渴慕者》，短篇小说集《生命的伤痕》，诗集《理想之光》，戏剧《记一个青年的梦》、《血弹》、《世界的污点》，译著有荻原朔太郎的《诗的原理》、儿岛献吉郎的《中国文学通论》。

同日，朱自清的长诗《毁灭》发表于《小说月报》第 14 卷第 3 号。这是新诗运动以来，利用了中国传统诗歌技巧的第一首长诗，即刻引起诗坛的广泛注意。

俞平伯结合中国诗歌发展的历史和当时诗坛创作的现状，充分肯定了《毁灭》一诗的价值。他认为："这诗底风格、意境、音调是能在中国古代传统的一切诗词以外，另标一帜的。在中国古代诗歌中，有与《毁灭》相类似的吗？恐怕是很少。论他风格底宛转缠绵，意境底沉郁深厚，音调的柔美凄怆，只有屈子底《离骚》差可仿佛。但细按之，又不相同。"他盛赞该诗的佳处主要在作者心灵的幽深绵邈，而诗歌技术也应该在新诗坛占很高的位置，"实在是创作的才智底结晶"。俞平伯还认为，文学不能排斥说理叙事的作品："无论中国与西洋，诗总不是单纯抒写情感，描写景物的……现在诗坛之不振，别的原因不计，我想总有两个原因：（1）大家喜欢偷巧，争做小诗。（2）'诗人非做诗不可'这个观念太强烈，不肯放开手去写。关于第一点，《毁灭》的作者已在《短诗与长诗》这篇评论中说得很饱满了。他说：'有时磅礴郁积，在心里盘旋回荡，久而后出；这种情感必极其层层叠叠，曲折顿挫之致……这里必有繁音复节，才可尽态极妍，畅处欲发；于是长诗就可贵了。'这真把他自己做长诗底精神充分写出了。我们看了《毁灭》，觉得佩弦确是'行顾其言'，不是放空大炮不敢开仗的人。'舍长取短自古已然'这个空气，我希望我们多少能矫正一点。《毁灭》一篇，在这意义上，也有解析、称引一番底价值。"俞平伯进而又说："佩弦作长诗原有他自己底一种特异的作风，如《转眼》、《自从》等诗都是的，不过在《毁灭》这种风格格外表现得圆满充足，这诗遂成为现在的他的代表作品。"

同日，梁宗岱的诗歌《恐怖》发表于《小说月报》第 14 卷第 3 号。

同期还发表了顾一樵的剧本《孤鸿》，鲁迅所译俄国爱罗先珂的童话《"爱"字的疮》。

同日，叶圣陶在为《小说月报》写的《卷头语》中，赞美好的文艺，署名圣陶，收入《叶圣陶集》第8卷时题名为《谁耐——〈小说月报〉卷头语》。

11日，胡适所译英国莫里孙的短篇小说《楼梯上》发表于《努力周报》第43号，署名藏晖。

同日，孙铭传（后改名孙大雨）所译《歌德五首》发表于《时事新报·文学旬刊》第67期。

14日，周作人在《晨报副镌》发表《一角钱的离婚》，署名荆生。

15日，驻英国代办公使朱兆莘致梁启超书，言荐梁启超先生为万国著作家俱乐部名誉会员事："近闻有创设文化学院之举，西报赞美有加，名山大业，代有传人，遥拜下风，穆然神往。伦敦万国著作家俱乐部，征求亚洲名誉会员二人，除日本应占一席外，由莘推举一人。该会悬格极高，入会者皆当世知名之士。环顾国中，著作等身，足膺斯选者，舍公谁属？故擅举大名，代表吾国。"

同日，周作人在《晨报副镌》发表《上海的戏剧》，署名荆生。文章从上海旧报上刊登的戏目，谈到"国民性"的"卑劣"，批评了迎合社会心理的"民众的文学"。

17日，周作人的新诗《饮酒》发表于《晨报副镌》。

18日，徐志摩的诗歌《哀曼殊斐儿》发表于《努力周报》第44期，署名志摩。同期还发表了冯文炳的小说《讲究的信封》。

同日，周作人的《读〈童谣大观〉》发表于《晨报副镌》。文章批评了1922年出版的《童谣大观》以及对童谣的不当态度，指出："该书的编辑概要里说'童谣随便从儿童嘴里唱出，自然能够应着气运，所以古来大事变，往往先有一种奇怪的童谣，起始大家莫名其妙，后来方才知道事有先机，竟被他说着了'。""我对于《童谣大观》第一表示不满的，便是这五行志派的意见，因为这不但不能正当理解儿歌的价值，而且更要引老实的读者入于邪道。"文章还批评了该书在选材、印刷上的粗疏。该文此前曾发表于《歌谣》第10号。

21日，庐隐女士的《离开东京的前一天》发表于《时事新报·文学旬刊》第68期。同期还发表了赵景深的《我的人格诗》。

赵景深（1902—1985），翻译家、出版家、文学史家。原名赵旭初，笔名邹啸露、冷眼、卜朦胧、陶明志、博董、露明女士等。祖籍四川宜宾，生于浙江丽水。

1922年毕业于天津棉业专门学校后，入天津《新民意报》任副刊编辑，并组织绿波社，提倡新文学。1923年加入文学研究会。1924年秋到湖南第一师范任教，同田汉、叶鼎洛等编辑《潇湘绿波》杂志。1927年任开明书店编辑，并主编《文学周报》。1930年开始任北新书局总编辑，直至1951年。1930年还曾主编《现代文学》，并任复旦大学教授。1942年曾主编《戏曲》。新中国成立后一直在复旦大学任教。一生著译数量多、范围广。他是较早把安徒生作品介绍给中国读者的翻译家。主要作品有短篇小说集《栀子花球》，诗集《荷花》，剧本《天鹅歌剧》、《冯玉梅》，散文集《小妹》、《琐忆集》、《文人剪影》、《文人印象》、《文坛忆旧》，学术著作《近代文学丛谈》、《现代世界文学》、《文学概论》、《世界文学史纲》、《中国文学史新编》、《小说论丛》、《明清曲谈》、《元明南戏考略》等。

22日，周作人为杭州《之江日报》10周年作《地方与文艺》，文中略论了地方与文艺的关系，指出浙江“近来三百年的文艺界里可以看出有两种潮流”，即“飘逸与深刻”，并列举明清以来的浙江作家，说明了这一特性。

25日，《浅草》文艺季刊在上海创刊，林如稷任编辑，“浅草社”自费出版。创刊号《卷首小语》写道：在这苦闷的世界里，在这一片荒土上，新萌的嫩绿的浅草生长出来了。“我们愿做农人，虽是力量太小了；愿你不遭到半点蹂躏，使你每一枝叶里，都充满——充满伟大的使命。”《浅草》注重文艺创作，在4期中，计发表小说35篇，诗歌140余首，戏剧近10部，杂录数十条，独无文艺评论。从它的办刊宗旨和发表的这些作品来看，他们对现实的黑暗是不满的，也还敢于面对现实，揭露黑暗。为该刊撰稿的作者主要有：王怡庵、孔襄我、季志仁、林如稷、夏亢龙、陆侃如、高士华、陈翔鹤、陈炜谟、陈学昭、陈承萌、游国恩、张皓、冯至、邓均吾、韩君格、罗石君17人。该刊1923年出了3期，1925年2月出了第4期，随后便停刊。

同日，林如稷的小说《止水》、《狂奔》、《婴孩》发表于《浅草》杂志第1卷第1期。

同期还发表有陈炜谟的小说《轻雾》，陈翔鹤的小说《茫然》。

陈炜谟（1903—1955），小说家。四川泸县人。1921年考入北京大学英文系，1922年参加林如稷等人在上海创办的浅草社，从此正式开始文学生涯。1925年与原浅草社成员冯至、陈翔鹤等人于北京成立沉钟社并出版刊物。大学毕业后主要从事教学工作。曾任职于泸县中学、重庆大学和四川大学。其创作以小说为主，兼写散文与诗歌，也有译著。鲁迅在《中国新文学大系·小说二集》序言中称陈炜谟是“未尝自馁”的作者，说他“唱着饱经忧患的不欲明言的断肠之曲”。主要作品有短篇小说集《信号》与《炉边》，还译有俄国梭罗古卜的《古屋》。

陈翔鹤（1901—1969），小说家、出版家、文史专家。重庆人。1920 年入上海复旦大学外语系学习。1923 年与冯至、林如稷等人在上海成立浅草社，开始创作与编辑活动。同年转入北京大学当特别生（即研究生），专攻英国文学和中国文学。1925 年，又与浅草社成员及杨晦在北京成立沉钟社。1927 年后一直在山东、吉林等地任教。抗日战争爆发后返回四川，曾担任中国文艺界抗敌协会成都分会常务理事。新中国成立后，任四川省文联副主席、中国作家协会古典文学部副部长、《文学遗产》主编等职。发表了历史小说《陶渊明写挽歌》、《广陵散》，产生了很大影响。在“文革”中因所谓“影射”罪，遭迫害致死。主要作品有短篇小说集《不安定的灵魂》、《在阪道上》、《独身者》、《喜筵》，剧本《落花》等。

同日，闻一多在给闻家驷的信中，再次谈及《蕙的风》：“《蕙的风》实秋曾寄我一本，这本诗不是诗。描写恋爱是合法的，只看艺术手腕如何。有了实秋底艺术，才有《创造》第四期中载的那些令人沉醉的情诗。汪静之本不配作诗，他偏要妄动手，所以弄出那样粗劣的玩艺儿来了。胡梦华底批评我也看见了，讲得有道理。”

同日，徐志摩发表《关于〈一个不很重要的回想〉的讨论》于《努力周报》第 45 期。对读者关于《一个不很重要的回想》的批评进行了辩驳。

28 日，周作人的《娱园》发表于《晨报副镌》，署名槐寿，收入《雨天的书》。文中回忆了其幼年时期在外婆家避难，随大舅父怡堂迁居小皋埠，在娱园生活的一段情形。

29 日，周作人的《关于谁是牺牲的问题》、《玩具》发表于《晨报副镌》。《玩具》称赞了日本的儿童玩具，批评了“中国对于玩具的冷淡”。《关于谁是牺牲的问题》主要批评旧有的婚姻观。此文发表后引起了守旧者的辩解。5 月 16 日，周作人在《晨报副镌》发表《阮真来信附记》，对阮真的辩解表明态度：“我的意见却终与先前一样，没有什么变更。”表示“决不能赞同他凭倚旧道德的那种态度”。

31 日，周作人的《〈镜花缘〉》发表于《晨报副镌》，署名作人。文中略述“幼年时候”“最喜欢”读的小说是《镜花缘》，肯定人对于荒唐故事的欣赏趣味。认为“梦想是永远不死的”。“我对于《镜花缘》，因此很爱他那飘洋的记述。”

本月

新月社在北京成立。发起人有徐志摩、胡适、黄子美、蹇季常、张君劢、丁文江、林长民、陈西滢等。该社初为聚餐会形式，后发展为有固定地址的俱乐部。参加者有胡适、梁启超、徐志摩、陈西莹、张君劢、陆小曼、余上沅、丁西林、林徽因等。关于新月社结社的动机，徐志摩曾这样说："新月初起步时只是少数人共同的一个愿望……我们想做戏，我们想集合几个人的力量，自编戏自演，要得的请人来看，要不得的反正自己好玩。"社名是徐志摩依据泰戈尔的诗集《新月集》起的。意在以"它那纤弱的一弯分明暗示着,怀抱着未来的圆满"。它是1928年创办的《新月》月刊后才正式形成的"新月社"的前身。

同月,《弥洒》月刊在上海创刊，由"弥洒社"主办。胡山源、钱江春、陈德征任编辑，义利印刷公司印刷，古今图书公司发行，16开。"弥洒社"接受了当时流行的"为艺术而艺术"思潮的影响。成员除月刊编者外，还有赵祖康、唐鸣时、赵景沄、张企留、曹贵新、方时旭、顾敦鍒等，他们也是月刊的主要撰稿人。"弥洒社"不满于当时文学研究会和创造社之间的笔战，主张埋头创作，因此月刊只登作品，以新诗和小说为主。

刊名"弥洒"由拉丁文Musa音译而来，通译缪斯，即希腊神话中的文艺女神。创刊号上发表胡山源写的宣言《弥洒临凡曲》中说："我们乃是艺文之神；我们不知自己何自而生，也不知何为而生"，"我们一切作为只知顺着我们的灵感"。在第2期扉页上更标明这是"无目的、无艺术观、不讨论、不批评而只发表顺灵感所创造的文艺作品的月刊"。鲁迅对他们的创作曾有过这样的评论："一切作品，诚然大抵很致力于优美，要舞得'蹁跹回翔'，唱得'婉转抑扬'，然而所感觉的范围却颇为狭窄。不免咀嚼着身边的小小的悲欢，而且就看这小悲欢为全世界。"

同年8月，该刊出至第6期时终刊，共出版6期。

《弥洒》停刊以后，商务印书馆还出版过两册《弥洒社创作集》。1928年，胡山源曾筹备《弥洒》月刊的复刊，终因人事变迁未能实现。从此，"弥洒社"的活动完全停止。

同月,《浅草》季刊创刊。发起人为林如稷，成员有陈翔鹤、邓均吾、陈炜谟、王怡庵等，泰东书局发行。本年夏，冯至也参加了该社。在这本刊物中，鲁迅读出了那些“不肯涂脂抹粉的青年们”“被风沙打击得粗暴”的魂灵。他称赞《浅草》季刊“每一期都显示着努力：向外，在摄取异域的营养，向内，在挖掘自己的魂灵，要发见心里的眼睛和喉舌，来凝视这世界，将真和美歌唱给寂寞的人们”。该刊1925年2月终刊。

同月，《民国日报·觉悟》展开文言白话问题讨论。在“通信”栏目中，以《对于白话文的讨论》为题，发表甄、力子、望道、典琦、易山、孤鸿、邻等人的通信（一）至（六）。22日的“谈话”栏中，发表陈望道的《文言白话和美丑问题》的谈话。29日的“评论”栏中，发表沈泽民的《文言白话之争底根本问题及其美丑》的文章。文章阐明以白话代替文言、言文合一的必要性和必然性：“因为文字是传达国民思想感情的工具，所以必须包具几个要点：一、是与日常生活最密切的；因而二、是容易普遍、容易为全体国民所了解的；因而三、是最适宜表现出现代的思想和情感的。就这三点看来，文字就有采用日常语之必要，所以我们主张废止文言改用白话。”

同月，《湘君》季刊第2期集中发表了几篇对新文学持反对观点的文章，包括李肱良的《复友人书》、刘朴的《辟文学分贵族贫民之讹》（前篇）、吴芳吉的《再论吾人眼中之新旧文学观》。称对“当今文化，抱虑至深”，反对文学上的新旧之分和贵族平民之分。

同月，郭沫若从日本九州帝国医科大学毕业，决心回国从事文学活动。

同月，宋春舫的《宋春舫论剧》由中华书局出版。《宋春舫论剧》共3集，这是第1集，共16篇论文，包括《剧场新运动》、《戈登格雷的傀儡剧场》、《来因赫特》、《“爱美的戏剧”与“平民剧社”》、《小戏院的意义由来及现状》、《法兰西战时之戏曲及今后之趋势》、《德国之表现派戏剧》（附德国表现派剧本《人类》）、《现代意大利戏剧之特点》、《未来派剧本》、《戏曲上“德模克拉西”之倾向》、《近世浪漫派戏剧之沿革》、《我为什么要介绍腊皮虚》、《世界新剧谭》、《戏剧改良平议》、《中国新戏剧本之商榷》、《改良中国戏剧》。书末收有两个附录：（甲）《世界名剧谭》、（乙）《新欧剧本三十六种》，卷首载作者《几句话……》。

宋春舫（1892—1938），现代戏剧理论家、剧作家、翻译家、教育家。浙江吴兴（今湖州）人。出身豪富之家。1912年赴瑞士日内瓦大学留学，获硕士学位。而后又游历法、德、意、美等国，掌握了多种欧洲语言，开始悉心研究各国戏剧。1916

年回国。1918 年受聘于北京大学讲授欧洲戏剧课，是第一个在中国大学讲坛开设戏剧课程的人。同时，又在《新青年》、《心潮》等杂志上介绍、评介西方戏剧思潮、理论，并对中国传统戏曲中的封建糟粕进行批判。后出版《宋春舫论剧》第 1 集，成为我国介绍欧美戏剧的先驱和西方戏剧理论和戏剧创作在中国的传播者。他主张中国话剧界要潜心学习西方戏剧的精华，但并不主张“全盘西化”。他指出早期文明新戏的弊端，强调剧本是基础，导演是关键，倡导小剧场和“爱美的”戏剧运动。

宋春舫还有少量的喜剧创作，如《一幅喜神》、《五里雾中》、《原来是梦》。他的剧作深受西方“世态戏剧”的影响，大多描写旧中国上层社会的世态人情。表现了“贵族化”的思想倾向和情趣。20 世纪 30 年代初起，宋春舫养病于青岛，专事戏剧研究。他先后出版了《宋春舫论剧》第 2、3 集。拟定了《欧洲戏剧史》等论著的写作纲要，并建造了私人戏剧图书馆“褐木庐”（以法国三大戏剧家柯奈耶、莫里哀和拉辛三个名字的开头字母组成）书屋，大量收集中国与世界各国戏剧图书。由于英年早逝，他的许多重要论著最后未能完成。

同月，吴宓发表《论今日文学创造之正法》于《学衡》第 15 期。主要谈从事文艺创作者“所宜深信而力行之事”。文章在论述各问题时，又多对新文学的批评：以内容论，则“见其陈陈相因，千篇一律，读过十篇可知其余千百篇之内容”。他表示：“以体裁言，则不出以下数种：二三字至十余字一行，无韵无律，意旨晦塞之自由诗也；模拟俄国写实派，而艺术未工，描叙不精详，语言不自然之短篇小说也；以一社会或教育之问题为主，而必参以男女二人之恋爱，而以美满婚姻终之戏剧也……而综上各种，察其外形则莫不用诘屈聱牙，散漫冗沓之白话文，新造而国人之大多数皆不能识之奇字，英文之标点符号。更察其内质，则无非提倡男女社交公开，婚姻自决，自由恋爱，纵欲寻欢，活动交际，社会服务诸大义。再不然，则马克思学说，过激派主张，及劳工神圣等标帜。其所攻击者，则彼万恶之礼教，万恶之圣贤，万恶之家庭，万恶之婚姻，万恶之资本，万恶之种种学术典章制度，而鲜有逾越此范围也。”因此，文章主张：“吾首注重以新材料入旧格律，故不取白话文及英文标点之怪体”，如此，“始合于文学创造之正轨”。

同月，短篇小说集《小说年鉴》由上海小说研究社出版发行。共分 3 卷，其中包括鲁迅小说 5 篇，孙俍工 3 篇，王任叔 3 篇，王统照 2 篇，郁达夫 2 篇，叶绍钧、王剑三、孙伏园、周辅仁、陈大悲、潘垂统、菱湖生、孙梦雷、赵景深、正璧、陈震、苏哥、赞襄、李鸿梁、王贡三、李清悚、吴江冷、许杰、程起、陈衡哲、冯文炳、谢茂传、龚强、方志敏、川岛、一方、鸿杰以及署名 PY 的小说各 1 篇。

同月，汪剑余著戏剧诗歌集《菊园》由上海新文化书社初版。列为《神州文学社丛书》第 2 种。其中包括黄俊序、自序、诗剧《菊园》、三幕剧《桃花源》、独幕剧《生别离》。

同月，田汉译英国莎士比亚著名戏剧《罗密欧与朱丽叶》在《少年中国》第 4 卷第 1 至 5 期连载。

同月，朱枕薪、李小峰编译俄国爱罗先珂著的散文集《过去的幽灵及其它》由上海民智书局出版。收入《新中国丛书》。

四月

1 日，胡适在《读书杂志》第 8 期发表《读梁漱溟先生的〈东西文化及其哲学〉》，批评梁漱溟的主观主义的东西文化观。梁漱溟把世界文化分为三种：西方文化的根本精神是意欲向前要求；中国文化的根本精神是意欲自为调和持中；印度文化的根本精神是意欲反身向后要求。并且说只有西方人所走的是“生活本来的路向”，而中国人和印度人“不是同西方人走一条路线”，因此“无论走好久，也不会走到那西方人所达到的地点上去的”。胡适对梁漱溟“三条路”（指西洋、中国、印度文化）的文化学说提出尖锐批评，他认为这是“用一条线的眼光看世界文化，故世界文化也只走一条线了”。“文化是民族生活的样法”，各民族文化间没有本质性的差别，而中国、印度文化远远落在欧洲文化后面。中国或印度亦终将走上科学化和民治化的路。他说：“我们拿历史眼光去观察文化，只看见各种民族都在那‘生活本来的路’上走，不过因环境有难易，问题有缓急，所以走的路有迟速的不同，到的时候有先后的不同。……欧洲民族在这三百年中，受了环境的逼迫，赶上了几步……现在全世界大通了，当初鞭策欧洲人的环境和问题又来鞭策我们了。将来中国和印度的科学化和民治化，是无可疑的。”该文收入《胡适文存》2 集卷 2 时，附录了梁漱溟的两次来信和他的一封复信。

同日，胡适在《努力周报》第 46 号发表题为《译书》的编余丛谈。他指出，“译书第一要对原作者负责任，求不失原意，第二要对读者负责任，求他们能懂，第三要对自己负责任，求不致自欺欺人。”

同日，周作人的小说《星里来的人》发表于《晨报副镌》。

同日，废名的小说《我的心》发表于《努力周报》第 46 期，署名冯文炳。

同日，周作人的《吕坤的〈演小儿语〉》发表于《歌谣》第 12 号。文中介绍了明代吕坤编著的《演小儿语》一书，认为他“知道利用儿童的歌词，能够趣味与教训并重，确是不可多得的”。

2 日，王任叔开始于《时事新报 · 文学旬刊》发表诗歌《余波》，第 69 期、第 70 期两期发完。

9 日，周作人的新诗《〈他们〉〈高楼〉附记》发表于《晨报副镌》，署名槐寿。《他们》、《高楼》为作者所作新诗，收入诗集《过去的生命》，但未收附记。

10 日，叶圣陶的《小铜匠》发表于《小说月报》第 14 卷第 4 号，署名叶绍钧。

同期还发表许地山的小说《无法投递之邮件》，署名落花生；郑振铎的小说《淡漠》，署名西谛；梁宗岱的小说《旧痕》。

同日，王任叔的诗歌《银灰色的月》和散文诗《肉色的沙塔》发表于《小说月报》第 14 卷第 4 号。

同日，俞平伯的《文艺杂论》发表于《小说月报》第 14 卷第 4 号。

同期胡适还发表“通讯”，谈语体文的欧化问题，认为白话文的欧化倾向应该以“不得已而为之”为限度。

同日，茅盾翻译《南斯拉夫的近代文学》和《奥国的现代文学》，同刊于《小说月报》第 14 卷第 4 号，分别署名韦兴和佩韦。

同期还发表沈泽民译自捷克作家波西米亚的小说《交易》；李小峰译自法国巴比塞的小说《初恋》，署名 CF 女士；傅东华的《梅脱灵（梅特林克）与青鸟——〈青鸟〉的译序》。

11 日，徐志摩的《看了〈黑将军〉以后》开始发表于《晨报副镌》，分 3 期刊完。

12 日，周作人的《〈旧梦〉》发表于《晨报副镌》，本文是为刘大白的新诗集《旧梦》所写的序文。

同日，郭沫若作论文《讨论注释运动及其它》。该文针对吴稚晖主张用注释进行翻译的观点，提出了不同看法，认为“从一国文字之中通晓得一个作家的思想，不是专靠认识他的字面便能成功的。一种文字有它的一种气势”。“理想的翻译对于原文的字句，对于原文的意义，自然不许走转，而对于原文的气韵尤其不许走转。”该文发表于《创造》季刊1923年5月上旬第2卷第1期，文前有“小引”。

同日，沈雁冰的“杂感”一则发表于《时事新报·文学旬刊》第70期。该文就《民国日报·觉悟》3月讨论“文白问题”的通信，发表意见。指出文言和白话的分别在于：“一种发表思想感情的工具，只用在纸面，而不用在口头的，叫做文言；反之，只能说在口头，而不许写在纸上的，叫做白话。”“文白之争”并非我们的“特别国情”。犹太民族和希腊民族都有“文言”和“白话”的问题。

15日，丁文江的《玄学与科学》开始发表于《努力周报》第48期，4月22日第49期续完。

同期还发表了徐志摩的小说《“吹胰子泡”》。

同日，周作人的《日本的小诗》发表于《诗》月刊第2卷第1号。

同期还发表了俞平伯的《迷途底鸟的赞颂》；王统照的《招引》、《人家》、《眼光的流痛》、《人生的领受》；赵景深的《秋意》、《一片红叶——答谢亚蘅的寄赠》；康白情的《致悲哀的朋友》；王怡庵的诗歌《晴》、《春意》、《天使》、《夜雨的舟中》、《天河》、《江边夜步》、《秋的小诗》、《春来了》、《泊大佛岩》；徐玉诺的《苦闷》、《哀求》、《去年的今日》、《呵，父亲！》；徐雉的《熄了的心灵之微光》、《黄金和石头》、《失恋》；潘漠华的诗歌《祈祷》、《将别》，署名潘训；何植三的《落叶》、《在百官埠头所见》；玉薇的《秋晨之风》、《秋夜》；陈南士的《杂诗》、《星之赞美者》等。

17日，周作人作《再送爱罗先珂君》，该文因爱罗先珂按原计划提前两个月于4月16日离京回国，遂写本文，表示送别。文章发表于4月21日《晨报副镌》及5月3日《民国日报·觉悟》。

18日，周作人《〈结婚的爱〉》发表于《晨报副镌》。文章介绍了英国斯妥布思（Marie Stopes）著的《结婚的爱》。

19日，鲁迅在北大讲课用的《中国小说史略》讲义上卷在此日前编成。

同日，胡适致信《晨报副镌》记者，报告平安电影戏院将有一个班得曼戏班演出新戏。他说：“我很盼望国中提倡新戏的人多看西洋人演做的新戏。因为我不能不承认国中所谓新戏实在不很高明。然而这种缺陷不是笔墨讨论能补救的，只有多读好戏，多看好戏，或可使一班新剧家得点借镜的材料和反省的机会。”

22日，周作人的《中国新文学的前途》发表于日文《北京周报》第62号。

同日，胡适在《努力周报》第 49 号发表《胡思永的遗诗》。他在按语中说："我的侄儿思永不幸于四月十三日早晨死了。他死时只有二十一岁。他是一个有文学天才的少年，死后只剩许多写给朋友的信，和几十首新诗。他的诗大都可诵，有一些竟可说是近日新诗界的上品。他的朋友和我都想把他的诗付印，现在先抄几首在这里。"

同日，谢六逸的《批评家卡莱尔》发表于上海《时事新报·文学旬刊》第 71 期，署名六逸。

25 日，周作人的《离婚与结婚》发表于《晨报副镌》。作者一开篇就说："离婚与结婚都是当事人自己的事情，局外人不能加以干涉。"

29 日，张君劢的《再论人生观与科学并答丁在君》发表于《努力周报》第 50 期，署名君劢。至 5 月 6 日第 51 期续完。

本月

张君劢、丁文江等发起"科学与玄学"的论争。

1923 年 2 月，北京大学教授张君劢在清华做了题为《人生观》的讲演，发表在《清华周刊》第 272 期。他强调科学不能解决人生观的问题："第一，科学为客观的，人生观为主观的"；"第二，科学为论理的方法所支配，而人生观则起于直觉"；"第三，科学可以以分析方法下手，而人生观则为综合的"；"第四，科学为因果规律所支配，而人生观则为自由意志的"；"第五，科学起于对象之相同现象，而人生观起于人格的单一性"。

对于张君劢的看法，地质学家丁文江在《努力周报》第 48—49 期发表《科学与玄学》一文予以反驳。他批评"玄学鬼附在张君劢的身上"，强调"今日最大的责任与需要，是把科学方法应用到人生问题上去"。他说："科学不但无所谓向外，而且是教育同修养最好的工具。因为天天求真理，时时想破除成见，不但使学科学的人有求真理的能力，而且有爱真理的成心。无论遇见什么事，都能平心静气去勇于研究，从复杂中求单简，从紊乱中求秩序，拿论理来训练他的意思……了然于宇宙生物心理种种的关系，才能够知道生活的乐趣。"

张君劢对此批评作了长文答辩。梁启超、胡适、吴稚晖等人纷纷发表文章，参加讨论。同年11月，上海亚东图书馆出版了《科学与人生观》一书（上、下册），收录了29篇论战文章，由陈独秀、胡适作序。12月，上海泰东图书局出版了内容相同的《人生观的论战》文集，由张君劢作序。至此，“六个月的时间，二十五万字的煌煌大文”的科学玄学论战大体结束。

同月，白采的《文学作品与音节》发表于《民国日报·觉悟》。

同月，短篇小说集《家庭说库》由大东书局编译所编印出版。其中收徐卓呆6篇，包天笑3篇，张碧梧3篇，严芙孙2篇，李菊庐2篇，周瘦鹃、毕倚虹、沈禹钟、骆无涯、江红蕉、马二先生、毕清波、沈家骧、范烟桥、、戴梦鸥、绛雪女上、沈琳、桂文华宝、汪放庵、曾寸心、蒋乐天、朱鹤影、戴书桓、洪君勉、朱宓傅等人各1篇。

同月，郭沫若、邓均吾诗文合集《辛夷集》由泰东图书局出版，创造社编辑。列入创造社《辛夷小丛书》第一种，由郭沫若主编，正文前有《小引》，后附《编辑大意》。

同月，《春的歌集》由杭州湖畔诗社出版，该集为湖畔诗集二。其中收入冯雪峰、潘漠华、应修人三人的诗歌105首。

同月，俞平伯的《红楼梦辨》由亚东图书馆出版。

同月，洪观涛译法国大仲马著小说《地亚小传》由上海商务印书馆出版，上下册，收入《说部丛书》第4集第20编。

同月，金本基、袁弼译英国萧伯纳著的戏剧《不快意的戏剧》由上海商务印书馆出版。收入《共学社文学丛书》。集中包括《乌兰夫人的职业》、《好逑者》、《鳏夫之室》。

同月，谢直君译法国小说集《莫柏霜短篇》，由译者自刊出版，为天卧楼丛刻第1编。

同月，俞忽译自法国嚣俄（现通译雨果）的小说《活冤孽》由上海商务印书馆出版，收入《共学社文学丛书》。

五月

1日，郭沫若与成仿吾着手筹备《创造周报》。郭沫若为之作发刊词《创世工程之第七日》。

2日，周作人下午往燕京大学文学会讲演，讲题为《日本的川柳诗》。讲演中介绍了日本的讽刺诗——川柳。讲稿收于《谈龙集》时改名为《日本的讽刺诗》。

同日，郭沫若在上海大学讲演，题为《文艺之社会的使命》。他认为“文艺是社会现象之一，势必发生影响于全社会”，但又认为“艺术的本身上是无所谓目的”，“诗人写出一篇诗，音乐家谱出一支曲子，画家绘成一幅画，都是他们感情的自然流露：如一阵春风吹过池面所生的微波，应该说没有所谓目的”。讲稿由李伯昌、孟超合记，发表于1925年5月18日《民国日报》副刊《觉悟》。

同日，沈雁冰的《自动文艺刊物的需要》发表于《时事新报·文学旬刊》第72期。希望继《浅草》、《弥洒》等新刊物之后，有更多的新文艺刊物在各地创办，改变旧出版物过多的“反动”现象。

同日，余祥森的诗歌《兵》开始发表于《时事新报·文学旬刊》，从第72期开始每期连载，一直到第77期。

同日，周作人的《〈出京后的爱罗先珂〉附记》发表于《晨报副镌》。

同日，赵景深译自英国王尔德的诗《幻想的装饰》发表于《时事新报·文学旬刊》第72期。

3日，徐志摩的《得林克华德的〈林肯〉》开始发表于《晨报副刊》，5日、6日、7日续完。

5日，巴金的《诗四首》发表于成都《草堂》第3期，署名佩竿，诗作抒发了孤寂之情和内心的苦闷。

同日，徐志摩的《杂记（二）坏诗，假诗，形似诗》发表于《努力周报》第51期。文末标“未完”，但似未续作。诗作发表后，引起了成仿吾、郑振铎等人的激烈批评。为此，徐志摩6月10日于《晨报副刊》发表《天下本无事》进行回应。

6日，顾颉刚在《努力周报·读书杂志》第9期上发表《与钱玄同先生论古史书》一文，以疑古思想为基础，提出“层累地造成的古史观”，在学术界引起巨大反响和热烈讨论。讨论文章于1926—1941年分编为《古史辨》7册，陆续出版。

9日，郭沫若的《留别日本》发表于《孤军》第1卷第8、9期合刊《五九纪念号》。这首诗是4月初郭沫若初次带着安娜和3个儿子动身回国时所作。诗中把日本比作“一座文明监狱”，表现了终将“把这座世界的铁牢打倒”的决心。

10日，叶圣陶的小说《平常的故事》发表于《小说月报》第14卷第5号，署名叶绍钧。

同期还发表了孙俍工的小说《隔绝的世界》，署名俍工。

同日，徐玉诺的小说《在摇篮里》（其一）发表于《小说月报》第14卷第5号。《在摇篮里》是作者的系列小说，此后曾在第14卷第7期、第14卷第8期、第14卷第12期发表。其中第8期发表的小说名为《到何处去》，第12期发表的小说名为《祖父的故事》。

同日，徐玉诺的诗歌《我的诗歌》和《假如我不是一个弱者》发表于《小说月报》第14卷第5号。

同期还发表了陈宽的诗歌《兄去后十日》、《春夜》、《过去》、《燕子》、《小溪》、《迟疑的心》、《清明的早晨》。

同日，沈雁冰译自巴西阿赛凡度的小说《最后一掷》发表于《小说月报》第14卷第5号。

同期还发表了高君箴所译丹麦安徒生的小说《缝针》。

同日，徐志摩的《曼殊斐儿》发表于《小说月报》第14卷第5号。郑振铎为之写了“附记”，署名西谛。

同期徐志摩还发表了所译曼殊斐儿的《一个理想的家庭》。

同日，茅盾评论《西班牙现代小说家巴落伽》刊于《小说月报》第14卷第5号，后有茅盾“附记”。

12日，在《时事新报·文学旬刊》创办2周年之际，西谛（即郑振铎）作《给读者》，表示今后将“继续的对一切愚顽的敌人，下热烈的攻击”，并想“尽量的散播些嘉谷的种子”。为此，该刊加强了编辑力量，从第73期起，由王伯祥、余祥森、沈雁冰、周予同、俞平伯、胡哲谋、胡愈之、叶绍钧、郑振铎、谢六逸、严既澄、顾颉刚12人负责编辑。

同日，郑振铎的《〈世界文学〉》一文发表于《时事新报·文学旬刊》第73期，介绍了李查孙和渥文的《世界文学》一书，署名西谛。

13日，《创造周报》在上海创刊。这是前期创造社创办的第二个刊物，由郁达夫、郭沫若、成仿吾等编辑，泰东图书局发行。撰稿人与季刊大致相同。郭沫若在发刊词中表示，“我们是不甘于这样缺陷充满的人生，我们是要重新创造我们的自我”，“我们自我创造的工程，便从你贪做好闲的第七天上做起”。这是一份“偏重于评论介绍而以创作副之”的刊物，为一种政治、文艺批评和文学创作兼而有之的综合性杂志。它的出版，弥补了《创造》季刊在时间性上跟不上新文学运动的发展形势的缺陷。该刊大量发表创造社同仁对于文学和当时文学运动的看法和理论主张，如成仿吾的《诗之防御战》、《新文学的使命》，郁达夫的《文学上的阶级斗争》，郑伯奇的《新文学之警钟》等。其中，有的文章已含有革命文学的思想萌芽。《创造周报》自出版以后，风行一时。该刊于 1924 年 5 月中旬出至 52 期停刊。

同日，小说家李涵秋逝世。李涵秋是鸳鸯蝴蝶派的小说名家，他于 1906 年开始写小说，一生著作甚丰，影响极大，曾被称为“海内第一流小说家”。当年的报纸多以登载李涵秋的小说为荣，时人甚至有“无李不开张”的谚语，意谓副刊的开张必须要有李涵秋。其代表作为《广陵潮》。他还曾历任《半月》、《快活》、《小时报》、《小说时报》等刊物的主编。李涵秋的小说是近代小说向现代小说转变过渡中的“重镇”，其思想内容、表现方法、叙事模式等方面都体现出过渡时期的特点。胡适认为：在现在的小说中，《广陵潮》是属于上等的。张恨水则在为《广陵潮》所作的序言中更为具体地阐述了其历史价值:“《广陵潮》是三十年前的作品了。第一，我们不能用现在的文艺尺度来量它，这是要紧的。认定了这一点，我们可认为李先生在当年下笔，对社会现状有很好的反映。写出来，虽然是中国一个角落，那也可以看出当时的社会是个什么状态。他虽没有强调革命的意识，在许多地方他是反封建的。当年除了《二十年目睹之怪现状》和《官场现形记》，没有第三部书能够这样对旧社会猛加抨击。而且以上二书，有些地方夸张过甚，倒不如《广陵潮》写一角落，还比较能把握现实。”

同日，成仿吾的《诗之防御战》发表于《创造周报》创刊号。在文章中，成仿吾对新诗坛做了清算，其主要批评对象集中在“小诗”上，一个是针对“小诗的渊源”，另一个是对“小诗”作者的批评。成仿吾对“小诗的渊源”的批评主要有两个方面：一是对“小诗”的模仿对象——日本诗歌和泰戈尔的批评。成仿吾通过对日本语“多音节”特点的分析，指出俳句很难成为抒情诗，而且是“固定而呆板的铸型”，“在日本早已成了过去的古董”。对于泰戈尔的批评则是在“诗与哲学”的关系中展开的，成仿吾对周作人所译芭蕉的俳句进行了分析，认为周作人的翻译失去了“原有的音乐效果”。二是成仿吾对“小诗”的作者也进行了激烈的批评。文章批评胡适和文学研究会的康白情、俞平伯、周作人、徐玉诺、宗白华、冰心的诗作是“野草”，是一些“浅薄无聊的文字”。这些诗的作者“既没有丝毫的想象力，又不能利用音乐的效果，所以他们总不外是一些理论和观察的报告，怎么也免不了是一些鄙陋的嘈音”。他宣称“诗是天才的创造”，我们要起而守护诗的王宫，“我愿与我们的青年诗人共起而为这诗之防御战！”由于该文言辞刻薄犀利，发表后引起了不少当事人的反对，在当时诗坛上产生了广泛影响。因这篇文章，徐祖正和张凤举与创造社脱离关系。

同日，郭沫若译自德国尼采的诗歌《查拉图司屈拉》（现通译《查拉图斯特拉》）开始在《创造周报》发表。作者在《附识》中说：“尼采的思想前几年已喧传于国内，但他的著作还不曾有一部完整的译出，现在准备从德文原文来翻译。”译文自本月 13 日起分期载于《创造周报》1923 年 5 月至 1924 年 1 月第 1 至 9、11 至 14、16 至 19、21 至 28、31、33 至 34、39 号，共 26 节，未译完，译至 2 卷 4 节止。后于 1928 年 6 月由创造社汇集出版单行本。

同期郭沫若还发表了译自德国歌德的诗歌《迷娘歌》，该诗摘译自歌德的长篇小说《回廉迈司特游学时代》。

15 日，胡适写信给郭沫若、郁达夫两人，对上年 9 月《努力周报》20 号的《编辑余谈》批评郁达夫，对由此引起的与创造社同仁一年余来的纠纷，声称：对“两位的文学上的成绩，虽然也常有不能完全表同情之点，却只有敬意，而毫无恶感”。他希望“那一点小小的笔墨官司不至于完全损害我的旧有的或新的友谊”。17 日，郭沫若与郁达夫分别回信给胡适，都有婉转批评之意。郭沫若在复信中说：“我辈极思有所振作，尚望明晰如先生者大胆尝试，以身作则，则济世之功恐不在提倡文学革命之下。”

同日，巴金的诗歌《报复》发表于《孤吟》第 1 期，署名 P.K.。诗前有小引，云 17 日是长沙工人罢工领导者黄爱、庞人铨被军阀赵恒惕杀害一周年，“愤怒”中写了这首不像诗的诗，“但是只要能感动人，是不是也不要紧”。全诗 40 余行，感情真挚热烈，认为黄、庞等工人兄弟“是为着我们全人类的利益而死的”，高喊“这杀兄弟的仇终久是要报复的”，号召“一切有良心的朋友们”，“预备着我们自己的血，来与恶魔决一死战”。

同日，冯文炳的《杂诗》、《磨面的儿子》、《洋车夫的儿子》发表于《诗》第 2 卷第 2 期。

同期还发表了俞平伯的散文诗《〈忆〉序》；郑振铎的《爱》、《云与月》，署名西谛；徐玉诺的《日落之后》、《老年人》、《美人的微笑》、《偶像》、《我的世界》、《黑暗》、《别》。

同日，茅盾所译的《南斯拉夫民间恋歌四首》发表于《诗》第2卷第2期。

16日，周作人《阮真〈答周作人先生〉》一文的“附记”发表于《晨报副镌》。

20日，胡适的《一年了！》发表于《努力周报》第53期。这篇文章是为纪念《努力周报》创刊一周年而写。他在文中说：“《努力》的产生，是由于一点忍不住的冲动，希望在一个无可奈何的境地里，做一点微薄的努力。我们回头看这一年的成绩，心里实在觉得惭愧。但过去的是过去了，我们现在只应继续地努力。我们深信，有意识的努力是决不会白白地费掉的。”

同期还发表了胡适的诗《西湖》。

同日，任叔永的《人生观的科学或科学的人生观》发表于《努力周报》第53期，署名叔永。

同期，还发表了胡适的《孙行者与张君劢》，署名适之。

同日，成仿吾的《新文学之使命》发表于《创造周报》第2号。成仿吾在文章中认为，“文学上的创作，本来只要是出自内心的要求，原不必有什么预定的目的”。他把文学作为“我们内心的活动之一种”来考察新文学的使命，认为我们的新文学，至少应该有以下三种使命：一、对于时代的使命，即对社会生活中的“不公的组织与因袭的罪恶，我们要加以严厉的声讨”，“不惜加以猛烈的炮火”。二、对于国语的使命，即“要在我们的语言创造些新的丰富的表现”，“要有意识地多多在表现上努力，要不轻事模仿”。三、对于文学本身的使命，要“除去一切功利的打算，专求文学的全与美”。

20日，郭沫若的论文《中国文化之传统精神》经成仿吾译成中文发表于《创造周报》第2号，原稿为日文。

22日，叶圣陶开始于《时事新报·文学旬刊》74号发表《亭居笔记》，署名圣陶。该文在第74期、第75期分2期发表。

27日，郭沫若作诗《歌笑在富儿们的园里》。这首诗表现了诗人对泛神论的否定。诗中唱道：“你厚颜无耻的自然哟，你只是在谄媚富豪！我从前对于你的赞美，我如今要一笔勾消。”该诗最早收入1928年创造版《前茅》。

同日，郁达夫的《文学上的阶级斗争》发表于《创造周报》第 3 号。文章试图以欧洲各国的文学变迁，来说明文学上的阶级斗争的事实。他主张文学是表现人生的，应该为阶级斗争服务。这是首次在中国文艺界提出“阶级斗争”这个名词。

同日，郭沫若的《我们的文学新运动》中文版发表于《创造周报》第 3 号。该文本来是应日本的大阪《每日新闻》而作，译为中文时，对原文中未尽意处进行了修订，并且认为“凡为我们社内的同志必能赞成我们这种主张，便是社外的友人我们也望能多来参加我们的运动”。文章认为“白话文革命”只是在破了的絮袄上打了几个补丁，里面仍然是 Bourgeois 的根性，要把这根性和盘推翻。在文章中，郭沫若有这样的话 ：“我们现在对于任何方面都要激起一种新的运动，我们于文学事业中也正是不能满足于现状，要打破从来因袭的样式而求新的生命之新的表现。”他宣称“我们反抗盛容那种情趣的奴隶根性的文学。我们的运动要在文学之中爆发出无产阶级的精神，精赤裸裸的人性”。他提出“我们反对资本主义的毒龙”，“我们的运动要在文学之中爆发出无产阶级的精神”，“我们的目的要以这生命的炮弹来打破这毒龙的魔宫”。郭沫若后来曾把本文称为“似是而非的普罗列塔利特的文艺论”，并说 ：“不过自从那篇文章发表过后，日本的新闻界也就不敢再找我了。”该文的写作表明郭沫若已初步具有革命文学的思想倾向。

同日，丁文江的《玄学与科学——答张君劢》开始发表于《努力周报》第 54 期。至本年 6 月 3 日续完。

同日，周作人的《读〈各省童谣集〉》发表于《歌谣》第 20 号。

本月

上旬，郭沫若的《批评与梦》发表在《创造》季刊第 2 卷第 1 期。

同期还发表了成仿吾的《〈雅典主义〉》、《〈命命鸟〉的批评》、《〈一叶〉的评论》；闻一多《我默伽亚谟之绝句》和徐志摩的英文演讲《艺术与人生》。在《〈雅典主义〉》中，成仿吾针对《小说月报》13 卷 12 号上茅盾（署名佩韦）所写的纪念雪莱的文字，讥讽茅盾“不懂英文”，“关于雪莱差不多什么也不懂”。

同月上旬，郁达夫的小说《茑萝行》发表于《创造》季刊第 2 卷第 1 期。

同期还发表了张资平的小说《双曲线与渐近线》、滕固的小说《二人之间》。

同月上旬，郭沫若的诗歌《我们的花园》发表于《创造》季刊第 2 卷第 1 期。《我们的花园》是为纪念《创造》季刊创办一周年，是《创造》季刊发刊词二。诗中倾吐了对艺术生活的酷爱和对受社会环境压迫的愤懑。

同期还发表了闻一多的诗歌《李白之死》、冯至的诗歌《归乡》（诗八首）。

同月上旬，刘梦苇的诗歌《吻之三部曲》发表于《创造》季刊 2 卷 1 期。

刘梦苇（1900—1926），诗人。原名刘国钧，笔名有刘梦苇、梦苇等。湖南安乡人。青年时期一度四处漂泊。1920 年入长沙第一师范学校读书，同年与沈仲九、孙俍工、袁绍先等人组织了无政府主义组织“安社”。1923 年在《创造》季刊上发表成名诗作《吻之三部曲》，蜚声诗坛。1924 年 1 月与友人在上海成立飞鸟社，创办《飞鸟》月刊，自任主编，仅出 1 期便停刊。1926 年 4 月《晨报·诗镌》创刊，他积极参加该刊的工作，被推为中国新诗形式运动的最早倡导者。其诗散见于《青年文艺》季刊、《小说月报》、《晨报 · 诗镌》等，并有少许散文、政论文、诗论等发表。主要作品有诗集《青年的花》、《孤鸥》。

同月上旬，郭沫若的三幕历史剧《卓文君》发表于《创造》季刊 2 卷 1 期。剧本写成于 2 月 28 日。该剧通过对卓文君与司马相如爱情故事的描写，猛烈地抨击了封建礼教和封建制度的罪恶，热情地歌颂了妇女的觉醒和反抗。卓文君私奔司马相如的传说，由于违背了“从一而终”与“在家从父”的封建教条而为历来的封建卫道者视为不道德的事。郭沫若写这一剧本的重要动机在于表彰卓文君“不从父”的反抗行为，赞美她是“不从父”的“很好的标本”。在剧中，郭沫若把卓文君处理成公开出走，而不是私奔，从正面来肯定她反抗封建礼教的行为。这是向封建礼教、封建制度的大胆挑战。剧本发表后，受到广大青年的热烈欢迎，但也遭到封建卫道者的攻击。例如，当时浙江绍兴的女子师范学校因上演这个剧本，竟闹起了很大的风波。县议会的议员老爷们，以为其大伤风化，竟扬言要开除学校的校长。此事闹到省里，“经许多教育大家审定，以为本剧确有不道德的地方”，并做出“决议”，禁止中学以上的学生演出这一剧目。但是，卫道者们的禁令没能起到作用，相反，有更多的学校上演《卓文君》。该剧初收于《三个叛逆的女性》，1925 年光华版。此剧后曾作过修改，载 1931 年 8 月北京《晨报副镌》。

同期还发表了成仿吾的喜剧《欢迎会》。

同月，柳亚子与南社旧友叶楚伧、胡朴安、余十眉、邵力子及陈望道、曹聚仁、陈德征等 8 人，发起成立新南社。其中除柳亚子、余十眉外，均为《民国日报》成员，新南社亦以该报为大本营。由叶楚伧起草《发起宣言》，强调南社提倡民族气节，为应和同盟会而起之文学研究团体，而新南社更追随时代，与民众相见，并引纳世界潮流，在旧基础上完成新建筑。新南社组织大纲，说明其宗旨为：一、整理国学；二、引纳新潮；三、提倡人类气节；四、发挥民族精神。

同月，徐志摩在北师大附中进行演讲。演讲稿经朱大枏整理发表于 6 月《新民意报》副刊《朝霞》第 6 期，题名为《诗人与诗》。

同月，新潮社《文艺丛书》开始陆续出版。该丛书共出 10 种：分别为冰心的诗集《春水》，鲁迅译爱罗先珂童话剧《桃色的云》，鲁迅的小说集《呐喊》，张近芬（署名 CF 女士）译法国孟代的童话集《纺轮的故事》，孙福熙的散文集《山野掇拾》，李小峰译丹麦爱华耳特童话集《两条腿》，周作人译诗歌小品集《陀螺》，冯文炳的小说集《竹林的故事》，李金发的诗集《微雨》，李金发的诗集《食客与凶年》。

同月，谷剑尘的《中国戏剧革命与小剧场运动》发表于《民国日报·觉悟》。

同月，徐志摩的《我们看戏的什么》发表于《晨报副镌》。

同月，冰心短篇小说集《超人》由商务印书馆出版。收入《文学研究会丛书》，收录短篇小说 10 篇，分别是《笑》、《超人》、《爱的实现》、《最后的使者》、《离家的一年》、《烦闷》、《疯人笔记》、《遗书》、《寂寞》、《往事》。陈西滢认为《超人》里大部分小说，“一望而知是一个没有出过学校门的聪明女子的作品，人物和情节都离实际太远了。可是里面有两篇描写儿童的作品却非常好”。张天翼则称赞《超人》“显示了作者的女性，使你咀嚼到温柔、细腻、暖和、平淡、爱”。不过在张天翼看来，尽管冰心努力要使作品写成上述那些味道，“但这样，题材就似乎贫乏了”。沈从文则评论说：“冰心女士所写的爱，乃离去情欲的爱，一种母性的怜悯，一种儿童的纯洁，在作者作品中，是一个道德的基本，一个和平的欲求，当作者在《超人》集子里，描画到这个现象时，是怀着柔弱的忧愁的。但作者生活的静谧，使作者端庄，避开悲愤，成为十分温柔的调子了。”

同月，胡寄尘著短篇小说集《最短之短篇小说》由上海晓星编译社出版。前有自序，共收 24 篇小说。

同月，冰心诗集《春水》由新潮社出版。收小诗 182 首。书前录《繁星》第 120 首为《自序》。诗集出版后极受读者欢迎，有读者专门给《晨报》写信，称《春水》

"是诗国的探险家"，"我读《春水》，总只觉得她是极自然的，又是极低弱冷峭的，然而我也只取她这两点，字句的优美次之"。赵真则以《春水》中具体的篇章为例，称赞冰心"把自然、艺术、真理，这抽象的名词，看作具体的而置之于诗中，叫人真不能不拍案叫绝"！

但也有人对此诗集持批评态度，比如梁实秋就在《创造周报》半年汇刊第 1 集第 12 号发表文章《〈繁星〉与〈春水〉》，认为"《繁星》、《春水》这种体裁，在诗国里面，终归不能登大雅之堂的"，"《繁星》、《春水》那样的诗最容易作，就是因为那些'零碎的篇儿'只是些'零碎的思想'经过长时间的收集而已"。"《繁星》、《春水》在艺术方面最差强人意的便是诗的字句的美丽"，但"句法太近于散文的（prosaic）"，"故虽明显流畅，而实是不合诗的"。梁实秋最后总结说："冰心女士是一个散文作家，小说作家，不适宜于诗；《繁星》、《春水》的体裁不值得仿效而流为时尚。"

同月，李劼人翻译法国卜勒浮斯特的喜剧《忠䏲》、《恩惠》发表于《少年中国》第 4 卷第 3 期。

同月，徐志摩翻译英国高斯的中篇小说《涡堤孩》由商务印书馆出版。收入《共学社文学丛书》。

同月，杨丙辰译德国说恩（F. Dan）的戏剧《费德利克小姐》由上海商务印书馆出版。

同月，徐卓呆所译小说《人肉市场》由上海世界书局出版。原著者不详。

六月

1 日，文学研究会北京分会创办机关刊物《文学旬刊》，附《晨报副刊》发行。先由王统照、孙伏园编辑，1924 年 10 月后由王统照单独负责。王统照在《本刊的缘起及主张》中说："我们所以要在此灰色围城之中办这个旬刊，却是愿他同努力于文学的朋友提携，愿为中国新文学尽些微贡献的力量，这便是本刊的缘起。至于主张，助我们几个人对于文学上的各种派别，对于所争执问题，我们绝没有偏见于任何一方的倾向。主义是束缚天才的利器，也是一种桎梏，我们只能就所见到的说出我们所愿说的话，绝不带有何种色彩，虽然我们并不是天才。我们对于文学批评的态度，以商榷为主，虽是对于任何作品可以各抒己见，但我们敢自信是严重而光明的，即对于发表创作上，也一视其艺术的如何为准，绝不有所偏重。然对于反文学的作品，盲目的复古派与无聊的而有害社会的劣等通俗文学，我们却不能宽容。”该刊主要撰稿人有王统照、徐志摩、焦菊隐、剑三、庐隐等。逢一出版，每月发行 3 次。该刊于 1925 年 9 月 25 日出至第 82 号终刊。

同日，周作人的《文艺与道德》发表于《晨报副镌》。文中抄录了英国蔼理斯著作中关于艺术与道德的意见。

2 日，子贻作《文学和人生》发表于《时事新报·文学旬刊》第 75 期。作者认为，文学作品不但不能帮助我们了解人生，反而对我们了解人生有所妨碍，因为“文学底作品能够虚伪化我们的感情”。

同期还发表了俞平伯的《黎明馆旅客底话》，署名平伯。

同日，胡愈之所译爱罗先珂著《春日小品》开始发表于《时事新报·文学旬刊》，署名愈之译。该文在第 75 期、第 76 期分 2 期发表。

3 日，闻一多的《女神之时代精神》发表于《创造周报》第 4 号。10 日，他的另一篇论文《〈女神〉之地方色彩》发表于《创造周报》第 5 号。这两篇论文是姊妹篇，是闻一多早期文艺方面的代表作。《〈女神〉之时代精神》综述《女神》的思想内容，集中讲它的时代精神，《〈女神〉之地方色彩》突出评论《女神》的艺术特色，集中讲民族特色的问题。

同日，日文版《北京周报》第 68 号上刊载《“面子”和“门钱”》一文，记述了《北京周报》记者就中国人讲“面子”和要“门钱”的问题对鲁迅和周作人的访问。周作人在回答记者的提问时说:“‘面子’一词里包含着‘硬撑门面’的意思”，“这种城市人士的‘面子’观念，感化波及于车夫苦力等下层阶级的人们，他们尽管收入微薄过着可怜的生活，却也有作为人的意气。对于雇主，也许会以‘面子’这个词来表示反抗。这样，这个‘面子’里所包含的，并不止于单纯的倔强，而是有着值得同情的某种成分”。鲁迅从小说史中“面子”一词的出现出发，认为“面子”大抵上和文言的“体统”一词含义相同。“恐怕先是变成‘体面’之类的词，然后在社会上又变成了‘面子’。”鲁迅还说 :“由于‘面子’一词以表面的虚饰为主，其中就包含着伪善的意思。……大肆主张‘面子’的西崽等等，在门口抓住出入的商人强行索取若干‘门钱’，是最能说明‘面子’所以是伪善的这个道理的。”

文章最后说："北京的'面子'和'门钱'，乃是研究中国人性格的两点应予注意的事情。"

同日，《努力周报》出"玄学与科学讨论专号"，发表了章演存的《张君劢主张的人生观对科学的五个异点》、朱经农的《读张君劢论人生观与科学的两篇文章后所发生的疑问》、唐钺的《心理现象与因果律》以及续完丁文江的《玄学与科学——答张君劢》。

同日，郭沫若的《力的追求者》发表于《创造周报》第4号。这首诗表现了诗人与过去所喜爱和追求的情趣宣告决裂："别了，低回的情趣！""别了，纤巧的花针！"

同日，成仿吾的《士气的提倡》发表于《创造周报》第4号。

同期还发表了他译自罗曼·罗兰的《Beethoven传序文》。

5日，周作人的《〈世界语读本〉》发表于《晨报副镌》，该文是为冯省三所编《世界语读本》而写的序。

8日，周作人的《"迷魂药"》发表于《晨报副镌》，署名荆生。文章讽刺了在中国不以"拍花"为罪，却视"买卖人口"倒"是一种正当的职业"的社会心理。

9日，郭沫若的《致钱蔚华信》发表于《时事新报·学灯》，驳斥钱蔚华为戈乐天《批评翻译的批评》一文所做的辩解。

同日，周作人的《〈日本语典〉》发表于《晨报副镌》。

10日，钱玄同的《答顾颉刚先生书》发表于《读书》杂志第10期。称赞顾颉刚的"层累地造成的中国古史"的意见"精当无伦"。在这篇书信里，钱玄同对"六经"提出怀疑的意见。他以为孔丘无删述或制作"六经"之事。钱玄同在这篇书信里还评价"六经"的注疏。钱玄同和顾颉刚的这两篇通信，是集中反映当时的疑古思想的重要文献。疑古思想是五四运动以后反封建思潮的一个重要方面，尽管许多问题只是假说，至今没有得出令人信服的结论，而且由于作者当时还没有历史唯物主义的批判精神，难免有形式主义地看问题的缺点，然而他们敢揭穿经书的老底，剥去它们的神圣的外衣，从根本上推倒两千多年来人们崇信的偶像和信条，那种彻底地反对封建主义的精神是可贵的，影响也是很大的。这两篇通信发表后，学术界立即展开激烈的争论。大约是毁多于誉，后来就要查禁具有这种观点的史学书籍了。而郭沫若1930年在《中国古代社会研究》中对钱玄同、顾颉刚的古史研究的观点却持赞赏的态度。他说：顾颉刚的"'层累地造成的古史'的确是个卓识。……在旧史料中凡作伪之点大体是被他道破了的"。

同日，郭沫若的《论中德文化书——致宗白华书》发表于《创造周报》第5号。

同期还发表成仿吾的《写实主义与庸俗主义》。

同日，朱自清的小说《笑的历史》发表于《小说月报》第14卷第6号。小说以作者夫人武钟谦女士为原型，描写了一个爱笑的女子如何在夫家变得郁郁寡欢的过程。

同期还发表了王统照的小说《寒会之后》，庐隐女士的小说《丽石的日记》，许杰的小说《祈祷》，徐玉诺的小说《一只破鞋》、《寂寞》、《灰色人》。

同日，沈莲依著短篇小说集《中国侦探案全集》由上海世界书局3版发行。

同日，俞平伯的诗歌《忆》发表于《小说月报》第14卷第6号。

同期还发表了徐玉诺的诗歌《别后》。

同日，杨敬慈译自日本秋田雨雀的喜剧《Asparagus》发表于《小说月报》第14卷第6号。

同期还发表了李青崖译自法国莫泊桑的小说《一个失业的人》。

同日，茅盾翻译的《葡萄牙的近代文学》发表于《小说月报》第14卷第6号。

11日，徐志摩的《"国际著作者协社"》发表于《晨报副刊·文学旬刊》第2号。

同期，还发表了庐隐的《月色与诗人》。

12日，鲁迅作《关于爱情定则讨论的意见》（通信）。《晨报副刊》自本年起开展了关于"爱情定则问题"的讨论，先后发表了约20篇文章。编者孙伏园写信给鲁迅，征求他的意见，鲁迅遂写此通信作答。文中表示不应害怕这一讨论中出现的各种"怪论"，而应大胆地让它们发表出来，才能促进这一讨论。

同日，沈雁冰、子贻发表《杂感》于《时事新报·文学旬刊》第76期。沈雁冰在文中说："我相信文学是批评人生的，文学是要指出现人生的缺点并提示一个补救此缺憾的理想的。"因此，要"把一切不以改良人生为目的的文学作品当作毒物。""凡不为游戏玩世，不为谀人，不为自发牢骚，而赤裸裸地写作者所见所感的文学作品，我们都喜欢读而且时时盼望多读。"子贻认为，"国语文字底欧化本是一件不可免而且是可以要得的事"，但同时"引进了许多修辞上的欧化"却是要不得的。因为这种"不管三七二十一的拿欧洲文字中所有的无论精华糟粕都尽量的搬了过来，我恐怕一个偶像打破了，第二个偶像又来了”。

同日，严既澄的《文艺上的魔道》发表于《时事新报·文学旬刊》第 76 期，署名既澄。

14 日，周作人的《“重来”》发表于《晨报副镌》，署名荆生。文章从易卜生的戏剧《重来》（即 Gengangere，意思是祖先的坏思想坏行为在子孙身上再现出来），而谈到“中国现社会上‘重来’之多”。文章认为：“人间最大的诅咒是肖子顺孙四个字，现代的中国正被压在这个诅咒之下。”

同日，周作人收到李淑良（即李金发）5 月 26 日自柏林来函并附寄诗集《微雨》、《食客与凶年》两书。8 月 12 日复信。周作人将李淑良的两部诗集编入他所主持的《新潮社丛书》，交北新书局出版。但诗稿在印刷厂耽搁了 2 年多，《微雨》直到 1925 年 11 月方出版，《食客与凶年》则至 1927 年 5 月由北新书局印行。据李金发后来在《异国情调·从周作人谈到“文人无行”》一文中回忆说：“我与周作人无‘一面之缘’，但与他通过好几次的信，而且可以说是他鼓励我对于象征派诗的信心。记得 1923 年春天，我初到柏林不满两个月，写完了《食客与凶年》，和以前写好的《微雨》两诗稿，冒昧地（那时他是全国景仰的北大教授，而我是一个不见经传，十余岁的青年，岂不是冒昧点吗？）挂号寄给他。望他‘一经品题声价十倍’。那时创作欲好名心，是莫可形容的。”“两个多月果然得到周的复信，给我许多赞美的话，称这种诗是国内所无，别开生面的作品（那时人家还不会称为象征派），即编入为新潮社丛书，交北新书局出版。”

15 日，《新青年》改组为季刊在广州出版，成为中国共产党中央的理论性机关刊物，由瞿秋白主编。在宣言中，该刊称：《新青年》“当为改造社会的真理而与各种社会思想的流派辩论。社会科学，因研究之者处于所研究的对象之中间，其客观的真理比自然科学更容易混淆。因此，人既生于社会之中，人的思想就不能没有反映社会中阶级利益的痕迹；于是社会科学中之各流派，往往各具阶级性，比自然科学中更加显著。‘新青年’是无产阶级思想机关。无产阶级于现代社会中，对于现存制度自取最对抗的态度；所以他的观察始终是比较最客观的。何况‘新青年’在世界无产阶级的文字机关中，算是最幼稚的，未必有充分健全的精力，足以为绝对正确的观察。有此两因，都足以令‘新青年’不能辞却与各方面的辩论：一则以指出守旧各派纯主观的谬误，一则以求真诚讨论后之更正确的结论。于辩论之中，方能明白何者为无产阶级的科学结论，何者为更正确、更切合事实的理论。总之，为改造社会而求真理”。创刊号为“共产国际号”，首次刊出了中文《国际歌》词曲。

同日，瞿秋白的《东方文化与世界革命》发表于《新青年》季刊第1期，署名屈维它。文章写于3月，主要剖析和批判以梁启超、梁漱溟为代表的东方文化派的封建主义哲学——复古倒退的思想。作者认为人类社会有共同的发展规律；文化作为一种历史现象，将随着社会物质生产的发展而发展。文章分析了东西文化的本质及其特点之后，指出所谓东方文化基本上有三个元素，即（一）“宗法社会之‘自然经济’”；（二）“畸形的封建制度之政治形式”；（三）“殖民地式的国际地位”。文章说：“所谓东方文化的‘恶性’决非绝对的，宗法社会的伦理也曾一度为社会中维持生产秩序之用。但是他现在已不能适应经济的发达，所以是东方民族之社会进步的障碍。”文章同时指出：“中国的文化，——宗法社会，已经为帝国主义所攻破；封建制度已经成为帝国主义的武器。”因此，东方文化完全是复古，拉历史的倒车，阻碍中国社会的发展。瞿秋白认为，只有“宗法社会及帝国主义颠覆之后”，东方文化才能获得发展，“引向新文化的道路”。最后，他明确指出：东方被压迫民族必须和世界无产阶级联合起来进行“世界革命，东方民族方能免殖民地之祸，方能正当的为大多数劳动平民应用科学，以破宗法社会封建制度的遗迹，方能得真正文化的发展”。

同日，巴金的《小诗》发表于《孤吟》第3期，署名P.K.，含3首小诗。诗歌对“没有母亲保护的小孩”的被“蹂躏”表示同情，抒发失去亲人后的寂寞和痛苦。

16日，郭沫若的诗歌《黑魆魆的文字窟中》发表于《创造周报》第6号，对排字工人的痛苦生活表示深切的同情。

同期还发表了成仿吾的《新的修养》，郁达夫的《max stirner 的生涯及其哲学》。

17日，茅盾的《阿拉伯的小品文学》发表于《努力周报》第57期，署名雁冰译辑。

18日，周作人的《“铁算盘”》发表于《晨报副镌》，署名荆生。文中批评了“相信模拟类推”这种愚昧的思想与行为。

20日，周作人的《无条件的爱情》发表于《晨报副镌》，署名荆生。

同日，徐志摩作《我过的端阳节》，分别发表于6月24日《晨报副刊》和7月9日上海《时事新报·学灯》。

21日，胡适作《一师毒案感言》。当时浙江第一师范学校发生一起大毒案，一餐饭毒死者24人，病而未死者191人。胡适在此文中表示，第一，“希望一师继续保持这种不武断不盲从的态度，来研究这件毒案”，第二，“希望一师用评判的态度，来评判自己的校内制度，来谋学校的改革与进步”。

同日，李勖刚的《中国新诗的将来》发表于《晨报副刊·文学旬刊》第2号。

同日，周作人的《儿童的书》发表于《晨报副镌》。文中写道：“中国还未曾发见了儿童——其实连个人与女子也还未发见，所以真的为儿童的文学也自然没有。”文章号召人们要重视创作和编订为儿童的书，“这是现在很切要的事业，也是值得努力的工作”。

22日，赵景深的《文学的艺术的表现论》发表于《时事新报·文学旬刊》第77期。

同期还发表了茅盾的评论《最近的出产——〈华伦夫人之职业〉》；严既澄的《自然与神秘》一文，署名既澄。

23日，郭沫若的《暗无天日的世界》发表于《创造周报》第7号，以“致成仿吾信”的形式，驳斥张东荪对创造社的攻击。张东荪的信载于1923年6月16日《时事新报·学灯》。郭沫若在文章中说张东荪利用手中掌握的“印刷机关”和“新闻纸”，不但“广告自己”，而且，以“‘莫须有’的文艺批评诬人欺世”，是个“暗无天日的世界”。

同日，郭沫若的论文《读梁任公〈墨子新社会之组织法〉》发表于《创造周报》第7号，对梁启超、胡适的观点发表了不同意见。

同期还发表了郁达夫的《艺术与国家》。

25日，周作人翻译完毕法国昆虫学家法布耳的《爱昆虫的小孩》，该文发表于9月《妇女杂志》第9卷第9号。

27日，郭沫若作诗《怆恼的葡萄》。表示今后“不再迷恋”“矛盾万端的自然”，宣告和旧的决裂。该诗最早发表于1926年版《创造日汇刊》。

29日，孙中山发表对外宣言。他指出：西方各列强承认北京政府，是将全国否定的政府强加于中国人民之上。他要求各国政府等待能够代表全国而又能为各省拥戴的政府产生后，再予以承认。

30日，郭沫若的诗《朋友们怆聚在囚牢里》发表于《创造周报》第8号。这首诗对囚牢般的社会表现了无比愤慨，发出了“我们到兵间去吧！我们到民间去吧！”的呼声。

同期还发表了郁达夫的《青烟》。

本月

胡先骕的《评胡适〈五十年来中国文学〉》发表于《学衡》第 18 期。与胡适讨论“桐城文之优劣”，晚清及近代诸多诗人、词人的成就。胡先骕认为，胡适对五十年来文学“一概抹杀，非见之偏，即学之浅，或则见闻之隘”。文章说：“总而观之，胡君死活文学之说，毫无充分之理由。苟必创为一种白话文体，如诗外有词，词外有曲，各行其是，亦未尝不可。若徒以似是而非之死活文学之学说，其欺罔世人，自命为正统，无论未必即能达其统一思想界之野心，即使举国盲从，亦未必能持久。……至吾国文学革命运动，虽为时甚暂，然从未产生一种出类拔萃之作品。此无他，无欧洲诸国历代相传文学之风尚，无酝酿创造新文学之环境，复无适当文学技术上训练，强欲效他人之颦，取他人之某种主义，生吞而活剥之，无怪其无成就也。又岂独无优美长篇小说已哉！五十年来中国之文学，若以此为归宿，则难乎其为中国之文学也。”

同月，李劼人的小说《同情——为吾妻作》开始在《少年中国》第 4 卷第 4 期连载，至第 4 卷第 6 期连载完毕。

同月，郑振铎的《诗歌的分类》发表于《学灯》。

同月，赵苕狂编短篇小说集《滑稽世界》（第三册、第四册）由上海世界书局出版。

同月，赵苕狂编短篇小说集《白雪》由上海世界书局出版发行。包括沈禹钟 3 篇，胡寄尘 2 篇，江红蕉、严芙孙、张枕绿、恨波女士、俞印民小说各 1 篇。

同月，《游记第一集》由北京晨报社编辑出版，为《晨报社丛书》。包括李霁初的《游俄见闻纪实》，鲍絮胥的《北京——柏林》，孙福熙的《赴法途中漫画（九封信）》，徐彦之的《从上海经过法国到伦敦》（附 EASTER HOLIDAYS）。

同月，周作人、鲁迅合译《现代日本小说集》由上海商务印书馆出版，收入《世界丛书》。1930 年 4 月又收入《万有文库》。集中收佐藤春夫 4 篇，国木田独步的小说 2 篇，夏目漱石 2 篇，森鸥外 2 篇，铃木三重吉 2 篇，武者小路实笃 2 篇，有岛武郎 2 篇，长与善郎 2 篇，志贺直哉 2 篇，千家元麿 2 篇，菊池宽 2 篇，芥川龙之介2篇，江马修、江口涣、加藤武雄各1篇。鲁迅作附录中作家小传。周作人在《序》中说明，集子中夏目、森、有岛、江口、菊池、芥川6人的作品为鲁迅所译。

同月，如音译印度《太戈尔短篇小说集（第一集）》由上海民智书局出版发行。

同月，魏肇基译法国卢梭著小说《爱弥儿》由上海商务印书馆出版发行。收入《汉译世界名著丛书》。1929年，上海商务印书馆将该著收入《万有文库》第1集第281编出版。

同月，快活三郎译自美国密司脱的小说《半夜人》由上海侦探小说社再版。译文采用文言。

同月，徐蔚南、王维克译俄国《屠格里夫散文诗集》由青年进步学会出版发行，收入《青年进步学会丛书》。

同月，潘家洵译挪威戏剧集《易卜生集（二）》由上海商务印书馆出版发行，胡适校，收入《世界丛书》。该书包括潘家洵所写的《序》、三幕剧《少年党》和三幕剧《大姆匠》。

同月，李劼人翻译自法国纳魏党的戏剧《烦恼》发表于《少年中国》第4卷第4期。

同月，胡适到杭州烟霞洞养病。八九月间，徐志摩来烟霞洞同住了一个时期，相约同译曼殊斐尔的作品，但译了半篇《心理》就搁下了。

七月

1日，中共中央的机关刊物《前锋》创刊，由广州平民出版社出版。主编由瞿秋白担任，陈独秀、张太雷、向警予等为主要撰稿人。该刊主要登载分析和探讨中国革命问题的文章，辟有“寸铁”栏目，文章篇幅短小、语言精练，有很强的战斗性。陈独秀在本期发表《国学》一文，他说：“现在中国社会思想上堆满了粪秽，急需香水来解除臭气”，不能“在粪秽里寻找香水”。《前锋》月刊仅出版发行了3期，1924年2月停刊。

同日，冯文炳的小说《柚子》开始发表于《努力周报》第59期至7月8日第60期续完。

2日，郑振铎的《翻译与创作》发表于《时事新报·文学旬刊》第78期，署名西谛。

同期还发表了任重的小说《给一个妇人的书》。

5日，《文艺旬刊》创刊于上海。该刊由浅草社主办，王怡庵编辑，为《民国日报》副刊乙种之一。从第19期起改为周刊，从第21期开始作为独立刊物单独发行，并正式更名为《文艺周刊》，仍由民国日报社印刷。《文艺周刊》主张在文艺理论上“不徒尚高谈阔论”，在文艺创作上要“严肃”、“忠实”，在文艺批评上要“平心静气”、有善意，反映出浅草社的文艺观点和扎实的作风。《文艺周刊》主要刊登创作，也刊登少量外国文学作品的译作和文艺论文。主要撰稿者有林如稷、陈翔鹤、冯至、李开先、查士骥、赵景深、季志仁等。1924年9月16日终刊，共出51期，又增刊1期。

同日，林如稷的小说《流霰》发表于《浅草》第1卷第2期。

同期还发表陈炜谟的小说《烽火燎唳》；陈翔鹤的小说《幸运》和戏剧《落花》。

同日，楚茨的《非审美的文学批评》发表于《文艺旬刊》第1期。

7日，郭沫若的论文《论道德与良心》发表于《创造周报》第9号。

同期还发表了梁实秋的《读郑振铎译的〈飞鸟集〉》。

同日，郭沫若的历史小说《鹓鶵》发表于《创造周报》第9号。本篇取材于《庄子》的《秋水篇》，通过庄周游梁的故事，赞扬了庄子洁身自好、安贫乐道的精神，对惠施主张实利主义，重视利禄的观念进行了讽刺。1936年收入《历史小品》时题名《庄周去宋》。1947年收入《地下的笑声》时，改题《漆园吏游梁》。

8日，胡适的《中国最早的一部讨论妇女问题的书——〈镜花缘〉》发表于《努力周报》第60期。本月15日续发这篇文章的后半部分于该刊第61期。胡适在这篇文章的结语中说：“三千年的历史上，没有一个人曾大胆的提出妇女问题的各个方面来作公平的讨论。直到十九世纪的初年，才出了这个多才多艺的李汝珍，费了十几年的精力来提出这个极重大的问题。他把这个问题的各个方面都大胆的提出，虚心的讨论，审慎的建议。他的‘女儿国’一大段，将来一定要成为世界女权史上的一篇永远不朽的大文；他对于女子贞操、女子教育、女子选举等等问题的见解，将来一定要在中国女权史上占一个很光荣的位置：这是我对于《镜花缘》的预言。也许我和今日的读者还可以看见这一日的实现。”

10日，王统照的小说《技艺》发表于《小说月报》第14卷第7号。

同期还发表了赵景深的小说《红肿的手》。

同日，徐玉诺的诗歌《永在的真实》、《为什么》、《小诗》发表于《小说月报》第14卷第7号。

同日，鲁迅译自爱罗先珂的童话《红的花》发表于《小说月报》第14卷第7号。

同期还发表了耿济之译自德国布利乌沙夫的《俄国诗坛的昨日今日和明日——革命后五年来（一九一七年至一九二二年）的俄国诗坛略况》；张闻天译自西班牙倍那文德的剧本《热情之花》；徐志摩翻译的诗歌《奥文满垒狄斯的诗》。

11日，周作人的《希腊的小诗》发表于《晨报副刊·文学旬刊》第5号。文中译介了20首希腊的小诗。

同期，还发表了王统照的《文学作品与自然》和《文学的趣味》。《文学的趣味》一文署名剑三。

12日，郭沫若作三幕历史剧《王昭君》毕。剧中描写了王昭君鄙视宫廷的荣华富贵，憎恨皇帝的骄奢淫逸，不愿受封，宁愿出塞和亲的叛逆性格，热情歌颂了这一具有反抗精神的妇女形象。该作发表于《创造》季刊1924年2月第2卷第2期，收入《三个叛逆的女性》。

14日，郭沫若的《论翻译的标准》发表于《创造周报》第10号。文章批评张东荪在翻译问题上的错误主张。

同期还发表了郁达夫的《批评与道德》。

同日，郭沫若的寓言《寄生树与细草》发表于《创造周报》第10号。文章讽刺那些依附于军阀的无耻文人。

15日，周作人的《〈爱的创作〉》发表于《晨报副镌》。该文介绍了日本与谢野晶子的随感集《爱的创作》。

17日，周作人的《有岛武郎》发表于《晨报副镌》。该文是因日本白桦派作家有岛武郎于7月9日缢死而作文纪念。文中对有岛的生平及死因略作了介绍，并引述了有岛武郎的《〈四件事〉》中的话："第一，我因为寂寞，所以创作。第二，我因为欲爱，所以创作。第三，我因为欲得爱，所以创作。第四，我又因为欲鞭策自己的生活，所以创作。"

18日，周作人致信鲁迅，信中说：

我昨日才知道——但过去的事不必再说了。我不是基督徒，却幸而尚能担受得起，也不想责难——大家都是可怜的人间。我以前的蔷薇色的梦原来却是虚幻，现在所见的或者才是真的人生。我想订正我的思想，重新入新的生活。以后请不要再到后边院子里来，没有别的话。愿你安心，自重。

第二天，周作人自持这封信，交给鲁迅，鲁迅“后邀欲问之，不至”（鲁迅日记）。在此前的数十年中，作为兄长，鲁迅对周作人在学习上、生活上、事业上关怀备至，寄予极大的期望。周作人对鲁迅也多有仰赖。然而，这封绝交信，却改变了兄弟怡怡的局面，以后几十年，既未说清原因，也没有冰释前嫌，而是永远成为参商。据鲁迅日记记载，本年7月14日鲁迅“改在自室吃饭”，同年8月2日鲁迅“携妇迁居砖塔胡同六十一号”。

关于鲁迅和周作人失和的原因，源于家庭矛盾。据鲁迅、周建人、鲁迅母亲及其他亲友的记载，可能是由于羽太信子当家但排场太大，用钱颇为挥霍，因而产生矛盾。郁达夫1939年曾在《宇宙风乙刊》创刊号上发表《回忆鲁迅》一文，文中说：“据凤举他们判断，以为他们兄弟的不睦，完全是两人的误解。周作人氏的那位日本夫人，甚至说鲁迅对她有失敬之处。但鲁迅有时对我说：‘我对启明，总老规劝他的，教他用钱应该节省一点，我们不得不想想将来，但他对于经济，总是进一个花一个的，尤其是他那位夫人。’从这些地方，会合起来，大约他们反目的真因，也可以猜度到一二成了。”许寿裳也曾在著名的《亡友鲁迅印象记·西三条胡同住屋》中说：“作人的妻羽太信子是有歇斯台里性的，她对于鲁迅，外貌恭顺，内怀忮忌。作人则心地糊涂，轻听妇人之言，不加体察。”周作人因此而决绝断交，并拒绝任何解释。

19日，周作人的《还不如军国主义》发表于《晨报副镌》，署名荆生。

21日，《创造日》在上海创刊。由创造社编辑，主持者是郁达夫、成仿吾和邓均吾，附《中华新报》发行。该刊作为《中华新报》的政治、经济、文艺副刊，是一份以文艺批评和创作为主的综合性日刊。郁达夫在其所作的《创造日宣言》中说：“我们想以纯粹的学理和严正的言论来批评文艺政治经济，我们更想以唯真唯美的精神来创作文学和介绍文学。现代中国的腐败的政治实际，与无聊的政党偏见，是我们所不能言不屑言的。”郭沫若为之作“代卷头语”《背着两个十字架》。

文中，他对民国以来的国家状况表示不满，形容国民身上如背着两个十字架。他说：“国家的存在已经是人民的一个十字架了，我们人民的心上还如受苦圣母一样插着一柄十字形的利剑，这是我们中华民国的国民所特有的双料的十字架。”他希望民众起来，“把插在心中的利剑抽了出来，把你背上的一个十字架斩毁”！该刊共出100期，历时104天，于同年11月2日停刊。

同日，郭沫若译德国歌德的诗《牧羊者的哀歌》。该诗发表于1926年版《创造日汇刊》。

22日，叶圣陶的小说《错过了》发表于《努力周报》第62期。

24日，周作人开始在《晨报副镌》“土之盘筵”专栏发表他所翻译的有关动物的文章。周作人在《小引》中说：“我随时抄录一点诗文，献给小朋友们，当作建筑坛基的一片石屑，聊尽对于他们的义务的百分一，这些东西在高雅的大人先生们看来，当然是‘土饭尘羹’，万不及圣经贤传之高深，四六八股之美妙，但在儿童，我相信他们能够从这里得到一点趣味。我这几篇小文，专为儿童及爱儿童的父师们而写的，那些‘蓄道德能文章’的人们本来和我没有什么情分。”当日发表的是周作人所译格林童话《稻草与煤与蚕豆》。其后陆续发表《乡间的老鼠和京都的老鼠》、《乡鼠与城鼠》、《蝙蝠与癞虾蟆》、《蜂与蚁》、《蜘蛛的毒》、《大萝卜》、《上古的人》、《蚂蚁的客》和《老鼠的会议》等。其中既有译自法布耳的著作，也有格林童话，也有伊索寓言，或者是英国汤姆生的著作《自然史研究》、房龙所著的《古人》等。作者在《乡间的老鼠和京都的老鼠》一篇的附记里说：“这是我所喜欢的工作，无论思想变化到怎样，这个工作将来总会有再来着手的日子。因为即使我们已尽了对于一切的义务，然而其中最大的——对于儿童的义务还未曾尽，我们不能不担受了人世一切的苦辛，来给小孩们讲笑话。”作者预定写20篇，但实际上1924年1月17日刊出第10篇时就停止了。

同日，郭沫若作《〈卷耳集〉自跋》。他强调研究文学必须重视原著，要“从作品本身去求生命”，收入《卷耳集》。

26日，高世华译柴霍甫著的小说《老园丁的故事》发表于《文艺旬刊》第3期。

29日晨，胡适与任百涛、曹佩声在西湖南高峰看日出。后二日，“奇景壮观犹在心目”，遂作诗《南高峰看日出》。诗歌发表于本年8月12日《努力周报》第65号。

同日，梁实秋的批评《〈繁星〉与〈春水〉》发表于《创造周报》第12号。

30日，《时事新报·文学旬刊》自第81期起改为《文学》周刊。西谛执笔的《本刊改革宣言》，说明改刊的原因及今后的办刊方针，重申“本刊的态度与精神，仍与从前一样：我们低着头一步步的踏实的向前走去，同时并认清了我们的‘敌’与‘友’”。“以文艺为消遣品，以卑劣的思想与游戏的态度来污蔑文艺，熏染青年的头脑的”，以及“抱传统的文艺观，想团塞我们文艺界的前进之路的，或想向后退走去的”，我们都认他们为“敌人”。那些“和我们在同路上走的人，即使他们的主张与态度和我们不同，我们还是认他们为‘友’的”。“对于‘敌’，我们保持严正的批评态度，对于‘友’，我们保持友谊的批评态度，我们竭力避免一切轻薄的非批评的态度。我们绝对不蹈以批评为工具，而用以发泄私愤或‘嫉妒之心’的卑鄙的恶习。”他同时表示，本刊也将努力于文艺创作和世界作品的介绍。本期还公布了《本刊特约撰稿者》，名单为：王伯祥、王统照、朱自清、余祥森、沈雁冰、沈泽民、周予同、周建人、俞平伯、柯一岑、胡哲谋、胡愈之、许地山、陈望道、徐玉诺、徐志摩、郭绍虞、叶绍钧、耿济之、郑振铎、刘延陵、谢六逸、瞿世英、瞿秋白、严既澄、顾颉刚26人。

同日，茅盾的《研究近代剧的一个简略书目》刊于《文学》周刊第81期，署名沈雁冰。

同日，周作人作散文诗《寻路的人——赠徐玉诺》，该作发表于8月1日《晨报副刊·文学旬刊》第7号。该文曾收入晨报社《自己的园地》作为“代跋”，1927年重订本抽出。诗中写道：“我是寻路的人，我日日走着路寻路，终于还未知道这路的方向，现在才知道了：在悲哀中挣扎着正是自然之路，这是与一切生物共同的路，不过我们意识着罢了。路的终点是死，我们便挣扎着往那里去，也便是到那里以前不得不挣扎着。”我“只想缓缓的走着，看沿路的景色，听人家的议论，尽量的享受这些应得的苦和乐。至于路线如何，……那有什么关系？”这首散文诗正可见周作人当时在歧路上挣扎的思想状况。他在《谈虎集·后记》中说：“民国十年以前我还很是幼稚，颇多理想的、乐观的话，但是后来逐渐明白，却也用了不少的代价，《寻路的人》一篇便是我的表白。”

同日，叶圣陶的《如其我是一个作者》发表于《文学》周刊第81期，署名圣陶。

同日，郭沫若所译英国道生的诗《无限的悲哀》发表于《创造日》。

31日，郭沫若所译德国歌德的诗《湖上》发表于《创造日》。

本月

鲁迅译俄国诗人爱罗先珂作三幕童话剧《桃色的云》在新潮社出版，列为《新潮文艺丛书》之一。封面图案是鲁迅摹画石刻云纹，卷首插有日本中村彝作爱罗先珂画像，书前印鲁迅作《〈桃色的云〉序》及秋田雨雀《读了童话剧〈桃色的云〉》。该书 1926 年上海北新书局曾再版。

同月，田汉的《蜜尔敦与中国》发表于《少年中国》第 4 卷第 5 期。

同月，诗集《春云》由天津新教育书社出版。该书收入《绿波社丛书》。作者均为绿波社社员，包括于庚虞、王亚蘅、王瑞麟、朱旭光、吉仰左、胡倾白、陈奕涛、黄振武、陈励准、焦菊隐、叶碧作、万曼、赵景深等。

同月，陆志韦著诗集《渡河》由上海亚东图书馆出版，前有作者自序。

同月，王秋心、王环心著诗集《海上棠棣》由上海新文化书社出版，为《神州文学社丛书》之三。收入两人的诗剧及其他诗作，共分为《环心的剧》、《秋心的剧》、《秋心的诗》、《环心的诗》4 个部分。其中《秋心的诗》分为《秋江集》、《爱痕集》、《忆游集》3 辑，《环心的诗》分为《春郊集》、《乡心集》、《幻游集》3 辑。

同月，翻译小说《半文钱》由时还书局出版发行，原为法国兰鸽林著，署名不尘氏译，海上漱石泰生润。本书据电影剧本译出，文言译文。

同月，张近芬译南非须莱纳尔的小说《梦》由北京阳光社出版发行，收入《阳光社文艺小丛书》，署名 CF 女士。书名页作者译名误刊为“纳来纳尔”。其中，第 3、5 篇为周作人译。

同月，朱枕薪译印度戏剧《泰谷儿戏曲集》由上海民智书局出版，收入《新中国丛书》，包括《隐士》和《国王与皇后》。

同月，唐小圃译俄国托尔斯泰著《托尔斯泰儿童文学类编》（第四编、第五编）由上海商务印书馆出版发行。第四编分为上下册，包括《发遣》、《朝拜圣地》、《蜡烛》和《祸源》。第五编包括《高加索的俘虏》、《耶耳马克远征》2 部小说。

同月，吴宓译自法国马西尔的《白璧德之人文主义》发表于《学衡》第 19 期。

八月

1日，周作人的《自己的园地》发表于《晨报副镌》。此文为周作人为其所编定的散文集《自己的园地》所写的序言。周作人表示：“我并不想这些文章于别人有什么用处，或者可以给予多少怡悦；我只想表现凡庸的自己的一部分，此外并无别的目的。”“因为文艺只是自己的表现,所以凡庸的文章正是凡庸的人的真表现，比讲高雅而虚伪的话要诚实的多了。”此文没有收入北新社的重订本。

2日,鲁迅携妻从八道湾11号寓所迁至砖塔胡同61号。鲁迅在这里编写了《中国小说史略》，校完《嵇康集》，创作了《祝福》等几篇小说。

5日，成仿吾的《批评与同情》发表于《创造周报》第13号。

同日,胡适译自俄国契诃夫的小说《洛斯奇尔的提琴》开始发表于《努力周报》第64期,至第65期载完。这是作者在烟霞洞养病期间所译。作者在小序中说:“此篇为契诃夫（一译柴霍甫）短篇中最可爱的一篇。几年来，我曾读过十几遍，越读越觉得他可爱。近来山中养病，欧文书籍都不曾带来，只有一册莫泊三（桑）和一册契诃夫，都是英译本。梅雨不止，愁闷煞人，每日早起试译此篇，不但解闷，还要试验我已能耐轻巧的工作呢。”

6日，严既澄的《语体文之提高和普及》发表于《文学》周刊第82期。胡适在本年4月10日《小说月报》第14卷第4号“通讯”栏中，对语体文的欧化问题发表了看法。本文认为：胡适的论调，“致使那些刚才对于欧化的文学稍顺应的人重新生出疑虑来”，因此不能“置之不谈”。文章认为：“欧洲各种文字之严整和细密，是我们的白话和文言都望尘莫及的。……我们现在应该凭藉着这种欧化的趋势去努力提高语体文的地位和价值，建设严密的、精细的新文学。”文章还涉及对贵族的文学和平民的文学的看法：“我以为文学的提高和文学的普及，是截然的两件事，不容混为一谈。我们现在虽然不主张更有所谓贵族的文学与平民的文学之差别，然而文学本身所具有的贵族性，总是不可掩盖的事情。我们除了努力提高群众的鉴赏力,使得与有贵族性的文学相接触而外,实在再没有法子去打破这层隔膜。”

同日，郑振铎的《文学的分类》发表于《文学》周刊第82期，署名西谛。

8日,敬渔隐的《罗曼罗郎（romain-rolland）》开始发表于《创造日》第16期，此后该作一直连载，至8月11日第19期连载完毕。

10日，俞平伯的小说《游泳》发表于《小说月报》第14卷第8号。

同期发表的小说还有潘训的《人间》，顾仲起的《最后的一封信》。

同日，郑振铎译印度泰戈尔的诗歌《著作家》发表于《小说月报》第14卷第8号。

同期发表的译作还有CE女士译自丹麦安徒生的小说《拇指林娜》，陈竹影选译印度泰戈尔的诗《园丁集》。

12日，胡适在浙江暑期学校讲演《科学的人生观》，其中说道："我们所谓科学的人生观，有两层意思：一是充分采纳科学对于宇宙万物的解释，使这些科学研究的结果成为我们的人生观的一部分。一是随时随地用科学的态度和方法来应付一切人生问题。"但"今日的中国还只是迷信的世界，科学的知识还不曾在一般人的人生观上发生丝毫影响"。所以，今日的急务就是把科学普及到人人的人生观中去。让人了解自己在宇宙中，在时间中的位置，了解人生的价值。

同日，冯文炳的小说《少年阮仁的失踪》发表于《努力周报》第65期。

同日，郭沫若发表诗歌《自然》、《瘐死的春兰》于《创造周报》第14号，题作《诗二首》。诗歌表现自己回国后的悲凉心情。

同日，郁达夫的《文艺赏鉴上之偏爱价值》发表于《创造周报》第14号。文章认为："文艺赏鉴上的偏爱价值，完全是一种文艺赏鉴者的主观价值。这种价值并不能作文艺批评的标准的，但在爱好文艺的赏鉴者中，却是很普通的一种心理。"作者对此进行了心理的研究，将文艺赏鉴上的偏爱价值分为三种：病的心理的偏爱、趣味性格上的偏爱和一般的偏爱。

13日，郑振铎的《诗歌之力》发表于《文学》周刊第83期，署名西谛。从这期起到第87期，郑振铎连续发布了5篇关于诗歌的文章，另外4篇是《何谓诗》、《诗歌的分类》、《抒情诗》和《史诗》。

17日，周作人的《关于儿童的书》发表于《晨报副镌》。文中主张："我们对于教育的希望是把儿童养成一个正当的'人'，而现在的教育却想把他做成一个忠顺的国民，这是极大的谬误。"因而"很反对学校把政治上偏见注入于小学儿童"，"更反对儿童文学的书报也来提倡这些事"。

同日，冰心赴美留学。她将途中以及在美国的见闻观感，写成了散文并寄回国内发表，后结集成《寄小读者》一书于1926年5月由北新书局出版。

李素伯在《冰心的〈寄小读者〉》一文中评论道："我们如要研究并欣赏作者的

充满诗情画意的小品散文，那末，《寄小读者》一书是作者唯一的代表作。这是作者去国旅美时漫游的记录，是‘花的生活，水的生活，云的生活’的描写，作者在四版自序里告诉我们：‘假如文学的创作，是由于不可遏止的灵感，则我的作品之中，只有这一本是最自由，最不思索的了，这书中的对象，是我挚爱恩慈的母亲……她的爱，使我由生中求死——要担负别人的痛苦；使我由死中求生——要忘记自己的痛苦……’‘这书中有幼稚的欢乐，也有天真的眼泪。’很忠实的自白。这和作者的诗歌小说，还是本着一贯的主旨，而且更透彻明了的抒写着。”李素伯这篇评论文章1932年1月收入新中国书局出版的《小品文研究》。

19日，郭沫若的《函谷关》发表于《创造周报》第15号。小说通过老子入关的故事，揭示他虚伪、卑鄙、欺诈的本性。该文后改作《老聃入关》、《柱下史入关》。

同日，郁达夫的《秋河》发表于《创造周报》第15号。

同期还发表了梁实秋的《苦雨凄风》。

同日，周作人的《提倡国货的心理》发表于《晨报副镌》，署名荆生。文章认为“提倡国货”是从传统的“提倡国苦”的心理演化出来的。

20日，梁宗岱的《杂感》发表于《文学》周刊第84期。该文批评成仿吾的批评文字，讽刺郭沫若的翻译文字。

21日、22日，章士钊（署行严）作《评新文化运动》，章士钊在文中认为“文化”无共相，“新旧”不可截然分开；提倡“文化运动”是方式上的错误，因为文化“其精英乃为最少数人之所独擅，而非士民众庶之所共喻”。而新文化运动提倡者漠视旧文化之价值，一味仇旧，因此，章士钊对新文化运动进行了激烈的抨击。文章说：“新者早无形孕育于旧者之中，而决非无因突出于旧者之外。盖旧者非他，乃数千年来巨人长德方家艺士之所殚精存积，流传至今者也。……今之谈文化者，不解斯义，以为新者乃离旧而瞬驰。一是仇旧，而惟渺不可得之新是骛。宜夫不数年间，精神界大乱，郁郁怅怅之象，充塞天下。”又说：“今白话文之所以流于艰窘，不成文理，味同嚼蜡，去人意万里者，其弊即在为文资料，全以一时手口所能相应召集者以归。此外别无准备。”该文载于上海《新闻报》，署名行严，又载于1925年9月12日《甲寅》第1卷第9号。

22日、23日，今心的《两个文学团体与中国文学界》发表于《时事新报·学灯》。该文认为，文学研究会和创造社把“一向暗无天日，死气沉沉的中国文学界”“给他们弄得有声有色了”，并评介了两个文学团体的优缺点。文章还说：“我与雁冰先生一样认为个人研究与指示民众，终竟是两件事。”“论到挽救中国文坛的混沌的时候，实在有提倡自然主义之必要，雁冰先生等人说的很详尽而且很痛快了。”

24日，《晨报副镌》刊载周作人与郑兆松关于儿童教育的争论。郑兆松在《敬质周作人先生》一文中批评了周作人在《儿童的书（二）》中反对把一时政治意见注入儿童的头脑里去，不要把儿童看成忠顺的国民的意见。周作人发表《敬答郑兆松先生》再次表示：“我的确是反对把任何主义的政治思想注入儿童。”并说“至少在小学时代不应该教他们去怎样的爱国”，“只讲给他们文化史上的知识就可以了”。

同日，郭沫若译德国雪莱的诗歌《森林之声》发表于《创造日》。

26日，郭沫若的论文《自然与艺术——对于表现派的共感》发表于《创造周报》第16号。他认为文艺复兴时期达·芬奇所说的“艺术家应该做自然的儿子，不应该做自然的孙子”，虽是“尊重描写而贱视摹仿”，但仍未“脱掉摹仿的畛域”，19世纪的自然派、象征派、印象派等，也都是模仿的文艺，他们都不提“创造”。作者认为，“二十世纪是文艺再生的时代；是文艺再解放的时代”，“艺术家不应该做自然的孙子，也不应该做自然的儿子，是应该做自然的老子！”他并且对德意志的表现派“寄以无穷的希望”。

同日，周作人的《医院的阶陛》发表于《晨报副镌》，署名子荣。

同日，郭锡光的《贵族文学是否应该打击——毁灭吗》发表于《时事新报·学灯》。

27日，沈雁冰评论《两个西班牙文人》刊于《文学》周刊第85期。

同期还发表了瞿秋白的《新的宇宙》。

28日，周作人的所译格林童话《大萝葡》发表于《晨报副镌》。

同日，陈望道的《谈新文化运动》发表于《民国日报·觉悟》。

31日，郭沫若的《答孙铭传君》发表于《创造日》。文后有“附识”。该文为复孙铭传信，答复孙铭传对自己所译雪莱的诗提出的批评。郭沫若在复信中说：“我对于翻译素来是不赞成逐字逐句的直译”，原文中的字句“或先或后，或综或析，在不损及意义的范围以内，为气韵起见可以自由移易”。

同日，张伯符的《语体文欧化尚早的我见》发表于《时事新报·学灯》。

本月

下旬，鲁迅的第一本短篇小说集《呐喊》由新潮社出版，收入周作人编《文艺丛书》第三种。初版收作者1918年至1922年所作小说15篇，分别为《狂人日记》、《孔乙己》、《药》、《明天》、《一件小事》、《头发的故事》、《风波》、《故乡》、《阿Q正传》、《端午节》、《白光》、《兔和猫》、《鸭的喜剧》、《社戏》、《不周山》。这些作品均为1918—1922年在《新青年》、《新潮》、《晨报副刊》、《小说月报》、《东方杂志》、《时事新报·学灯》、《妇女杂志》等报刊上发表过的作品。封面为鲁迅自己设计。书名定为《呐喊》，其意是“呐喊几声，聊以慰藉那在寂寞里奔驰的猛士，使他不惮于前驱”。《呐喊》以其深刻的思想内容和卓越的艺术描写，“显示了‘文学革命’的实绩”，在当时“颇激动了一部分青年读者的心”。本年10月8日，沈雁冰在《文学》周刊第91期发表《读〈呐喊〉》，高度评价鲁迅及其作品。他在文章中写道：“一九一八年四月的《新青年》上登载了一篇小说模样的文章，它的题目、体裁、风格，乃至里面的思想，都是极新奇可怪的：这便是鲁迅君的第一篇创作《狂人日记》，现在编在这《呐喊》的，那时《新青年》方在提倡‘文学革命’，方在无情地猛攻中国的传统思想，在一般社会看来，那一百多面的一本《新青年》几乎是无句不狂，有字皆怪的，所以可怪的《狂人日记》夹在里面，便也不见得怎样怪，而曾未能邀国粹家之一斥。前无古人的文艺作品《狂人日记》于是遂悄悄地闪了过去，不曾在‘文坛’上掀起显著的风波。但是鲁迅君的名字以后再在《新青年》上出现时，便每每令人回忆到《狂人日记》了，至少，总会想起‘这就是《狂人日记》的作者罢’。别人我不知道，我自己确在这样的心理下，读了鲁迅君的许多‘随感录’和以后的创作。那里我对于这古怪的《狂人日记》起了怎样的感想呢，现在已经不大记得了；大概当时亦未必发生了如何明确的印象，只觉得受着一种痛快的刺戟，犹如久处黑暗的人们骤然看见了耀眼的阳光。这奇文中冷隽的句子，挺峭的文调，对照着那含蓄半吐的意义，和淡淡的象征主义的色彩，便构成了异样的风格，使人一见就感着不可言喻的愉快。这种快感正像吃辣子的人所感到的‘愈辣愈爽快’的感觉。”对于《阿Q正传》，沈雁冰则评价说：“《阿Q正传》给读者难以磨灭的印象。现在差不多没有一个爱好文艺的青年口里不曾说过‘阿Q’这两个字。我们几乎到处应用这两个字，在接触灰色的人物的时候，或听得了他们什么‘故事’的时候,《阿Q正传》里的片段的图画,便浮现在脑前了。”沈雁冰认为,《阿Q正传》对于辛亥革命之侧面的讽刺,“并不是因为作者是抱悲观主义的缘故。这正是一幅极忠实的写照,极准确的依着当时的印象写出来的……他决不是因为感慨目前的时局而带了悲观主义的眼镜去写他的回忆;作者的主意,似乎只在刻画出隐伏在中华民族骨髓里的不长进的性质,——‘阿Q相’,我以为这就是《阿Q正传》之所以可贵,恐怕也就是《阿Q正传》流行极广的主要原因”。沈雁冰继而指出,在中国新文坛上,“鲁迅君常常是创造‘新形式’的先锋;《呐喊》里的十多篇小说几乎一篇有一篇新形式,而这些新形式又莫不给青年作者以极大的影响,必然有多数人跟随上去试验。丹麦的大批判家布兰兑斯曾说:‘有天才的人,应该也有勇气。他必须敢于自信他的灵感,他必须自信,凡在他脑膜上闪过的幻想都是健全的,而那些自然而来到的形式,即使是新形式,都有要求被承认的权利’”。在沈雁冰看来,布兰兑斯的这种评价,“在《呐喊》中得了具体的证明。除了欣赏惊叹而外,我们对于鲁迅的作品,还有什么可说呢”?

西谛(郑振铎)同样高度评价了《呐喊》,他在1926年11月21日《文学周报》第251期上发表了一篇文章《呐喊》,文章说“《呐喊》是最近数年来中国文坛上少见之作,那样的讥诮而沉挚,那样的描写深刻,似乎一个字一个字都是用刀刻在木上的”。在郑振铎看来,“中国的讽刺作品,自古就没有”。“所谓《何典》,不过是陈腐的传奇,穿上鬼之衣而已,《捉鬼传》较好,却也不深刻,《儒林外史》更不是一部讽刺的书,《官场现形记》之流却是破口大骂了;求有蕴蓄之情趣的讽刺作品,几乎不见一部。”这种现象自鲁迅出来之后才得以改观。因此,郑振铎称赞《呐喊》是“自古未有”的讽刺小说:“那是一个新辟的天地,那是他独自创出的国土,如果他的作品并不是什么‘不朽’的作品,那末,他的这一方面的成绩,至少是不朽的。”尽管对《呐喊》加以赞誉的人不在少数,但郑振铎特别指出:“《阿Q正传》确是《呐喊》中最出色之作。这个阿Q,许多人都以为是中国人的缩影;还有许多人,颇以为自己也多少的具有阿Q的气质,如果大家都欲努力摆脱阿Q的气质,那末,这篇东西在中国的影响与功绩将有类于龚察洛夫(Gontscharov)的《阿蒲洛莫夫》(Oblomov)与屠格涅夫的《路丁》(Rodin)之在俄国了。”

苏雪林1934年11月5日在《国闻周报》第11卷第44期上发表了文章《〈阿Q正传〉及鲁迅创作的艺术》一文中,较为细致地分析了鲁迅的小说创作。她认为

《呐喊》和《彷徨》这两本小说集已经使鲁迅“在将来中国文学史占到永久的地位了”。在鲁迅的小说中，苏雪林认为《阿Q正传》这样打动人心，这样倾倒一世，究竟是什么缘故？说是为了它描写一个乡下无赖汉写得太像了吗，这样的文字现在也有，何以偏让它出名？说是文笔轻松滑稽，令人发笑吗，为什么人们不去读《笑林广记》，偏偏爱读《阿Q正传》？告诉你理由吧，《阿Q正传》不单单以刻画乡下无赖汉为能事，其中实影射中国民族普遍的劣根性。《阿Q正传》也不单单教人笑，其中实包蕴着一种严肃的意义。在点明了《阿Q正传》的文学史地位后，苏雪林进一步总结了阿Q所代表的中国民族的劣根性，它“种类虽多，荦荦大端，则有下列数种”：“一、卑怯。阿Q是喜与人吵嘴打架，但必估量对手。口讷的他便骂，气力小的他便打。与王胡打架输了时，便说君子动口不动手，假洋鬼子哭丧棒才举起来，他已伸出头颅以待了。对抵抗力稍为薄弱的小D，则揎拳掳臂摆出挑战的态度，对毫无抵抗力的小尼姑则动手动脚，大肆其轻薄。都是他卑怯天性的表现。”“二、精神胜利法。”“三、善于投机。阿Q本来痛恨革命，等到辛亥革命大潮流震荡到未庄，赵太爷父子都盘起辫子赞成革命，阿Q看得眼热，也想做起革命党来了。但阿Q革命的目的，不过为了他自己的利益，于革命意义，实丝毫没有了解。所以一为假洋鬼子所拒斥，就想到衙门里去，告他的谋反的罪名，好让他满门抄斩。《华盖集·忽然想到》那一条道：‘中国人都是伶俐人，也都明白中国虽完，自己决不会吃苦的；因为都变出合适的态度来……这流人是永远胜利的，大约也将永远存在。在中国唯有他们最适于生存，而他们生存的时候，中国便永远免不了反复着先前的命运。’善于投机似乎成为中国民族劣根性之一，不惟大清之末如此，现在又何尝不如此。每次革命起来，最先附和的总是从前反革命罪出力的人，而后来革命事业便逐渐腐化于这些病菌滋生之中。”“四、夸大狂与自尊癖。……具有夸大与自尊癖性的人，也容易变成过分的谦虚与自轻自贱。阿Q被未庄闲人揪住辫子在墙上碰头而且要他自认‘人打畜生’时，他就说‘打虫豸，好不好？我是虫豸——还不放么！’中国人故自以为文化高于一切，鄙视别国为夷狄之邦。但当那些夷狄之邦打进来时，平日傲慢的态度，便会立刻完全改变……这毛病自古已然，于今为烈，我也不愿意再说了。”

此外，苏雪林根据《呐喊》和《彷徨》，将鲁迅小说的艺术特色概括为以下三点：“第一是用笔的深刻冷隽，第二是句法的简洁峭拔，第三是体裁的新颖独创。”同时，苏雪林在文中还以《风波》为例,指出了鲁迅小说所受到的旧小说的影响。她认为“鲁迅小说更有一种习惯，当事项进行到极紧张时，他就完全采用旧小说简单的笔调”。接着，苏雪林比较了鲁迅和徐志摩、茅盾等作家的不同：“徐志摩于借助西洋文法之外，更乞灵于活泼灵动的国语；茅盾取欧化文字加以一己天才的熔铸，别成一种文体。他们文字都很漂亮流丽，但也都不能说是‘本色的’。鲁迅……不惟在事项紧张时，完全利用旧小说笔法，寻常叙事时，旧小说笔法也占十分之七八，但他在安排组织方面，运用一点神通，便能给读者以‘新’的感觉了。化腐臭为神奇，用旧瓶装新酒，果然是这老头子的独到之点。”因此，苏雪林称赞鲁迅这类小说“以旧式小说质朴有力的文体作骨子，又能神而明之加以变化，我觉得很合我理想的标准”。

成仿吾则对《呐喊》持批评意见。他于 1924 年 11 月在《创造》季刊第 2 卷第 2 期发表了《〈呐喊〉的评论》一文。文中说：“《呐喊》出版之后，各种出版物差不多一齐为它呐喊，人人谈的总是它，然而我真费尽了莫大的力才得到了一部。里面有许多篇是我在报纸杂志上见过的，然而大都是坐着的门人手编的，所以糟的很，这回由令弟周作人先生编了出来，真是好看多了。共计十五篇的作品之中，我以为前面的九篇与后面的六篇，不论内容与作风，都不是一样。编者不知是有意还是无意，恰依我的分法把目录分为两面了。如果我们用简单的文字来把这不同的两部标明，那么，前九篇是‘再现的’，后六篇是‘表现的’。严格地说起来，前九篇中《故乡》一篇应归入后期作品之内，然而下面的《阿 Q 正传》又是前期的作品，而且是前期中很重要的一篇，所以便宜上不妨与前期诸作并置。”在成仿吾看来,鲁迅“前期的作品”都是“再现的记述”。不仅《狂人日记》、《孔乙己》、《头发的故事》、《阿 Q 正传》是如此，“即别的几篇也不外是一些记述（escription）”。“这些记述的目的，差不多全部在筑成（building）各样典型的性格（typical character）；作者的努力似乎不在他所记述的世界，而在这世界的住民的典型。所以这一个个的典型筑成了，而他们所居住的世界反而是很模糊的。世人盛称作者的成功的原因，是因为他的典型筑成了，然而不知作者的失败，也便是在此处。作者太急了，太急于再现他的典型了，我以为作者若能不这样急于追求‘典型的’，他总可以寻到一点‘普遍的’（allgemein）出来。”因此，成仿吾概括说:“假使《呐喊》有一读之价值，它的价值是在后期的几篇；假使作者关于自己有所表白于我们，那便是他的复活。”此外，成仿吾还批评了《呐喊》中的语言，他认为，《呐喊》中文言相杂的特色由于“用了许多无益的文言”，因此“读下去是很使人不快的”。而鲁迅在表达方面的艰涩，“都是使作品损色的”。

从对《呐喊》的批评出发，成仿吾提出了“建设国语”的主张。他说：“我们的新文学现在还是在一个建设国语的时期，许多的表白都待我们来新创，我希望大家在这一方面多多努力，不要忽视了。集中有几篇是不能称为小说的，我在前面已经说过了，我们中国人有一种通病，便是新诗流行的时候，便什么文字都叫做新诗，小说流行的时候，便什么文字都叫做小说，这是很容易使人误会的事情。作者是万人崇仰的人，他对于一般青年的影响是很大的，像这样鱼目混珠，我是对于他特别不满意的。”

同月，施蛰存的短篇小说集《江干集》由上海维娜丝学会出版，列为《维娜丝丛书》，署名施青萍。

施蛰存（1905—2003），小说家、翻译家、中国心理分析小说的代表人物。原名施德普，曾用笔名施青萍、安华、薛蕙、李万鹏等。原籍浙江杭州，生于上海松江。中学时代开始写作，曾与戴望舒、杜衡、张天翼等组织过文学团体兰社。1922 年考入杭州之江大学，次年到上海入上海大学，受新文学的影响。1926 年转震旦大学法文特别班，并与同班的戴望舒、刘呐鸥等创办《璎珞》旬刊，在此发表了成名作。1929 年任上海水沫书店编辑。1932 年至 1935 年主编著名的《现代》月刊。1934 年 8 月与阿英合编《中国文学珍本丛书》。1937 年起，先后去云南大学、厦门大学教书，1947 年回沪，又在暨南大学、光华大学执教。1952 年起，一直在华东师大任教授，致力于中国古典文学和文物考古的研究及外国文学的译介。主要作品有短篇小说集《上元灯》、《将军底头》、《梅雨之夕》、《小珍集》、《娟子姑娘》、《李师师》、《善女人行品》，散文集《灯下集》、《待旦录》，评论《唐诗串讲》、《魏琪尔》，译作有长篇小说《多情的寡妇》、《匈牙利短篇小说集》、《波兰短篇小说集》、《显克微支短篇小说集》、《劫后英雄》等。

同月，郭沫若《卷耳集》由泰东图书局出版，收入《诗经》今译 40 首，前有《序》，后有《自跋》，这是我国第一部《诗经》今译的集子。

同月，谭正璧的《芭蕉的心》由上海新中国丛书社出版，列为《新中国丛书》，前有序言。

同月，范烟桥编译小说《孤掌惊鸣记》由上海大东书局再版，收入《新小说丛书》。原著者不详。

同月，田汉译自日本小酒井的《学者气质》发表于《少年中国》第 4 卷第 6 期。

同月，李劼人译自法国卜勒浮斯特的《火》(《妇人书简》之一）发表于《少年中国》第 4 卷第 6 期。

本月还出版有：陶啸秋的长篇小说《三十六党秘史》(上海广文书局)；吴江冷的短篇小说集《紫藤花下》(上海民智书局)；陈野鸥的长篇小说《闺媛现形记》(中外书局)；赵景深译自丹麦安徒生的童话《无画的画帖》(上海新文化书社)；无闷居士译自英国马理溢德的小说《荒岛孤童记（上下册）》(上海世界书局订正再版)。

九月

2 日，郭沫若的小说《月蚀》的上部分发表于《创造周报》第 17 号。作品通过“我”带妻儿观看月食的描写，表现了爱国的知识分子对帝国主义压迫的强烈反抗，对黑暗现实的无比痛恨和对祖国命运的深切关怀。作品充满着浓郁的抒情气氛。该作于第 18 号发表完毕。

同期还发表了成仿吾的小说《牧夫》。

同日，郭沫若的《未来派的诗约及其批评》发表于《创造周报》第 17 号。文章节译了未来派关于诗歌的宣言并介绍其有关文艺的主张，指出未来派和自然主义一样，“已经是属于过去的了”，认为现实的一切，我们不但不能全盘接受，而且要以最高的理想去否定它，再造它，以增进人类的幸福。

3 日，胡愈之的《文艺界的联合战线》发表于《文学》周刊第 86 期，署名化鲁。文章分析了文艺界的现状，指出联合起来的必要性，认为现在黑暗势力弥漫大地，恶劣文学非常猖獗，复古派和曾被称为思想革命家的章行严等，又做起文言复兴的梦了。“这种反动的现象”，会使“几十年来新文艺运动得来的一些效果，……有被推翻的危险”。面对这种情况，文艺界的同志不应再“挟着偏私的见解‘相互’尽力地指摘，尽力地攻击”。这样“我们的对外战斗力，已因内争而减低了，我们的敌人已因我们的内部的分离而再起了”。我们新文艺界应尽快组成“联合战线”，分清敌与友，对“敌人应该努力地进攻”，对自己“友人却只能诚恳地劝谏”。

同日，叶圣陶的《没有秋虫的地方》发表于《文学》周刊第 86 期，署名圣陶。

同日,沈雁冰所翻译阿剌伯纪伯伦的《圣的愚者》发表于《文学》周刊第 86 期。

7 至 9 日，周作人所译英国作家斯威夫德的《育婴刍议》发表于《晨报副镌》，该译作此后还发表在 9 月 27 日、28 日、30 日《民国日报·觉悟》。

9 日，郭沫若的论文《艺术家与革命家》发表于《创造周报》第 18 号。该文论述了革命和艺术的关系，认为“任何艺术没有不和人生发生关系”的，“艺术家以他的作品来宣传革命，也就和实行家拿一个炸弹去实行革命是一样，一样对于革命事业有实际的贡献”。文章最后要求青年“做自己的艺术的殉教者，同时也正是人类社会的改造者”。

同期还发表了成仿吾的《论译诗》，其中有郭沫若译自法国维尔莱尼的诗歌《月明》。

10 日,《小说月报》出“太戈尔号”。“太戈尔号”是为欢迎印度诗人泰戈尔来华访问而出，共出 2 期，即第 14 卷第 9 号和第 14 卷第 10 号。该专辑主要由“欢迎太戈尔来华”、“太戈尔研究”、“太戈尔著作选译”三个部分组成。在“太戈尔研究”一栏中，发表了郑振铎的《太戈尔传》和《关于太戈尔研究的四部书》，王统照的文章《太戈尔的思想与其诗歌的表象》，得一的《太戈尔的家乘》，樊仲云的《音乐家的太戈尔》，仲云所译日本宫岛新三郎著《太戈尔和托尔斯泰》、武田丰四郎著《太戈尔的戏剧和舞台》和吉田弦二郎著《太戈尔和音乐教育》，徐调孚的《太戈尔的重要著作介绍》。在“太戈尔著作选译”中,主要发表了茅盾选译的《歧路》，郑振铎选译的《吉檀迦利》、《爱者之遗赠》、《新月集》、《爱者之贻》，赵景深选译的《采果集》，徐培德选译的《园丁集》，高滋所译的剧本《牺牲》、《马丽妮》和胡愈之所译的论文《诗人的宗教》等。两期“专号”共刊登评介文章、译作 37 篇。

同日,叶圣陶的小说《桥上》发表于《小说月报》第 14 卷第 9 号,署名叶绍君。

同期还发表了徐玉诺的小说《认清我们的敌人》；梁宗岱的小说《光流》；佷工的小说《家风》。

同日，叶圣陶的《藕与莼菜》发表于《文学》周刊第 87 期，署名圣陶。

同日，王伯祥的《文学的环境》发表于《文学》周刊第 87 期。

同日，赵景深译自英国王尔德的《沉默的恋爱》发表于《文学》周刊第 87 期。

14 日，鲁迅的《“两个桃子杀了三个读书人”》发表于《晨报副镌》，署名雪之。

该文针对章士钊在《评新文化运动》一文中，曾举出“二桃杀三士”的文言表达要比“两个桃子杀了三个读书人”的白话表达来得好，以证明文言优于白话。鲁迅以此为例作文给予辛辣的讽刺。在指出章士钊将“勇士”的“士”，误释为“读书人”后说：“旧文化也实在太难解，古典也诚然太难记，而那两个旧桃子也未免太作怪：不但那时使三个读书人因此送命，到现在还使一个读书人因此出丑。”

15 日，《华国月刊》在上海创刊。章炳麟任社长，汪东任编辑兼撰述，该刊以“甄明学术，发扬国学”为宗旨。

16 日，郭沫若的随笔《文艺上的节产》发表于《创造周报》第 19 号。该文谈艺术作品的创作规律，强调艺术作品的产生“需要有适当的酝酿”，“有一定的怀胎期”；艺术不是照相，艺术是“由内部自然发生的”，只有经充分的酝酿，才能产生出好作品。文中还特别引用与推崇列宁的“宁可少些，总要好些”的思想。该文收入《文艺论集》时改题为《文艺的生产过程》。

同日，郁达夫的小说《落日》发表于《创造周报》第 19 号。

17 日，茅盾所译《阿剌伯 K.Gibran 的小品文字》发表于《文学》周刊第 88 期。

同期还发表了郑振铎的《人之一生》。

23 日，郁达夫的评论《The yellow book 及其他》发表于《创造周报》第 20 号。该文于 9 月 30 日第 21 号发表完毕。

同日，冯文炳的小说《病人》发表于《努力周报》第 71 期。

24 日，胡适于杭州西湖上的烟霞洞为徐嘉瑞《中古文学概论》作序。他说这部书很大胆地“认定中古文学史最重要的部分是在那时间的平民文学，所以他把平民文学的叙述放在主要的地位，而这一千年的贵族文学只占了一个很不冠冕的位子。这是大刀阔斧的手段，一定有人要认为大逆不道的。但在我个人看来，徐先生的基本观念似乎是很不错的。无论如何，他这部书总是一部开先路的书，可以使赞成的人得许多参考的材料，也可以使反对的人得一些刺激反省的材料。至于为初学的人设想，一部提纲挈领、指出大趋势和大运动的书，总胜于无数记账式列举人名书名的文学史多多了”。该文曾收入《胡适文存》二集卷四和《胡适之白话文钞》。

同日，余祥森的《改革文字的必要》发表于《文学》周刊第 89 期，署名訒生。他认为文言应改革，因为“文言表示的能力比白话的较薄弱，是因为学会文言的时间比学会白话的费的多”。

同期还发表了王伯祥的《文学与地域》。

同日，茅盾所译《乌克兰的结婚歌》发表于《文学》周刊第 89 期。

25 日，周作人的《浪漫的生活》及《大杉荣之死》发表于《晨报副镌》，署名荆生。《浪漫的生活》是对铜元票风潮而发的讽刺。《大杉荣之死》对日本无政府主义者大杉荣被日本宪兵谋杀事件表示了义愤。

30 日，成仿吾的《秋的诗歌（介绍）》发表于《创造周报》第 21 号，其中有郭沫若翻译印度伽里达若的诗《秋》。译诗前附有关于作者的简介。

同日，郭沫若的散文《昧爽》发表于《创造周报》第 21 号。该文写天将明未明之时被臭虫咬醒的情景。文章以臭虫喝了人血还诡称自己是“爱和平的族类”来暗喻当时的社会现实。

本月

江远楷的《文学之研究与近世新旧文学之争》发表于《国学丛刊》第 1 卷第 3 期。文章认为，“文学之新旧，即文学价值之多寡，新旧文学之争，实文学价值之争，亦艺术高下之争也”。以“古今为旧新，故文学之标准既乱，研究之态度亦左，甚至意见分歧，徒作门户之争”。

同月，张闻天的《生命的跳跃——对于中国现文坛的感想》发表于《少年中国》第 4 卷第 7 期。

同月，吴芳吉的《再论吾人眼中之新旧文学观》发表于《学衡》第 21 期。

同月，徐卓呆的短篇小说集《岂有此理之日记》由上海晓星书局出版发行。胡寄尘等为之作序。小说集共收入 10 篇小说。

同月，闻一多的第一部诗集《红烛》由上海泰东图书局出版。诗集包括序诗及《李白篇》、《雨夜篇》、《青春篇》、《孤雁篇》、《红豆篇》5 辑。苏雪林这样评价该诗集：“与他同时诗人比较则气魄雄浑似郭沫若而不似他之直率显露；意趣幽深似俞平伯而不似他的暧昧掩沓；风致秀媚似冰心女士而不似她的腼腆温柔。这是一部自由诗，但已表现了一个为同时诗人所不注意的‘精炼’的作风。”

同月，周作人的第一部散文集《自己的园地》由晨报社作为《晨报丛书》第十一种出版。在该集的第一篇带有宣言性质的《自己的园地》中，周作人坦然宣布自己要坚持“独立的艺术美与无形的功利”，“依了自己的心的倾向”，去种“自己的园地”。并且，他认为“这是尊重个性的正当办法”。该集包括序及《自己的园地》、《绿洲》、《杂文》3辑。1927年，本书由作者修订，删去“杂文”一辑20篇，补进“茶话”一辑23篇，交北新书局出版。

同月，蒲伯英著六幕剧《道义之交》由北平晨报社出版，为《晨报社丛书》第17种。

同月，李劼人译法国卜勒浮斯特《酒馆中》发表于《少年中国》第4卷第7期。

同月，郑振铎译印度诗人泰戈尔的诗集《新月集》由上海商务印书馆出版，收入《文学研究会丛书》。集后有译者序。该诗歌集为《太戈尔诗选二》。《诗选一》是商务印书馆1922年10月版的《飞鸟集》。

同月，瞿世英、邓演存译印度太戈尔《太戈尔戏曲集（一）》由上海商务印书馆初版发行，收入《文学研究会丛书》。前有郑振铎所作序，后有《译者附志》。

十月

1日，沈雁冰的《杂感》四则发表于《文学》周刊第90期，署名玄。其中第一则批评章行严的“文言复兴论”。

同日，巴金的《一生》、《寂寞》、《黑夜行舟》3首诗发表于《妇女杂志》第9期第10号，署名佩竿。《一生》通过花儿“未开”、“将开”、“已开”三个阶段，概括了花的“一生”，抒发了作者胸中淡淡的哀愁和寂寞之情。《寂寞》为“一株被扎过的梅花在盆里死了”而惋惜忧郁，表达对自由的渴望、寓意对旧制度的控诉。《黑夜行舟》写远离故乡，憧憬未来，然而又没有找到出路的心境，彷徨、苦闷，但不颓唐、绝望。这几首小诗，是巴金离家到上海求学期间思想感情的真实记录。

4日，胡适离烟霞洞赴上海。在这次休养期间，胡适曾一度与徐志摩同住，交往颇密。胡适与徐志摩无所不谈，徐志摩从此受胡适影响最大。胡适返北大后，徐志摩亦随去北大任教。

5日，冯至的小说《质铺门前》发表于《文艺旬刊》第10期。

7日，郭沫若的《中华全国艺术协会宣言》发表于《创造周报》第22号。篇末有郭沫若附识，称："这篇宣言是朋友们托我做的。虽然在报章上发表过几次，但仍不免有错落，现在把它改正了转录于此。"该宣言指出："艺术的起源本与民众有密切的攸关；然自私产制度发生，艺术竟为特权阶级所独占"；"艺术失却了民众的根株，艺术亦因之而凋灭"；"二十世纪的今日已经是不许私产制度保存的时候了。二十世纪的今日的艺术已经是不许特权阶级独占的时候了。我们要把艺术赎回，交还民众！"该文收入《文艺论集》时题目改为《一个宣言——为中华全国艺术协会作》。

同期还发表了郭沫若的论文《天才与教育》。

同日，鲁迅作《〈中国小说史略〉序言》。序言中简述了这部著作撰写的过程和缘由："此稿虽专史，亦粗略也。然而有作者，三年前，偶当讲述此史；自虑不善言谈，听者或多不僚，则疏其大要，写印以赋同人；又虑抄者之劳也，乃复缩为文言，省其举例以成要略，至今用之。"该文未另发表，初收入1923年12月新潮社版《中国小说史略》。

同日，冯文炳的小说《浣衣母》发表于《努力周报》第73期。

8日，沈雁冰的《读〈呐喊〉》发表于《文学》周刊第91期。文章高度评价《呐喊》中的作品，有对于"传统的旧礼教"的"最刻薄的攻击"，对于"旧中国的灰色人生的写照"，更有对于"隐伏在中华民族骨髓里的不长进的性质——'阿Q相'"的刻画。而鲁迅常常是创造"新形式"的先锋，"《呐喊》里的十多篇小说几乎一篇有一篇新形式，而这些新形式又莫不给青年作者以极大的影响"。

9日，胡适致信高一涵、陶孟和，告以"《努力》暂时停办"，续办《读书》杂志。并说："二十五年来，只有三个杂志可代表三个时代，可以说是创造了三个新时代。一是《时务报》，一是《新民丛报》，一是《新青年》。……我想，我们今后的事业，在于扩充《努力》，使它直接《新青年》三年前未竟的使命，再下二十年不绝的努力，在思想文艺上给中国政治建筑一个可靠的基础。"该信发表于10月21日《努力周报》第75期。

10日，《北京大学日刊》发表胡适致蒋梦麟等的信。

同日，庐隐女士的小说《海滨故人》开始在《小说月报》连载。从第14卷第10期至第12期连载完毕。收入短篇小说集《海滨故人》，由商务印书馆1925年7

月出版。

沈雁冰1934年7月1日以“未明”的笔名所写文章《庐隐论》发表于《文学》第3卷第1号，评论说：“从《或人的悲哀》（短篇集《海滨故人》的第八篇）起到最近，庐隐所写的长短篇小说，在数量上十倍二十倍于她最初期诸作，然而她告诉我们的，只是一句话：感情与理智冲突下的悲观苦闷。《或人的悲哀》中的主人公亚侠说：‘我心彷徨得很呵！往那条路上去呢？……我还是游戏人间罢！’《丽石的日记》中的主人公丽石，《彷徨》的主人公秋心，《海滨故人》中的主人公露莎，可说都是亚侠的化身，也就是庐隐她自己的‘现身说法’。自然，我们也承认这一串的‘现身说法’也有其社会的意义。因为这也反映着五四时代觉悟的女子——从狭的笼里初出来的一部分女子的宇宙观和人生观。然而我们很替庐隐可惜，因为她的作品就在这一点上停滞。因为大约十年以后庐隐她写《归雁》和《女人之心》这两个中篇，她并没有给我们什么新的，她这两个中篇依然是《海滨故人》的‘继续’。虽然《海滨故人》中的主人公露莎的苦闷彷徨和《归雁》中的‘我’，《女人之心》中的素璞，稍有程度上的不同，然而本质上是一样的。尤其是这三位女主角都是幻想很旺，非常sentimental，有一颗‘禁不起挑拨的心’！”在谈到庐隐小说的艺术风格时，沈雁冰称赞庐隐的作品“流利自然”，“她只是老老实实写下来，从不在形式上炫奇斗巧。她的前期作品（包括短篇集《海滨故人》及《曼丽》）结构比较散漫：《海滨故人》那样长的短篇作品故事的结构颇觉杂乱，人物很多，忽而讲到这个，忽然又讲到那个，‘控制’不得其法。她的后期的作品如《归雁》和《女人之心》就进步得多了，并且前期作品内那些过多的‘词藻’也没有了”。

同日，孙俍工的《小说创作与作者》发表于《小说月报》第14卷第10期。

同日，周作人的《废止星期放假》发表于《晨报副镌》，署名荆生。

同日，陈西滢译自英国曼殊斐儿的小说《太阳与月亮》发表于《小说月报》第14卷第10号。

11日，朱自清作完《桨声灯影里的秦淮河》一文。该文是朱自清和俞平伯于本年8月同游秦淮河之后所写。与俞平伯的同题文章1924年一同发表于《东方杂志》第21卷第2号。此文发表后，时人评为“白话美术文的模范”，它“正是像鲁迅先生说的漂亮缜密的写法，尽了对旧文学示威的任务的”。

12日，郭沫若译诗《北门》（《诗经・国风・邶风》）发表于《创造日》。

13 日，鲁迅开始到北京女子高等师范学校（后改名为女子师范大学）教课，任讲师，开设小说史课。次年，被聘为该校国文系教授。自本日起，至 1926 年 8 月止，鲁迅在女子高等师范学校执教近 3 年之久。

14 日，郭沫若的论文《太戈儿来华的我见》发表于《创造周报》第 23 号。表明自己对请泰戈尔来华演说的看法。他认为聘请一位名人来演讲，不能“只是一种慕名的冲动，一种崇拜偶像的冲动”。文章详述了自己接触泰戈尔的作品的经过，对泰戈尔的思想进行了分析，认为泰戈尔思想“是一种泛神论的思想，他只是把印度的传统精神另外穿了一件西式的衣服。‘梵’的现实，‘我’的尊严，‘爱’的福音，这可以说是太戈儿的思想的全部”。作者认为，现在世界上根本的病因在于“私产制度的束缚”；按唯物史观的见解，改革经济制度，“是解决世局的唯一道路”。而“世界不到经济制度改革之后，一切什么‘梵’的现实，‘我’的尊严，‘爱’的福音，只可以作为有产有闲阶级的吗啡、椰子酒；无产阶级的人是只好永流一生的血汗”。泰戈尔于翌年 4 月来华。

同日，田汉的《艺术与社会》一文发表于《创造周报》第 23 号。

同日，汪东的《新文学商榷》发表于《华国月刊》第 1 卷第 2 号。文章认为文言文是艺术的美文，犹似“雕镂极细，薄如蝉翼的玉环”，而白话文仅通俗应用，是“青花白地，资质平常的饭碗”。“通俗应用，并不是文学所必须要备的条件。而且有时越不通俗，才越见得文学的精深。”“白话文是可行的，却不能冒居文学之名。”而“无韵调的不能算诗，现在新体白话诗根本不能成立”，“不过是一种欧化的文学罢了”。

15 日，郑振铎的《〈稻草人〉序》发表于《文学》周刊第 92 期。

16 日，周作人的《怎样办的问题》发表于《晨报副镌》，署名子荣。

17 日，周作人的《大杉事件的感想》发表于《晨报副镌》，署名荆生。

19 日，周作人作《新文学的二大潮流》，发表于 1929 年 4 月 10 日《绮虹》第 1 卷第 1 期。文章认为：“中国新文学的趋势，将来当分为二大潮流。……便是革命文学与颓废派。这两者的发达都是当然的，而且据我看来，后者或要占更大的势力。”

20 日，中国社会主义青年团机关刊物《中国青年》周刊在上海创刊，由恽代英、邓中夏、萧楚女等主办。

同日，郭沫若的《国家的与超国家的》发表于《创造周报》第24号。文章表现出无政府主义倾向。该文1925年收入光华书局出版的《文艺论集》。1930年6月,《文艺论集》重新编订改版时删去,《沫若文集》亦未收入。作者在《沫若文集》第10卷的《前记》中说：“《国家的与超国家的》则因为无政府主义的倾向太浓厚了（年轻时，我有一个时期也曾倾向于无政府主义），故不愿意再使谬种流传。”

同日，郭沫若的诗《白玫瑰》发表于《创造日》。

同日，胡适作《〈水浒续集〉两种》，该文收入《胡适文存》二集卷四，又收入1924年《中国章回小说考证》。

21日,《努力周报》出版最后一号，第75号，登出停刊的启事。同时发表胡适的《一年半的回顾》一文。胡适在回顾一年半来的国内政局之后承认说：一年半来一切谋求政治改革的梦想都失败了。“我们谈政治的人到此地步，真可谓止了壁了。”文中还说到,《努力》自第48期发表《玄学与科学》的文章以后，渐渐地朝着一个思想革新的新方向去努力了。“我们的《努力》里最有价值的文章恐怕不是我的政论，而是我们的批评梁漱溟、张君劢一班先生的文章和《读书》杂志里讨论古史的文章。”“如果《新青年》能靠文学运动而不朽，那么,《努力》将来在中国的思想史上占的地位应该靠这两组关于思想革命的文章，而不靠那些政治批评——这是我敢深信的。”“今日反动的政治已到了登峰造极的地位，拜金的国会议员已把曹锟捧进新华门了。……我们在这个时候，决意把《努力》暂时停刊。但我们并不悲观。”

同日，冯文炳的小说《半年》发表于《努力周报》第75期。

同期还发表了徐志摩的诗歌《灰色的人生》。

同日，胡适的诗歌《烟霞洞》发表于《努力周报》第75号临时增刊。

同日，周作人的《宿娼之害》发表于《晨报副镌》，署名子荣。

22日，沈雁冰、谷风田关于文学家和人生观的通信发表于《文学》周刊第93期。谷风田在给沈雁冰的信中说：“一个大文学家，只凭了他的合作精神去创作，始终不能有永世的价值的。”“必不能只恃创作，最紧要的，还是得确定他一己的人生观，就是要保有他的个性。”就此，沈雁冰作答：“世间有思想始终一贯的文学家，但是也有前后思想不相同的文学家；人生观之确定与否，和文学家之所以为文学家，似乎没有多大的连带关系；因为文艺作品的价值在乎：观察的精深，描写的正确，及态度的谨严，这些方面是一个文学作家必备的资格。至于思想方面，甚至可以不问其是否确为终古不磨之真理，何况必责以始终一贯呢？简括一句话，我以为：一个作家的每篇作品应得各有一个中心思想，但不必定求一切作品都是一个思想。”“文学家是观察而且批评人生的，所以他或有意或无意，对于人生总得取一个态度；这态度可说就是他的人生观。……若就‘作者应否先确定自己对于人生的态度而后创作’一点而言，我以为简括一句话，亦只是：一个作家对于人生应得下过精深的观察，以谨严的态度，正确地描写之，初不必先自有意识地定要立下一个态度也。作家大可不必先自烦扰，常虑自己作品中无一定的人生观；因为他如果对于人生下过精深的观察，他自然会生出一种意见，取一个态度，而且不自觉地把这种意见做了一篇作品或许多作品的中心思想。我以为如此而潜伏于一作品中的思想与带着作者的个性，方能使作品有异彩。”

同日，周作人作《儿歌之研究》，文章发表于 11 月 18 日、25 日《歌谣》第 33、34 期，收入《儿童文学小论》。

同日，余祥森的《真正的文学家与真正的文学作品》发表于《文学》周刊第 93 期，署名讱生。

23 日，周作人的《模拟的国货》发表于《晨报副镌》，署名荆生。

25 日，郭沫若译自德国歌德的诗《屠勒国王》发表于《中华新报·创造日》。

26 日，胡适于杭州作诗《十月二十三日的日出》，后发表于 12 月 31 日《晨报》6 周年纪念增刊。

27 日，周作人的《不讨好的思想革命》发表于《晨报副镌》，署名荆生。文中认为：“思想革命是最不讨好的事业，只落得大家的打骂而不会受到感激的。做政治运动的人，成功了固然大有好处，即失败了，至少在同派总还是回护感谢。唯独思想革命的鼓吹者是个孤独的行人，至多有三个五个的旅伴；在荒野上叫喊，不是白叫，便是惊动了熟睡的人们，吃一阵臭打。”

同日，实庵的《我们为什么欢迎泰谷尔？》发表在《中国青年》第 2 期，反对翻译泰戈尔的著作，他说：“我们的老、庄书昏乱的程度比他还高，又何必辛辛苦苦的另外来翻译泰谷尔？”

28 日，胡适在烟霞洞拟就《整理国故的计划》，提出整理的标准，应使古书成为可读的书，包括校勘、注释、标点、分段、考证及评判的引论。初步拟出首批待整理的古书 33 种，并拟定部分承担此工作的人选。

同日，郭沫若的论文《批评——欣赏——检察》发表于《创造周报》第 25 号。

29 日，《文学》周刊第 94 期刊载《小说月报第十五卷号外中国文学研究号征文启事》。该文说出这个专号的目的："一方面以现代的文学批评的眼光，来重新估定中国古文学的价值，一方面以致密谨慎的态度去系统研究中国自商周以迄现代的文艺的思想与艺术。"

同日，朱自清所译美国柳威生著《近代批评丛话》发表于《文学》周刊第 94 期，署名佩弦译。

31 日，郭沫若作《〈创作日〉停刊布告》。布告称："我们的《创造日》本来是在荒漠中出生的一株小花，自开自谢，本来少人过问，本来无所关心，但我们深恨没有力量可以使荒漠成为良田，我们也没有力量可以使他独立以至于永远，我们只好忍心，我们只好听他在荒漠中萎谢。"该布告又称：

凤凰虽已化成灰，
凤凰不曾死。
秋菊虽已凋残尽，
花已成种子。
创造日哟！创造日哟！
你是不死，不死。
永远不死！

这儿摇着的葬钟，
唱着的悼诗，
是你复活的预期，
再生的颂词。
创造日哟！创造日哟！
你是不死，不死，
永远不死！

但是，朋友们哟！一种潜能在宇宙中发为事功以后；永远有消灭的时期。我们的创造日虽只有这一百余日的生涯，但我们相信在我们小部分的关系者心中，在我们小部分的爱读者心中，他如象种子中含的胎芽一样，他是依然活存，而且必有一日迸出地层，奋发参天的时候。朋友哟！我们请暂抑着悲哀，同声唱他的薤露。

此文于两天后载于《创造日》，宣告了《创造日》的结刊。此文又载于《创造周报》11月4日第26号。

本月

李思纯的《论文化》发表于《学衡》第22期。

同月，柳亚子与叶楚伧、邵力子、陈望道等在上海发起成立“新南社”。柳亚子任社长，明确表示由反对白话文转向拥护白话文。《新南社成立布告》云：“新南社的精神，是鼓吹三民主义，提倡民众文学，而归结到社会主义的实行。”又云，旧南社之发起，与孙中山创设之中国同盟会互为犄角，但“侧重在民族主义那一边，而民权、民生，不免疏略了一点”。柳亚子在该布告中并表明本人自反对白话文至倾向白话文的经过，认定“我便完全加入新文化运动了”。

同月，上海创刊小报《金刚钻》，立意与《晶报》对垒。

同月，郁达夫小说散文集《茑萝集》由泰东图书局出版，为《辛夷小丛书》第3种，由创造社编辑。书前有《献纳之辞》和《自序》，篇目有《血泪》、《茑萝行》、《还乡记》、《写完了茑萝集的最后一篇》。萍霞在《读〈茑萝集〉》中说：“这本集子是悲哀的结晶，是一般人的悲哀的结晶。因为它里边所写的，并没有什么特别的不幸，为一般人所不能遇到的。所以凡是领略过了人生的悲哀的人们，都能懂这本小集子，都能对于它表同情。……《茑萝集》里时时讲到死，时时想以死来解决一切。表面上似是嫌恶人生而赞美死，其实是酷爱人生而不愿死。只以求理想的生活而不得，所以才想去死的。……所以我们的主人翁不是堕落于游手好闲的流氓，不是自甘暴弃的无赖，是求做人而无人可做的可怜人。”对于该文集的艺术方面，萍霞这样评论道：“这本集子上的修辞似乎缺少一点美，不过对于心理的分析却很深刻，不是真的粗心浮气人。也有些过于肉鲜气的地方，不过事实是如此，也就没有法子，如其真即是美，那末，这本集子，终是我们文艺园里的一朵美丽的花。在现在充满着无病呻吟与伤春悲秋的矫揉造作的我们的文坛上，忽然发现了这样的一朵美丽的花，所以我不能不承认它是乌云翳日下的一声霹雳。”

同月，梅生所编短篇小说集《中国创作小说选（第一集）》由上海新文化书社初版。内收许钦文的小说4篇、郁达夫3篇、鲁迅2篇、叶绍钧2篇、冯文炳2篇、俍工2篇、许地山2篇、王任叔2篇、朱自清2篇，以及未农、央庵、施蘅、沉心、滕固、时昭沄、叶楚伧、陶晶孙、如愚、赵邦杰、徐雉、潘垂统、张资平、梦雷、庐隐女士、史寒冰、沫若、雪邨、哲民、南平、实秋、苏哥、汪静之、钱江春、嵎荑、王统照、全平的作品各1篇。

同月，张静庐所编短篇小说集《良友小说集》（上册）出版。该书包括任矜苹、沈悟吾、王媚梨、张友鸾、芳草、俞珍、毛秀宝、朱鹤影、许杰、征骥、薄友羊等人的小说。前有镜水生和陈小菊所写的序。

同月，陈浪仙的长篇小说《历代剑侠大观》由群众图书公司出版。

同月，郭沫若的诗歌戏曲散文集《星空》由上海泰东图书局初版，为《创造社丛书》第6种。卷首有献诗，并引康德的话作为题词：“有两样东西，我思索的回数愈多，时间愈久，他们充溢我愈见刻刻常新，刻刻常增的惊异与严肃之感，那便是我头上的星空和心中的道德律。”内收作者1921年至1923年间所作的诗歌、诗剧和散文，共分三辑，第一辑收诗31首，第二辑收诗剧3篇，第三辑收散文4篇。《星空》出版后，焦尹孚写文章表达了对于郭沫若作品的一贯喜爱，他说：“我最爱读郭沫若君的作品，因为旧来的诗，与现在粗制滥造的新诗，都是好像奄奄待毙的病人，毫无一点生气；然而在郭君的诗里，我却迟迟感得一种反抗的精神，流露其间。对于现世的不满，人们的恶浊，作者在那里悲愤填胸大声疾呼发出无数沉痛之词，醒觉了人寰底迷梦，引人向上。”周开庆则在《读了郭沫若的〈星空〉以后》一文中这样归纳郭沫若在《星空》中表现的特性：“最明显的约有三：（一）恋爱的浪漫色彩。……（二）鄙弃痛恨外国人，尤其是鄙夷日本人。作者留学日本，对于日本的狼毒野心，感觉太厚，积之太深，故流露于文字间，慷慨激昂，令人读之，生深刻的印象。……（三）爱好和赞美自然，自然是诗人的生命，神秘的宝藏。”

在文末，作者对《星空》提出批评："作品之所以好，亦在乎情感浓郁；而对于艺术手腕似乎未成熟圆满；诗之格调，似乎太固定了！"

同月，谢采江著《野火》由三块协（社）出版。前有卷头语、序诗及潘梓年、沈子韶、耿肇璘及作者所作的序。

同月，丁西林的独幕剧《一只马蜂》发表于《太平洋》第4卷第3号。孙师毅认为在国产的独幕剧中，《一只马蜂》的结构"是一个空前的创见"。至于此剧之取材，则"为事实中最精彩的一段"，而"其事实无支配，又不枝不蔓，极其恰当"。在对话上，《一只马蜂》"扼要而紧凑"。除此两点而外，《一只马蜂》"更有可以与吾人以许多感动与趣味之处"。因此，孙师毅认为，"读了这个剧本或是看了这个剧本的公演的人，没有不会觉到这个剧中的几个人都各有其各具的特性的。而其各人之性格，亦莫不深刻的明显的在我们眼前活跃了——尤其是作者刻意描写的那位吉先生。这正如同鲁迅有所描写的阿Q，艺术手段是同样的高妙，细腻，一个是令读者看了《阿Q正传》便觉得这个人似乎很眼熟，随便在那里可以找得出一个这样的人来一样；一个却使人读了或看了《一只马蜂》，虽然觉得这个人在眼前很活泼，漂亮，自然，有趣的呈现着，却随便在那里想不起，找不出这样的一个人来看。他的一举，一动，一言，一笑，莫不可以给我们以一个深刻的印象，浓郁的兴趣，及其棱刺的讥讽，与耐人寻味的思索。"

丁西林（1893—1974），戏剧家，物理学家，社会活动家。原名丁爕林，字巽甫，江苏泰兴人。1913年毕业于上海交通部工业专门学校。1914年赴英国伯明翰大学攻读物理学、数学。1919年获理科硕士学位。1920年回国，任北京大学物理系教授。1927年，应蔡元培的邀请赴上海筹建物理研究所，并任研究员兼所长。抗战胜利后任山东大学物理系教授兼理学院院长，曾一度赴台湾大学任教。新中国成立后历任文化部副部长，对外友协副会长等职务。主要文学作品有独幕剧《一只马蜂》、《压迫》、《三块钱国币》，四幕喜剧《妙峰山》等。1985年曾出《丁西林剧作全集（上下册）》，译有英国三幕话剧《罗森堡夫妇》。

同月，吴宓的《西洋文学入门必读书目》发表于《学衡》第22期。

同月，傅东华译比利时梅脱灵通的六幕戏剧《青鸟》由上海商务印书馆初版，收入《文学研究会丛书》。原为法文创作，译者据英译本重译。书前有作者像。

十一月

1日，郭沫若的《我对于〈卷耳〉一诗的解释》发表于《民国日报·觉悟》。文章谈自己对该诗的理解，并就其中的两处解释，答复曹聚仁在《读卷耳》中的指摘。

2日，《创造日》终刊。郭沫若发表《〈创造日〉停刊布告》，成仿吾发表《终刊感言》。

同日，周作人的《编辑者的删削权》发表于《晨报副镌》，署名荆生。

3日，周作人的《文艺界剿匪运动》发表于《晨报副镌》，署名荆生。文章认为“做文艺批评的人第一要平心静气，切不可以父母官自命”。

同日，周作人的新诗《花》发表于《晨报副镌》，署名子荣。

同日，郭沫若至吴淞路访周全平，顺道至北四川路伊文思书店巡览书籍。归后，写散文《百合与番茄》，至12月4日脱稿。文中记述了和周全平的相识经过与交往。文章发表于《创造周报》12月2日、9日、16日第30、31、32号。

4日，周作人的《歌谣与方言调查》发表于《歌谣》第31号。文中认为“歌谣与方言”有“密切的关系”，因而希望“方言调查能够早点着手，早点成功”，并认为救济现在中国语体文“语汇贫弱的缺点”，“采用方言也是同样重要的事情”。

同日，郭沫若的《瓦特·裴德的批评论》发表于《创造周报》第26号，介绍英国文艺批评家瓦特·裴德文艺批评的理论，文中节译了他的《文艺复兴》的序论。

5日，茅盾《〈灰色马〉序》刊于《文学》周刊第95期，同时又以《郑译〈灰色马〉序》为题发表于《时事新报·学灯》。《灰色马》是郑振铎所译俄国路卜洵的长篇小说。

同日，郑振铎的《杂谈太戈尔诗》发表于《文学》周刊第95期。

10日，周作人的《雨天的书·序》及《读〈纺轮的故事〉》发表于《晨报副镌》，均署名槐寿。序中说：“今年冬天特别的多雨，因为是冬天了，究竟不好意思倾盆的下，只是蜘蛛似的一缕缕的洒下来，雨虽然细得望去都看不见，天色却非常阴沉，使人十分气闷。在这样的时候常引起一种空想，觉得如在江村的小屋里，靠着玻璃窗，烘着白炭火钵，喝清茶，同友人谈闲话，那是颇愉快的事。不过这些空想当然没有实现的希望，再看天色，也就愈觉得阴沉，想要做点正经的工作，心思散漫，好像是出了气的烧酒，一点味道都没有，只好随便写一两行，并无别的意思，聊以对付这雨天的气闷光阴罢了。”《读〈纺轮的故事〉》一文介绍了法国高蹈派诗人孟代及其著作《纺轮的故事》。

同日，许地山的小说《海世间》、《海角的孤星》、《醍醐天女》发表于《小说月报》第 14 卷第 11 期。同期发表的小说作品还有徐志摩的小说《两姊妹》。

同日，徐志摩发表诗歌《沪杭道中》于《小说月报》第 14 卷第 11 期。

同期发表的诗歌还有冰心的《惆怅》、《纸船——寄母亲》、《乡愁——示H. H女士》；许地山的《女人我很爱你》；梁实秋的《海啸》、《海鸟》、《梦》；徐玉诺的《恶花》。

同日，周作人所译日本作家武者小路实笃的短篇小说《某夫妇》发表于《小说月报》第 14 卷第 11 期。《某夫妇》描写了一个当大学教师的丈夫，在年轻美貌的妻子受到出入家中的学生的欢迎时的嫉妒心情。周作人在译后附记中说："约翰福音里说，文人和法利赛人带了一个犯奸的妇人来问难耶稣，应否把她按照律法用石头打死，耶稣答说：'你们中间谁是没有罪的，谁就可以先拿石头打她。'这篇的精神很与他相近，唯不专说理而以人情为主，所以这边的人物只是平常的，多有缺点而很可同情、可爱的人，仿佛是把斯特林堡的痛刻的解剖与陀斯妥也夫斯奇的深厚的感情合并在一起的样子。像莎士比亚的阿赛罗那样猛烈的嫉妒，固然也是我们所能了解的，但是这篇里所写的平凡人的嫉妒，在我们平凡人或者觉得更有意义了。"周作人这一附记，可能曲折隐晦地反映了他在和鲁迅失和事件中的错误感受。

同日，瞿秋白的论文《〈灰色马〉与俄国社会运动》发表于《小说月报》第 14 卷第 11 期。

同日，谢六逸发表论文《近代日本文学》。该文分上、下两部分，分别发表于《小说月报》第 14 卷第 11 期和第 14 卷第 12 期。

同日，徐志摩所译英国哈代诗歌《她的名字》和《窥镜》发表于《小说月报》第 14 卷第 11 期。

同期发表的译作还有顾钧正、徐名骥译自丹麦安徒生的小说《蝴蝶》；刘延陵译自法国巴比塞的小说《兄弟》；希和译自美国 Royal Case Nemian 的论文《论翻译的文学书》。

11 日，郭沫若的论文《神话的世界》发表于《创造周报》第 27 号。文章论述了神话的起源和各国古代神话传说大抵相同的原因。

同期还发表了成仿吾的《真的艺术家》。

同日，郭沫若的论文《释玄黄——答曹聚仁》发表于《民国日报·觉悟》。继续就《卷耳》一诗中“玄黄”一词的解释,答复曹聚仁在《读卷耳》一文中的指摘。

12日，茅盾所译《俄国文学与革命》刊于《文学》周刊第96期。

同日，CP的《外化的句和新用的字》开始发表于《文学》周刊第96期，至第98期2期续完。

13日，陈独秀在《新青年》季刊第2期上发表了《〈科学人生观〉序》一文。陈独秀的文章，针对科学与玄学的论争，既批判了玄学派的唯心论，也批判了胡适的心物二元论。认为两派不过是“五十步笑百步”。他说：“什么先天的形式，什么良心，什么直觉，什么自由意志，一概都是生活状况不同的各时代各民族之社会的暗示所铸而成。”“我们相信只有客观的物质原因可以变动社会，可以解释历史，可以支配人生观，这便是‘唯物的历史观’。”

14日，茅盾《社评》一篇发表于《民国日报·妇女周报》。

15日，游国恩的《司马相如之评传》开始发表于《文艺旬刊》，此文连载于该刊13号、14号、15号、16号、17号。

16日，周作人的《与董作宾谈方音》发表于《歌谣》第34号。

17日，朱自清论文《文艺的真实性》写成。文章1924年发表于《小说月报》第15卷第1期。

同日，李伟森的《告研究文学的青年》发表于《中国青年》第1卷第5期，署秋士。文章认为文学是表现人生的，今天真愿做文学家的青年，就应该“到民间去，应该学佛一样，身入地狱，应该到一切人到了的地方，应该吃一切人吃了的苦，应该受一切人受了的辱”，去表现“痛苦，难堪的人生”。

18日，成仿吾的《国学运动的我见》发表于《创造周报》第28号。文章批判“国学运动”“只不过是要在死灰中寻出火烬来满足他们那‘美好的昔日’的情绪，他们是想利用盲目的爱国的心理实行他们倒行逆施的狂妄”。希望从事这种运动的人能够“反省”，不要再去“勾诱青年学子去狂舐这数千年的枯骨，好好让他们暂且把根基打稳”。

同日，白采的小说《被摈弃者》发表于《创造周报》第28号。

同日，周作人的《介绍两首五律》发表于《晨报副镌》，署名荆生。

19日，樊仲云的《文艺作品的分类法》发表于《文学》周刊第97期，署名仲云。

25日，郭沫若的论文《艺术的评价》发表于《创造周报》第29号。该文评价托尔斯泰的艺术观，认为他“把艺术活动完全认为教化的工具，甚至是传教的工具”，“把人类的感受性隐隐假定为一律平等而且无发展之可能”。郭沫若则认为，“艺术家的目的只在乎如何能真挚地表现出自己的感情，并一定不在乎能使人得到共感与否”。“纯粹的艺术”使一般民众难以接近的原因，“在乎社会制度使民众的智慧停滞，并限制其享受的机会”，故不能责怪于艺术和艺术家。

同日，周作人开始发表《中国儿歌的研究》，该文连载于日文版《北京周报》第90、91号。

29日，胡适写成《科学与人生观序》，这是为亚东图书馆编辑的科学与人生观问题论战的文集而写的。文章首先尖锐地批评了由梁启超的《欧游心影录》挑起的对“科学破产”的喧嚷。他指出，科学在西方已经根深蒂固，不是几个玄学鬼所能动摇得了的。但在中国就不同了。中国还不曾得着科学的赐福；中国人的人生观还不曾同科学联结起来，还大部分浸在种种愚妄的迷信里。所以，中国正苦科学教育不够，科学发达不够。在这种情形下，宣布“科学破产”，宣布科学无与于人生观，这就是一个很严重的问题了。所以，不能不给他们以有力的批驳。接着胡适指出，在论争中，双方都没有指明科学的人生观到底是什么样。这是这场争论的最大的不足之处。于是他提出自己的科学的人生观来。他强调科学的人生观是完全建筑在近二三百年的自然科学的成就之上的，也就是建筑在人类认识自然界的总成果的基础上的。所以，他又把它叫作“自然主义的人生观”。这种人生观教人认识自然，然后利用自然为人生服务，不断提高人类生活的水准。他认为这种自然主义的人生观，“未尝没有美，未尝没有诗意，未尝没有道德的责任，未尝没有充分运用‘创造的智慧’”。序中分析了这次论战的起因：梁启超在三年前发表《欧游心影录》，“把欧洲文化破产的罪名归到科学身上”，“历数科学家的人生观的罪状，不要科学在人生观上发生影响！信仰科学的人看了这种现状，能不发愁吗？能不大声疾呼出来替科学辩护吗？”序中认为：“这一次为科学作战的人——除了吴稚晖先生——都有一个共同的错误，就是不曾具体地说明科学的人生观是什么，却去抽象地力争科学可以解决人生观的问题。”他非常推崇吴稚晖的《一个新信仰的宇宙观及人生观》。他说吴稚晖“在这个时候很大胆地把他信仰的宇宙观和人生观提出来，很老实地宣布他的‘漆黑一团’的宇宙观和‘人欲横流’的人生观"，"给我们做下一个好榜样"。

同日，胡适就科学与人生观问题作《答陈独秀先生》。陈独秀也被请为《科学与人生观》一书作序，并先于胡适写成。陈独秀用唯物史观来说明科学与人生观问题，最后他"请问丁在君先生和胡适之先生：相信'唯物的历史观'为完全真理呢，还是相信唯物以外象张君劢等类人所主张的唯心观也能够超科学而存在"？胡适在这封答书里说："我们治史学的人，知道历史事实的原因往往是多方面的，所以我们虽然极欢迎'经济史观'来做一种重要的史学工具，同时我们也不能不承认思想知识等事也都是'客观的原因'，也可以'变动社会，解释历史，支配人生观'。所以我个人至今还只能说，'唯物（经济）史观至多只能解释大部分的问题'。独秀希望我'百尺竿头更进一步'，可惜我不能进这一步了。"陈独秀见到胡适这封信，又作了《答适之》，对胡适提出的一些主要观点做了辩驳。陈独秀的序及来往3封信，均作为《科学与人生观序》的附录收入。

30日，周作人的《致苏曼殊传的作者》发表于《晨报副镌》。

本月

叶圣陶的童话集《稻草人》和小说集《火灾》均由商务印书馆出版。《稻草人》是中国第一部童话集，收童话23篇，郑振铎为之作序。《火灾》为《文学研究会丛书》，收短篇小说20篇，顾颉刚为之作序。

郑振铎在评价叶圣陶的《稻草人》时说："……是中国现代第一部童话集。圣陶集他最近二年来所作的童话编成一集，把末后一篇的名《稻草人》作为全集的名称。他要我做一首序文。我是很喜欢读圣陶的童话的，而且对于他的童话久已想说几句话，现在就趁这机会在此写几个字；不能算是《稻草人》的介绍，不过略述自己的感想而已……圣陶自己很喜欢这童话集；他曾对我说，'我之喜欢《稻草人》，较《隔膜》为甚，所以我希望《稻草人》的出版也较《隔膜》为切。'在《稻草人》里，我喜欢阅读的文字，似乎也较《隔膜》为多。虽然《稻草人》里有几篇文字，如《地球》、《旅行家》等，结构上似稍幼稚，而在描写一方面，全集中几乎没一篇不是成功之作。"因此，"我们便不知不觉地惊奇起来，而且要带着敬意赞美他的完美而细腻的描写。实在的，像这种描写，不仅非一般粗浅而夸大的作家所能想望，即在《隔膜》里也难寻到同样的文字。在描写儿童的口吻与人物的个性方面，《稻草人》也是很成功的。在艺术上，我们实可以承认圣陶是现在中国二三个最成功者当中的一个。同时《稻草人》的文字又很浅明，没有什么不易明了的地方。如果把这集子给读过四五年书的儿童看，我想他们一定很欢迎的。”

钱杏邨则说："这一部童话集，当然是一种说教的形式，无论在意义，在技巧方面，对于儿童是很适合的。不过全书堆积的成人的悲哀太浓重，虽然遣词是那么美丽。”

沈从文在评论叶圣陶的《稻草人》时说："读《稻草人》，则可明白作者在寂寞中怎样做梦，也可以说是当时一个健康的心，所有的健康的人生态度，求美，求完全，这美与完全，却在一种天真的想象里，建筑那希望，离去情欲，离去自私，是那么远，那么远！在1922年后创造社浪漫文学势力暴涨，‘郁达夫式的悲哀’成为一个时髦的感觉后，叶绍钧那种梦，便成一个嘲笑的意义而存在，被年轻人所忘却了，然而从创作中取法，在平静美丽的文字中，从事练习，正确地观察一切，健全的体会一切，细腻的润色，美丽的抒想，使一个故事在组织篇章中，具各样不可少的完全条件，叶绍钧的作品，是比一切作品还适宜于取法的。他的作品缺少一种炫目的惊人的光芒，却在每一篇作品上，赋予一种温暖的爱，以及一个完全无疵的故事，故给读者的影响，将不是趣味，也不是感动，是认识。认识一个应当在何种意义下成立。叶绍钧的作品，在过去，以至于现在，还是比一切其他作品为好。”

顾颉刚在为《火灾》所写的序言中说："读了圣陶的小说，只使得我们对于非人的行为起了极端的憎恶，而对于人的本性起了亲切的回省和眷恋，希望把已经失去的宝物重新寻了回来。”

同月，孙俍工所编《新文艺评论》，由上海民智书局出版，署名俍工。作者序言中称自己在中学教学中“更感觉着研究文艺的途径在中学生仍是和赏鉴作品一样的重要，而现今的出版界，却还没有一种适用的书，我于是采取近人关于派别的国别的家别的篇别的研究文章，编为《新文艺评论》，使教学者得着各种研究底一范例，而可以触类旁通，这就是我编这本书的微意了”。前收两篇附录，表现出作者的文学观。集中共收36篇文章，论文艺原理的2篇，论文艺派别的5篇，论小说的1篇，论诗的2篇，论剧的1篇，论各国文艺的9篇，论各国作家的12篇，论作品的4篇。包括王捷侠根据温齐斯特的《文学批评原理》其中一章译述的《什么是文学》，沈雁冰的演讲稿《文学与人生》，陈望道译自加藤朝鸟的《文学上各种主义》、李之常的《自然主义的中国文学论》、汪馥泉的《文艺上的新罗曼派》、沈雁冰的《未来派文学之现势》、胡适的《论短篇小说》、周作人为燕京大学文学会作的演讲稿《论小诗》、郑振铎的《论散文诗》、胡适的《易卜生主义》等文章。

同月，东方杂志社所编《东方创作集》由上海商务印书馆出版，收入《东方文库》。包括上、下两集，上集收入了梦雷4篇、雪邨2篇和鲁迅1篇；下集收入了叶绍钧3篇、王统照3篇、落华生2篇及俍工2篇。

同月，耿济之译法国莫泊桑小说《遗产》由上海商务印书馆出版，收入《文学研究会丛书》。1931年4月上海商务印书馆又将之收入《万有文库》出版。

同月，东方杂志社所编《近代俄国小说集》前4集由上海商务印书馆出版，收入《东方文库》。每集后有作者传略。《近代俄国小说集》共5集，为纪念《东方》杂志20周年编辑出版。第5集于本年12月出版。

同月，耿济之译俄国安特列夫著戏剧《人之一生》由上海商务印书馆出版，收入《文学研究会丛书》。郑振铎为之作序，其后有附录，收录了《人之死》（第五幕的修正稿）和著者叙言。

同月，张墨池、景梅九所译印度泰戈尔的小说《家庭与世界》由上海泰东图书局出版。

同月，东方杂志社编印度《太戈尔短篇小说集》由上海商务印书馆出版，收入《东方文库》。

十二月

1日，鲁迅的论文《宋民间之所谓小说及其后来》发表于《晨报五周年纪念增刊》。本文是鲁迅在研究中国小说史过程中写的一篇专门论述中国白话短篇小说起源和发展的文章。它简要地论述了宋话本的特点以及后来白话短篇小说的演变，提出了许多创见。

同日，周作人的《读报的经验》发表于《晨报五周年纪念增刊》，署名周作人。文中叙述了自己多年来读报的经验。

同期还发表了徐志摩的《我的祖母之死》，刘海粟的《近代文艺发展之现象及其趋向》。

同日，邓中夏的《新诗人的棒喝》发表于《中国青年》第7期。该文批评了一些诗人脱离社会现实的浮夸风气。

2日，郭沫若的《雅言与自力——告我爱读〈查拉图司屈拉〉的友人》发表于《创造周报》第30号。文章说明自己所以没有对《查拉图司屈拉》的译文加注释和对尼采的生平思想做概括的介绍，是为了希望读者"用自己的能力去理解"，"用自己的能力去批评"尼采的作品。1958年11月21日，作者在该文"附记"中说："《查拉图司屈拉》结果没有译下去，我事实上是'拒绝'了它。中国革命运动逐步高涨，把我向上看的眼睛拉到向下看，使我和尼采发生了很大的距离。鲁迅曾译此书的序言而没有译出全书，恐怕也是出于同一理由。"

同日，周作人的《燕大女校之莎氏剧》发表于《晨报副镌》，署名荆生。

3日，闻一多的《泰果尔批评》一文发表于《文学》周刊第99期。

同期还发表了仲云的《夏芝和爱尔兰的文艺复兴运动》。

5日，郭沫若作诗歌《我们在赤光之中相见》，该诗发表于本月出版的《孤军》月刊第2卷第1期。

6日，马静沉译自俄国屠格涅夫的小说《两个诗人》发表于《文艺旬刊》第15期。

同期还开始发表了高世华译自柴霍甫的独幕剧《求婚》，该剧分3期载完。

8日，恽代英在《中国青年》第8期发表《八股》一文。文中说："八股文在中国害了几百年的读书人"，为人们所"深恶痛绝"。"我以为现在的新文学若是能激发国民的精神，使他们从事于民族独立与民主革命的运动，自然应当受一般人的尊敬；倘若这种文学终不过如八股一样无用，或者还要生些更坏的影响，我们正不必问它有什么文学上的价值，我们应当像反对八股一样的反对它。"

9日，陈独秀作《致胡适》，对胡适思想进行了批判，宣传了唯物史观。他说："'唯物的历史观'是我们的根本思想。""唯物史观的哲学者也并不是不重视思想、文化、宗教、道德、教育等心的现象之存在，惟只承认他们都是经济的基础上面之建筑物，而非基础之本身。""我们只把他当做经济的儿子"，不能"和经济立在同等地位"。文章收入《科学与人生观》一书中。

同日，郑伯奇的《新文学之警钟》发表于《创造周报》第31号。

同日，倪贻德的小说《玄武湖之秋》开始发表于《创造周报》第31号。该小说于第32号发表完毕。后收入短篇小说集《玄武湖之秋》，列为《创造社丛书》第九种，由上海泰东书局1924年4月出版。

倪贻德（1901—1970），小说家、美术家。笔名尼特。浙江杭州人。1922年在上海美术专科学校毕业后曾任美术教师。1923年参加“创造社”进行文学创作，在文坛上崭露头角。1927年留学日本习绘画，回国以后主要从事美术研究和教学工作。抗日战争爆发后，曾投入抗日救亡运动，后在西南联大、英士大学、国立艺专等校任教。抗战胜利后回杭州，自办西湖艺术研究所。主要作品有短篇小说集《玄武湖之秋》、《东海之滨》，长篇小说《残夜》，散文集《百合集》、《艺苑交游记》。除文学作品外，他著有美术论著多种，主要有《近代艺术》、《西洋画概论》、《西洋美术史纲要》、《艺术漫谈》等。

10日，《文学》周刊出“一百期纪念号”。西谛作《本刊的回顾与我们今后的希望》。文章回顾了刊物从创办到今日的发展，同“礼拜六派”和“学衡派”一刻不懈地进行斗争的情况，希望今后“许多的同性质的刊物，大家都能够互相合作，至少要在扑灭盲目的复古运动与以文艺为游戏的礼拜六的工作上合作”，不要“互相倾轧”，更不要“中途打起架来，为亲者所痛而为仇者所快”。沈雁冰作《杂感》，纪念刊物的“百周”生日。

同日，《小说月报》第14卷第12号比较集中地介绍了当年的诺贝尔奖金获得者夏芝，分别发表了郑振铎的《一九二三年得诺贝尔奖金者夏芝评传》、《夏芝著作年表》以及《夏芝的传记及关于她的批评论文》。插图中有夏芝像。

同日，胡适的《哲学与人生》发表于《东方杂志》第20卷第23期“评论之评论”栏。

同期还发表了徐志摩的《罗素又来说话了》。

同日，王思玷的小说《瘟疫》发表于《小说月报》第14卷第12号。

同期还发表了王任叔的小说《侄儿》。

同日，赵熙章译自俄国柴霍甫的小说《套中人》发表于《小说月报》第14卷第12号。

同期还发表了无明译自日本生田春月的《现代德奥两国的文学》，徐志摩译自T. Hardy的诗歌《伤痕》、《分离》。

同日，施蛰存的《苹华室诗见》发表于《文学》周刊第100期，这是他第一次署名“施蛰存”发表的文章。

同日，金兆梓、傅东华译《韵节及自由诗》发表于《文学》周刊第 100 期。

11 日，鲁迅《中国小说史略（上）》由新潮社出版，收本书第 1 篇至第 15 篇。下卷于本月 20 日编写完毕，1924 年 6 月由北京北新书局出版。1925 年 9 月上下卷合订再版。这是中国的第一部小说史。在序言中，鲁迅说:“中国之小说自来无史；有之，则先见于外国人所作之中国文学史中，而后中国人所作者中亦有之，然其量皆不及全书之什一，故于小说仍不详。三年前，偶当讲述此史，自虑不善言谈，听者或多不憭，则疏其不要，写印以付同人汉虑钞者之劳也，乃复缩为文言，省其举例以成要略，至今用之。”本书系由讲义改写而成，封面“中国小说史略”六字用铅字排印。1927 年 10 月 1 日《北新》周刊在“书刊介绍”中这么介绍这部著作：“这是一部讲中国小说的空前巨著，穷源究流，推断评价，无不精密允当，详细明了，研究中国小说之最好参考书也。”

同日，王统照的《何为文学的“创作者”？》一文发表于北京《晨报副刊·文学旬刊》第 20 号。

15 日，周作人的《反对中国邮票上的英文》发表于《晨报副镌》，署名荆生。

16 日，北京大学举行民意测验，参加者 1000 多人，在回答“在您心目中，国内或世界的大人物有哪几位”时，列宁排在世界大人物之首，孙中山和陈独秀排在国内大人物之首。

同日，郭沫若的《通信一则》发表于《创造周报》第 32 号，即复梁实秋书。

同日，周作人的《为“悭比斯”讼冤》发表于《晨报副镌》，署名荆生。文章对《创造周报》第 29 号上张非法《新鲜的呼声》一文中的一段译文进行了辨析。

同日，郭沫若的《惠施的性格与思想》发表于《创造周报》第 32 号。文章将庄子与惠施做比较，认为两人在对现实的看法和研究学问的态度上，完全两样。在介绍了惠施思想的若干特点后，指出胡适“不仅没有懂到庄子，而且没有懂到惠施”。

17 日，沈雁冰的《杂感》发表于《文学》周刊第 101 期。文章对恽代英的《八股》一文表示热情的赞同，认为他的一席话，“痛快之至”。“一年前，国内文坛上初露出颓废的倾向的时候，我们也因为恐怕‘或者要生些更坏的影响’，略说过几句诤言。不幸竟因此引起了误会，加了我一个‘党同伐异’的罪名。……现在，时逾一年，我们昔者所鳃鳃过虑的‘更坏的影响’，幸未实现，现在国内的文学青年不过略微有点‘唯美主义迷’。”呼吁青年文艺家，首先得“注意”代英所说的问题，其次要“先得从空想的楼阁中跑出来，看看你周围的现实状况”去从事民族独立与民主革命运动。

同日，周作人的《猥亵的歌谣》发表于北京大学《歌谣周刊》“周年纪念增刊”。文中对猥亵的歌谣进行了辨析，指出：“猥亵的分子在文艺上极是常见，未必值得大惊小怪，只有描写性交措词拙劣者平常在被摈弃之列——不过这也只是被摈于公刊，在研究者还是一样的珍重的，所以我们对于猥亵的歌谣也是很想搜求，而且因为难得似乎又特别欢迎。”

20 日，胡适作《水浒续集两种序》，说明《水浒续集》是合两种书做成的：“一部是摘取百十五回本《水浒传》的第六十六回以后，是为《征四寇》。一部是清初陈忱做的《水浒后传》。”“《征四寇》的部分，除了它的史料价值之外，却也有它自身的文学价值。”《水浒后传》也“确有几段很精采的文字，要算是十七世纪的一部好小说”。

同日，瞿秋白的文学评论《荒漠里》发表于《新青年》季刊第 2 期，署名陶畏巨。

同期还发表了瞿秋白的《飞来峰与冷泉亭》。

同日，曹靖华所译俄国柴霍甫的独幕趣剧《狗熊》发表于《新青年》季刊第 2 期。

曹靖华（1897—1987），翻译家，散文家。原名曹联亚，曾用名汝珍、亚丹等。河南卢氏人。1919 中学毕业后进入上海泰东书局担任校对。1920 年在上海外国语学社学习俄文，加入社会主义青年团，并被派往莫斯科东方大学学习。1921 年年底回国，在北京大学旁听，并从事文学翻译工作。1924 年经李大钊介绍去开封国民革命军第二军苏联顾问团任翻译。同时开始与鲁迅通信，并加入未名社。后奔赴广州，参加北伐战争。1927 年大革命失败，重赴苏联，先后在莫斯科东方大学、列宁格勒东方语言学院任教。1933 年回国，先后在北平大学女子文理学院、中国大学、东北大学等校任教授。1939 年去重庆，任中苏文化协会常务理事，主编《苏联文学丛书》。1948 年应聘赴北平清华大学任教。新中国成立后任北京大学教授、俄文系主任，人民文学出版社副总编辑兼外国文学编辑部主任。曾任中国文联委员，中国苏联文学研究会名誉会长，中国翻译工作者协会顾问。1987 年 5 月获苏联列宁格勒大学荣誉博士学位。主要作品有译著《蠢货》、《铁流》、《第四十一》、《契诃夫戏剧集》，散文集《花》、《春城飞花》、《飞花集》等。

同日，陈独秀的《〈科学与人生观〉序》发表于《新青年》季刊第2期。

22日，邓中夏的《贡献于新诗人之前》发表于《中国青年》第1卷第10期。文章第一次比较明确地提出“革命文学”的口号，指出:文学，特别是诗，是鼓舞、激发人们“革命的勇气”的最有效用的工具，但是，现在的新诗人却太使人失望了。他们的作品，上等的是“宜性陶情的快乐主义”，“怨天尤人的颓废主义”，一句话是“不问社会的个人主义”；下等的，“便是无病而呻，莫名其妙了”。而我们所要求的文学，第一，“须多做能表现民族伟大精神的作品……儆醒已死的人心，抬高民族的地位，鼓励人民奋斗，使人民有为国效死的精神”。第二，“须多做描写社会实际生活的作品……彻底露骨的将黑暗地狱尽情披露，引起人们的不安，暗示人们的希望”。为要达到这目的，“新诗人须从事革命的实际活动”。

同日，周作人的《教育部与教育会》发表于《晨报副镌》，署名荆生。文中批评了教育部于11日颁发的关于女校禁止女子断发的训令。

23日，郑伯奇的《国民文学论》开始发表于《创造周报》，文章提倡“国民文学”，即“以国民的意识着意描写国民生活或抒发国民感情的文学”。该文从第33号连载至第35号。

同日，郭沫若的散文《梦与现实》发表于《创造周报》第33号。文章写梦与现实的矛盾，认为梦境是“多么适意”，而现实又是这样黑暗与残酷。

24日，樊仲云译自日本厨川白村的《文艺思潮论》开始发表于《文学》周刊第102期。该文一直连载了16期，至1924年5月5日至《文艺思潮论》(十六)才结束。此后他还在该刊连载过译自厨川白村的《文艺创作论》、《文学批评论》。

25日，郑振铎的《明年的〈小说月报〉》发表于《晨报副镌》。文章称：“自明年起，拟乘举行十五年纪念的机会，多约些撰稿者，将内容再加扩大，充实，精炼，务使本报能成为一个较好的纯文艺杂志。”为此，作者宣布了五大重要变更：“第一，文学史及文学概论一类的篇幅拟大加扩充。第二，文学批评论及小说戏曲诗歌等的创作，都拟力求其能在文艺水平线上站立得住；我们虽愿意刊登粗枝大叶的伟大的感人的创作，却尤其希望能多刊实质与描写方法二者俱美的文字。第三，翻译的作品，于选择最好的与最适宜于我们的以外，对于翻译的艺术也拟十分注意，至少想做到译文没有“看不懂”的所在。作者的生平及其他必要的说明也想多多的附注进去。第四，增加许多很有实用的文字，同时并拟汰除不很重要的文字。第五，插图拟大行增加。”

同日，季志仁译印度太戈尔的诗《桔檀（The Gitanjali）杂译》发表于《文艺旬刊》第 17 号。

26 日，鲁迅赴北京女子高等师范学校讲演，题目为《娜拉走后怎样》。讲演以易卜生的戏剧《娜拉》为例，阐述了妇女解放问题。他结合社会状况，指出娜拉在觉悟到自己是丈夫的傀儡而出走后，最后的结果“不是堕落，就是回来”。因为娜拉虽然觉悟了，但她没有经济权，不能独立生活，所以“在目下的社会里，经济权就见得最要紧了”。鲁迅在这里尖锐地提出了妇女解放的关键——经济上的解放问题。鲁迅还指出，光是“几个人取得经济权，是不行的，必须实行经济制度的改革，而经济制度的改革决非易事”，“中国太难改革，即使搬动一张桌子，改装一个火炉，几乎也要血”，“不是很大的鞭子打在背上，中国自己是不肯动弹的”。鲁迅坚信，“这鞭子总要来”，虽然“从哪里来，怎么地来”，他“也是不能确切地知道”；但鲁迅并不灰心，他号召人们进行“深沉的韧性的战斗”。这篇讲演表明了当时鲁迅的思想状况：他渴望“用剧烈的战斗”实现社会制度的根本改革，并坚信社会制度必然要改革。至于具体的革命道路，仍在战斗中求索。该文初发表于 1924 年 8 月北京女子高等师范学校《文艺会刊》第 6 期，经作者重新订正后在《妇女杂志》10 卷 8 号上发表。

27 日，胡适复信给钱玄同，对他愿意整理宋代永嘉学派、清代颜李学派、清中叶浙东学派、欧阳修到康有为的疑古辨伪学派之重要著作，盛表赞同，并说自己“不甚爱颜习斋”的观点已改变。他又说：“近年多读颜习斋李恕谷的著作，觉得他们确是了不得的思想家，恕谷尤可爱。”

28 日，周作人的《别名的解释》发表于《晨报副镌》，署名荆生。文章解释了做文章的人用别名的理由。

29 日，萧楚女作《诗的方程式与方程式的生活》。文章批评了一些自命为“艺术的艺术家”，他们的“一切言行，在他们自己，方且自命为‘名士’，为‘艺术的艺术家’，为‘风流才子’，为‘高人逸士’……而在我们这些常态心理的客观者看来，只是‘疯人’。……他们这些疯人生活，除了‘浪漫’没有一点别的意义——

和‘诗’之成立于想象的构造之虚幻一样”。该文发表于《中国青年》第11期。

30日，郭沫若的《印象与表现》发表于上海《时事新报》的副刊《艺术》。文章本是郭沫若在上海美专的演讲稿，表达了郭沫若对浪漫主义文学的理论见解。他认为："印象"就是指自然主义、写实主义，是客观的、再现的，因而是消极的、被动的；"表现"就是指浪漫主义、表现主义，它们的特点是尊重个性、尊重自我、自由创造，因而是积极的主动的。郭沫若认为真正的艺术之路是浪漫主义。他说："求真在艺术家本是必要的事物，但是艺术家的求真不能在忠于自然上讲，只能在忠于自我上讲。艺术的精神决不是在模仿自然，艺术的要求也决不是在仅仅求得一片自然的形似。艺术是自我的表现，是艺术家的一种内在冲动的不得不尔的表现……自然不过供给艺术家以种种的素材，使这种种素材融合成一个完整的新的世界，这还是艺术家高贵的自我！"

31日，沈雁冰的《〈大转变时期〉何时来呢？》发表于《文学》周刊第103期。他强调"文学能够担当唤醒民众而给他们力量的重大责任"，表示了对邓中夏、恽代英等发表在《中国青年》上的"革命文学"主张的支持，再一次抨击了脱离现实的"为艺术而艺术"的唯美主义文艺观，呼唤文坛"大转变时期"的到来。作者在分析近来文坛对唯美主义文学的批判的三个原因后说："近来论坛上对于那些吟风弄月的，‘醉罢美呀’的所谓唯美主义文学的攻击，是物腐虫生的自然的趋势。这种攻击的论调，并不单单是消极的；他们有他们的积极的主张：提倡激励民气的文艺。"作者又说："我们自然不赞成托尔斯泰所主张的极端的‘人生的艺术’，但是我们决然反对那些全然脱离人生而且滥调的中国式的唯美的文学作品。我们相信文学不仅是供给烦闷的人们去解闷，逃避现实的人们去陶醉；文学是有激励人心的积极性的。尤其在我们这时代，我们希望文学能够担当唤醒民众而给他们力量的重大责任。"作者后来谈到这篇文章时说："这篇文章，在我的文学道路上，标志着又跨出了新的一步，我在这里宣告：‘为人生的艺术’应该是积极的艺术，应该是能够唤醒民众、激励人心、给他们以力量的艺术。"

同日，孙俍工的《小品六章》发表于《文学》周刊第103期，包括《红叶》、《桂树底祈祷》、《劳工之神》、《钢靶》、《疯妇（一）》和《疯妇（二）》。

本月

曾琦、李璜等在法国成立国家主义的青年党，初名“中国国家主义青年团”，鼓吹国家主义,一般称“国家主义派”。1924 年创办《醒狮》月刊。故又称“醒狮派”。

同月下旬，努力社与商务印书馆签订《合印〈努力月刊〉附约》，拟于下一年春出版《努力月刊》。

同月，柳亚子与陈巢南等创岁寒社，为文酒之会，廖仲恺、张溥泉、于右任、汪兰皋、杨杏佛、谢无量、刘季平、邵力子、叶楚伧、陈望道、胡朴安、何香凝、徐忏慧、谢景秋、胡淬平（胡朴安女）、陈馨丽（绵祥，陈巢南女）等均参加其中。

同月，陈炜谟的小说《甜水》发表于《浅草》第 1 卷第 3 期。

同期还发表了林如稷的小说《葵堇》。

同月，冯至的诗歌《残余的酒》（14 首）、《蝉与晚祷》发表于《浅草》第 1 卷第 3 期。

同月,陈翔鹤的独幕剧《雪霄》和《狂飙之夜》发表于《浅草》第 1 卷第 3 期。

同月，顾一樵著短篇小说集《芝兰与茉莉》由上海商务印书馆出版，收入《文学研究会丛书》。前有翟毅夫所写序。

同月，何鲁之译 Anatole France 著《家贼》、《多马先生》发表于《少年中国》第 4 卷第 8 期。

同月，应修人、潘漠华、冯雪峰的诗歌合集《春的歌集》由湖畔诗社出版，为“湖畔诗集二”。诗集共分四卷。卷一为《雪峰与漠华诗》，收冯雪峰诗 11 首、潘漠华诗 28 首；卷二为《修人诗》，收应修人诗 33 首；卷三收若迦（即潘漠华）《夜歌》等 23 首；卷四为冯雪峰所写《秋夜怀若迦》，是怀念潘漠华的散文。诗作多为爱情诗。朱自清评论这几位诗人时说：“中国缺少情诗，有的只是‘忆内’‘寄内’，或曲喻隐指之作；坦率的告白恋爱诗绝少，为爱情歌咏爱情的更是没有……真正专心致志做情诗的，是湖畔的四个年轻人。他们那时候差不多可以说是生活在诗里。潘漠华氏最是凄苦，不胜掩抑之致；冯雪峰氏明快多了，笑中可也有泪；汪静之氏一味天真的稚气；应修人氏却嫌味儿淡些。”闻一多评论道：“近复读湖畔，觉甚有价值，修人、雪峰、漠华三君皆有佳作也。《彷徨》、《在江边小坐》、《隐痛》、《归家》皆与冰心同调；《草儿》、《冬夜》，即《女神》中也不可得此也。盖《女神》

虽现天才，然其 technique 之粗糙篾以加矣。更有一层，湖畔诗人，犹之冰心，有平庸之作，而无恶劣之品……或有人要批评雪峰的《三只狗》。但《三只狗》不过有点 futuritic，还不失为诗也；从未来派者的眼光看来，许还是第一等的作品呢。四位中汪静之稍差。必要首首诗限定一句，那真是个傻子。我不能讲得太仔细了。”

同月，宗白华的诗集《流云》由亚东图书馆出版。收诗 48 首，另有作者《序》。在《序》中，作者说："黑夜的影将去了，人心里的黑夜也将去了！我愿乘着晨光，呼集清醒的灵魂，起来颂扬初升的太阳。”全集以小诗居多。曾先后在《时事新报》、《少年中国》、《妇女》杂志等报刊发表。初版无目录，大多数诗亦无标题。1928 年 9 月再版本则添加了诗题。

同月，李青崖翻译法国《莫泊桑短篇小说集（一）》由商务印书馆初版，收入《文学研究会丛书》。杨树达为之作序。第一集收短篇小说 16 篇。此后 1924 年 11 月出（二）集，1926 年 5 月出（三）集。分别收小说 17 篇、13 篇，均为《文学研究会丛书》。商务出版这套小说集时，因查得内有 6 篇涉及“秽亵”而撤掉，这时朴社刚好成立，文学研究会的主持人就把这 6 篇另交朴社，作为霜枫之三《髭须》，于 1924 年 11 月出版。封面仅题“髭须”，目录和版权页题为《髭须及其他》。

同月，李冠芳、朱懿珠译 J. Webslter 的小说《长脚蜘蛛爹爹》由上海广学会初版。

同月，谢冠生等译《近代法国小说集》（上下册）由上海商务印书馆初版，为《东方杂志》20 周年纪念刊。上册收入缶友的小说 6 篇，高贝 3 篇。下册收入莫泊三 4 篇，佛朗西 2 篇，皮尔鲁第、巴比塞各 1 篇。

同月，张闻天译俄国安特列夫著戏剧《狗的跳舞》由上海商务印书馆初版，收入《文学研究会丛书》。前有作者像以及张闻天所写序言。

同月，汤澄波译比利时梅脱灵的戏剧《梅脱灵戏曲集》由上海商务印书馆初版，收入《文学研究会丛书》。

本年

七八月间，应松江县私立景贤女子中学校长侯绍裘之邀，茅盾第二次参加松江暑期讲演会的讲演，讲题是《什么是文学——我对于现文坛的感想》，后刊于 8 月出版的松江暑期演讲会《学术演讲录》第 2 期。关于这次演讲，作者曾回忆说："讲演的中心问题是‘假名士’与‘真名士’。同样是对社会无益而且有害的，因为他们吟风弄月的作品，只供他们一类人互相欣赏，和社会上一般人毫无关系。他们自以为‘高超’，其实是废物。我又谈到现在又有穿洋服的‘名士’，这就是从欧洲学来的唯美派、颓废派。最后，我说：‘文学并非职业商人工人都可以写文学作品。’”

夏，徐志摩在南开大学暑期学校讲《近代英文文学》和《未来派的诗》，赵景深记录整理后，均编入 1925 年 11 月上海新文化书社《近代文学丛谈》。

秋，赵景深加入文学研究会。

本年，张资平的短篇小说集《爱之焦点》由“泰东”出版。

本年，顾一樵的《孤鸿》戏剧集收入《商务小说丛刊》。

本卷主要作家人名索引

C

D

G

H

J

R

S

T

Y

本卷后记

本卷是集体合作的成果，具体分工如下：

统稿：黄开发

协助统稿、修改：冉红音

1920 年：赵姝婧

1921 年：张欣

1922 年：佘世成、徐瑶

1923 年：冉红音

本卷得以梓行，离不开所有参加人员的友好合作与辛勤劳动，在此深表谢意。然而疏漏错讹之处，在所难免，其主要责任应由本卷主编承担，也希望专家学者和广大读者予以批评指正。

黄开发　冉红音